"十二五"职业教育国家规划教材
经全国职业教育教材审定委员会审定

国家文化产业资金支持媒体融合重大项目

21世纪新概念教材："多元整合型一体化"系列

高等职业教育物流管理专业精品课程教材新系

国际物流与货运代理
——理论、实务、案例、实训

（第四版）

张清　皇甫艳东　主编

东北财经大学出版社
Dongbei University of Finance & Economics Press
大连

图书在版编目（CIP）数据

国际物流与货运代理：理论、实务、案例、实训 / 张清，皇甫艳东
主编. —4版. —大连：东北财经大学出版社，2024.1（2025.1重印）
（高等职业教育物流管理专业精品课程教材新系）
ISBN 978-7-5654-5074-7

Ⅰ.国…　Ⅱ.①张…②皇…　Ⅲ.①国际物流–高等职业教育–教材
②国际货运–货运代理–高等职业教育–教材　Ⅳ.①F259.1②F511.41

中国国家版本馆CIP数据核字（2023）第255838号

东北财经大学出版社出版
（大连市黑石礁尖山街217号　邮政编码　116025）
网　　址：http://www.dufep.cn
读者信箱：dufep@dufe.edu.cn
大连天骄彩色印刷有限公司印刷　东北财经大学出版社发行
幅面尺寸：185mm×260mm　　字数：442千字　　印张：19
2024年1月第4版　　　　　　　2025年1月第2次印刷
责任编辑：许景行　石建华　　　　责任校对：龚小晖
封面设计：张智波　　　　　　　　版式设计：原　皓
定价：54.00元

教学支持　售后服务　　联系电话：（0411）84710309
版权所有　侵权必究　　举报电话：（0411）84710523
如有印装质量问题，请联系营销部：（0411）84710711

总序："'整体论'课程观"指导下的新时代中国特色高等职业教育专业教材建设

　　改革开放以来，中国高等职业教育教学改革的重要任务，是通过回眸西方主要发达国家课改历程，分析其各阶段主流教育理念和课程模式的利弊得失，在"逻辑反思"基础上，探索新时代中国特色高等职业教育专业教材建设创新之路。

　　"21世纪新概念教材：'多元整合型一体化'系列"，就是在这种分析、反思和探索中，由东北财经大学出版社携手国内高职院校众多知名专业带头人共同推出的。

一、教材定位

　　本系列专业教材定位以"延伸阅读0-1"中阐述的"'整体论'课程观"为释题依据，以"延伸阅读0-2"中阐述的"美西方国家课改回眸"为事实依据，以"延伸阅读0-3"中阐述的"逻辑反思"为借鉴依据，以"延伸阅读0-4"中阐述的"中国高等教育课改"为经验依据，以"延伸阅读0-5"中阐述的"中国高等职业教育课改对策"为对策依据，以"延伸阅读0-6"中阐述的"弯道超车"为"'整体论'课程观"理论依据，以"延伸阅读0-7"中阐述的"简要表述"为结论依据[①]。其相关"模式选择"可简述如下：

1. 21世纪新概念

　　在"代型设计"上，本系列专业教材名为"新概念"，是指以"'整体论'课程观"为教材建设的"指导理念"；冠以"21世纪"，是因为该"指导理念"吸收了世界特别是欧美发达国家高等教育课程改革21世纪主流趋势的合理内核[②]，并带有"弯道超车"的新时代中国特色。

2. "多元整合型"一体化

　　"'多元整合型'一体化"作为本系列教材的"代型设计"定位，有两层含义：

　　含义之一是指教材体系蕴含"三重整合"的"一体化"。"三重整合"即"'专识与通识'整合""'专能与通能'整合""'整体知识'与'整体能力'整合"。

　　含义之二是指教材设计"四大环节"的"一体化"。"四大环节"即"理论"

[①]　见"总序"二维码"延伸阅读0-1"至"延伸阅读0-7"。

[②]　在世界高等教育领域，20世纪末至21世纪初，课程与教材建设的大势所趋是向"'整体论'课程观"转型。其间呈现的"整体论"课程模式多种多样，诸如：整合"专能"与"通能"的"整体能力观"（美国"职业群集课程"、英国BTEC课程、德国"双元制"课程，20世纪70至80年代）；整合"职业教育与学术教育"的AIO、STW和STC（美国社区学院，20世纪90年代）；整合"专识"与"通识"的"整体知识观"课程（美国普通高校，1990）；"博洛尼亚进程"中的"整体能力观"（29个欧洲国家，1999—2010）；整合"职业教育"与"普通教育"的"一体化"课程（美国，21世纪）；兼顾"学术性因素"与"典型职业性因素"的《教育与培训框架2020》（欧盟委员会，2010）；整合"整体知识观"与"整体能力观"的"21世纪技能""PISA 2018全球胜任力评估框架"（美国，2011，2017）和中国普通高校"双一流大学建设"（2017—2022）。

学习微平台
延伸阅读0-1
学习微平台
延伸阅读0-2
学习微平台
延伸阅读0-3
学习微平台
延伸阅读0-4
学习微平台
延伸阅读0-5
学习微平台
延伸阅读0-6

"实务""案例""实训"。此处的"一体化"有三层含义：一是指每门专业课教材的"四大环节"，从"学习目标"到"教学内容"，再到"基本训练"和"考核评价"一贯到底；二是指每章"四大环节"皆向"预期胜任力"的"阶段性建构"聚焦；三是指各章"预期胜任力"的"阶段性建构"通过"终极体验"，收官于其全课程的"总体性建构"。

3.类型与层次

在"教育类型"上，本系列教材区别于"普通高等教育"和"应用本科教育"教材，

定位于"高等职业教育"；在教育层次上，本系列教材介于"中等职业教育"和"专业研究生教育"之间，定位于"高职高专"。

在教材类型上定位于"高职高专"，就是其内容重心不在"学科知识"及其"应用"，而在"技术"及其"应用"；在教材层次上定位于"高职高专"，就是以教育部新近颁布的财经商贸大类和旅游管理大类"高等职业学校专业教学标准"为层次标准。

4.编写原则

在编写原则上，本系列教材编写以教育部《职业院校教材管理办法》中的"总则"为原则，以贯彻落实其中"一个坚持"、"六个体现"、"四个自信"和"第十二条"各项要求为基点，以《中国教育现代化2035》及其实施方案中提出的"指导思想""八大基本理念""总体目标""十大战略任务"为全面指导。

5.课程类型

在"课程类型"上，本系列教材兼顾"学术性"与"职业性"、"人本主义"与"工具主义"、"道德主义"与"功利主义"。

兼顾"学术性"与"职业性"，就是体现课程的"职普融通"，即体现"教育链"、"'学术链''技术链''产业链'"和"人才链"有机衔接。

兼顾"人本主义"与"工具主义"，就是使课程既具有"人本属性"，又具有"工具属性"。课程的"人本属性"是指坚持"以人为本"，把全面提高学生的教育水平、文化品位、价值追求作为课程的根本；课程的"工具属性"是指把树立大学生的"服务意识"作为课程的宗旨。

兼顾"道德主义"与"功利主义"，就是使课程既具有"道德属性"，又具有"功利属性"。课程的"道德属性"是指把"社会公德"和"职业道德"作为课程价值的主导取向[①]；课程的"功利属性"是指把"为社会、为国家、为人民谋利益"作为课程价值的基本取向，把"三个有利于"作为判断课程价值的最终标准。

6.课程导向

在"课程导向"上，本系列教材正视并顺应欧盟 QF-EHEA 和 EQF 弃用"工

---

① "道德属性"或"立德树人"，即"扎根中国大地，站稳中国立场，充分体现社会主义核心价值观，加强爱国主义、集体主义、社会主义教育，引导学生坚定道路自信、理论自信、制度自信、文化自信，成为担当中华民族伟大复兴大任的时代新人"。

作导向"和向"学习结果"转型的主流趋势，并由此前行，从"专注学习结束"进向"兼顾'预期胜任力'连同其'发育过程'"。

"新系"的"兼顾导向"，以"'职业个体学力发育'与'职业成体行动'的主导机制不同"为理论依据。

"新系"的"过程模式"选择"'学力发育'导向"。其中："学力"是指"通过学习获得的能力"，"职业学力"包括"学术""技术""技能""价值"四重基本要素（以下简称"四重要素"）；"发育"是借用生物学概念，指高职院校在校生"职业学力"的发展，即其从高中阶段"原格局"到高职毕业之"完全成熟"的变化过程（包括各学期其在课程教学中经历的变化过程）。

"新系"的"目标模式"选择"'预期胜任力'导向"，即将"有机论"的"内在目的性"作为方法论主导原理，以"预期胜任力生成（成熟）"为最终"目标状态"。"目标模式"可阶段化和具体化为专业教材各章的"学习目标"。

7.课程目标

以"课程标准"为总体规划和基本依据的"课程目标"，是"课程标准"的具体化和细化，即课程实施应达到的预期结果；在教材中、"课程目标"通过"学习目标"得以实现。

本系列教材用"'传承'为主，兼顾'创新'"模式取代"专注'传承'"的传统"目标描述"。

1）传承型目标

"'传承型'目标"以"健全职业人格①"为"整合框架"，以全人类共同价值、党和国家意志、社会主义核心价值观及道德伦理等"多维规范融入"为"价值引领"，通过各章"学习目标"中的"理论目标""实务目标""案例目标""实训目标"等环节和侧面的阶段性"学力'结构–建构'"，实现向"'预期胜任力'生成"的课程"总目标"汇集和聚焦。其中：

"理论目标"描述"应当学习和把握"的"学科知识"（陈述性知识），包括概念、原理、特点和作用等；"可据以指导"的各种认知活动，包括"同步思考"、"教学互动"、"随堂测"和"基本训练"中"理论题"各题型；"应当体验"的"初级学习"中"专业认知"的横向正迁移，以及"相关胜任力"中"专业认知要素"的阶段性生成。

"实务目标"描述"由原理向技术延伸"，即："应当学习和把握"的"专业规则与方法"（"程序性知识"）；"可据以解析"的"基本训练"中"实务题"各题型；"应当体验"的"初级学习"横向正迁移，以及"相关胜任力"中"专业技术要素"的阶段性生成。

"案例目标"描述"应当多元表征"的"专业情境"和"思政情境"；"应当体验"的"高级学习"中"专业知识""通用知识""思政元素"的协同性重组迁

---

① "健全职业人格"作为立足于中国特色社会主义制度、物质经济关系、科学技术、道德文化、价值取向、理想情操、行为方式和全球视野等全方位"职业要素"的整合框架，是新时代中国职业人"职业胜任力"的核心和灵魂。

移，以及"相关胜任力"中"认知弹性要素"的阶段性生成。

"实训目标"描述关于"技术应用"的实践操练，即："应当完成"的各项实训任务；"应当实施"的系列技能操作；"应当融入"的"专业能力""通用能力""职业道德"等多维素质要素；"应当准备、撰写与讨论"的《实训报告》；"应当体验"的"实践学习"中"专能"、"通能"与"职业道德"元素的协同性"重组—产生"迁移，以及相关胜任力中"求知韧性"和"复合性'技术—技能'"要素的阶段性生成。

2）创新型目标

"创新型目标"聚焦"自主学习""教学闭环""产学研结合"三者中的"觅母突变"。一方面，将"4Cs"导入"自主学习"和"教学闭环"中，更新"四重要素"；另一方面，通过"产学研结合"，发展"四重要素"。

3）整合型目标

"'整合型'目标"作为"综合训练"的"训练目的"，汇总各章"传承型学习"中的"既定习得"，将其与"自主学习""教学闭环"和"产学研结合"中更新和发展的"四重要素"融为一体，并将基于后者的"技术应用"作为专业课"终极体验"的"综合实训"题目①。

8.课程内容

在"课程内容"上，本系列教材对标新近修订的国家专业教学标准，重点反映"知识经济""数字经济""服务经济""体验经济""共享经济"叠加背景下的现代服务业新发展，特别是反映与5G、人工智能、生物技术、大数据、云计算、物联网和智能移动终端App等新技术融合的新趋势，突出现代服务业"两新四高"的时代特征，即"新服务领域""新服务形式""高'文化品位和技术'含量""高增值服务""高'素质和智力'的人力资源结构""高'情感体验和精神享受'的消费服务质量"。

就内容布局而言，本系列课程教材兼顾"传承与创新"，以体现"'科学⇌技术⇌产业'"辩证关系的"协同性共建"为"展开模式"，即：一方面，通过"传承机制"将教学内容展现在相互联系、密不可分的"认知基础""技术延伸""情境表征"和"技术应用"诸环节，重点反映专业领域的"高新技术规范"，突出"技术延伸"和"技术应用"在高职高专专业课教学中的"重心"地位；另一方面，通过"创新机制"，将"教学闭环"和"产学研结合"中产生的"觅母突变"同步反馈到"课程觅母"中。

"认知基础"是指专业"理论"（包括"基础研究中的创新"）中的"主要概念和基本原理"；"技术延伸"是指基于"认知基础"的"实务知识"，即专业"基础理论"在"应用研究"中发明、创造与开发的"新成果"，包括"新方法、新规范、新规则、新标准、新工艺"；"情境表征"是指能够用"'认知基础'和'技术延伸'"分析的关于"学术—技术—价值"的案例知

---

① 课程"终极体验"比照专业"顶峰体验"而来，后者是美国《博耶报告》倡导的"多种学习方式"之一（详见博耶本科教育委员会.彻底变革本科教育[J].全球教育展望，2001（3）：67-73.）。

识；"技术应用"是指应用"新技术"的"同步体验"和"终极体验"，即"实践学习"中的"'技术-技能'操作"。

"课程内容"四环节的分量关系，是兼顾"学科知识"与"产业实践"两端，重在"'技术'的'传承-创新'与'应用'"，做到"'理论教学'必需够用、'实务教学'周详充分、'案例教学'典型多样、'实训教学'具体到位"。

"课程内容"中的"思政要素"即"价值引导"，体现在教材各章正文、功能性专栏、"基本训练"相关题型和考核评价中。

9. 课程设计

在"课程设计"上，本系列教材兼顾"目标模式""过程模式""情境模式"。课程设计的"目标模式"，是指"学力'结构-建构'"的"总目标"，即专业"'预期胜任力'生成"；课程设计的"过程模式"，是指前述"学力发育导向"；课程设计的"情境模式"，是指关于"'校本学习'专业'课程觅母'选择"的"内外情境"要素。其中：

"'校本学习'专业'课程觅母'选择"，就是从"基于教育类型和层次定位"的专业"文化觅母库"之"价值链""学术链""技术链""产业链""教育链"中，择优选取"人类文化'传承-发展'信息"要素。

"内外情境"要素中的"内部情境"，是指"教学闭环"内"参与'觅母表达'"的各种要素关系；"外部情境"，是指其"教育环境"中的诸多要素关系。

10. 课程组织

在"课程组织"上，本系列课程教材兼顾"要素组织"和"结构组织"。其中："课程要素组织"对标"深度融合"中的"当代前沿'学科知识'与'技术规则'要素关系"；"结构组织"既关注"层次结构"的合理化，又关注"内容结构"的无限化。

对标"深度融合"中的"当代前沿'学科知识'与'技术规则'要素关系"，就是课程的"学术性要素"与"职业性要素"依照"纵向为主，横向为辅，纵横交错"的线索展开；"层次结构的合理化"，就是合理配置"深层""中层""浅层"知识，通过深层知识对中层知识、中层知识对浅层知识的"一般性"、"稳定性"和"指导性"作用，赋予课程以应对"知识流变"的弹性；"内容结构的无限化"，就是在"授之以鱼"的同时"授之以渔"，即通过"学会学习"，导入关于"学习理论"、"学习方法"与"学习策略"的"自主学习'否定性'"机制，赋予课程以应对"从学校到生涯"的"知识流变"之无限潜力。

11. 课程方法

在"课程方法"上，本系列教材以"中心法则"假说为理论依据，将"学科中心"与"工作中心"、"知识中心"与"活动中心"、"教师中心"与"学生中心"等"两极对立"，以及"多中心""无中心"等传统执念，转型为"以'觅母表达过程'为中心，以'教师为引导、学生为主体'、'教学闭环与教育环境良性互动'为'开放系统'"的"'整体论'方法"模式。

12.教材结构

在"教材结构"上，高职高专的专业课教材此前有两个主要选项，即"模块化结构"和"多样化结构"。

"模块化结构"是北美DACUM、国际劳工组织MES和德国"双元制""工作导向"课程结构的标配；"多样化结构"是欧盟各国QF-EHEA和EQF"学习结果导向"课程结构的标配。

鉴于"工作导向"被QF-EHEA和EQF"范式转换"多年，已不可取；"学习成果导向"不仅方法论基础有局限性，而且重"结果"轻"过程"，特别是轻"校本学习"中"教学闭环"的"过程"，是"一种倾向掩盖另一种倾向"，也不足取。

本系列教材的"课程导向"兼顾"过程模式"（学力发育）与"目标模式"（预期胜任力），且其"要素结构"以"纵向为主，横向为辅"，故以"章节结构"为教材结构的标配。

13.教学途径

在"教学途径"上，本系列课程教材的"理论教学"遵循"从抽象上升到具体"的路径；"实务教学"同步跟进，向"技术环节"延伸；"案例教学"紧随其后，穿插其间；"实践教学"理实统一，从阶段性收官。

"教学途径"如此布局的理论依据如下：麦克·扬"基于知识分化的理论"观点，即关于"强有力的知识"是"专门化的""系统性的、通过概念在'学科'或'科目'的形式下彼此系统关联"的观点[1]；马克思关于"从抽象上升到具体的方法"是"科学上正确的方法"[2]；J.安德森"产生式迁移理论"关于"'产生式规则'的获得必须先经历一个'陈述性阶段'"；弗拉威尔"认知策略迁移理论"关于"'反省认知过程'是在新的情境下使用'认知过程'的前提"；斯皮罗（R.J.Spiro）和乔纳生（D.H.Jonassen）"认知灵活性理论"关于"'高级学习'以'初级学习'为前提"；约翰·杜威关于"学习也来自经验"；库尔特·勒温关于"理论应该与实践统一"；让·皮亚杰关于"智力在体验中形成"。

14.教学方法与学习方式

在"教学方法"上，本系列教材将各种教学方法"兼收并蓄"，即将"学导教学法""互动教学法""案例教学法""讨论教学法""体验教学法""分众教学法""项目教学法"等诸多教学法，有针对性地运用于相应教学环节，使其相得益彰。

在"学习方式"上，融"听讲学习""自主学习""协作学习""讨论学习""互动学习""探究学习""考察学习""实践体验学习""网络学习"等多种方式于一体。

---

① YOUNG M, LAMBERT D. Knowledge and the future school: curriculum and social justice ［M］. London: Bloomsbury, 2014: 74-75.
② 参见中共中央马克思恩格斯列宁斯大林著作编译局.马克思恩格斯文集: 第8卷 ［M］. 北京：人民出版社，2009: 25.

15. 课程训练

在"课程训练"上，本系列教材通过各类题型——对标四大"学习目标"和"教学环节"的"理论题""实务题""案例题""实训题"————操练，复习与巩固"单元教学"的各种习得，体验不同类型的"学习迁移"，强化"学术""技术""技能""价值"等要素"聚焦'胜任力'"的"学力阶段性"建构。

教材末章之后设有作为课程"终极体验"①的"综合训练"，旨在体验将"产学研结合"和"教学闭环"（特别是"自主学习"）中获得的"技术更新"与先前各章"技术习得"融为一体的"'传承-创新'型""胜任力建构"。

在上述训练中，着眼"高素质"人才的"核心素质"培养，本系列教材借鉴英国"普通国家职业资格证书"（GNVQ）课程中关于"'通用知识'应用转化为'通用能力'"授课方式，通过学生组建学习团队，自主学习和应用教材所附"'职业核心能力训练'参照知识和规范"，将"通识"和"通能"融入各章"案例分析""课程思政""实训操练"等"专业能力"、"4Cs"和"韧性"的诸训练环节中。

16. 课程考核

关于"课程考核"，本系列课程教材的定位如下：

考核模式：采用"寓练于考""以考促练"的"多元整合型"考核模式，兼顾"知识测试"和"能力与素质评估"，"融多种考核方式于一体"，即融"理论考核""实务考核""案例考核""实践考核"，以及"形成性考核"与"成果性考核"（课业考核）等考核方式于一体。其中："成果性考核"系借鉴欧盟 QF-EHEA 和 EQF "学习结果"范式中"强化教育输出端管理"的合理内核，请产业界代表参与考核评估和质量把关。

考核目的：全面测评学生在本课程教学训练活动中"学习目标"的达标程度，重点评估以"预期胜任力"为"建构总目标"的"学力建构"阶段性水平。

考核种类：针对考生"学力建构"各阶段不同层面和要素，兼顾"理论题考核"、"实务题考核"、"案例题考核"和"'实训题/自主学习'考核"。

17. 评价原则

在"评价原则"上，本系列教材定位于"改进结果评价，强化过程评价，探索增值评价，健全综合评价，完善素质评价，提高评价的科学性、专业性和客观性"，致力于建构新时代中国特色高等职业教育专业课程考核评价体系。

18. 质量管控

在"质量控制"上，本系列教材建设坚持基于"产学研结合"的"质量管理"，邀请行业、企业代表及相关领域专家参与由领衔编者主导的教材设计、编写与质量管控②。

---

① 相对于"专业胜任力建构"的"顶峰体验"，每门课程的"终极体验"都是一种"阶段性体验"。
② 最好请通晓当代课程理论研究最新成果的课程专家担任教材设计顾问。

二、各阶段融入要素

1.关于"人才培养目标"

关于高职高专"人才培养目标"定位，本系列教材建设对标各阶段文件精神与要求，同步跟进和转型如下：

"以培养高等技术应用性专门人才为根本任务"（教育部，2000）；"培养生产服务第一线的高素质劳动者和实用人才"（国务院，2002）；"培养高素质的技能型人才，特别是高技能人才"（教育部，2003）；"培养面向生产、建设、管理、服务第一线需要的高技能人才"（教高〔2006〕16号）；"以培养高端技能型人才为目标"（教育部，2011）；"培养高端技能型人才"（教职成〔2011〕9号）；"培养产业转型升级和企业技术创新需要的技术技能型人才"（国发〔2014〕19号）；"培养掌握新技术、具备高技能的高素质技术技能人才"（《现代职业教育体系建设规划》，2014—2020）；"培养创新型人才是国家、民族长远发展的大计。当今世界的竞争说到底是人才竞争、教育竞争。要更加重视人才自主培养，更加重视科学精神、创新能力、批判性思维的培养培育。要更加重视青年人才培养，努力造就一批具有世界影响力的顶尖科技人才，稳定支持一批创新团队，培养更多高素质技术技能人才、能工巧匠、大国工匠"（习近平总书记在中国科学院第二十次院士大会、中国工程院第十五次院士大会和中国科学技术协会第十次全国代表大会上的讲话，2021）；党的二十大报告强调，"育人的根本在于立德。全面贯彻党的教育方针，落实立德树人根本任务，培养德智体美劳全面发展的社会主义建设者和接班人"。

在所述"跟进"与"转型"的靠后阶段，为及时对接"基于'科学-技术-产业'融合"的中国"'技术-产业'链"升级（特别是"新质生产力"）对高级人力资源（特别是"新质型人才"）的新需求，本系列教材结合"经管类服务业"特点，着眼高职高专"培养以'健全职业人格'为职业灵魂，富有科学精神、人文精神、创新精神、政治素质、'4Cs'和'韧性'，'德、知、技、能并修'的新时代'高素质''高技术等级'的'技术-技能'型人才"这一总定位，进一步提升了由公共基础课和专业课体系支撑、作为专业"职业表型"的"预期胜任力"建构内涵。

2.关于"自主学习"

联合国教科文组织研究表明：进入21世纪，不少学科知识更新周期已缩短至2～3年。不仅如此，如《今日世界》作者所指出的，整个"工作世界"都处于变化中，而且变化会越来越快。

这意味着，学生在校学习的旨在"与工作世界对接"的"学习结果"中，有相当多的知识在毕业后已经过时。

为应对日益加速的"知识流变"和"工作世界变化"，本系列教材自2017年起，将"自主学习"视为与"实训操练"同等重要的能力训练：在奇数各章用"自主学习"替换先前各版的"实训操练"，或将"自主学习"直接融入"实训操练"的"技能训练"中，借以培育学生适应"知识流变"的"求知韧性"。

3.关于"教育信息化"

1）二维码资源

为落实教育部关于"进一步推进职业教育信息化发展"，"推广……移动学习等信息化教学模式"（教职成〔2017〕4号）和"推进教育教学与信息技术深度融合"（《教育部高教司2018年工作要点》）等文件精神，本系列教材建设从2019年起增加了可以经常更新的二维码教学资源，旨在解决传统教材所缺少的"互联网+"移动学习，即纸质教材知识信息相对滞后的问题。

2）专业教学资源库

为落实《教育信息化2.0行动计划》（教技〔2018〕6号）中关于"升级职业教育专业教学资源库建设，丰富职业教育学习资源系统"要求，本系列教材及时将网络教学资源由原来的3种扩充为包括"课程概要""教学大纲""教学日历""电子教案""PPT课件""学生考核手册""参考答案与提示""学习指导"8种。

4.关于"三教改革"、"评价改革"和"立德树人"

为全面落实《国家职业教育改革实施方案》（国发〔2019〕4号）、《关于实施中国特色高水平高职学校和专业建设计划的意见》（教职成〔2019〕5号）、《职业院校教材管理办法》、《深化新时代教育评价改革总体方案》（中共中央、国务院，2020）和《职业教育提质培优行动计划（2020—2023年）》（教职成〔2020〕7号）等文件要求与精神，本系列教材建设重点落实"三教"改革中的"教材、教法改革"和"总体方案"中的"教育评价改革"，特别是落实"在立德树人根本任务方面，进一步创新思想政治教育模式，将社会主义核心价值观融入专业课教材"等要求。

5.关于"党的二十大精神进教材"

依照《中共中央关于认真学习宣传贯彻党的二十大精神的决定》中关于"加快推进党的二十大精神进教材、进课堂、进头脑"要求，自2022年年底起，本系列教材建设将研究和落实"育人的根本在立德""培养德技并修"的"高素质'技术–技能'型人才"的"人才强国战略"，作为新时期高职高专院校专业课程教材改革的根本任务。

6.关于"职普融通"和"产学研结合"

为贯彻《关于深化现代职业教育体系建设改革的意见》文件精神，自2023年起，本系列教材建设阶段性落实"以教促产、以产助教、产教融合、产学合作、延伸教育链、服务产业链、支撑供应链、打造人才链、提升价值链"等文件要求，致力于探索体现"产学研合作"和"'科学链''技术链''产业链''教育链'协同发展"的具体方式。

7.关于"加强课程教材体系建设"

自2023年秋季起，本系列教材根据相关文件要求，在建设规划中提出"进一步优化教材体系"和"强化质量控制"的要求，具体如下：

1）关于体系优化

以《中国教育现代化2035》及其实施方案中提出的"指导思想""八大基本

理念""总体目标""十大战略任务"为全面指导，致力于落实关于"加强课程教材体系建设"，特别是"科学规划课程""充分利用现代信息技术""丰富并创新课程形式""增强教材的思想性、科学性、民族性、时代性、系统性""完善教材编写、修订"等任务要求，并以同期修订的"总序"为契机深化共识，探索新时代中国特色高等职业教育专业课程与教材体系建设的"弯道超车"之路。

2）关于质量控制

学习微平台

延伸阅读 0-7

贯彻落实《教育部办公厅关于加快推进现代职业教育体系建设改革重点任务的通知》（教职成厅函〔2023〕20号）任务八中关于优质教材建设要求，本系列教材在"质量控制"上，请"教育理论学者""科技专家""产业行家"参与教材设计、编写和质量把关。

许景行

2010 年 9 月初稿

2024 年 6 月修订

第四版前言

　　随着物流产业转型升级，物流行业企业对物流人才的综合素养提出了更高的要求。为全面贯彻党的教育方针，落实立德树人的根本任务，《国际物流与货运代理——理论、实务、案例、实训》本次修订以教育部《职业院校教材管理办法》中的"总则"为原则，以贯彻落实"一个坚持"、"六个体现"、"四个自信"和"第十二条"各项要求为基点，以新近修订的高等职业学校物流管理专业教学标准和职业标准为规范。在编写过程中认真落实《中共中央关于认真学习宣传贯彻党的二十大精神的决定》中关于"加快推进党的二十大精神进教材、进课堂、进头脑"的要求，一方面旨在满足新时期我国高职高专教育教学改革对新型专业教材的需求，另一方面也出于满足后精品课程时期国际物流课程持续发展的内在需要。

　　我国物流行业的迅速发展，使得国际物流理论与实务操作的相关知识、技术-技能的重要性日益凸显，为了跟进产业发展，适应新形势的要求，也为了让读者及时了解理论研究新知识、实务操作新技能、行业发展新态势、企业运作新方向，本教材第四版在第三版的基础上，从体系、内容、体例等方面进行了全面的修订、升级和补充，具体如下：

　　1.教材体系建设

　　20世纪60年代以来盛行于西方发达国家的职业教育的"工作导向"，于21世纪头10年，就被作为欧盟各国职教改革主流范式的EQF"学习结果"取代。正视这一"范式转换"的积极意义，并由此继续前行，探索新时代中国特色高等职业教育专业课程体系建设之路，中国职教界责无旁贷。

　　在此背景下，为阶段性落实《中国教育现代化2035》及其实施方案中关于"加强课程教材体系建设"，特别是"科学规划课程"、"充分利用现代信息技术"、"丰富并创新课程形式"、"增强教材的思想性、科学性、民族性、时代性、系统性"和"完善教材编写、修订"等任务要求，本书第四版遵循"总序"阐明的"共识"，在教材的"类型与层次""编写原则""结构"，课程的"设置""导向""目标""内容""组织""方法""训练、考核与评价"，以及教学的"途径"和"方法"等方面，都做了较为系统的调整和优化，将以"'整体论'课程观"为指导理念，以"内在目的性"为方法论主导原理，以"课程觅母表达"为中心，以"学力发育"为"过程模式"，以"胜任力建构"为"目标模式"，以教师为引导，以学生为主体，以"教学—训练—考核"为主线的"'教、学、做、评'合一"，作为教材体系建设的基本定位。

2.教材内容建设

在教材内容建设上，同步反映21世纪以来"知识经济""数字经济""服务经济""体验经济""共享经济"叠加背景下的现代物流产业发展需求和新技术融合新趋势，结合我国物流行业"物流韧性强、潜力大、活力足，融合创新、高质量发展的基本面"，进行了全面修订和升级：

（1）融入课程思政。将"学习目标"里的"案例目标"中的"职业道德与企业伦理"升级为"课程思政"，进一步促进"立德树人"根本任务的落实；将每章"职业道德与企业伦理"和章后"基本训练"的"善恶研判"题型，统一升级为"课程思政"。

（2）优化"学习目标"。通过聚焦"'国际物流与货运代理'胜任力"的"理论目标"、"实务目标"、"案例目标"、"实训目标"和"自主学习目标"，强化其"认知基础"、"技术延伸"、"认知弹性"、"求知韧性"和"复合性'技术-技能'"等要素"生成过程"的"阶段性体验"与"终极体验"。

（3）扩展"功能专栏"。在对"同步案例""业务链接""同步思考""教学互动""延伸阅读"等专栏进行全方位更新的基础上，从第2章起，各章增加了"问题思维"和"深度剖析"专栏，旨在通过追问"为什么"，弥补传统教材只讲"是什么""做什么""怎么做"之不足，提升学生深入思考和解决问题的能力。

（4）注重"技术-技能"应用。与对标高职高专教育"侧重'技术延伸及其应用'、培养'技术技能人才'"的教学内容更新相应，本次修订将各章"基本训练"中的原"实训题"优化为关于本章"技术应用"的"同步体验"，并在末章之后，增设了"兼顾'传承'与'创新'"的"终极体验"训练，旨在将学生在"'国际物流与货运代理'胜任力建构"中通过"产学研结合"和"教学闭环"（特别是"自主学习"）获得的"技术更新"，与先前各章"同步体验"建构的"技术习得"融为一体。

（5）更新相关概念。对标2021年12月1日起实施的中华人民共和国国家标准《物流术语》（GB/T 18354—2021），对第四版教材中使用的相关概念进行了同步更新。

3.教材配套资源建设

本次修订对原网络教学资源进行了升级和扩充，将原来的3种扩充为8种，即课程概要、教学大纲、教学日历、电子教案、PPT、参考答案与提示、学习指南、学生考核手册。使用本教材的教师可登录东北财经大学出版社网站（www.dufep.cn）下载和使用这些教学资源。

4.教材质量管控

在教材质量管控建设上，本次修订坚持"产学研结合"的"教材设计"与"质量管理"，邀请教研专家和行业能手全程参与，特别是在"体系优化""内容侧重'技术延伸与应用'"等方面，进行专业指导与质量把关。

本书第四版由淮阴工学院张清老师、辽宁交通高等专科学校皇甫艳东老师主编，天津交通职业技术学院杜杨老师、广州市交通运输中等专业学校魏安莉老师和南通航运职业技术学院刘庆广老师参加编写和修订。具体分工如下：张清编写和修订第1章、第7章，杜杨编写和修订第2章，魏安莉编写和修订第3章，刘庆广编写和修订第4章，皇甫艳东编写和修订第5章、第6章、课业范例、综合训练和网络教学资源。全书由张清统稿。

淮阴师范学院蒋苏娅教授和沈阳自贸跨境电商企业协会法人兼执行会长郭志先生，全程参与了教材的修订研讨和质量把控工作，在此致以诚挚的感谢。

"总序"与书后"附录"由东北财经大学出版社许景行编审撰写和修订。

由于修订时间紧迫、作者水平有限，本书欠缺与不成熟之处，敬请各位专家和使用本教材的师生批评指正。

编　者

2023 年 11 月

目　录

第1章
国际物流与货运代理概述

学习目标

通过本章学习，应该达到以下目标：

理论目标： 学习和把握国际物流与国际货运代理的相关概念、国际物流的特点和作用、国际物流系统与网络、国际物流信息系统与标准化的相关术语、国际货运代理的业务范围与作用等陈述性知识；能用其指导本章"同步思考"、"教学互动"和"基本训练"中"理论题"各题型的认知活动，正确解答相关问题；体验本章"初级学习"中专业认知的横向正迁移，以及相关胜任力中"认知"要素的阶段性生成。

实务目标： 学习和把握国际货运代理人的选择方法、国际货运代理人法律地位的识别、"业务链接"和二维码资源等程序性知识；能以其建构"国际物流与国际货运代理概述"中的规则意识，正确解析本章"基本训练"中"实务题"的相关问题；体验本章专业规则与方法"初级学习"中的横向正迁移和"高级学习"中的重组性迁移，以及相关胜任力中"专业技术"要素的阶段性生成。

案例目标： 运用本章理论与实务知识研究相关案例，培养和提高在"国际物流与国际货运代理概述"特定情境下分析、解决问题与决策设计的能力；结合本章教学内容，依照相关规范或标准，对"课程思政1-1"、"课程思政1-2"、"课程思政1-3"和章后"课程思政-Ⅰ"等案例中的企业及其从业人员行为进行思政研判，促进"立德树人"根本任务的落实；体验本章"高级学习"中专业知识、通用知识与思政元素的协同性重组迁移，以及相关胜任力中"认知弹性"要素的阶段性生成。

自主学习： 参加"自主学习-Ⅰ"训练，在实施《自主学习计划》的基础上，通过阶段性学习和应用"附录一"附表1中"自主学习"（初级）"'知识准备'参照范围"所列知识，搜集、整理与综合"国际物流"前沿知识，讨论、撰写和交流《"国际物流"最新文献综述》，撰写《"自主学习-Ⅰ"训练报告》等活动，培养"自主学习"的通用能力（初级）；体验本章"自主学习"中"专能"与"通能"的"重组性"迁移，以及相关胜任力中"求知韧性"的阶段性生成。

引例　从"菜鸟"到精英的蜕变

背景与情境： 小王从现代物流管理专业毕业后一直想找一份与专业相关的工作。经过一轮轮严格的面试，他进入了一家国际货运代理公司工作。进入公司后，他先后在海运出口操作助理、进口操作助理、内贸运输操作员、商检报检员、外勤人员、客户服务专员、海运进口操作员岗位进行轮岗。在不断的轮岗实践中，由于经常和客户、海关、货站场地、船代公司、银行、外汇管理部门、车队以及国外代理公司打交道，他对国际物流业务涉及的专业知识有了更深层次的了解和掌握，拥有了丰富的业务经验，具备了较强的组织、沟通、协调和实践能力。在工作3年后，由于小王对不同类型货物的进口和出口业务环节中所涉及的运输、保险、报关、报检、退税等操作实务都了如指掌，他升职为公司的业务主管，薪金待遇有了很大提高，在单位里带了好几个新毕业大学生徒弟，徒弟们都尊敬地喊他王师傅，他也越发得到单位领导的器重，从"职业小白"蜕变成了物流领域的业务精英。

从引例可见，在当今经济环境下，企业对国际物流人才的需求更加多元化，不但要求熟练掌握国际物流及货运代理专业知识，还要具有国际物流领域的业务技能以及良好的组织、沟通和协调能力。

1.1　国际物流概述

1.1.1　国际物流的含义和特点

1）国际物流的含义

随着国内企业越来越多地参与国际商务活动，企业在商品和劳务方面同国外的交易也将越来越频繁。而国际商务和国内商务在运作规律和运行规则方面有所不同，国际商务活动包含了进出口业务，交通运输服务，银行和金融、保险业务，租赁和咨询以及结算等各项商务活动。这些商务活动是跨越不同国家进行的，在时间和空间上存在距离，所以物流的范围扩大了，物流的内容扩展了。

国际物流（International Logistics，IL）是指跨越不同国家或地区之间的物流活动。国际物流伴随着国际贸易的发展而产生和发展，并成为国际贸易的重要物质基础，各国之间的相互贸易最终必须通过国际物流来实现。

2）国际物流的特点

国际物流环境具有差异性。不同的国家和地区适用的法律、法规不同，操作规程和技术标准不同，地理、气候等自然环境不同，风俗习惯等人文环境不同，经济和科技发展及各自消费水平也不同。这些具有显著差异的物流环境使得国际物流系统的建立必须同时适应多种不同的法律法规、人文、习俗、语言、科技发展程度及相关的设施。

国际物流系统范围的广泛性。国际物流系统不仅具有物流本身复杂的功能要素、系统与外界的沟通因素，而且要面对不同国家、不同地区错综复杂的不断变化的各种因素。国际物流系统范围的广泛性使得相关的现代化技术的开发与使用显得尤为重要，现代化系统技术可以尽可能降低物流过程的复杂性，减少其风险，从而使国际物流尽可能提高速度，增加效益，并推动国际物流的发展。

国际物流信息化要求具有先进性。国际物流所面对的市场变化多、稳定性低，所以对信息的提供、收集与管理有更高的要求，因此必须要有国际化信息系统的支持，建立技术先进的国际化信息系统成为发展现代国际物流的关键所在。

国际物流标准化要求具有统一性。国际物流要使各国之间物流互相接轨并畅通，有一个必要的条件是标准统一。在国际流通体系中，应当推动国际基础标准、安全标准、卫生标准、环保标准及贸易标准的进一步统一，并在此基础上制定、推行统一的运输、包装、配送、装卸、储存等技术标准，从而提高国际物流标准化水平。

1.1.2　国际物流的作用和分类

1）国际物流的作用

国际物流最大的特点是物流跨越国界，物流活动是在不同国家之间进行的，所以国际物流的存在与发展可以促进世界范围内物资或商品的合理流动，可以使国际物资或商品的流动路线最佳、流通成本最低、服务最优、效益最高。同时由于国际化信息系统的支持和世界范围内各地域间的物资交流，国际物流可以促进世界经济的发展，增进国家间的友好交往，并由此推进国际政治、经济格局的良性发展，从而促进整个人类的物质文化和精神文化朝着更加和平、稳定和文明的方向发展。

同步案例1-1

国际物流的发展促使商品配送效率提升

背景与情境：德国一家专门销售化妆品的公司，它有5 000家专卖店，分布在60个国家，每年销售化妆品约500万件。因其总部在德国，所有的工作都是通过其代理商进行的。若某一专卖店发现某款化妆品需要补货，通知其指定的代理商，该代理商立即将此信息通知德国总部，总部再把这一信息反馈给配送中心，配送中心便根据专卖店的需求在最短的时间内进行打包、组配、送货。整个物流过程可在一周内完成。

问题：该化妆品公司为什么能如此之快地进行配送？

分析提示：国际物流的发展，使商品的流动路线最佳、流通成本最低、服务最优，实现国家与国家之间的高效率配送服务。

2）国际物流的分类

根据不同的划分标准，国际物流主要分为以下3种类型：

（1）根据货物在国与国之间的流向分类：国际物流可分为进口物流和出口物流。当国际物流服务于一国的货物进口时，可称之为进口物流；反之，当国际物流服务于一国的货物出口时，可称之为出口物流。由于各国在物流进出口政策，特别是海关管理制度上的差异，进口物流与出口物流相比，既有交叉的业务环节，也存在不同的业务环节，需要区别对待。

（2）根据物流流动关税区域分类：国际物流可以分为不同国家间的物流和不同经济区域间的物流。区域经济的发展是当今世界经济发展的一大特征。例如，欧盟国家属于同一关税区，其成员国之间的物流运作同欧盟成员国与其他国家或经济区域之间的物流运作在方式和环节上都有很大的差别。

（3）根据运送货物的类型和特征分类：国际物流可以分为国际军火物流、国际商品物流、国际油品物流、国际捐助或救助物资物流、国际展品物流和废弃物物流等。

1.1.3　国际物流的产生与发展

1）国际物流的产生

国际物流的实质是根据国际分工的原则，依照国际惯例，利用国际化的物流网络、物流设施和物流技术，实现货物的国际流动与交换，以促进区域经济的发展与世界资源的优化配置。国际物流的总目标是为国际贸易和跨国经营提供服务，即选择最佳的方式与路径，以最低的费用和最小的风险，保质、保量、按时地将货物从某国的供方运到另一国的需方。

同步案例1-2

菜鸟为客户提供高质量国际物流服务

背景与情境： 菜鸟成立于2013年，目前服务了7 000+全球跨境电商、品牌商、贸易商等。作为全球化的物流产业互联网公司，菜鸟持续为跨境进口供应链上的企业提供高效、灵活、高品质的服务。目前菜鸟已形成全球物流基础设施、全渠道业务运营和拓展、数字化三大发展力竞争优势。菜鸟为商家打造的具备全球干线运输、清关申报及库存部署能力的供应链网络服务，通过对物流、信息流、商流的优化整合，打通全链路国际供应链，形成独特优势，降低全链路物流成本，提升库存周转效率，拓展生意规模，成为品牌加速全球化步伐的助推器。

（资料来源　亿欧网. 跨境进口服务商案例分析：以菜鸟物流为例［EB/OL］.［2023-09-25］. https://baijiahao.baidu.com/s?id=1777978645498731374&wfr=spider&for=pc. 引文经节选、整理与改编）

问题： 本案例说明什么问题？

分析提示： 菜鸟在国际物流快速发展的今天，抓住机会为跨境业务涉及的各类企业提供高质量国际物流服务，取得了巨大的成功。国际物流运作效果已经成为企业成败的关键。

第二次世界大战以后，国际经济交往越来越频繁和活跃，尤其在20世纪70年代的石油危机以后，原来只满足运送必要货物的运输观念已不能适应新的要求，系统物流就是在这个时期进入到国际领域的。

业务链接1-1

联邦快递简介

联邦快递（FedEx）是一家国际性速递集团，提供隔夜快递、地面快递、重型货物运送、文件复印及物流服务，总部设在美国田纳西州，隶属于美国联邦快递集团（FedEx Corp）。联邦快递设有环球航空及陆运网络，通常只需一至两个工作日，就能迅速运送时限紧迫的货件，而且确保准时送达，并且设有"准时送达保证"。为顾客和企业提供涵盖运输、电子商务和商业运作等一系列的全面服务。

自20世纪70年代中期，我国首次引入"物流"一词以来，物流业在中国已有了较大的发展。最早接受"物流"概念的有两个领域，一个是机械工业系统，另一个是物资流通部门。在我国多年的企业物流实践中，许多大中型企业在生产流程、物料搬运、库存控制、定置管理、物流系统化等方面都取得了长足的发展。物流观念不足、物流管理水平落后、缺乏技术支撑、专业人才短缺一度成为我国物流发展的瓶颈。

同步链接1-1

学习宣传贯彻
党的二十大
精神之一

业务链接1-2

中国物流行业主流发展方向

中国已成为全球第一快递大国，其物流也衍生出多种业态，朝着多元化、智能化、开放化、国际化方向发展。热门行业包括：物流快递、电商物流、跨境物流、即时配送、同城货运、最后一公里、智慧物流、大众物流网络等。其中，智慧物流、即时配送和同城货运这三类发展态势较好。

（资料来源　ResolveAsia. 2022年中国物流行业发展研究报告［EB/OL］.［2022-11-28］. https://baijiahao.baidu.com/s?id=1750736816424922938&wfr=spider&for=pc. 引文经节选、整理与改编）

一国经济的发展，离不开国际贸易的发展，国际物流为国际贸易的发展提供了必要条件，而国际贸易的发展又促进国际物流的国际化和现代化，与此同时，国际贸易对国际物流的服务质量、服务效率、安全因素、经济因素提出了新的要求，所以国际物流的发展势必对中国经济起到巨大的推动作用。

同步思考1-1

综合物流中心

综合物流中心是将两种以上不同类型的物流中心集约在一起，成为一个有综合职能和高效率的物流设施。综合物流中心的建设，是将铁路、公路、水路、航空货站集约在一起，形成一个大型的、功能更加综合化的物流中心。综合物流中心能使不同运输工具实现有效衔接，减少了货物搬运次数，降低了货损货差，提高了物流效率，缩短了物流时间，是理想的物流中心。

问题：根据所学知识，思考我国在物流中心建设上存在哪些问题。

理解要点：（1）在物流观念上；（2）在物流体制上；（3）在物流效率上；

（4）在物流层次上；（5）在物流规模上。

2）国际物流的发展

国际物流活动是随着国际贸易和跨国经营的发展而得到发展的，国际物流活动从产生至今主要经历了以下 3 个发展阶段。

（1）第一阶段：20 世纪 50 年代至 80 年代

第二次世界大战之后，国际贸易的发展水平较之前得到迅速发展，尤其在 20 世纪 70 年代的石油危机以后，国际贸易量已非常巨大，交易水平和质量要求也越来越高，原有的运输观念已经无法满足运送必要货物的新需求，国际集装箱及国际集装箱船的大发展就是系统物流进入国际领域的重要标志，各主要国际航线的定期航班都投入了集装箱船，使物流服务水平得到了显著提升。20 世纪 70 年代中后期，国际物流的质量要求和速度要求进一步提升，这个时期在国际物流领域出现了航空物流大幅度增加的新形势，同时出现了更高水平的国际联运。

（2）第二阶段：20 世纪 80 年代初至 90 年代初

随着国家与国家之间经贸往来的日益扩大和经济技术的发展，物流发展已经趋于国际化，国际物流进入了全面发展阶段。这一阶段，在物流量基本稳定的情况下出现了"精细物流"，物流的机械化、自动化水平显著提高。伴随着新时代人们需求观念的变化，国际物流开始着力于利用新技术和新方法解决"小批量、高频度、多品种"的物流，极大地拓展了国际物流的空间。信息技术开始应用于国际物流的组织和管理，信息技术的应用促使物流向更低成本、更高服务、更精细化的方向发展。这一阶段的国际物流已进入了物流信息时代。

（3）第三阶段：20 世纪 90 年代初至今

在这一阶段各国政府已经认识到国际物流的发展对一国经济发展的重要性。国际物流活动在物流设施、物流技术、物流服务、货物运输、货物包装、货物的流程加工等方面已经走向国际化、标准化。在国际物流的理论和实践方面，世界各国已经形成共识：物流无国界，只有广泛开展国际物流合作，才能促进世界经济的繁荣。网络技术、条形码技术以及全球卫星定位系统（GPS）这些高科技手段在国际物流中已经得到广泛应用，极大地提高了物流的信息化和物流服务水平。目前世界的物流发展已经进入到信息化高度发展时代。

当前我国物流业正处于重要的战略转型期，互联网经济深刻影响着我们的生活和工作，以"互联网+"为驱动的新技术、新业态、新模式，已经成为社会经济发展的新引擎。"互联网+高效运输"的运输组织方式，提升了运输的运作效率；"互联网+智能仓储"在快递、电商、冷链、医药等细分领域快速发展，使得现代仓储管理更加精准、高效、智能，带动行业高端化转型升级；"互联网+便捷配送"实现系统的互联共享；"互联网+智慧物流"利用智慧物流大数据分析，促进快递市场的组织优化和效率提升，引领智慧物流发展趋势；"互联网+供应链一体化"向供应链上、下游延伸，通过数据协同实现更大范围的供应链协同，重构供应链协作关系。在"互联网+"背景下，物流行业的发展势必迈上一个新的台阶。

同步思考1-2

"互联网+高效运输"

在我国，"互联网+物流"发展的起步阶段，涌现出一些新的物流模式和名词，如"互联网+高效运输"、"互联网+智能仓储"、"互联网+便捷配送"、"互联网+智慧物流"和"互联网+供应链一体化"。

问题：请思考"互联网+高效运输"模式具体包括哪些内容。

理解要点："互联网+高效运输"通过搭建互联网平台，实现货运供需信息的在线对接和实时共享，将分散的货运市场有效整合起来，改进了运输的组织方式，提升了运输的运作效率。

3）世界各地物流发展概况

（1）欧洲物流市场的发展

欧洲是引进"物流"概念较早的地区之一，也是较早将现代技术用于物流管理的先锋。

①欧洲物流发展初级阶段——20世纪中期。

欧洲各国为了降低产品成本，便开始重视企业范围内物流过程的信息传递，对传统的物料搬运进行变革，对企业内的物流进行必要的规划，以寻求物流合理化的途径。这一阶段储存与运输是分离的，各自独立经营，可以说是欧洲物流的初级阶段。

②欧洲经济快速发展时期——20世纪70—90年代。

20世纪70年代，随着商品生产和销售的进一步扩大，多家企业联合的企业集团和大公司出现，成组技术广泛采用，物流需求增多，客户期望实现当周供货或服务，工厂内部的物流已不能满足企业集团对物流的要求，因而形成了基于工厂集成的物流。

20世纪80年代，欧洲开始探索综合物流供应链管理。它的目的是实现最终消费者和最初供应商之间的物流与信息流的整合，即在商品流通过程中加强企业间的合作，改变原先各企业分散的物流管理方式，通过合作形式来实现原来不可能达到的物流效率，创造的成果由参与的企业共同分享。这一时期欧洲第三方物流开始兴起。

20世纪90年代，欧洲一些跨国公司纷纷在国外，特别是在劳动力比较低廉的亚洲地区建立生产基地，故欧洲物流企业的需求信息直接从顾客消费地获取，采用在运输链上实现组装的方式，使库存量实现极小化。信息交换采用EDI系统，产品跟踪应用了射频标识技术，信息处理广泛采用了互联网和物流服务方提供的软件。

③20世纪90年代后期至今。

基于互联网和电子商务的电子物流开始在欧洲兴起，以满足客户越来越苛刻的物流需求。从结构上看，欧洲物流市场主要分为三个部分：第三方物流、空运和海运货代、卡车货运网络。

教学互动 1-1

互动问题：

（1）在经济全球化下，欧盟地区物流业发展的特点有哪些？

（2）政府对物流发展的促进作用是如何体现的？

要求：

（1）学生课前就"互动问题"上网查阅相关资料，做好课堂互动准备。

（2）教师不直接提供上述问题的答案，引导学生结合本节教学内容进行独立思考、自由发表见解，组织课堂讨论。

（3）教师把握好讨论节奏，对学生提出的典型见解进行点评。

（2）亚洲物流市场的发展

①日本物流市场的发展。

日本物流业的发展有较长的历史，在世界居领先水平。自1956年从美国全面引进现代物流管理概念后，日本政府通过宏观政策的引导，大力推进本国物流现代化建设，把物流业的高速发展与提高国家经济活力相关活动联系起来。主要措施有以下几个方面：

第一，完善物流基础设施建设。在全国范围内展开基础设施建设，包括高速公路网、新干线铁路运输网、沿海港湾设施、航空枢纽港、流通聚集地等，建设综合运输体系，为扩大物流市场做好基础硬件准备。

第二，提高生产物流管理水平。"零库存"管理、准时制生产管理等新的物流管理方式不断推出，增加物流管理系统，实践应用各种物联网络系统、物流配送系统软件，使物流管理手段与工业化生产达到完美结合。

第三，确立航运的主导地位。由于地理位置的特点，日本海运业务一直被国家作为重要发展战略，政府通过调整部分物流发展战略，积极推进高附加值物流，把物流信息、技术与航运结合起来，在物流国际化、标准化等方面取得很大成就。

从物流活动主体构成的形态来看，日本的物流运作正在朝专业化方向发展。很多制造型企业为了强化自身的物流管理，降低物流活动总成本，开始将企业的物流职能从其生产职能中剥离开来，成立专业子公司或通过第三方物流企业来提供专门的物流服务，为此一大批物流子公司和专业物流公司应运而生，逐步形成物流产业。日本物流业不仅专业化、自动化发展十分快速，而且对物流信息的处理手段也极为重视。通过计算机信息管理系统来处理和控制物流信息，为客户提供全方位的信息服务。

②中国物流市场的发展。

物流业在中国的发展经历了下面几个阶段：从中华人民共和国成立初期到20世纪80年代初改革开放前的计划经济阶段；从改革开放到20世纪90年代中期有计划的商品经济阶段；从提出建立社会主义市场经济体制到目前的现代物流管理阶段。

"十一五"期间，国务院印发《物流业调整和振兴规划》以来，中国物流业保持较快增长，服务能力显著提升，基础设施条件和政策环境明显改善，现代产业体系初步形成，物流业已成为国民经济的重要组成部分。具体体现在产业规模快速增长、服务能力显著提升、技术装备条件明显改善、基础设施网络日趋完善、发展环境不断优化几个方面。总体来看，中国物流业已步入转型升级的新阶段。但是，物流业发展总体水平还不高，发展方式比较粗放。主要表现为：一是物流成本高、效率低。二是条块分割严重，阻碍物流业发展的体制机制障碍仍未打破。三是基础设施相对滞后，不能满足现代物流发展的要求。四是政策法规体系还不够完善，市场秩序不够规范。

为促进物流业健康发展，根据党的十八大、十八届三中全会精神和《中华人民共和国国民经济和社会发展第十二个五年规划纲要》、《服务业发展"十二五"规划》等，制定物流业发展中长期规划（2014—2020年）。规划显示：到2020年，基本建立布局合理、技术先进、便捷高效、绿色环保、安全有序的现代物流服务体系。物流的社会化、专业化水平进一步提升。物流企业竞争力显著增强。一体化运作、网络化经营能力进一步提高，信息化和供应链管理水平明显提升，形成一批具有国际竞争力的大型综合物流企业集团和物流服务品牌。物流基础设施及运作方式衔接更加顺畅。物流园区网络体系布局更加合理，多式联运、甩挂运输、共同配送等现代物流运作方式保持较快发展，物流集聚发展的效益进一步显现。物流整体运行效率显著提高。

"十三五"期间，中国社会物流总费用超11万亿元，在市场规模上首次超过美国成为全球第一物流大国，但中国却非物流强国。2022年12月15日，国务院正式发布《"十四五"现代物流发展规划》，这是中国首部国家现代物流发展五年规划，提出11项重点物流及供应链工程，包括：国家物流枢纽建设工程、铁路物流升级改造工程、物流业制造业融合创新工程、数字物流创新提质工程、绿色低碳物流创新工程、现代供应链体系建设工程、国际物流网络畅通工程、冷链物流基础设施网络提升工程、应急物流保障工程、现代物流企业竞争力培育工程、物流标准化推进工程。"十四五"目标：到2025年，基本建成供需适配、内外联通、安全高效、智慧绿色的现代物流体系。

🔑 课程思政 1-1

快递服务业服务质量监督与提升

背景与情境： 某航空公司一航班在大连某机场落地时所载货物燃烧。经查，事故是由一包禁运货物自燃所致，该包裹实际托运人是A快递公司。在接下来的检查中，还发现了B快递公司未按照规定托运的其他禁运物品。鉴于此，中国航空运输协会对两家违规快递公司进行了严厉的惩罚。另外，还有一些快递企业从业人员出卖客户信息，给客户造成了很大的损失。

对于电子商务的发展而言，物流服务质量和效率是关键，电子商务带动了中国物流业的发展，作为物流业的关键组成部分，快递公司的发展最为明显。据统计，中国快递业70%的快件来源于电子商务，然而在发展过程中多次出现客户信息泄露和野蛮装卸的情况，导致客户和电商企业对快递公司的不满。

问题：

（1）快递公司瞒报禁运货物、出卖客户信息暴露了什么问题？

（2）电子商务企业如何解决物流服务问题？

研判提示： 党的二十大报告指出，必须坚持在发展中保障和改善民生，鼓励共同奋斗创造美好生活，不断实现人民对美好生活的向往。在本案例中，快递行业的服务出现行业管理不规范、从业人员素质不高、业务操作不规范等问题，这需要监管部门及行业提高管理水平、加强服务意识。电子商务企业要加强对物流服务的监督和管理，也可以建立自己的物流服务体系，避免上述事件的发生。

中国的物流产业的发展的主要特征有以下几个方面：

第一，企业物流仍然是全社会物流活动的重点，专业化物流服务需求已初露端倪。随着买方市场的形成，企业对物流领域中存在的"第三利润源"开始有了比较深刻的认识，优化企业内部物流管理，降低物流成本成为目前多数国内企业最为强烈的愿望和要求。

第二，多样化物流服务有一定程度的发展。随着经济的快速发展，中国出现了许多物流企业，主要由三个部分构成：一是国际物流企业。这些国际物流企业一方面为其原有的客户进入中国市场提供延伸物流服务；另一方面，它们针对中国市场正在生成和发展的专业化物流服务需求提供服务。二是由传统运输、储运及批发贸易企业转变形成的物流企业。它们依托原有的物流业务基础以及在客户、设施、经营网络等方面的优势，通过不断拓展和延伸其物流服务，逐步向现代物流企业转化。三是新兴的专业化物流企业。它们依靠先进的经营理念、多样化的服务手段、科学的管理模式在竞争中赢得了市场地位，成为中国物流产业发展中一股不容忽视的力量。在物流企业不断涌现并快速发展的同时，多样化的物流服务形式也有了一定程度的发展。一方面是围绕货运代理、商业配送、多式联运、社会化储运服务、流通加工等物流职能和环节的专业化使物流服务发展比较迅速；另一方面是正在起步的系统化物流服务或全程物流服务，即由物流企业为生产、流通企业提供从物流方案设计到全程物流的组织与实施的物流服务。

第三，物流基础设施和装备发展初具规模。经过多年发展，中国已经在交通运输、仓储设施、信息通信、货物包装与搬运等物流基础设施和装备方面取得了长足的发展，为物流产业的发展奠定了必要的物质基础。

物流产业的发展已引起各级政府的高度重视。各级政府不断研究和制定地区物流发展规划和有关促进政策。展望2035年，中国的现代物流体系会更加完善，具有国际竞争力的一流物流企业成长壮大，通达全球的物流服务网络更加健全，对区域协调发展和实体经济高质量发展的支撑引领更加有力，为基本实现社会主义现代化提供坚实保障。

同步案例1-3

顺丰助力定制化、多样化区域性海鲜品牌高质量发展

背景与情境：2023年8月正是开海的季节，适逢一年一度的南海开渔节，位于广东省阳江市的粤西水产交易市场盛大开业，并与顺丰签订了合作协议。顺丰将根据粤西水产交易市场的多样化业务管理场景需求，密切配合相关产业布局，为客户打造定制化的高品质物流服务，助力阳江农贸新业态加速发展。

为配合园区多种场景需求，提升场景管理效率，顺丰通过先进的数智化科技，为其量身打造市场园区管理体系，实现园区市场管理数据化。与此同时，顺丰投入了约10万㎡的智能多温层冷库集群，提供智能管理系统，推进园区的多温库出入库作业、现场工种调度的数字化和移动化管理工作，让信息流与业务流做到实时同步、无缝衔接。

在消费端，针对日趋增长的电商及个人寄递需求，顺丰在粤西水产交易市场开设直营网点。为实现水产"从海洋到舌头"的新鲜交付，顺丰通过"碎冰+冰袋+防水袋+高密度泡沫箱+外包专用纸箱"的标准化包装方案保持海鲜的新鲜度，并且同类产品优先配载、优先派送，保障生鲜类快件的配送时效和商品品质。

在源头端，为推动粤西水产交易市场向特色化、品牌化发展，顺丰积极开展主产区的新型农业赋能，通过农业技术服务、品控及食品安全检测、产地标准化及溯源、地标品牌打造与供应链金融服务，助力区域性品牌实现产业链创新升级。

在平台端，随着线上购物的需求进一步扩大，也给水产寄递行业带来了新的机遇。顺丰通过开设顺丰直播间、丰享商城及线下丰巢等展位，撮合电商直播平台与供销两端直接沟通资源，提升订单转化率与品牌影响力。

顺丰将依托自身在物流全产业链终端发展产销融通的独有优势，坚持水产保鲜保时的寄递标准，推进区域性品牌实现产业链创新升级，助力粤西水产交易市场成为渔业水产领域的行业标杆。

（资料来源　佚名．顺丰助力定制化、多样化区域性海鲜品牌高质量发展［EB/OL］．［2023-08-18］．https：//www.sf-express.com/chn/sc/news/235．引文经节选、整理与改编）

问题：请分析顺丰在此项目中的核心竞争力体现在哪几个方面。

分析提示：为合作伙伴提供定制化、多样化服务；不断结合物流行业发展阶段探索创新性服务模式，树立物流品牌。

1.1.4　国际物流系统与网络

1）国际物流系统

国际物流系统由商品的包装、储存、运输、检验、外贸加工和其前后的整理、再包装以及国际配送等子系统构成。国际物流通过其中的储存和运输实现其自身的时空效应。

（1）国际货物运输

国际货物运输是国际物流系统的核心，创造物流的空间效应，通过国际货物运输实现商品由发货方到收货方的转移。国际货物运输是国内运输的延伸和扩展，同时又是衔接出口国货物运输和进口国货物运输的桥梁与纽带。相对于国内货物运输来说，国际货物运输具有路线长、环节多、涉及面广、手续繁杂、风险性大、时间性强、内外运两段性和联合运输等特点。现代物流业的迅速发展与运输业的技术革命紧密相关，特别是集装箱技术的推广应用给国际物流业的发展带来了一场深刻的革命，极大地提高了国际物流系统的效率。

（2）外贸商品储存

外贸商品流通是一个由分散到集中，再由集中到分散的流通过程。储存保管能克服外贸商品使用价值在时间上的差异，创造商品的时间价值。外贸商品的储存地点可以是生产工厂成品仓库，也可以是流通仓库或国际转运站点，而在港口、场站储存的时间则取决于港口装运系统与国际运输作业的有机衔接。由于商品在储存过程中有可能降低其使用价值，而且需要消耗管理资源，因此必须尽量缩短储存时间，加快周转速度。

（3）进出口商品装卸与搬运

在物流系统中，装卸与搬运主要指垂直运输和短距离运输，其主要作用是衔接物流其他各环节的作业。货物的装船、卸船，商品进库、出库以及在库内的搬、倒、清点、查库、转运转装等都是装卸与搬运的重要内容。提高装卸与搬运的作业质量和作业效率，可以有效地减少物流各环节之间的摩擦，提高物流系统的效率，降低物流成本。

（4）进出口商品的流通加工与检验

商品在流通过程中的检验与加工，不仅可以促进商品销售，提高物流效率和资源利用率，还能通过加工过程保证并提高进出口商品的质量，从而扩大出口。流通加工既包括分装、配装、拣选、刷唛等出口贸易商品服务，也包括套裁、拉拨、组装、服装烫熨等生产性外延加工。这些加工不仅能最大限度地满足客户的多元化需求，还能增加外汇收益。

进出口商品的检验是对卖方交付商品的品质和数量进行鉴定，以确定交货的品质、数量和包装是否与合同的规定一致的过程。中国商检机构的主要任务是：对重要进出口商品进行法定检验，对一般进出口商品实施监督管理和鉴定。在对外贸易中的商品检验，主要是对进出口商品的品质、规格、数量以及包装等实施检验，对某些商品进行检验以确定其是否符合安全、卫生的要求；对动植物及其产品实施病虫害检疫；对进出口商品的残损状况和装运某些商品的运输工具等亦需进行检验。

（5）商品包装

在国际物流系统中，商品包装的主要作用是保护商品、便利流通、促进销售。商品的商标与包装不仅反映了企业的经营水平与风格，也是一个国家综合科技文化水平的直接反映。在对出口商品包装进行设计及具体包装作业时，应将包装、储存、装卸搬运、运输等物流各环节进行系统分析、全面规划，实现现代国际物流系统所要求的"包、储、运一体化"，从而提高整个物流系统的效率。

2）国际物流系统网络

国际物流系统网络由多个收发货的"节点"和它们之间的"连线"构成，是物流抽象网络以及与之相伴随的信息流网络的有机整体。国际物流系统网络构建是否合理直接影响国际物流系统的布局合理化问题，是一项国家乃至世界层面的长期规划项目，要考虑现代物流技术的发展、国际贸易的发展等多种因素，科学的国际物流系统网络对发展外向型经济，扩大国际贸易，增强商品在国际市场上的竞争力，建立健全高效、通畅的国际物流体系，实现国际物流合理化和国际贸易扩大化起到重要作用。

（1）国际物流节点

国际物流节点是指那些从事与国际物流相关活动的物流节点，如制造厂商仓库、中间商仓库、口岸仓库、国内外中转点仓库以及流通加工配送中心和保税区仓库、物流中心、物流园区等。国际贸易商品或货物通过这些仓库和中心的收入和发出，并在中间存放保管来实现国际物流系统的时间效益，克服生产时间和消费时间上的分离，促进国际贸易系统顺利运行。国际物流节点主要分为转运型节点、储存型节点、流通加工型节点和综合型节点。

国际物流节点具有作业功能、衔接功能、信息功能和管理功能。作业功能体现为国际物流节点可承担各项物流作业功能，如储存、包装、流通加工、装卸、搬运、配送、信息处理等。国际物流节点衔接功能主要通过以下方式实现：通过转换运输方式，衔接不同的运输手段；通过加工，衔接干线物流及配送物流；通过存储，衔接不同时间的供应物流与需求物流；通过集装箱、托盘等集装处理，衔接整个"门到门"运输，使之成为一体。国际物流节点是国际物流信息的集散地，在国际物流系统中每一个节点都是物流信息的一个点。国际物流节点大都是集管理、指挥、调度、信息、衔接及货物处理等功能于一体的物流综合设施，整个国际物流系统的运转有序化、正常化和效率高低取决于各物流节点的管理水平。

业务链接1-3

"智慧物流"引领行业风向

智慧物流是以物流互联网和物流大数据为依托，通过协同共享创新模式和人工智能先进技术，重塑产业分工，再造产业结构，转变产业发展方式的新生态。随着物流业与互联网的深度融合，中国智慧物流出现一些新特点：政策环境持续改善、物流互联网逐步形成、物流大数据得到应用、物流云服务强化保障、协同共享助推模式创新、人工智能正在起步。

（2）国际物流连线

国际物流连线是指国际物流流动的路径。主要包括国际远洋航线及通道、国际航空线、国际铁路运输线与大陆桥、国际主要输油管道等。国际物流网络连线是库存货物运输轨迹的物化形式；每一对节点有许多连线，以表示不同的运输路线、不同产品的各种运输服务。

业务链接1-4

国际近洋和远洋海运航线

近洋航线：至亚洲、大洋洲航线，由北向南，共14条。具体为：俄罗斯线；朝、韩线；日本线；港澳线；越南线；新马线；菲律宾线；北加里曼丹线；印度尼西亚线；暹罗湾线；孟加拉湾线；斯里兰卡线；波斯湾线；澳大利亚、新西兰线。

远洋航线：至欧洲、非洲、美洲的航线，共12条。西行的有：红海线；地中海线；罗马尼亚线；阿尔巴尼亚线；西北欧线；东非、南非线；西非线。东行的有：加拿大东岸线；美国东岸线；加拿大西岸线；美国西岸线；中南美线。

1.1.5　国际物流信息系统与标准化

1）国际物流信息系统

国际物流信息系统的组成以信息和信息技术为基础，是一个多环节的复杂系统。企业通过信息系统对原材料、零部件、半成品、成品等进行管理控制和协调，并通过信息系统获得整个供应链的物料流、库存和市场需求的信息。国际物流系统各种物流活动的相互衔接、资源的调度都是通过信息共享来实现的。

（1）国际物流中的信息流

信息流是国际物流的重要组成要素，为国际物流的正常运转及科学预测、决策提供了不可缺少的重要依据，国际物流信息是国际物流活动的反映，也是组织调控国际物流活动的依据。因此，世界各国日益加强了对国际物流系统中信息流的管理，把信息流水平和技术的提高，作为降低国际物流成本、提高国际物流服务水平和质量的发展战略，以提高国际物流效益和运行可靠度。

（2）国际物流信息的特征

国际物流中的信息流时效性很强。由于国际物流涉及范围十分广泛，不同于国内物流仅限于国境内那样容易控制，所以其信息流时效性很强。过晚或者过早到来的不合时机的信息都容易加大国际物流成本。因此，根据国际物流实体的研究对象，对其运输、存储、配送、搬运、生产、销售各环节，及时、准确地提供国际物流信息是十分重要的。

国际物流中的信息流有双向反馈作用。在极其复杂的、漫长的、广泛的国际物流运动过程中，如果没有信息流，国际物流信息系统将只会成为一个单向的难以调控的半封闭式的国际物流系统。而信息流的双向反馈作用，可以使国际物流系统易于控制和协调，使其合理、高效地运转，充分地调动人力、物力、财力、设备及资源，以达到最大限度地降低国际物流总成本、提高经济效益的目的。

国际物流中的信息流具有动态追踪特性。由于国际物流是国家之间的物品运动的过程，不仅要研究国际物流系统内部的相互联系，还要研究横跨各国地域的整体物流的合理化，取得各有关国家的协助与配合，这就要时刻把握国际物流的脉搏，跟踪处理。信息流的动态跟踪作用解决了这一问题，以国际海运为例，在国际货船离港的次日，信息流便分别通知发运国和到货国制作货物海运保险申请书和运费报告，当货物运送完毕时，信息流按港口类别的集装箱海运日程及时报告行踪，并预报到港地点、时间及各种服务，如发生其他问题，信息流立刻发出警告信息。这种动态跟踪的信息流，不仅可以随时掌握国际物流的行踪，而且可以达到使损失减少到最小、效益最大的目标。

（3）国际物流信息的作用

反馈与控制作用。要加强对国际物流的控制，必然存在着信息的反馈，反馈就是控制系统把信息输送出去后又把其作用的结果传送回来，并把调整后的决策指令信息再输出，从而起到控制作用。

支持保障作用。国际物流是一个复杂的超越国界的大系统。信息流为大系统的正常运转提供支持和保障。其主要表现有两个：一是信息是国际物流活动的基础和保障，假如没有信息，国际物流这样一个多环节、多层次、多因素的各子系统相互制约的复杂大系统将无法正常运作；二是信息是国际物流系统经营决策的保障和支持。

具有资源性作用。信息在国际物流系统中可以被视为一种重要资源，它可以替代库存、储存和经营资金。从某种意义上讲，国际物流活动可以被认为是物品资源在国际市场上的分配和竞争，进行这种活动的基本条件就是要掌握相关的各种信息，以利用现有物品资源取得最大效益。然而，在实际操作中，很多不确定因素往往会导致预测和决策带有很大的风险性，这时，信息的资源替代作用十分明显，它可以替代库存物品、投资和经营资金。这要求我们根据信息及时权衡利弊，以适应不断变化的动态的国际物流形势，减少风险、增加效益。这就是信息具有资源性作用的表现。

2）国际物流标准化

国际物流涉及不同国家、不同地区、不同行业的众多企业，如果每个国家、每个企业都按自己的标准进行贸易活动，必然导致各个企业之间无法顺利沟通，贸易无法衔接，从而使国际物流无法实现，为实现国际物流的通用化、国际化、效率化，必须要建立一个国际物流的标准化体系。

国际物流标准化是以国际物流为一个大系统，制定系统内部设施、机械设备、专用工具等各个分系统的技术标准；制定系统内各分领域如包装、装卸、运输等的工作标准；以系统为出发点，研究各分系统与分领域中技术标准与工作标准的配合性，并按配合性要求，统一整个物流系统的标准；研究物流系统与其他相关系统的配合性，进一步谋求物流大系统的标准统一。

物流大系统标准化的内容包括：基础编码标准；物流基础模数尺寸标准；物流建筑基础模数尺寸；集装模数尺寸；物流专业名词标准；物流单据、票证的标准化；标志、图示和识别标准；专业计量单位标准。物流分系统的标准化主要包括：运输车船标准；作业车辆标准；传输机具标准；仓库技术标准；包装、托盘、集装箱标准；货架储罐标准等。

教学互动 1-2

互动问题：

（1）国际物流发展经历了哪几个阶段？

（2）每个发展阶段有什么特点？

要求：同"教学互动 1-1"的"要求"。

1.1.6   国际物流运作

学习微平台

延伸阅读 1-2

1）国际物流运作系统

国际物流是跨国进行的物流活动，包括在起运地的发货和报关、国家间运输、到达目的地的报关和送货等。图 1-1 简单描述了一个国际物流运作系统。

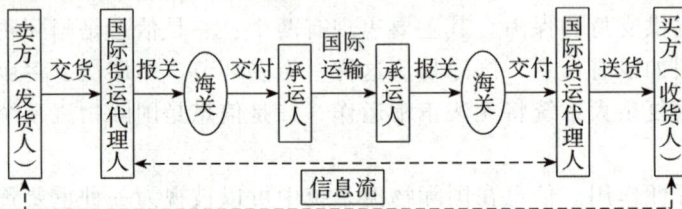

图 1-1   国际物流运作系统

（1）国际物流中的通关手续

通关手续又称报关手续，是指出口商或进口商向海关申报出口或进口，接受海关的监督与检查，履行海关规定的手续。办完通关手续，经海关同意，货物方可通关放行。通关手续通常包括申报、查验、征税和放行四个基本环节。

（2）国际物流运作系统

国际运输是国际物流系统的子系统，国际物流与国内物流相比，特征和功能都有显著的差异，在国际物流系统中，国际运输所起的作用和所占的地位远非国内运输在国内物流中的作用和地位可比。国际物流运作系统是由一系列相互影响、相互制约的环节构成的一个有机整体，有其明确的系统目标，并受到外界环境的影响和制约。

2）国际物流运作的基础设施

国际物流运作要求有高效的基础设施支持，以使货物畅通、迅速、安全、完好无损地到达目的地。基础设施应包括海运服务、港口、内陆清关仓库、集装箱货运站、铁路运输、公路运输和内河运输。

3）国际物流运作中的主要运输方式

国际物流的复杂性使得国际物流运作中通常需要运用多种运输方式的联合，由于海运一直占据着国际贸易中的主要地位，因此海运是国际物流中最重要的组成部分。在实际操作中，运输的联合方式取决于贸易运输线、转运地、被运商品的性质及不同经济性和安全性的运输方式的可用性。一般的联合运输方式有海上/航空、航空/公路、铁路/公路/内河—海上/铁路/内河、微型陆桥、陆桥、驮背运输和海铁运输。

4）国际物流的实现渠道

现代运输业是由铁路、公路、水路、航空和管道五种主要运输方式组成的。每一种运输方式有其特定的运输线路和运输工具，形成了各自的技术运营特点、经济性能和合理使用范围。

（1）综合运输体系的建立

综合运输体系，也叫综合交通运输体系，是相对于单一的运输体系而言的，就是各种运输方式在社会化的运输范围内和统一的运输过程中，按其技术经济特点组成分工协作、有机结合、连接贯通、布局合理的交通运输综合体。

综合运输体系是在五种运输方式的基础上组建起来的。随着经济和社会的发展，科学技术的进步，运输过程由单一方式向多样化发展，运输工具由简易向现代化发展，而人流和物流的全过程往往要使用多种运输工具才能实现，因此运输生产本身就要求把多种运输方式组织起来，形成统一的运输过程。所以，综合运输体系是运输生产力发展到一定阶段的产物。

综合运输体系是各种运输方式通过运输过程本身的要求联系起来的。这就是各种运输方式在分工的基础上，有一种协作配合、优势互补的要求，即在运输生产过程中的有机结合，在各个运输环节上的连接贯通，以及各种交通运输网和其他运输手段的合理布局。

综合运输体系大致由4个系统组成：一是具有一定技术装备的综合运输网及其接合部系统；二是综合运输生产系统，即各种运输方式的联合运输系统；三是综合运输组织、管理和协调系统；四是信息支撑系统，要实现物流渠道畅通，离不开信息的支撑。这四个方面构成了综合运输体系生产能力的主要因素。

业务链接1-5

《"十四五"现代综合交通运输体系发展规划》（节选）

交通运输是国民经济中具有基础性、先导性、战略性的产业，是重要的服务性行业和现代化经济体系的重要组成部分，是构建新发展格局的重要支撑和服务人民美好生活、促进共同富裕的坚实保障。为加快建设交通强国，构建现代综合交通运输体系，根据《中华人民共和国国民经济和社会发展第十四个五年规划和2035年远景目标纲要》《交通强国建设纲要》《国家综合立体交通网规划纲要》，制定《"十四五"现代综合交通运输体系发展规划》。

在"第十章第五节 保障国际物流供应链安全"中，明确规定了国际运输竞争力提升行动的主要内容如下：

（1）促进国际互联互通。实施满洲里、二连浩特、阿拉山口、霍尔果斯等铁路口岸站扩能改造，建设大理至瑞丽、玉溪至磨憨等铁路，推进佳木斯至同江（抚远）等铁路扩能改造。建设乌恰至康苏、博乐至阿拉山口等高速公路，实施红山嘴、乌拉斯台等口岸公路建设改造。推进黑龙江、鸭绿江、图们江等国境国际河流航道建设。推进希腊比雷埃夫斯港、阿联酋哈利法港、印度尼西亚瓜拉丹戎港等海外港口建设经营合作。

（2）做优中欧班列品牌。建设成都、重庆、郑州、西安、乌鲁木齐等中欧班列集结中心示范工程，整合班列运行平台，强化中欧班列统一品牌，打造明星运输产品。推进中欧班列运输通道和口岸扩能改造，推进境外战略性中转场站建设。推广国际货协/国际货约运单，完善中国国际货运代理协会提单，逐步扩大应用范围。修订中欧班列高质量发展评价指标。

（3）拓展西部陆海新通道国际服务。打造西部陆海新通道班列运输品牌，制定班列高质量发展指标体系。推进重庆西部陆海新通道物流和运营组织中心、成都商贸物流中心、广西中国-东盟多式联运联盟基地和服务中心建设，布局建设沿线物流枢纽和口岸。做优做强北部湾港和洋浦港，加强国际船舶登记、保税燃油供应、航运金融等综合服务。推进国际铁路运单物权化和海铁联运"一单制"。

（4）提升国际物流供应链自主可控能力。支持国内航空公司加大全货机引进和改造力度，扩大货运机队规模，发展全货机运输。优化航空货运枢纽机场航班时刻资源配置。培育一批具有全球竞争力的物流供应链龙头企业，引导企业优化境内外物流节点布局，逐步构建安全可靠的国际物流设施网络，实现与生产制造、国际贸易等企业协同发展。

（资料来源　国务院. 国务院关于印发"十四五"现代综合交通运输体系发展规划的通知[EB/OL].［2022-01-18］. https://www.gov.cn/zhengce/content/2022-01/18/content_5669049.htm.引文经节选、整理与改编）

（2）综合运输体系的发展及意义

①我国综合运输体系发展概况。

我国对综合运输的研究始于20世纪50年代，20世纪60年代开始推进铁路、水运的联合运输，促进了不同运输方式之间的紧密衔接。20世纪80年代中期提出的调整运输结构、促进各种运输方式的合理分工，以及后来国家把加快综合运输体系建设作为调整和改造交通运输产业结构的基本方针，并在政府规划中加以体现，对促进各种运输方式优势互补、协调发展等产生了重要作用。

在我国经历了大规模的交通运输基础设施建设，特别是高速公路大发展后，我国运输格局发生了巨大变化，公路运输在综合运输体系中的地位得到根本改变，我国区域性的运输结构得到改善，运输从制约经济发展到适用和引导发展的局面形成，公路运输的发展促进了运输整体发展结构的加快调整。近几年来我国交通运输业有了很大发展，综合运输体系的建立已经初具规模。

综合运输体系是一个庞大的系统工程，要在我国逐步建成具有中国特色的综合运输体系，并使之不断完善和提高，必须从我国国情出发，处理好国民经济大系统与运输系统的关系、综合运输总系统与各种运输方式子系统的关系、各种运输方式内部及与其他部门的关系。研究表明，我国综合运输体系的发展方向，其要点有如下几个：

第一，要搞好各种运输方式的综合发展和协作，在大范围内建设综合运输网，因地制宜地发展相应的运输方式，发挥城市交通在综合交通运输网中的枢纽作用，大力发展各种运输方式的联合运输。

第二，在可预见的将来，铁路仍将是中、长距离客货运输中的主力。要加快铁路的技术改造和新线建设，特别是以运煤为主的干线建设，近期内要加快既有线路的改造和扩建。要发挥铁路在中、长距离大宗货物运输中的优势，对短途客货运输，以及运量大的成品油运输应逐步由其他运输方式分担。当前，铁路运输仍要做出不懈的努力。

第三，充分发挥公路运输机动灵活、送达快、门到门运输的优势，发挥公路运输在短途客货运输中的主力作用。随着公路状况的改善，汽车技术的进步和大型车的增加，公路运输将逐步成为高档工农业产品运输以及中距离客运的重要力量。要加快公路尤其是干线公路的技术改造，应使公路建设有一个较大的发展。

第四，沿海和内河运输是大宗和散装货物运输的主要方式之一。要加强内河航道建设，以及沿海和内河港口的改造和建设，发展沿海和长江等主要内河运输，实现干支直达运输和江海联运。

第五，航空运输建设周期短、效益高、速度快。大、中城市间长距离客运，应该选择航空运输。对边远地区、高档外贸商品和急需物资的运输，航空运输也有其特别的优势。

第六，除发展原油和天然气管道运输外，在成品油集中的流向上，要建设成品油管道，积极慎重地发展输煤管道。

同步案例1-4

几种交通工具优势比较分析

背景与情境： 飞机、火车和汽车，是我们常用的三种交通工具。飞机在800千米之内优势不明显，铁路运输和公路运输的竞争是在200千米~500千米之间。例如，从北京到天津，铁路运输和公路运输竞争很激烈。如果超过500千米，铁路运输比公路运输有优势。又如，从沈阳到广州，一般的乘客都会选择坐飞机。

问题： 几种运输方式之间是简单的竞争关系，还是可以形成一种运输体系呢？

分析提示： 不同运输方式之间既有竞争，也有协作，不同运输方式间的良好协作是建立完整运输链条、提高运输效率的重要保障。中国需要建立和发展能够发挥不同运输方式特点的综合交通运输体系。

②发展综合运输体系的意义。

发展综合运输体系是当代运输业发展的新趋势、新方向；发展综合运输体系是我国运输业发展的新模式；发展综合运输体系是增强有效运输生产力，缓解我国交通运输紧张状况的途径之一；发展综合运输体系是发展运输业，提高经济效益的重要方法。

同步思考1-3

"十纵十横"综合运输大通道

《国务院关于印发"十三五"现代综合交通运输体系发展规划的通知》要求，中国要构建横贯东西、纵贯南北、内畅外通的"十纵十横"综合运输大通道，加快实施重点通道连通工程和延伸工程，强化中西部和东北地区通道建设。

"十纵"：10条纵向综合运输通道。

（1）沿海运输通道。起自同江，经哈尔滨、长春、沈阳、大连、秦皇岛、天津、烟台、青岛、连云港、南通、上海、宁波、福州、厦门、汕头、广州、湛江、海口，至防城港、至三亚。

（2）北京至上海运输通道。起自北京，经天津、济南、蚌埠、南京，至上海、至杭州。

（3）北京至港澳台运输通道。起自北京，经衡水、菏泽、商丘、九江、南昌、赣州、深圳，至香港（澳门）；支线经合肥、黄山、福州，至台北。

（4）黑河至港澳运输通道。起自黑河，经齐齐哈尔、通辽、沈阳、北京、石家庄、郑州、武汉、长沙、广州，至香港（澳门）。

（5）二连浩特至湛江运输通道。起自二连浩特，经集宁、大同、太原、洛阳、襄阳、宜昌、怀化，至湛江。

（6）包头至防城港运输通道。起自包头（满都拉），经延安、西安、重庆、贵阳、南宁，至防城港。

（7）临河至磨憨运输通道。起自临河（甘其毛都），经银川、平凉、宝鸡、重庆、昆明，至磨憨、至河口。

（8）北京至昆明运输通道。起自北京，经太原、西安、成都（重庆），至昆明。

（9）额济纳至广州运输通道。起自额济纳（策克），经酒泉（嘉峪关）、西宁（兰州）、成都、泸州（宜宾）、贵阳、桂林，至广州。

（10）烟台至重庆运输通道。起自烟台，经潍坊、济南、郑州、南阳、襄阳，至重庆。

"十横"：10条横向综合运输通道。

（1）绥芬河至满洲里运输通道。起自绥芬河，经牡丹江、哈尔滨、齐齐哈尔，至满洲里。

（2）珲春至二连浩特运输通道。起自珲春，经长春、通辽、锡林浩特，至二连浩特。

（3）西北北部运输通道。起自天津（唐山、秦皇岛），经北京、呼和浩特、临河、哈密、吐鲁番、库尔勒、喀什，至吐尔尕特、至伊尔克什坦、至红其拉甫；西端支线自哈密，经将军庙，至阿勒泰（吉木乃）。

（4）青岛至拉萨运输通道。起自青岛，经济南、德州、石家庄、太原、银川、兰州、西宁、格尔木，至拉萨。

（5）陆桥运输通道。起自连云港，经徐州、郑州、西安、兰州、乌鲁木齐、精河，至阿拉山口、至霍尔果斯。

（6）沿江运输通道。起自上海，经南京、芜湖、九江、武汉、岳阳、重庆、成都、林芝、拉萨、日喀则，至亚东、至樟木。

（7）上海至瑞丽运输通道。起自上海（宁波），经杭州、南昌、长沙、贵阳、昆明，至瑞丽。

（8）汕头至昆明运输通道。起自汕头，经广州、梧州、南宁、百色，至昆明。

（9）福州至银川运输通道。起自福州，经南昌、九江、武汉、襄阳、西安、庆阳，至银川。

（10）厦门至喀什运输通道。起自厦门，经赣州、长沙、重庆、成都、格尔木、若羌，至喀什。

问题：为什么要构建"十纵十横"综合运输大通道？

理解要点：交通运输是国民经济中具有基础性、先导性、战略性的产业，是重要的服务性行业和现代化经济体系的重要组成部分，是构建新发展格局的重要支撑和服务人民美好生活、促进共同富裕的坚实保障。

（资料来源　国务院. 国务院关于印发"十三五"现代综合交通运输体系发展规划的通知［EB/OL］.［2017-02-03］. https://www.gov.cn/gongbao/content/2017/content_5178189.htm. 引文经节选、整理与改编）

1.2　国际货运代理概述

1.2.1　国际货运代理的概念和性质

1）国际货运代理的概念

"货运代理"一词，国际上虽没有公认的、统一的定义，但一些权威机构和工具书以及一些"标准交易条件"中都有相应的解释。**国际货运代理**（international forwarder），<u>是指接受进出口货物收货人或发货人的委托，以委托人或自己的名义，为委托人办理国际货物运输及相关业务的服务方式或经济组织</u>。国际货运代理人源于英文"The Freight Forwarder"一词。"Freight"本义是运输的货物（Goods Transported），"Forward"作为动词，具有发送、转运之意，"Forwarder"是指：①传递东西的人；②代运人、转运商。因此，"The Freight Forwarder"的本意是为他人安排货物运输的人，在运输领域被称为"运输业者、运输行、转运公司"等。

货运代理在不同国家有不同的名称：关税行代理人、清关代理人、关税经营人、海运与发运代理人等。国际货运代理协会联合会（FIATA）对"货运代理"的定义是：货运代理是根据客户的指示，为客户的利益而揽取货物运输的人，其本人并不是承运人。货运代理也可以从事与运送合同有关的活动，如储存、报关、验收、收款。

从传统意义上讲，货运代理通常充当代理的角色。它们替发货人或货主安排货物的运输，代付运费、保险费、包装费、海关税等，然后收取费用，所有的成本开支由或将由客户承担。货运代理有时已经充当了合同的当事人，并且以货运代理的名义来安排属于发货人或委托人的货物运输，尤其当货运代理执行多式联运合同时，作为货运代理的"标准交易条件"就不再适合了，它的契约义务受所签发的多式联运提单条款的制约，此时货运代理已成为无船承运人，也将像承运人一样作为多式联运经营人，承担所负责运输货物的全部责任。

1995年6月29日，国务院批准的《中华人民共和国国际货物运输代理业管理规定》第二条规定：国际货运代理业，是指接受进出口货物收货人、发货人的委托，以委托人的名义或者以自己的名义，为委托人办理国际货物运输及相关业务并收取服务报酬的行业。

课程思政 1-2

货运代理瞒骗索赔案

背景与情境： 我国A贸易公司委托同一城市的B货运代理公司代理一批从我国C港运至韩国D港的危险品货物。A贸易公司向B货运代理公司提供了正确的货物名称和危险品货物的性质，B货运代理公司将此前发起公司的House B/L发给A公司。随后，B货运代理公司以托运人的身份向船公司办理该批货物的订舱和出运手续。为了节省运费，同时因为B货运代理公司已投保责任险，于是B货运代理公司向船公司谎报货物的名称，亦未告知船公司该批货物为危险品货物。船公司按通常货物处理并装载于船舱内，结果在海上运输中，因为货物的危险性质导致火灾，造成船舶受损，该批货物全部灭失并给其他货主造成巨大损失。

问题：

（1）A贸易公司、B货运代理公司和船公司在这次事故中的责任是怎样的？

（2）承运人是否应对其他货主的损失承担赔偿责任，为什么？

（3）责任保险人是否承担责任，为什么？

研判提示：

（1）A贸易公司和船公司无责任。B货运代理公司负全责。

（2）承运人无须对其他货主的损失承担赔偿责任。

（3）责任保险人不承担责任。

2）国际货运代理的性质

随着国际贸易的发展，国际货运代理已渗透到国际贸易的各个领域，成为国际贸易中不可缺少的重要组成部分。在社会分工更加明确的同时，单一的贸易经营者或者单一的运输经营者都没有足够的力量独自经营处理每项具体业务，它们需要委托专业代理人为其办理一系列操作手续，从而实现经营目的。国际货运代理是受委托人委托或授权，代办各种国际贸易、运输所需要服务的业务，并收取一定的报酬，或作为独立的经营人完成并组织货物运输、保管等业务，是国际货物运输的组织者。

同步思考1-4

国际货运代理的分类

问题： 国际货运代理按照运输方式和投资主体、所有制形式分别分为哪些类型？

理解要点：

（1）按照运输方式可以分为海运代理、空运代理、陆运代理和多式联运代理；

（2）按照投资主体、所有制形式可以分为国有国际货运代理企业，集体所有制国际货运代理企业，私人所有制国际货运代理企业，股份制国际货运代理企业，外商投资国际货运代理企业，以对外贸易运输企业为背景的国际货运代理企业，以实际承运人企业为背景的国际货运代理企业，以工贸（外贸）公司为背景的国际货运代理企业，以仓储、包装企业为背景的国际货运代理企业，以港口、航道、机场企业为背景的国际货运代理企业，以境外运输企业为背景的国际货运代理企业等。

1.2.2　国际货运代理的业务范围和作用

1）国际货运代理的业务范围

国际货运代理的业务范围通常为接受客户的委托，完成货物运输的某一个环节或与此有关的各个环节的任务。国际货运代理的服务对象包括：进出口货物收发货人，海关、检验检疫等国家管理部门，班轮公司、航空公司、汽车公司、铁路公司等实际承运人，仓库、港口、机场等储存、装卸单位等。每一个国际货运代理企业的具体业务经营范围，最终应以市场监督管理机关颁发的企业法人营业执照列明的经营范围为准。

我国的国际货运代理企业可以作为代理人或者当事人从事下列全部或部分经营活动，包括：①揽货、订舱、托运、仓储、包装；②货物的监装、监卸、集装箱拆箱、分拨、中转及相关的短途运输服务；③报关、报检和保险；④缮制签发有关单证、交付运费、结算及交付杂费；⑤国际快递（不含私人信件）；⑥国际多式联运、集运；⑦国际展品、私人物品及过境货物的运输代理；⑧第三方国际物流服务、无船承运业务；⑨咨询及其他国际货运代理业务等。

同步思考1-5

随着国际物流的发展，国际贸易得到突飞猛进的发展。

问题： 国际物流与国际货运代理有什么关系？对国际贸易的发展有什么意义？请运用所学的国际物流与货运代理知识进行回答。

理解要点： 国际货运代理公司一般有两种情况：一种是没有自己的运输硬件，如自己的运输工具、物流中心、仓库等，只是从中代理，接到货物以后再找专门的国际物流公司；另一种就是拥有自己的运输硬件，可以在接到货后利用自己的运输工具把货物运到客户指定的地方。国际物流公司可以用自己的硬、软件服务独立地把货物运到客户指定的地方。物流公司和货运代理公司的合作，能促进国际贸易的发展，使国际贸易合同得到履行。

2）国际货运代理的作用

国际货运代理在货物运输服务方面发挥的作用有：组织与协调作用、专业服务作用、共同控制作用、咨询服务作用、降低成本作用和资金融通作用。

1.2.3　国际货运代理行业组织与管理

1）国际货运代理行业组织

国际货运代理行业组织是非政府组织，世界上最具行业代表性的国际货运代理行业组织是国际货运代理协会联合会。我国的中国国际货运代理协会是全国性的行业组织。

（1）国际货运代理协会联合会（FIATA）

国际货运代理协会联合会于1926年5月31日在奥地利维也纳成立，总部设在瑞士苏黎世，会徽如图1-2所示，其目的是保障和提高国际货运代理在全球的利益。该联合会是世界范围内运输领域最大的非政府和非营利性组织，具有广泛的国际影响，其成员遍布世界各地。联合会的会员由109个协会会员和5 500多名个人会员组成，代表了全球40 000家货运代理和物流公司。

图1-2　国际货运代理协会联合会会徽

国际货运代理协会联合会的宗旨是保障和提高国际货运代理在全球的利益。该联合会的工作目标是团结全世界的货运代理行业；以顾问或专家身份参加国际性组织，处理运输业务，代表、促进和保护运输业的利益；通过发布信息，分发出版物等方式，使贸易界、工业界和公众熟悉货运代理人提供的服务；提高制定和推广统一货运代理单据、标准交易的条件，改进和提高货运代理的服务质量，协助货运代理人进行职业培训，处理责任保险问题，提供电子商务工具。

（2）中国国际货运代理协会（CIFA）

2000年9月6日，中国国际货运代理协会在北京正式成立，2000年11月1日在民政部获准登记。中国国际货运代理协会是国际货运代理协会联合会的国家级会员，是经国家主管部门批准从事国际货运代理业务、在我国境内注册的国际货运代理企业，以及从事与国际货运代理业务有关的单位、团体、个人自愿结成的非营利性的具有法人资格的全国性行业组织。

业务链接1-6

第十九届中外货代物流企业展洽会成功举办

由中国国际货运代理协会和世界货运联盟主办的第十九届中外货代物流企业展洽会于2023年9月11日至14日在香港亚洲博览馆隆重举办。会议共有来自全球78个国家和地区的1 100名代表参加，其中境外代表712人。会议模式保留"一对一洽谈"和展览，共设展位61个。

"十四五"国家战略明确了我国国际物流的发展路线，"一带一路"倡议、中欧班列、RCEP及陆海新通道等发展利好将为我国国际货代物流业发展提供新的业务空间和良好的机遇。2023年我国促进跨境贸易便利化专项活动取得了丰硕的成果，进一步提高了我国跨境运输的效率。在全球经贸发展一体化过程中，中国扮演着重要的角色，2022年中国进出口总值首次突破40万亿元人民币关口，连续6年保持世界第一货物贸易国地位。CIFA组织研发的国际多式联运提单已经在业界试用2年多，得到企业的肯定。2021年，国务院印发的《"十四五"现代综合交通运输体系发展规划》，要求逐步扩大使用范围。中国国际货运代理协会将立足落实国家战略，依托协会全国性行业组织优势，在行业标准化建设、企业诚信建设和协调纠纷等方面发挥重要作用。

（资料来源　中国国际物流与货代网. 第十九届中外货代物流企业展洽会成功举办 [EB/OL]. [2023-09-19]. http://www.cifa-china.com/cn/news-content.html? id=5224777770417246208. 引文经节选、整理与改编）

2）中国国际货运代理行业管理

在中国，仅对全部由国内投资主体投资设立的货运代理企业及其分支机构实行先登记注册后备案的制度，对于外商投资的国际货物运输代理企业的设立仍然实行审批制度。国内投资主体投资设立的货运代理企业及其分支机构，不论是在取消审批以前经商务部批准成立的，还是在取消审批以后直接向市场监督管理机构注册成立的，都应当向商务部门办理备案手续。

1.2.4　国际货运代理责任险

国际贸易合同中一般对买卖的商品订立保险条款，这对买卖双方都是一种责任的规避，如果运输过程中发生了承保范围内的风险，就能从保险公司得到赔偿。国际货运代理企业作为国际贸易货物从卖方到买方转移中不可缺少的一个角色，承担着大量的业务操作任务，也承担着较大的风险。国际货运代理责任保险不仅具有国际货运代理业所投保险种的特色，也是国际货运代理业健康发展的保障。

1）国际货运代理责任险的产生

在国际货运代理业务实践中，客户的一个错误的指示、一个错误的地址都会给货运代理带来非常严重的后果和经济损失。货运代理的责任保险通常是为了弥补国际货物运输的风险，这种风险不仅来源于运输本身，而且来源于完成运输的许多中间环节，这些中间环节一般都是由货运代理来替当事人履行的，所以货运代理需要为自己投保责任保险。

2）国际货运代理责任险的内容

（1）错误与遗漏。如选择运输路线有误；选择承运人有误；保留向船方、港方、国内储运部门、承运单位及有关部门追偿权的遗漏。

（2）仓库保管中的疏忽。在港口或外地中转库监卸、监装和储存保管工作中代运的疏忽。

（3）货损货差责任不清。在与港口储运部门或内地收货单位各方接交货物时，数量短少、残损责任不清，最后由货运代理承担的责任。

（4）延迟或未授权发货。遇到部分货物未发运、港口提货不及时等情况时，货运代理需要承担的责任。

3）国际货运代理责任险的除外责任

国际货运代理责任险不能承保货运代理面临的所有风险，其除外责任条款主要有：在承保期间以外发生的危险或事故；索赔时间超过承保条例或法律规定的时效；保险合同或保险公司条例中所规定的除外条款及不在承保范围内的货运代理的损失；违法行为造成的后果；蓄意或故意行为；战争、入侵、外敌、敌对行为、内战、反叛、革命、起义、军事或武装侵占、罢工、停业、暴动、骚乱、戒严和没收、充公、征购等产生的任何后果，以及为执行任何政府、公众或地方权威的指令而造成的任何损失或损害；由核燃料或核燃料爆炸所致核废料产生之离子辐射或放射性污染所导致、引起或可归因于此的任何财产灭失、摧毁、毁坏或损失及费用，不论直接或间接，还是作为其后果损失；超出保险合同关于赔偿限额规定的部分；事先未征求保险公司的意见，擅自赔付对方等情况。这些都有可能无法从保险公司得到赔偿，或得不到全部赔偿。

1.2.5 国际货运代理人法律地位的识别

这里讲的国际货运代理人属于广义上的，不但指个人还包括从事相关业务的国际货运代理企业。国际货运代理人指从事货运代理业务，有一定的货运代理专业知识和实际操作能力，能够根据客户的要求，从事与运送合同有关的如储货、报关、验收、收款等活动的人或者企业。

为客户的利益而揽取货物运输的人，其本人并不是承运人。货运代理法律地位及其相应的权利和义务由有关国家法律体系的类型所决定。目前，在我国尚未制定专门的货运代理法律的情况下，涉及货运代理的纠纷通常适用《中华人民共和国民法典》有关代理的规定，涉及货运代理为承运人或多式联运经营人或仓储保管人时，则适用《中华人民共和国民法典》《中华人民共和国海商法》《中华人民共和国海事诉讼特别程序法》等有关法律的规定。

按一般法律概念来理解国际货运代理人的基本法律性质是比较容易的，这一代理关系是由委托人和货运代理人两方组成的，因为代理关系必须由一方提出委托，经另一方接受后才算正式成立。这种关系一经确定后，委托方与货运代理人之间的关系则成为委托与被委托的关系，有关双方的责任、义务则应根据双方订立的代理协议或代理合同确定。在办理业务过程中，货运代理人作为委托方的代表对委托方负责，但货运代理人所从事的业务活动仅限于授权范围内。从目前国际货运代理人所承办业务的做法看，对委托方所委托的业务，有的是由货运代理人自己承办，也有的以中间人的身份为委托方与第三方促成交易，事实上，这种货运代理人业已成为经纪人。对于货运代理不同的法律地位，要根据具体业务来区分，根据所属国法律来认定。具体可以通过以下4种方法认定：

1）收入取得的方式

（1）如果货运代理从托运人那里得到的是佣金，或者从承运人那里得到的是经纪人佣金，则被视为代理人。

货运代理作为被代理人的代理时，在授权范围内，以被代理人的名义从事代理行为，所产生的法律后果由被代理人承担。如货物发生灭失或残损，货运代理不承担责任，除非其本人有过失。如货运代理在货物文件或数据上出现过错，造成损失，则要承担相应的法律责任，受害人有权通过法院向货运代理请求赔偿。货运代理在一定条件下受到免责条款的保护，具体归纳为以下7点：①客户的疏忽或过失所致；②客户或其代理人在搬运、装卸、仓储和其他处理中导致；③货物的自然特性或潜在缺陷所致；④货物的包装不牢固、缺乏或不当包装所致；⑤货物的标志或地址的错误或不清楚、不完整所致；⑥货物的内容申报不清楚或不完整所致；⑦不可抗力所致。

（2）如果从不同的运费费率差价中获取利润，则被视为当事人。

2）提单签发的方式

货运代理在签发自己的提单，并且在合同中没有明确说明其仅为代理身份的情况下，通常会被视为承运人，承担当事人的责任。

3）经营运作的方式

货运代理人如果以自己的名义签订运输合同，并通过向托运人收取一笔纯粹的运费，转而向其他承运人支付较之收取的运费略低的运费，从中赚取差价；或者货运代理将几个委托人的货物合并装入一个集装箱，从事拼箱、混装服务，赚取利润，则货运代理对于委托人来说，其身份为当事人，其责任为承运人的责任。

4）习惯做法与司法认定

习惯做法是指货运代理有时是作为托运人的代理人行事，为了尽快替委托人订妥舱位，货运代理通常以自己的名义与承运人订立合同，承担当事人的责任。也就是说，货运代理只要以其自己的名义行事，即使本身没有过失，也会因其当事人的身份而承担责任，同时享有向过失方进行追偿的权利。

在我国的司法实践中，法院审理货运代理纠纷，确定其法律地位及责任时，往往会考虑下列因素：货运代理是以被代理人的名义行事，还是以自己的名义行事；货运代理在办理货物运输时，所使用的运输工具或货物储存仓库是否属于自己所有；货运代理所签发单证的性质、该单证以谁的名义签发以及是否签发过多式联运提单或无船承运人提单；货运代理是按一定比例收取代理手续费，还是从收取的包干费中赚取运费差价；货运代理所办理的货物是否在货运代理的实际掌管之下；货运代理是否在被代理人授权范围内从事活动，如有越权行为，是否被追认；货运代理在安排货物运输过程中及办理其他业务中本身有无过失；货运代理与托运人的运输合同中是否明确规定货运代理应承担的责任条款及保证条款；货运代理实际扮演的是代理人还是当事人。从这些因素判断其身份和所需要承担的责任限制。

归纳上述情况，货运代理的身份一般分为以下5种：代理人身份、仓储经营者身份、无船承运人身份、多式联运经营人身份以及第三方物流经营人身份。有些货运代理从事的业务范围较广泛，法律关系比较复杂，对于货运代理法律地位的确认，不能简单化，应该根据具体情况进行分析。

同步案例1-5

国际货运代理人法律地位的识别

背景与情境： 我国A公司委托B货运代理公司办理一批服装货物海运出口业务，从青岛港到日本神户港。B公司接受委托后，出具自己的House B/L给货主。A公司凭此到银行结汇，并将提单转让给日本D贸易公司。B公司又以自己的名义向C海运公司订舱。货物装船后，C公司签发海运提单给B公司，B/L上注明运费预付，收发货人均为B公司。实际上C公司并没有收到运费。货物在运输途中由于船员积载不当，造成服装污损。C公司向B公司索取运费遭拒绝，理由是运费应当由A公司支付，B公司仅是A公司的代理人，且A公司并没有支付运费给B公司。A公司向B公司索赔货物损失遭拒绝，理由是其没有诉权。D公司向B公司索赔货物损失，同样遭到拒绝，理由是货物的损失是由C公司过失造成的，理应由C公司承担责任。

问题：

(1) 本案中B公司相对于A公司而言是何种身份？如何确定？

(2) B公司是否应负支付C公司运费的义务，理由何在？

(3) A公司是否有权向B公司索赔货物损失，理由何在？

(4) D公司是否有权向B公司索赔货物损失，理由何在？

(5) D公司是否有权向C公司索赔货物损失，理由何在？

分析提示：

(1) B公司为无船承运人（承运人）。

(2) B公司应负支付运费的义务。

(3) A公司无权向B公司索赔货物损失。

(4) D公司有权向B公司索赔货物损失。

(5) D公司有权向C公司索赔货物损失。

同步思考 1-6

问题：什么是 NVOCC？

理解要点：NVOCC 是无船承运人的意思。无船承运人是集装箱运输中，经营集装箱货运的揽货、装箱、拆箱以及内陆运输，经营中转站或内陆站业务，但并不经营船舶的承运人。无船承运人按照海运公共承运人的运价本或其与海运公共承运人签订的服务合同支付运费，并根据自己运价本中公布的费率向托运人收取运费，从中赚取运费差价。

业务链接 1-7

国际货运代理人与无船承运人的区别

国际货运代理人与无船承运人的区别见表 1-1。

表 1-1　　　　　　　　　　国际货运代理人与无船承运人的区别

主要内容	国际货运代理人	无船承运人
与托运人关系	委托方与被委托方	托运人与承运人
与收货人关系	不存在任何关系	提单签发人与持有人
法律地位之确定	委托方	代理承运人
相关费用	计收佣金	收运费或赚取差价
提单拥有	不拥有自己的提单	拥有自己的提单
服务动态	软件服务	软件服务
信息系统	比较独立	比较独立
业务范围	进出口货运相关业务	进出口货运相关业务和承担运输责任
买卖合同	不订立买卖合同，本人不拥有货物	不订立买卖合同，本人不拥有货物
运输合同	代表委托方订立	与托运人订立
业务行为	服务动态	服务动态
法规适用	货运法规	货运和运输法规
法律关系	委托关系	双重身份

课程思政 1-3

货运代理瞒报受罚案

背景与情境：A 货运代理企业向 B 航空公司申请托运一批普通货物，承载该货物的飞机在抵达目的地时货舱突然起火，经查由 A 货运代理企业托运的货物引起的火灾，该货物属于易燃的危险品。中国航空运输协会认为 A 货运代理企业未对其托运的货物按照操作规程验货、分类，导致谎报为普通货物的危险品交运航空公司，严重影响了飞行安全，性质十分严重，决定注销其二类货运代理资质，并提示各航空公司终止与该公司合作，不承运其揽收的货物。

问题： A货运代理公司的错误在哪里？中国航空运输协会对其处罚是否得当？

研判提示： A货运代理公司应该按货物实际性质进行申报；在本案例中，该公司因未按照操作规程和要求进行如实申报，造成了非常严重的后果，中国航空运输协会对其处罚得当。

本章概要

□ 内容提要与结构

▲ 内容提要

● 国际物流是不同国家之间的物流，其狭义的理解是当供应和需求分别处在不同的地区和国家时，为了克服供需时间上和空间上的矛盾而发生的商品物质实体在不同国家之间跨越国境的流动。

● 国际物流标准化是以国际物流为一个大系统，制定系统内部设施、机械设备、专用工具等各个分系统的技术标准；国际物流涉及不同国家、不同地区、不同行业的众多企业，如果每个国家都按自己的标准进行贸易活动，必然导致国家之间无法顺利沟通，贸易无法衔接，国际物流无法实现。为实现国际物流的通用化、国际化、效率化，必须要建立一个国际物流的标准化体系。

● 国际货运代理业是指接受进出口货物收货人、发货人的委托，以委托人的名义或者以自己的名义，为委托人办理国际货物运输及相关业务并收取服务报酬的行业。货运代理的业务范围很广泛，通常为接受客户的委托，完成货物运输的某一个环节或与此有关的各个环节的任务。

▲ 内容结构

本章内容结构如图1-3所示：

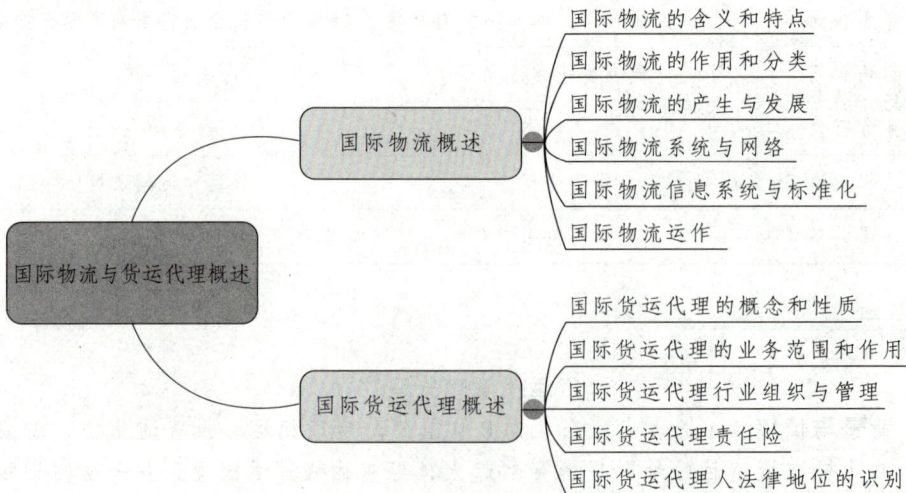

图1-3　本章内容结构

□ 主要概念和观念

▲ 主要概念

国际物流 国际物流节点 通关手续 综合运输体系 国际货运代理

▲ 主要观念

国际物流系统 国际货运代理人法律地位

□ 重点实务和操作

▲ 重点实务

国际货运代理人的选择 国际货运代理人法律地位的识别

▲ 重点操作

国际物流与货运代理理论知识应用

━ 基本训练 ➡

□ 理论题

▲ 简答题

1）什么是国际物流？国际物流有哪些特点？

2）什么是国际物流标准化？

▲ 讨论题

1）如果你是外贸企业负责人，如何选择国际货运代理人？

2）第三方物流企业拓展业务方向是什么？

□ 实务题

▲ 规则复习

1）简述国际货运代理从事传统业务的责任。

2）国际货运代理企业的主要业务有哪些？

3）国际货运代理企业作为仓储保管人时享有哪些权利？

▲ 业务解析

我国A贸易公司委托同一城市的B国际货运代理公司出运一批从我国C港运至韩国D港的危险品货物，A贸易公司向B国际货运代理公司提供了正确的货物名称和危险品性质，B国际货运代理公司将House B/L发给A公司。随后，B国际货运代理公司以托运人的身份向船公司办理该批货物的订舱和出运手续。请问B国际货运代理公司对于A贸易公司来说是什么身份？对于船公司来说是什么身份？

□ 案例题

▲ 案例分析

【训练项目】

案例分析-Ⅰ。

【相关案例】

货运代理人擅自扣留提单

背景与情境： A公司委托B货运代理公司出运一批货物，自上海到新加坡。B货运代理公司代表A公司向船公司订舱后取得提单，船公司要求B货运代理公司暂时扣留提单，直到A公司把过去拖欠船公司的运费付清以后再放单。由于B货运代理公司扣留提单，造成A公司无法结汇，产生了巨额损失，A公司遂向某海事法院起诉B货运代理公司违反代理义务擅自扣留提单，要求其赔偿损失。

问题：

1）B货运代理公司在本案例中是什么身份？

2）对于A公司的索赔B货运代理公司是否有责任？

3）本案例中船公司的做法是否得当？为什么？

4）国际货运代理公司作为货主的代理人应该有哪些义务？

5）结合上述案例的分析，请总结实务中国际货运代理人法律地位的识别方法。

【训练要求】

1）形成性要求

（1）学生分析案例中的问题，分别拟定《案例分析提纲》；小组讨论，形成小组《案例分析报告》；班级交流、相互点评并修订小组《案例分析报告》；在校园网的本课程平台上展出经过修订并附有教师点评的各组《案例分析报告》，供学生借鉴。

（2）了解本教材"附录二"的附表2中"形成性考核"的"考核指标"与"考核内容"。

2）成果性要求

（1）课业要求：以经班级交流和教师点评的《案例分析报告》为最终成果。

（2）课业的结构、格式与体例要求：参照本教材"课业范例"的范例综–1。

（3）本教材"附录二"的附表2中"课业考核"的"考核指标"与"考核内容"。

▲ 课程思政

【训练项目】

课程思政–Ⅰ。

【相关案例】

国际货运代理人是否存在代理过错

背景与情境：安运国际货运代理有限公司（以下简称安运公司）委托顺达国际货运代理有限公司（以下简称顺达公司）代理出口一票机器部件。该票货物的实际托运人为新鑫贸易公司。顺达公司接受委托后向船公司订舱，安运公司自行负责装箱、报关以及将货物运送至港区。因安运公司向船公司提交的提单确认件中的货物数据与报关的数据不一致，该票货物未能在当日装船。后经安运公司委托，顺达公司再次为该票货物订舱。货物于30日后出运并成功交付。安运公司向顺达公司支付全部货运代理费用和滞箱费。安运公司曾与新鑫贸易公司签订赔偿协议，写明：因货物延迟运输，收货人向新鑫贸易公司进行索赔，交期延误索赔金额为10 000美元。现经友好协商，安运公司同意新鑫贸易公司少付7 400美元运费作为赔偿。安运公司经过调查得知，目的港收货人向新鑫贸易公司索赔的原因既包括货物逾期交付，也包括货物质量问题；由于新鑫贸易公司装运货物短少，导致安运公司提供给船公司的提单确认数据与进港报关货物数据不一致。

安运公司认为，原与顺达公司之间的委托关系依法成立，因顺达公司疏忽致使货物未能在第一次订舱后出运，且货物未按时出运的情况没有及时告知安运公司，以致其直至目的港收货人催促时方得知货物仍滞留港区，又再次向其委托订舱才在30日后出运货物，导致安运公司向新鑫贸易公司进行赔偿，因此顺达公司应向安运公司承担代理过错的赔偿责任。

顺达公司认为，货物未能在首次订舱后出运的原因是安运公司向船公司确认出运的货物数据与实际报关进港的货物数据不一致，过错在安运公司。顺达公司在获知货物未能出运的消息后马上通知了安运公司，并为其另行安排了出运船次。安运公司同为货运代理企业，也可自行查询获知货物未能出运的信息。因顺达公司履行了自己的合同义务，且不存在过错，不应承担赔偿责任。

问题：

1）本案例中是否存在思政问题？

2）试对本案例进行分析，对当事企业做出思政研判。

3）通过网上或查阅书籍等途径，搜寻你做思政研判的相关依据。

【训练要求】

1）形成性要求

（1）学生分析案例中的问题，拟出《思政研判提纲》；小组讨论，形成小组《思政研判报告》；班级交流、相互点评和修订各组的《思政研判报告》；在校园网的本课程平台上展示经过修订并附有教师点评的各组《思政研判报告》，供学生借鉴。

（2）了解本教材"附录二"的附表2中"形成性考核"的"考核指标"与"考核内容"。

2）成果性要求

（1）课业要求：以经过班级交流和教师点评的《思政研判报告》为最终成果。

（2）课业结构、格式与体例要求：参照本教材"课业范例"的范例综–2。

（3）本教材"附录二"的附表2中"课业考核"的"考核指标"与"考核内容"。

□ 自主学习

【训练项目】

自主学习–I。

【训练目的】

见本章"学习目标"中"创新型学习"的"自主学习"目标。

【教学方法】

采用"学导教学法"和"研究教学法"。

【训练要求】

（1）以班级小组为单位组建学生训练团队，各团队依照本教材"附录三"附

表3"自我学习"（初级）的"基本要求"和各"技术-技能"点的"参照规范与标准"，制订《团队自主学习计划》。

（2）各团队实施《团队自主学习计划》，自主学习本教材"附录一"附表1"自我学习"（初级）各"技术-技能"点的"'知识准备'参照规范"所列知识。

（3）各团队以自主学习获得的"学习原理"、"学习策略"与"学习方法"知识为指导，通过校图书馆、院资料室和互联网，查阅和整理近两年以"国际物流"为主题的国内外学术文献资料。

（4）各团队以整理后的文献资料为基础，依照相关规范要求，讨论、撰写和交流《"国际物流"最新文献综述》。

（5）撰写作为"成果形式"的训练课业，总结自主学习和应用"学习原理"、"学习策略"与"学习方法"知识（初级），依照相关规范，准备、讨论、撰写和交流《"国际物流"最新文献综述》的体验过程。

【成果形式】

训练课业：《"自主学习-I"训练报告》

课业要求：

1）内容包括：训练团队成员与分工；训练过程；训练总结（包括对各项操作的成功与不足的简要分析说明）；附件。

2）团队将《自主学习计划》和《"国际物流"最新文献综述》作为《"自主学习-I"训练报告》的"附件"。

3）《"国际物流"最新文献综述》应符合"文献综述"规范要求，做到事实清晰，论据充分，逻辑清晰。

4）结构与体例参照本教材"课业范例"的"范例-4"。

5）在校园网的本课程平台上展示班级优秀训练课业，并将其纳入本课程的教学资源库。

单元考核

考核评价要求："考核模式""考核目的""考核种类""考核方式、内容与成绩核定""评价主体"及考核表等规范要求，见本教材"网络教学资源包"中的《学生考核手册》。

第2章
国际贸易基础知识

学习目标

通过本章学习，应该达到以下目标：

理论目标： 学习和把握国际贸易的相关概念，国际贸易业务流程，国际贸易术语的含义、构成，国际贸易口岸认知，我国海洋货物运输保险条款的基本内容等陈述性知识；能用其指导本章"同步思考"、"问题思维"、"教学互动"和"基本训练"中"理论题"各题型的认知活动，正确解答相关问题；体验本章"初级学习"中专业认知的横向正迁移，以及相关胜任力中"认知"要素的阶段性生成。

实务目标： 学习和把握国际贸易业务流程、国际贸易术语的选择与应用、国际贸易方式的选择、报关业务、报检业务、国际货物运输保险、国际贸易货款结算方式、国际贸易业务善后方法，以及相关"业务链接"和二维码资源等程序性知识；能以其建构"国际贸易基础知识"中的规则意识，正确解析本章"同步计算"、"深度剖析"和"基本训练"中"实务题"的相关问题；体验本章专业规则与方法"初级学习"中的横向正迁移和"高级学习"中的重组性迁移，以及相关胜任力中"专业规则"要素的阶段性生成。

案例目标： 运用本章理论与实务知识研究相关案例，培养和提高在"国际贸易基础知识"认知特定业务情境下分析、解决问题与决策设计的能力；结合本章教学内容，依照相关规范，对"课程思政2-1"和章后"课程思政-Ⅱ"等案例中的企业及其从业人员行为进行思政研判，促进"立德树人"根本任务的落实；体验本章"高级学习"中专业知识与思政元素的协同性重组迁移，以及相关胜任力中"认知弹性"要素的阶段性生成。

实训目标： 参加"'国际贸易业务'技术应用"实践训练。在了解和把握本训练所及"能力与道德领域"相关"'技术-技能'点"的"规范与标准"基础上，通过各项训练任务的完成、系列技能操作的实施、《训练报告》的准备、撰写、讨论与交流等有质量、有效率的活动，培养"国际贸易业务"的专业能力，强化"信息处理"、"解决问题"、"革新创新"、"与人交流"和"与人合作"等职业核心能力（中级），并通过"认同级"践行"职业态度"、"职业作风"、"职业良心"、"职业观念"和"职业守则"等行为规范，促进健全职业人格的塑造；体验本章"实践学习"中"专能"、"通能"与"职业道德"元素的协同性"重组-产生"迁移，以及相关胜任力中"求知韧性"和"复合性'技术-技能'"要素的阶段性生成。

引例　第三届"一带一路"国际合作高峰论坛贸易畅通专题论坛经贸成果

背景与情境：2023年10月18日，第三届"一带一路"国际合作高峰论坛贸易畅通专题论坛在北京国家会议中心举行。论坛由商务部主办，海关总署、国家税务总局、中国进出口银行、中国出口信用保险公司协办，中国机电产品进出口商会承办。

来自37个国家、4个国际组织和工商界的300余名嘉宾和代表参加了论坛。与会嘉宾高度评价共建"一带一路"倡议提出10年来贸易畅通领域取得的积极成效，并围绕推进高水平贸易畅通主题，就维护产业链、供应链稳定畅通，推动电子商务、绿色贸易发展等进行深入交流，就开展海关、税务、金融等领域合作交换意见。

本次论坛筹备过程中和举办期间，各方达成201项务实成果，包括签署贸易、投资、海关、检验检疫、金融等领域合作谅解备忘录、议定书、协定等文件106项。建立电子商务、税收、中欧班列等合作平台和机制9项。开展重大经贸项目合作30项、"小而美"项目合作40项。提出绿色贸易、数字发展、海关互认等各类倡议和制度性安排8项，其中《数字经济和绿色发展国际经贸合作框架倡议》，围绕数字和绿色领域，重点聚焦贸易投资合作，秉持开放包容原则，以灵活务实的方式，助力各方共享数字和绿色发展红利。发布《中国"一带一路"贸易投资发展报告2013—2023》《中国与共建"一带一路"国家贸易指数》《航运贸易数字化与"一带一路"合作创新白皮书》等8份研究报告和白皮书。

（资料来源　中华人民共和国商务部. 第三届"一带一路"国际合作高峰论坛贸易畅通专题论坛取得丰硕经贸成果［EB/OL］. ［2023-10-19］. http://www.mofcom.gov.cn/article/xwfb/xwrcxw/202310/20231003446915.shtml. 引文经节选、整理与改编）

从引例可见，"一带一路"国际合作各方要秉持共商共建共享原则，不断创新方式、拓展领域，推动共建"一带一路"经贸务实合作取得新进展新突破。中国将建设更高水平开放型经济新体制，稳步扩大制度型开放，努力以贸易推动交往，以贸易催生繁荣，以中国制造和中国市场为全球发展提供新选择新机遇，更多更好地惠及各国人民。

2.1　国际贸易业务流程

2.1.1　国际贸易的概念和特点

1）国际贸易的概念

国际贸易（International Trade）是指不同国家（地区）之间的商品和劳务的交换活动。国际贸易由进口贸易（Import Trade）和出口贸易（Export Trade）两部分组成，有时也称为进出口贸易。

2）国际贸易的特点

（1）贸易主体为不同国籍，资信调查较困难。

（2）因涉及进出口，易受双边关系、国家政策的影响。

（3）交易金额较大，运输距离较远，履行时间较长，因此贸易风险较大。

（4）国际贸易的中间环节较多，除交易双方外，还涉及运输、保险、银行、海关等部门。交易成本比国内贸易大。

（5）参与方众多，各方之间的法律关系较为复杂。

业务链接2-1

商务部印发《"十四五"对外贸易高质量发展规划》

为贯彻落实《中共中央关于制定国民经济和社会发展第十四个五年规划和二〇三五年远景目标的建议》和《中华人民共和国国民经济和社会发展第十四个五年规划和2035年远景目标纲要》，推动对外贸易高质量发展，商务部发布《"十四五"对外贸易高质量发展规划》。"十四五"时期，对外贸易具体目标如下：

（1）贸易综合实力进一步增强。货物贸易规模优势稳固，国际市场份额稳定，进口规模持续扩大，外贸主体数量稳中有增。服务贸易规模稳步增长，出口增速高于全球平均增速。

（2）协调创新水平进一步提高。进口与出口、货物贸易与服务贸易、贸易与双向投资、贸易与产业发展更加协调。贸易业态模式创新活力充分释放，数字化水平快速提升。绿色贸易在绿色转型中走在前列。

（3）畅通循环能力进一步提升。内外贸一体化程度明显提升。外贸产业链供应链畅通运转能力逐步增强。贸易通道更加畅通。国内国际贸易规则衔接更加紧密。法律、物流、支付、结算等支撑体系更加完善。

（4）贸易开放合作进一步深化。贸易自由化便利化达到更高水平，高标准自由贸易区网络稳步构建，多双边和区域经贸合作更加紧密，与全球贸易伙伴关系更加牢固。

（5）贸易安全体系进一步完善。粮食、能源资源、关键技术和零部件进口来源更加多元。贸易摩擦应对、出口管制、贸易救济等风险防控体系更加健全。

（6）展望2035年，外贸高质量发展跃上新台阶。贸易结构更加优化，进出口更趋平衡，创新能力大幅提升，绿色低碳转型取得积极进展，安全保障能力显著提高，参与国际经济合作和竞争新优势明显增强。贸易自由化便利化达到全球先进水平，维护全球贸易合法合规，对全球经济发展和治理体系改革贡献更加突出。

（资料来源 中华人民共和国商务部. 商务部关于印发《"十四五"对外贸易高质量发展规划》的通知 [EB/OL]. [2021-11-23]. http://wms.mofcom.gov.cn/article/xxfb/202111/20211103220081.shtml. 引文经节选、整理与改编）

同步链接2-1

学习宣传贯彻
党的二十大
精神之二

2.1.2 国际贸易业务流程

国际贸易业务流程主要包括国际市场调研、寻找客户、建立业务关系、交易磋商、签订合同、履行合同几个阶段，在不同的阶段，进口方和出口方的工作内容是不同的。根据贸易术语的不同，买卖双方的责任、费用、风险划分也不同。

具体流程如图 2-1 所示。

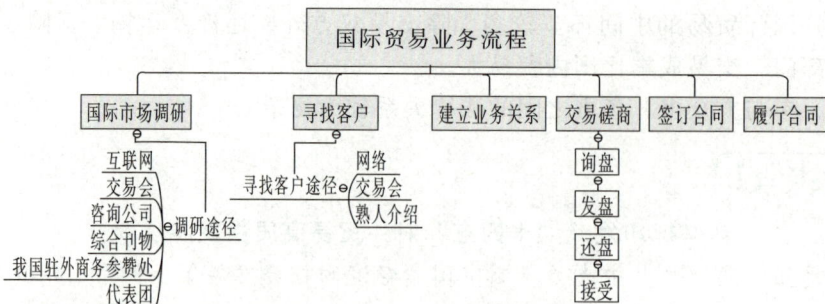

图2-1　国际贸易业务流程图

2.2　国际贸易方式

随着进出口贸易的发展和国际经济交往的扩大，贸易方式也有了很大变化，下面介绍几种在我国采用较多的贸易方式。

2.2.1　包销

包销是国际贸易中习惯采用的方式，采用这种贸易方式可以通过国外的经销商及时有效地将商品销售到国外消费者手中。

包销（Exclusive Sales）是指出口商通过协议把自己的某种或某类商品在某个地区和期限内的经营权单独给予国外某个商人（包销人）的做法。

在包销方式下，双方需要订立包销协议，以确定出口商与包销商的权利与义务。包销协议一般包括下列内容：包销协议的名称、签约日期与地点、包销协议双方的关系、包销商品的范围、包销期限、包销地区、包销的数量或金额、作价办法及其他规定（如对广告宣传、市场报道和商标保护等方面的规定）。

包销协议从实质上说，完全是一个买卖合同，因为国外经销商是用自己的名义买货，自负盈亏。但如果出口商不适当地运用包销方式，就可能使出口的经营活动受到约束，存在因为包而不销而导致出口受阻的风险；包销商能力过强时，也可能利用垄断地位操纵价格、控制市场。因此，为了防止包销商垄断市场或经营不力，应在包销协议中规定中止条款或索赔条款。

2.2.2　代理

代理（Agency）是指代理人按照委托人的授权，代表委托人同第三者订立合同或从事其他经济活动的法律行为。由此而产生的权利与义务直接对委托人发生效力。

代理协议是确定委托人与代理人的权利与义务的法律文件。协议中要明确双方的全称、地址、法律地位、业务种类以及注册的日期和地点等，同时还要明确双方的法律关系、授权范围和代理人的职权范围等；指定代理的商品、地区和期限；代理佣金条款；非竞争性条款。

代理人只能在委托人的授权范围内代表委托人开展商业活动；代理人不得以

自己的名义与第三者签订合同；代理人只负责介绍生意，招揽订单，并不承担履行合同的责任；代理人在交易中赚取的报酬即为佣金。

2.2.3　寄售

寄售（Consignment）是一种委托代售的贸易方式。它是委托人（货主、寄售人）先将货物运往国外寄售地，委托代售人（受托人）按照寄售协议规定的条件，代替货主进行销售的一种贸易方式。在货物售出后，由代售人向货主结算货款。

寄售协议是委托人与代销人为明确双方的权利、义务和有关寄售的条件签订的协议。寄售协议的内容一般包括：明确委托人和代销人之间的委托关系、寄售区域和寄售商品、寄售商品的价格条款、佣金条款、双方当事人的义务。

寄售双方是一种委托关系，而不是买卖关系。代销人只能根据委托人的指示处置货物，货物的所有权在寄售地出售之前仍属委托人。委托人先将货物运至目的地市场，然后经代销人在寄售地向当地买主销售。因此，它是典型的凭实物进行买卖的现货交易。代销商不承担代销货物的一切费用和风险，仅赚取佣金。

同步案例2-1

寄售货物选择失误受损案

背景与情境：某工厂生产一批服装，在国内滞销。后经业务人员联系，在马来西亚寻找了一个代售商以寄售的方式向该国出口该批服装。货到马来西亚后，由于不符合市场的需求，积压 1 年仍未售出。该工厂不得已又运回该批货物，并且支付给代售商相关费用，造成很大的经济损失。

问题：该工厂选择寄售贸易方式是否得当？

分析提示：寄售方式选择不当，应该选择适销对路的产品。

2.2.4　招标与投标

招标与投标作为一种传统的贸易方式，多数用于国家政府机关、国有企业或事业单位采购物资、器材或设备。

招标（Invitation to Tender）是指招标人（买方或发包方）在规定时间、地点，发布招标公告，提出准备购进商品或拟建工程的条件或要求，邀请投标人（卖方或承包人）参加投标的行为。

投标（Submission of Tender）是指投标人（卖方或承包人）应招标人的邀请，根据招标公告规定的条件，在招标规定的时间内向招标人递盘的行为。

招标与投标实际上是一种贸易方式的两个方面。目前，国际上采用的招标方式大体可分为竞争性招标、谈判招标和两段招标。

1）竞争性招标

竞争性招标是一种多个投标人投标，从中选择对招标人最为有利的投标人，并达成交易的方式。它有两种做法：其一是公开招标，即招标人在国内外主要媒体上刊登招标广告，凡对该项招标内容有兴趣的人都有均等的机会进行投标。其二是选择性招标，即有限竞争性招标，招标人不在报刊上刊登广告，而是有选择地邀请投标人参加投标，通过资格预审后，再由他们进行投标。

2）谈判招标

谈判招标是一种非公开的、非竞争性的招标，招标人仅物色几家客商直接进行合同谈判，谈判成功，即交易达成。

3）两段招标

两段招标是一种将公开招标和选择招标结合运用的招标方式，即先用公开招标方式，再用选择招标方式，将招标分两阶段进行。

招标与投标业务的基本程序包括招标前的准备工作、投标、开标、评标、决标及中标签约等几个环节。

2.2.5　拍卖

拍卖（Auction）是由专营拍卖业务的拍卖行接受货主的委托，在一定的地点和时间，按照一定的章程和规则，以公开叫价竞购的方法，最后由拍卖人把货物卖给出价最高的买主的一种现货交易方式。通过拍卖进行交易的商品大都是品质不易标准化的，或是难以久存的，或是习惯上采用拍卖方式进行出售的商品，如艺术品、烟叶、木材、羊毛、毛皮、水果等。

拍卖的种类有增价拍卖、减价拍卖和密封递价等。增价拍卖也称买方叫价拍卖，这是最常用的一种拍卖方式。拍卖时，由拍卖人宣布预定的最低起点价，再由竞买人竞相加价，直到无人加价时，拍卖人便击打木槌，把商品卖给出价最高的买主。减价拍卖又称荷兰式拍卖。这种方法先由拍卖人喊出最高价格，然后逐渐降低叫价，直到有某一竞买者认为价格已经低到可以接受，表示买进为止。密封递价拍卖又称招标式拍卖。采用这种方法时，先由拍卖人公布每批商品的具体情况和拍卖条件等，然后由各买方在规定时间内将自己的出价密封递交拍卖人，再由拍卖人开封，将商品卖给其中出价最高的买主。

业务链接 2-2

变废为"金"——黄埔海关推进加工贸易边角废料网上拍卖工作

为了适应加工贸易企业生产管理实际，对于边角料数量较大、拍卖处置频繁的企业，海关允许其按月办理内销集中申报手续。企业还可以核算未来一定时期内产生的边角废料数量，进行"集中交易"拍卖，拍卖成交后再按交易双方约定分批进行货物交割，有效解决了企业因安全生产、堆放场地等因素不能长期存放、需要定期清理废料的实际问题。

2021年，针对企业需要自己想办法处置边角废料，费时、费力、成本高而且卖不出好价格等问题，黄埔海关引入了"互联网+"理念，开发搭建了加工贸易边角料网上拍卖管理系统，并与相关废料交易平台对接，实现买卖双方无须见面，足不出户就可完成"线上交易、线下交付"。同时，海关对交易项目实现在线审批、成交结果在线查询，竞价过程中海关、市场监管、公安、环保等监管单位可在线实时旁观，交易全程公开透明，风险可控可究，充分体现了竞价充分、公平公开公正的特点。

（资料来源　海关总署. 变废为"金"——黄埔海关扎实推进加工贸易边角废料网上拍卖促进企业增收减负〔EB/OL〕.〔2021-09-15〕. http://www.customs.gov.cn//customs/xwfb34/302425/3878473/index.html. 引文经节选、整理与改编）

2.2.6　期货交易

期货交易（Futures Trading）是一种在期货市场或称商品交易所按照严格的程序和规则，通过公开喊价的方式买进或卖出某种商品期货合同的交易。

期货交易有两种：

一种是纯投机活动，在商业习惯上被称为"买空卖空"，它是投机者根据自己对市场前景的判断而进行的赌博性投机活动。所谓买空，又称"多头"，是指投机者估计某种商品价格要涨，买进期货，一旦期货实际价格上涨再卖出期货，从中赚取差价。所谓卖空，又称"空头"，是指投机者估计某种商品价格要跌，卖出期货，在实际价格下跌时再买进期货，从中赚取差价。

另一种是套期保值，又称"海琴"（Hedging）。套期保值分为卖期保值和买期保值。卖期保值（Selling Hedging）是指经营者买进一批日后交货的实物，为了避免在以后交货时因该项商品的价格下跌而遭受损失，可在交易所预售于同一时期交货的同样数量的期货合同，这样，即使将来货价下跌，已经买进的实物在价格上亏损，但他可以通过从期货合同交易所获得的盈利来进行补偿。由于从事保值者处于卖方地位，所以称为"卖期保值"。买期保值（Buying Hedging）与卖期保值相反，是指经营者卖出一笔日后交货的实物，为了避免在以后交货时因该项商品的价格上涨而遭受损失，可在交易所内买进同一时期交货的同样数量的期货合同。这样，如果将来货物价格上涨，他也同样可以通过从期货交易的盈利中补偿实物交易的损失。由于从事保值者是处于买方地位，所以称为"买期保值"。

同步案例 2-2

国际市场上"套期保值"操作方法

背景与情境：某谷物公司在 7 月上旬以每蒲式耳（蒲式耳即 bushel，1bushel = 36.3666 升）3.60 美元的价格购进一批小麦，共 5 万蒲式耳，并存入仓库待售。该公司估计暂时还找不到买主，为了防止在货物待售期间小麦价格下跌而蒙受损失，该公司便在期货市场上抛出 5 万蒲式耳的小麦期货，价格为每蒲式耳 3.65 美元，交割月份为 10 月。其后，小麦价格果然下降，在 8 月份该公司终于将 5 万蒲式耳小麦售出，价格为 3.55 美元/蒲式耳，每蒲式耳损失 0.05 美元。

问题：该公司应该如何操作才能挽回损失？

分析提示：与此同时，商品交易所小麦期货价格也下降了，该公司应该购进相应数量的合同，用于抵补其在现货交易中的亏损。

同步案例2-3

国际市场上"买期保值"的操作方法

背景与情境： 某粮食公司在9月上旬与玉米加工商签订了一份销售合同，出售10万蒲式耳的玉米，12月份交货，价格为2.45美元/蒲式耳。该公司在合同签订时，手头并无现货。为履行合同，该公司必须在12月份之前购入玉米现货。但该公司担心在临近交货期时玉米价格上涨，于是就选择在期货市场上购入玉米期货合同，价格为2.40美元/蒲式耳。到11月底，市场收购玉米的价格已涨到了2.58美元/蒲式耳。与此同时，期货价格也上涨至2.53美元/蒲式耳。

问题： 该公司应该如何操作才能挽回损失？

分析提示： 该公司可用在期货市场卖出之前买进的期货合同获得的盈利补偿实货市场中的亏损。

2.2.7　对销贸易

对销贸易（Counter Trade） 又称互抵贸易、反向贸易，是指贸易双方互为出口方和进口方，以合同形式将货物的出口和进口紧密结合，并以各自的出口来部分或全部抵偿从对方进口的贸易方式。对销贸易的发生和形成经历了漫长的发展过程。

对销贸易主要包括易货贸易、互购和产品回购三种形式。

易货贸易（Barter），从严格的意义上讲，是指贸易双方互换等值货物的贸易方式。其特点有三个：首先是直接的物物交换；其次是既不用货币支付，也不涉及第三者；最后是双方只签订一份合同，把双方交换的货物、货值及时间等约定下来，双方之中的任何一方既是买方，又是卖方。在一般国际贸易中，大多通过对开信用证的方式进行易货。在这种方式下，交易双方签订换货合同，各自出口的商品都按约定的货币计价并通过信用证结算。但先进口一方开出的信用证以对方开出约定的等值或基本等值的信用证作为生效条件。

互购（Counter Purchase），又称平等贸易，在这种方式下，先出口的一方在其售货合同中承诺，用所得的外汇（全部或部分）购买对方国家的产品。至于购买什么产品、价格多少，可以在合同中预先约定，但更多的是待以后另行签约。按照习惯，一方做出的承诺购货的义务，可在取得缔约对方同意的条件下，转让给第三者执行。但原缔约者需对第三方是否履约承担责任。互购实际上是一种现款交易，先进口的一方要先以现汇支付。它不同于一般交易的只是先出口的一方做出购买对方货物的承诺，从而把先后两笔不一定等值的现汇交易结合在一起。从这个做法上看，先出口的一方，不论从资金周转还是后续的谈判地位来讲，都占有比较有利的地位。

产品回购（Products Buyback）的做法多出现于设备的交易中。由缔约的一方以赊销方式向对方提供机械设备，同时承诺购买一定数量或金额的由该设备制造出来的产品或其他产品。进口设备方用出售产品所得的货款，分期偿还设备的价款和利息。产品回购基本上与我国开展的补偿贸易类似。补偿贸易在西方一般被称为"产品回购"，在日本被称为"产品分成"。

2.2.8　对外加工装配贸易

对外加工装配贸易是我国企业开展来料加工和来件装配业务的总称。它是指由外商提供一定的原材料、零部件、元器件，由承接方按照对方的要求进行加工装配，成品交给对方处置，承接方按约定收取工缴费作为报酬的贸易方式。这种贸易方式直接同产品的加工装配相结合，又同利用外资相联系，在国际贸易中相当盛行。在我国的对外贸易中，对外加工装配贸易已成为我国现阶段利用外资、扩大对外贸易的一种简捷的、行之有效的方式。

业务链接2-3

山东自贸试验区烟台片区推出汽车加工贸易通关"绿色通道"

为解决汽车整车加工贸易企业在进出口环节中零部件归类难度大、关税税率较高等问题，山东自贸试验区烟台片区以AEO高级认证企业为试点，率先推出汽车加工贸易通关"绿色通道"新机制。

一是实施AEO企业加工贸易业务创新。变过去的一般贸易为加工贸易，将汽车零部件进口和整车出口纳入手册管理，免征进口关税，为50多种进口零部件减免保证金，有效减轻企业资金压力。

二是开展进出口产品归类新机制。将过去以单个商品为单元的海关归类升级为以企业为单元的解决方案，帮助企业建立归类数据库，并将合规归类数据纳入海关"归类先例辅助查询系统"，企业申报时可以直接选择系统中经海关认可的归类数据。

三是推动口岸货物通关便利化。实施"提前申报、两步申报""进口船边直提"等系列通关新举措，推进口岸货物快速提离，取消加工贸易备案资料库审核和归并关系审核，推动保税货物内销、结转便利化。仅2022年，试点企业实现进口车用零件5 606.9万美元，同比增长17.95%。

（资料来源　驻青岛特派员办事处. 山东自贸试验区烟台片区率先推出汽车加工贸易通关"绿色通道"［EB/OL］.［2023-02-15］. http://qdtb.mofcom.gov.cn/article/zonghsw/202302/20230203385122.shtml. 引文经节选、整理与改编）

对外加工装配贸易与进料加工的本质区别：①进料加工业务中，经营企业以买主的身份与国外客户签订购买原材料的合同，又以卖主的身份签订成品的出口合同。两个合同体现为两笔交易，两笔交易都体现为以所有权转移为特征的货物买卖，而对外加工装配贸易却纯属以提供劳务为特征的交易。②在进料加工中，原材料的供应者与成品的购买者没有必然的联系，不像对外加工装配贸易那样，原材料或配件的提供者同时又是成品的购买人。③在进料加工中，经营企业从事进出口活动，赚取以外汇表示的附加价值。而在对外加工装配贸易中，经营企业得到的只是劳动力的费用。至于由原料或零部件转化为成品的过程中所创造的附加价值,基本上被外商占有。从这个角度看,进料加工的经济效益要大于加工装配贸易。但是在另一方面,进料加工却要承担价格风险和成品的销售风险,而加工装配贸易则不存在这些风险。

2.3　国际贸易术语

2.3.1　国际贸易术语的含义

俗话说:"谈判桌上没有剩下的一分钱。"价格条款是合同中的核心条款之一,在国际贸易合同的签订过程中,买卖双方都很关注该条款是否符合各自的利益需要,该条款直接关系到买卖双方的经济利益。国际贸易术语是价格条款里的一个重要组成部分,接下来我们就了解一下国际贸易术语的相关知识。

贸易术语(Trade Terms)又称价格术语,在我国也称"价格条件",它是国际贸易中习惯采用的简明的语言,一般用三个英文字母的缩写来概括说明买卖双方在货物交接方面的权利、义务以及买卖双方有关费用、风险和责任的划分。

2.3.2　国际贸易惯例

国际贸易惯例是指在长期的国际贸易实践中所形成的具有普遍意义的一些习惯性做法与规定。在国际贸易实践中,各国的法律制度、贸易惯例和习惯做法不同,造成贸易双方对各种贸易术语的解释与运用互有差异,从而容易引起贸易纠纷。为了避免这种情况,一些国际组织和商业团体便分别就某些贸易术语做出统一的解释和规定,《国际贸易术语解释通则》(International Rules for the Interpretation of Trade Terms,缩写 INCOTERMS)由国际商会制定,是国际贸易的基础性通行规则。

国际贸易惯例中影响较大的有:国际法协会制定的《1932年华沙-牛津规则》、美国一些商业团体制定的《1941年美国对外贸易定义修订本》和国际商会制定的《国际贸易术语解释通则》。《2020年国际贸易术语解释通则》是国际商会根据国际货物贸易的发展对《2010年国际贸易术语解释通则》的修订版本,于2019年9月10日公布,自2020年1月1日开始在全球范围内实施。贸易惯例不是法律,不具有强制性,新的版本发布后,旧的版本在买卖双方协商一致的情况下依然可以沿用,所以在签订贸易合同的时候要注意选择合适的贸易术语,要特别注意该贸易术语所适用惯例的版本。接下来主要对《2010年国际贸易术语解释通则》和《2020年国际贸易术语解释通则》进行介绍。

> **业务链接2-4**
>
> **《1941年美国对外贸易定义修订本》中关于FOB贸易术语的解释**
>
> 《1941年美国对外贸易定义修订本》把FOB笼统地解释为在某处某种运输工具上交货,其适用范围很广,因此,在同美国、加拿大等国的商人按FOB订立合同时,除必须标明装运港的名称外,还必须在FOB后加上"船舶"(Vessel)

字样。《1941年美国对外贸易定义修订本》在风险划分上，不是以装运港船舷为界，而是以船舱为界，即卖方负担货物装到船舱为止所发生的一切丢失与损坏。《1941年美国对外贸易定义修订本》在费用负担上，规定买方要支付卖方协助提供出口单证的费用以及出口税和因出口而产生的其他费用。

1）《2010年国际贸易术语解释通则》

《2010年国际贸易术语解释通则》（以下简称《INCOTERMS 2010》），是国际商会根据国际货物贸易的发展对《INCOTERMS 2000》的修订，于2010年9月27日公布，自2011年1月1日开始全球实施。《INCOTERMS 2010》与《INCOTERMS 2000》相比增加了大量指导性贸易解释和图示，以及电子交易程序的适用方式。国际贸易惯例本身不是法律，对国际贸易当事人不产生必然的强制性约束力。

《INCOTERMS 2010》与《INCOTERMS 2000》相比取消了"船舷"的概念，卖方承担货物装上船为止的一切风险，买方承担货物自装运港装上船后的一切风险。在FAS、FOB、CFR和CIF等术语中加入了货物在运输期间被多次买卖（连环贸易）的责任和义务的划分。考虑到一些大的区域贸易集团内部贸易的特点，《INCOTERMS 2010》不仅适用于国际销售合同，也适用于国内销售合同。

《INCOTERMS 2010》对11个贸易术语进行了解释，分类方法由《INCOTERMS 2000》的按照首字母分类变为适合的运输方式。《INCOTERMS 2010》中适用于任何单一运输方式或多种运输方式的术语：EXW、FCA、CPT、CIP、DAT、DAP、DDP；适用于海运和内河水运的术语：FAS、FOB、CFR、CIF。

下面对《INCOTERMS 2010》中的11个贸易术语进行介绍。具体内容如表2-1所示。

表2-1　　　　　　　　《INCOTERMS 2010》中的11个贸易术语

分类	贸易术语缩写	英文名称	中文名称
适合任何一种运输方式	EXW	Ex Works	工厂交货
	FCA	Free Carrier	货交承运人
	CPT	Carriage Paid to	运费付至
	CIP	Carriage and Insurance Paid to	运费、保险费付至
	DAT	Delivered at Terminal	运输终端交货
	DAP	Delivered at Place	目的地交货
	DDP	Delivered Duty Paid	完税后交货
适合海运及内河运输	FAS	Free alongside Ship	装运港船边交货
	FOB	Free on Board	装运港船上交货
	CFR	Cost and Freight	成本加运费
	CIF	Cost, Insurance and Freight	成本、保险费加运费

《INCOTERMS 2010》中最常用的装运港交货的贸易术语有 FOB、CFR 和 CIF 以及向承运人交货的三种贸易术语 FCA、CPT 和 CIP，下面逐一进行介绍。

FOB（...named port of shipment）——装运港船上交货（……指定装运港）术语。按照《INCOTERMS 2010》的解释，卖方必须在合同规定的装运期内，在指定的装运港将货物装上买方指定的船上，并及时通知买方。货物在指定装运港装上船，卖方即完成交货义务，自该交货点起，买方必须承担一切费用以及由于货物灭失或损坏而引起的一切风险。FOB 术语要求买方负责租船订舱，支付运费，在合同规定期内到达装运港接运货物，并将船名和装船日期及时通知卖方，以便对方准时备货；卖方负责取得出口报关所需的各种单证，负责办理货物出口报关手续并承担其中的费用。该贸易术语只适用于海运和内河运输。

CFR（...named port of destination）——成本加运费（……指定目的港）术语。CFR 与 FOB 的主要区别在于以 CFR 方式成交应由卖方负责租船订舱并支付运费。按照《INCOTERMS 2010》的解释，卖方必须支付成本和将货物运至指定目的港的运费。货物在指定装运港装上船，卖方即完成交货义务，并从此时起货物的一切灭损风险转移给买方。除非另有约定，卖方应自行承担费用，向买方提交全套正本可转让的单据（如海运提单），同时向买方提供办理保险所必需的信息。采用 CFR 术语，在办理进出口手续和交单、提单付款方面，买卖双方的义务和 FOB 是相同的。该贸易术语只适用于海运和内河运输。

CIF（...named port of destination）——成本、保险费加运费（……指定目的港）术语。卖方在 CIF 术语下除承担与 CFR 术语下相同的义务外，还必须承担为货物办理运输保险并支付保险费的义务。在 FOB 和 CFR 中，由于买方是为自己承担的运输而办理保险，所以不构成一种义务。卖方在投保时应与信誉良好的保险公司或承保人签订保险合同，按《INCOTERMS 2010》的规定，卖方应在货物装船之前办妥货运保险。如买卖双方无明确的约定，卖方可按保险条款中最低责任的险别投保，最低保险金额应为 CIF 价格的 110%，并以合同货币投保。该贸易术语只适用于海运和内河运输。

同步计算2-1

CIF 贸易术语下投保计算案例

一批出口货物 CFR 价格为 USD 10 000，买方要求卖方代为在中国投保，卖方委托 A 货代公司按 CIF 加一成投保，保险费率为 1%。（请保留两位小数）

问题：

（1）该批货物的保险金额是多少？

（2）应交纳的保险费是多少？

解：

（1）CIF=10 000÷（1−110%×1%）=USD 10 111.22

保险金额=10 111.22×110%= USD 11 122.34

（2）保险费=11 122.34×1%=USD 111.22

FCA（...named place）——货交承运人（……指定地点）术语。承运人是指在运输合同中履行铁路、公路、航空、海洋、内河运输或多式联运义务的责任人。以 FCA 方式成交，卖方在指定地点或位置将已经清关的货物交给买方指定的承运人，即完成交货义务并实现风险转移，如果在卖方所在地交货，应由卖方负责装货；如果在任何其他地方交货，则卖方不负责装货。该贸易术语适用于任何形式的运输，包括多式联运。

CPT（...named place of destination）——运费付至（……指定目的地）术语。以此术语成交，当卖方将货物交给买方指定的承运人时，即完成了交货义务，此后货物灭损的风险以及由此而发生的任何额外费用应由买方承担，这里"承运人"与 FCA 术语中的承运人含义相同。CPT 术语要求卖方负责货物出口报关并支付将货物运至指定目的地所需的运费。该贸易术语适用于任何形式的运输。

CIP（...named place of destination）——运费、保险费付至（……指定目的地）术语。以此术语成交，卖方除了应承担与 CPT 术语相同的义务外，还应负责与保险公司或承保人签订保险合同并支付保险费，订立保险合同的要求与 CIF 术语相同，除非另有约定，否则卖方仅投保最低限度的保险。CIP 术语要求卖方负责货物出口报关。该贸易术语适用于任何形式的运输。

教学互动 2-1

互动问题：

（1）国际贸易中各种贸易术语都有哪些优缺点？

（2）一票完整的国际贸易业务应该包括哪些环节？

要求： 同"教学互动 1-1"的"要求"。

2）《2020 年国际贸易术语解释通则》

国际贸易惯例在适用的时间效力上并不存在"新法取代旧法"的说法，即《2020 年国际贸易术语解释通则》（以下简称《INCOTERMS 2020》）实施之后并非《INCOTERMS 2010》就自动废止，当事人在订立贸易合同时仍然可以选择适用《INCOTERMS 2010》甚至《INCOTERMS 1990》或者《1941 年美国对外贸易定义修订本》等版本。《INCOTERMS2010》的修订，在结构和内容上进行了调整，《INCOTERMS 2020》在《INCOTERMS 2010》的基础上进一步明确了国际贸易体系下买卖双方的责任，其生效后对贸易实务、国际结算和贸易融资实务等都将产生重要的影响。

（1）将 DAT（Delivered at Terminal，运输终端交货）改成 DPU（Delivered at Place Unloaded，卸货地交货）

DAT 术语已被重命名为 DPU。具体变化是作为目的地的交货地点可以是任何地方而不仅仅是终点。

（2）扩大 CIP（根据《INCOTERMS 2010》，运费和保险费付至）的保险范围

在《INCOTERMS 2010》和《INCOTERMS 2020》这两种情况下，卖方都有

义务提供与第 C 条（货物协会条款）相对应的最低限度的保险。这是一种基本的保险形式，只包括明确界定的损害赔偿。

根据《INCOTERMS 2020》的要求，CIF 术语继续要求卖方购买符合 LMA/IUA《协会货物保险条款》（C）条款要求的货物保险。但是，在适用 CIP 术语的贸易中，最低保险范围已经扩大到《协会货物保险条款》（A）条款的要求（即"一切险"，不包括除外责任）。

（3）FCA（货交承运人）提单

《INCOTERMS 2010》中的 FCA 术语中存在的一个主要问题是该术语的效力在货物装船前就已经随货交承运人而终止，卖方无法获得已装船提单。已装船提单是银行在信用证项下的常见单据要求，在 FCA 贸易术语项下，就无法采用信用证这种支付方式，考虑到出口商的实际需求，《INCOTERMS 2020》对 FCA 贸易术语进行了修改，FCA 术语下就提单问题引入了新的附加机制。根据新引入的附加选项，买方和卖方同意买方指定的承运人在装货后将向卖方签发已装船提单，然后再由卖方向买方交单。

（4）自定义运输方式的承运

《INCOTERMS 2020》中当采用 FCA、DAP、DPU 和 DPP 术语进行贸易时，买卖双方可以使用自有运输工具，与《INCOTERMS 2010》推定使用第三方承运人进行运输不同。

（5）对担保义务的更清晰的分配

《INCOTERMS 2020》对买卖双方之间的相关担保要求（包括相关费用）进行了更为精确的分配。

每个国际贸易术语项下的 A4 和 A7 部分都明确规定了与安全有关的义务的分配规则，为履行该义务产生的费用的承担方式也在 A9/B9 部分载明。例如，FOB 术语项下的 A4 部分载明"卖方必须遵守任何与运输安全有关的要求，直至交付"，通过此变化加强了对国际贸易的担保监管。

对每一个贸易术语都提供了"一站式费用清单"，除了在具体规定有关义务的条款中对承担该义务产生的费用成本进行分配以外，还新加入将买方和卖方各自承担的费用成本一并汇总的部分，它能够防范可能产生的费用纠纷。

🔑 深度剖析 2-1

背景资料：每当贸易商遇到新的销售形式、陌生的交易对手、不熟悉的承运人或其他不定因素时，都需要明智地考虑 INCOTERMS 规则的选择。在所有国际销售谈判中，总体的商业背景和相对的谈判话语权决定了 INCOTERMS 规则涵盖的许多问题。这些不仅是初级出口商或进口商面临的关键问题，也是经验丰富的贸易商所面临的重要问题。

问题：关于 INCOTERMS 规则最重要的问题是什么？在特定情况下，公司应该选择哪条 INCOTERMS 规则？如何选择 INCOTERMS 规则？如何知道交易对手选择的规则是否对我有利？

解析与讨论：

第一，许多争议产生于装卸费的支付、运输终端货物的处理费用、集装箱的租赁费和/或清关费用。

第二，许多小型或刚入行的出口商喜欢选用 EXW（Ex Works），因为他们认为该术语要求的出口手续知识最少，工作量最小。这种认知基本上是准确的，但在国际交易中选择 EXW 是有一些问题的。

第三，INCOTERMS 规则的选用主要取决于是卖方还是买方安排主要运输。因此，第一个实操问题是：谁来负责运输？谁能获得最便宜的运输费率？从经济角度考虑，应把大部分运输职责分配给能够获得最低运费或最高效运输服务的交易方。

第四，下一个需要考虑的实操问题是风险从卖方转移给买方的节点。

第五，选定的 INCOTERMS 规则是否要求您负责在外国办理海关手续或缴纳关税？如果是，您最好核查一下以确保自己清楚自己所有的责任。建议您在合同中订立如下条款：如果通关遇到问题，允许您延长合同履行期限或以不可抗力终止合同履行。

第六，作为出口商，您是否想赚取运输服务的佣金？如果是，您可以选择卖方承担主要运输义务的 INCOTERMS 规则（如 "C" 和 "D" 组规则），这样您就可以通过提供这些服务赚取收益了。即便您没想在运输方面赚钱，但您能够找到或安排比您的买方或竞争对手更实惠的运输方式，则选择 "C" 或 "D" 组规则对您更有利，因为您的总体报价会更便宜、更具价格上的竞争力。

第七，在当事人履行合同义务时，除商业发票外，可能还需要其他形式的电子或纸质文件。当事人的各种责任、货物性质、适用的商业习惯和政府规章等可能会要求出示下列纸质或电子文件。当选择诸如信用证或跟单托收等付款方式时，承运人的选择及其产生的运输单据也是重要的考量因素。《INCOTERMS 2020》版本中的 FCA 提供了一种可能的解决方案，以弥合在船舶装运时，信用证经常要求的交付和船上运输单据之间的差异。

2.4　国际贸易口岸

学习微平台

延伸阅读 2-1

2.4.1　口岸的概念与分类

口岸是由国家指定的进行对外经贸、政治、外交、科技、文化、旅游和移民等往来，并供往来人员、货物和交通工具出入国（边）境的港口、机场、车站和通道。因此，口岸是国家指定对外往来的门户。

业务链接 2-5

自由贸易港——新加坡港介绍

自由贸易港是设在国家或地区境内、海关管理关卡之外的，允许境外货物、资金自由进出的港口区。对进出港区的全部或大部分货物免征关税，并且准许在自由港内开展货物自由储存、展览、拆散、改装、重新包装、整理、加工和制造等业务活动。排名世界集装箱港口中转量前列的新加坡港，实施自由港政策，吸引大量集装箱前去中转，奠定了其世界集装箱中心枢纽的地位。

新加坡港位于新加坡的南部沿海，西临马六甲海峡（Straits of Malacca）的东南侧，南临新加坡海峡的北侧，是亚太地区最大的转口港，也是世界最大的集装箱港口之一。该港扼太平洋及印度洋之间的航运要道，战略地位十分重要。它自13世纪开始便是国际贸易港口，目前已发展成为国际著名的转口港。

随着社会经济的发展，口岸已不仅是指设在沿海的港口，国家在开展国际联运、国际航空、国际邮包邮件交换业务的内陆腹地和其他有外贸、边贸活动的地方也设置了口岸。在我国，口岸已由沿海逐步向沿边、沿江和内地城市发展。因此，在我国，口岸除了对外开放的沿海港口之外，还包括国际航线上的飞机场，国境线上对外开放的山口，国际铁路、国际公路上对外开放的火车站、汽车站，国界河流和内河上对外开放的水运港口。

同步思考2-1

问题：口岸与海关的区别是什么？

理解要点：口岸是由国家指定的进行对外经贸、政治、外交、科技、文化、旅游和移民等往来，并供往来人员、货物和交通工具出入国（边）境的港口、机场、车站和通道。因此，口岸是国家指定对外往来的门户。海关是国家在沿海、边境或内陆口岸设立的执行进出口监督管理的国家行政机构。它根据国家法令，对进出国境的货物、邮递物品、旅客行李、货币、金银、证券和运输工具等实行监管检查、征收关税、编制海关统计并查禁走私等。口岸不是针对具体事务的部门或机构，也不是事业单位。口岸管理部门有海关、税务、外汇管理局等，口岸服务部门有银行、港务局、场站等，进出口企业、货代、报关行等属于口岸应用单位。地方政府设有口岸办予以协调口岸管理事宜。

依据不同的分类标准，口岸可以分为不同的类别，我们按批准开放的权限和出入国境的交通运输方式进行分类。

1）按批准开放的权限分类

（1）**一类口岸**，指由国务院批准开放的口岸，包括中央管理的口岸和由省、自治区、直辖市管理的部分口岸。中国对外开放一类口岸地区见表2-2。

表2-2　　　　中国对外开放一类口岸地区一览表

地区	空港	陆港	水港
北京	北京	北京	
天津	天津		天津、塘沽
河北	石家庄		秦皇岛、唐山

地区	空港	陆港	水港
山西	太原		
内蒙古	呼和浩特、海拉尔	二连浩特、满洲里、阿尔山松贝尔口岸	
辽宁	沈阳、大连	丹东	营口、锦州、大连、丹东、盘锦
吉林	长春	集安、珲春、图们、长白	大安
黑龙江	哈尔滨、佳木斯、齐齐哈尔、牡丹江、黑河口岸	逊克、抚远、密山、漠河、绥芬河、饶河	哈尔滨、佳木斯
上海	上海	上海	上海
江苏	南京、无锡、徐州、常州、扬州、淮安、盐城、南通、连云港		连云港、南通、镇江、张家港、南京、扬州、江阴、常熟、滨海港、射阳港、响水港、太仓、大丰、如皋、洋口、启东
浙江	杭州、宁波、温州		宁波、镇海、舟山、温州
安徽	合肥、黄山		芜湖、铜陵、安庆
福建	福州、武夷山、厦门、泉州		福州、厦门、漳州、泉州、莆田
江西	南昌		九江
山东	济南、青岛、烟台		青岛、威海、烟台、潍坊、乳山、东营
河南	郑州、洛阳		
湖北	武汉、宜昌		汉口、黄石、宜昌、荆州
湖南	长沙、张家界		岳阳
广东	广州、深圳、湛江、梅州、汕头（揭阳潮汕）	广州、皇岗、佛山、文锦渡、罗湖、沙头角、笋岗、拱北、常平、端州、三水、横琴新口岸	广州、黄埔、惠州、茂名、南海、番禺、东莞虎门、潮州、汕头、深圳蛇口、湛江、肇庆、中山、阳江
广西	南宁、桂林、北海	友谊关、凭祥、东兴、水口、爱店、龙邦	北海、防城港、钦州、柳州

地区	空港	陆港	水港
海南	海口、三亚		海口、三亚、清澜、洋浦、八所
重庆	重庆、万州	重庆	重庆
四川	成都	成都	
贵州	贵阳		
云南	昆明、西双版纳、丽江	畹町、姐告、河口、磨憨、天保、金水河、猴桥、孟定清水河、都龙、田蓬、勐康口岸	思茅、景洪、关累
西藏	拉萨	聂拉木、普兰、吉隆、日屋、亚东	
陕西	西安		
甘肃	兰州、敦煌		
新疆	乌鲁木齐、喀什	巴克图、阿拉山口、红其拉甫、霍尔果斯、红山嘴、老爷庙、卡拉苏	

符合下列三种情况的属于一类口岸：对外国籍船舶、飞机、车辆等交通工具开放的海、陆、空客货口岸；允许外国籍船舶进出我国领海内的海面交货点；只允许我国籍船舶、飞机、车辆出入国境的海、陆、空客货口岸。

（2）**二类口岸**，指由省级人民政府批准开放并管理的口岸。

符合下列三种情况的属于二类口岸：依靠其他口岸派人前往办理出入境检查检验手续的国轮外贸运输装卸点、起运点、交货点；同毗邻国家地方政府之间进行小额边境贸易和人员往来的口岸；只限边境居民通行的出入境口岸。

业务链接2-6

一类、二类口岸开放报批程序

一类口岸：由有关部局或港口、码头、车站、机场和通道所在地的省级人民政府会商大军区后，报请国务院批准，同时抄送国务院口岸领导小组、总参谋部和有关主管部门。

二类口岸：由口岸所在地的人民政府征得当地大军区和海军的同意，并会商口岸检查检验等有关单位后，报请省级人民政府批准。批文同时送国务院口岸领导小组和有关主管部门备案。

2）按出入国境的交通运输方式分类

（1）**港口口岸**，指国家在江河湖海沿岸开设的供人员和货物出入国境及船舶往来停靠的通道。港口口岸包括海港港口口岸和内河港口口岸。内河港是建造在河流（包括运河）、湖泊和水库内的港口，为内河船舶及其客货运输服务。

（2）**陆地口岸**，指国家在陆地上开设的供人员和货物出入国境及陆上交通运输工具停站的通道。陆地口岸包括国（边）境以及国家批准内地直接办理对外进出口经济贸易业务往来和人员出入境的铁路口岸和公路口岸。

（3）**空港口岸**，指国家在开辟有国际航线的机场上开设的供人员和货物出入国境及航空器起降的通道。

2.4.2 口岸的地位与作用

1）口岸是国家主权的象征

口岸权包括口岸开放权、口岸关闭权、口岸管理权，其中口岸管理权包括口岸行政权、关税自主权、检查权、检验权等，这些都是国家主权的一部分。

2）口岸是对外开放的门户

对外开放表现为政府间或民间在政治、经济、军事、文化、资源保护、制止国际犯罪、世界和平等领域的广泛合作和交流，而这种国家间的交流与合作是通过口岸得以实现的，因此，口岸是对外开放的门户。

3）口岸是国际货运的枢纽

口岸是国际往来的门户，是对外贸易货物、进出境人员及其行李物品、邮件包裹进出的通道，因此，口岸的设置必须充分发挥交通基础设施的作用，与交通运输发展规划配套。口岸作为国际物流系统中的重要关口，是国际货物运输的枢纽。

教学互动2-2

互动问题：

（1）什么是国际陆港？

（2）中国开发内陆港有哪些意义？

要求：同"教学互动1-1"的"要求"。

2.4.3 港口的分类

港口（water port）是指位于江、湖、海或水库等沿岸，由一定范围的水域和陆域组成的且具有相应的设施设备和条件开展船舶进出、停靠，货物运输、物流等相关业务的区域。它的范围包括水域和陆域两部分。

（1）港口按地理位置可分为：①河港，指沿江、河、湖泊、水库分布的港口，如南京港、武汉港等。②水库港，指建于大型水库沿岸的港口。水库港受风浪影响较大，常建于有天然掩护的地区。水位受工农业用水和河道流量调节等的影响，变化较大。③湖港，指位于湖泊沿岸或江河入湖口处的港口。一般水位落差不大，水面比较平稳，水域宽阔，水位较深，是内河、湖泊运输和湖上各种活动的基地。④河口港，指位于江、河入海处受潮汐影响的港口，如丹东港、营口港、福州港、广州港、上海港等。在我国，一般把河口港划入海港的范畴。⑤海港，指沿海岸线（包括岛屿海岸线）分布的港口，如大连港、秦皇岛港、青岛港等。

（2）港口按服务对象可分为：①商港，指专门从事客货运业务的港口，所以也称为公共港，以一般商船和客货运输为服务对象，具有停靠船舶、上下客货、供应燃（物）料和修理船舶等所需要的各种设施和条件，是水陆运输的枢纽。我国的上海港、大连港、天津港、广州港和湛江港等均属此类。②工业港，为临近江、河、湖、海的大型工矿企业直接运输原材料及输出制成品而设置的港口。如大连地区的甘井子大化码头。③散货港，指专门装卸大宗矿石、煤炭、粮食和砂石料等散货的港口，其中专门装卸煤炭的专业港称煤港。这类港口一般都配置大型专门装卸设备，效率高，成本低。④油港，指专门装卸原油或成品油的港口，一般由以下几部分组成：靠、系船设备；水上或水下输油管线和输油臂；油库、泵房和管线系统；加温设备；消防设备；污水处理场地和设施等。秦皇岛港是我国第一座管道式运输原油港，是华北地区最大的原油、成品油及液体化工产品中转集散地。⑤渔业港，指专门从事渔业的港口，为渔船停泊、鱼货装卸、鱼货保鲜、冷藏加工、修补渔网和渔船生产生活物资补给的港口。我国的渔港一般只用于渔船的停泊、装运物资等，而现代化的渔港应具备各种鱼类的加工设备。⑥军港，指为军事目的而修建的港口。供舰艇停泊并取得补给，是海军基地的组成部分，通常有停泊、补给等设备和各种防御设施。⑦避风港，指专为船舶、木筏等在海洋、大湖、江河中航行、作业遇到突发性风暴时避风用的港口。

（3）港口按装卸货物的种类可分为：综合性港口和专业性港口两类。综合性港口指装卸多种货物的港口；专业性港口为装卸某单一货类的港口，如石油港、矿石港、煤港等。一般说来，由于专业性港口采用专门设备，其装卸效率和能力比综合性港口高，在货物流向稳定、数量大、货类不变的情况下，多考虑建设专业性港口。

（4）港口按运输货物贸易方式可分为：对外开放港口和非对外开放港口等。

（5）港口按运输功能可分为：客运港、货运港、综合港等。

2.4.4　我国主要港口

（1）上海港

上海港位于中国海岸线中部，长江与东海交汇处。上海港地处长三角水网地带，水路交通十分发达。沿海北距大连558海里，南距中国香港823海里，沿长江西溯重庆2399千米。上海港所在地属亚热带海洋性季风气候。受冬、夏季风交替影响，四季变化分明。港口的直接腹地主要是长三角地区，包括上海、江苏南部和浙江北部。长三角包括上海、南京、镇江、常州、无锡、苏州、南通、扬州、泰州、盐城、淮安、杭州、宁波、嘉兴、湖州、绍兴、舟山共17个城市。上海港是我国沿海的主要枢纽港，是我国对外开放、参与国际经济大循环的重要口岸。

（2）天津港

天津港地处渤海湾西端，位于海河下游及其入海口处，是环渤海地区中与华北、西北等内陆地区距离最短的港口，是京津冀的海上门户，也是亚欧大陆桥最短的东端起点。天津港是中国内地最早开展国际集装箱运输业务的港口。天津港是中国最大的人工港，是在淤泥质浅滩上人工挖海建港、吹填造陆建成的。随着港口治理泥沙回淤技术的发展，人工港在深水化建设上的优势逐渐显现，为天津港跻身世界深水港行列奠定了基础。随着我国经济由南向北的梯次发展，天津港在北方地区的地位和作用日益突出。天津港处于欧亚大陆桥的桥头堡地位，距离日本、韩国的海上运距最短，距中亚、西亚的陆地距离最短，是蒙古国、哈萨克斯坦等邻近内陆国家的出海口，是连接东北亚与中西亚的纽带。根据市场的需求，天津港已形成了以集装箱、原油及制品、矿石、煤炭为"四大支柱"，以钢材、粮食等为"一群重点"的货源结构，是环渤海地区规模最大的综合性港口。天津港是我国最大的焦炭出口港、第二大铁矿石进口港、中国北方的集装箱干线港，并已跻身全国油品大港行列。

（3）广州港

广州港地处珠江入海口和珠江三角洲地区中心地带，濒临南海，毗邻中国香港和澳门，东江、西江、北江在此汇流入海。通过珠江三角洲水网，广州港与珠三角各大城市以及香港和澳门相通，由西江联系我国西南地区，经伶仃洋出海航道与我国沿海及世界诸港相连。广州港地处我国外向型经济最活跃的珠江三角洲地区中心。港区分布在广州、东莞、中山、珠海等城市的珠江沿岸或水域，从珠江口进港，依次为南沙港区、新沙港区、黄埔港区和内港港区。广州港国际海运通达 100 多个国家和地区的 400 多个港口，并与国内 100 多个港口通航，2018 年度港口货物吞吐量世界排名第五。

（4）苏州港

苏州港地处我国南北海运大通道和长江黄金水道的交汇处，对外交通十分便捷。张家港、常熟和太仓 3 个港区陆路距上海市区分别为 169 千米、80 千米和 50 千米；距苏州市区分别为 106 千米、60 千米和 75 千米，地理位置非常优越。苏州港综合交通系统发达，境内有沪宁铁路、沪宁高速、沿江高速和苏昆太高速公路贯穿东西，312 国道、204 国道、318 国道和锡太一级公路在此交会；京杭大运河、苏嘉杭高速公路和苏通长江公路大桥连接南北，水陆交通四通八达，横卧北侧的长江更是通江达海的重要水运干道。苏州港是国家沿海主要港口、国家对外开放一类口岸。苏州港是上海国际航运中心集装箱枢纽港的重要组成部分，是江苏省最重要的集装箱干线港之一，是长江三角洲对外开放的重要依托，是长江中上游地区和西部大开发的重要平台，是江海河联运，内外贸货物运输、装卸与仓储、多功能综合性港口。

（5）青岛港

青岛港由青岛老港区和黄岛油港区、前湾新港区三大港区组成，拥有码头15座，泊位72个，其中可停靠5万吨级船舶的泊位有6个，可停靠10万吨级船舶的泊位有6个，可停靠30万吨级船舶的泊位有2个，主要从事集装箱、煤炭、原油、铁矿、粮食等进出口货物的装卸业务和提供国际国内客运服务。青岛港与世界上130多个国家和地区的450多个港口有贸易往来。

（6）大连港

大连港位居西北太平洋的中枢，是转运远东、南亚、北美、欧洲货物最便捷的港口。大连港地处辽东半岛南端的大连湾内，港阔水深，冬季不冻，万吨货轮畅通无阻。大连是哈大线的终点，以东北三省为经济腹地，是东北的门户，也是东北地区最重要的综合性外贸口岸，是仅次于上海、秦皇岛的中国第三大海港。从大窑湾至老虎滩近百千米的海岸线上，平均每4千米就有一座港口，是中国港口密度最高的"黄金海岸"。

（7）秦皇岛港

位于渤海岸的秦皇岛港，是我国北方的一座天然良港。其装卸的主要货种有煤炭、石油、粮食、化肥、矿石等。秦皇岛港以能源输出闻名于世，主要将来自我国内陆山西、陕西、内蒙古、宁夏、河北等地的煤炭输往华东、华南等地，以及美洲、欧洲、亚洲其他国家和地区，年输出煤炭占全国煤炭输出总量的50%以上，是我国北煤南运的主要通道。全港目前拥有全国最大的自动化煤炭装卸码头和设备较为先进的原油、杂货与集装箱码头。

（8）营口港

营口港由营口港区和鲅鱼圈港区共同组成。营口港的集装箱航线已覆盖沿海主要港口，营口港已同50多个国家和地区的140多个港口建立了航运业务关系。其装卸的主要货种有：集装箱、汽车、粮食、钢材、矿石、煤炭、原油、成品油、液体化工品、化肥、木材、非矿、机械设备、水果、蔬菜等。其中，内贸集装箱、进口矿石、进口化肥、出口钢材、出口非矿的装卸量均为东北各港之首。

（9）日照港

日照港区位优势明显，自然条件得天独厚。港口位于中国海岸线中部，东临黄海，北与青岛港、南与连云港港毗邻，隔海与日本、韩国、朝鲜相望。港区湾阔水深，陆域宽广，气候温和，不冻不淤，建有包括20万~30万吨级大型深水码头在内的各类专业性深水泊位100余个，为中国名副其实的天然深水良港。

（10）唐山港

唐山港位于河北省唐山市东南、滦河口以南乐亭县王滩镇。西北距唐山95千米，东北距秦皇岛105千米，西距天津180千米。港口后方交通便利，京山、京秦、大秦三大铁路干线横贯唐山市，并有唐遵、汉张、卑水、遵潘4条铁路相辅，新建的坨（子头）港（京唐）铁路线，自京山线坨子头接轨至港区长75.66千米。津榆、唐秦、京唐等主要公路干线，把唐山和东北、华北广大地区连成一体，境内乡村道路成网，四通八达。唐山港分为曹妃甸港区、京唐港区和丰南港区，形成了分工合作、协调互动、三港齐飞的总体发展格局。

2.4.5　我国主要边境口岸

边境口岸是指边境上设有过境关卡或开展贸易的地点。下面介绍我国 10 个主要边境口岸。

（1）漠河口岸——我国最北端的口岸

漠河口岸是我国最北的一个口岸，因其所处的地理位置，因此被誉为"神州北极"。漠河口岸紧靠黑龙江边，该处黑龙江水流充沛，是可以停泊千吨级货轮的自然码头。漠河口岸与俄罗斯阿穆尔州斯克沃迪诺区加林达镇隔江相望，相距只有 1.5 千米。

（2）抚远口岸——我国最东端的口岸

在我国版图的最东端，有一个两江交汇的点，这个点就是我国地理教科书上注明的四个端点之一的最东端点抚远县，也是我国最早见到太阳的地方。这里与俄罗斯远东第一大城市哈巴罗夫斯克隔江相望，是我国通过江海联运进入太平洋走向世界最近的口岸。

（3）绥芬河口岸——东北亚区域经济合作百年口岸

绥芬河口岸位于黑龙江省的东南部，与东宁县毗邻，与俄罗斯滨海边疆区的波格拉尼奇内区接壤，有 26 千米的国境线，辖区仅有 460 平方千米，是祖国东北的重要门户。由中俄两国共同修建的中东铁路于 1903 年建成通车，奠定了绥芬河地区交通、通信和通商的基础，从那时起绥芬河就成了一个国际通商口岸。

同步思考 2-2

问题： 为什么我国从俄罗斯格罗捷科沃进口货物必须在绥芬河站换装才能进行运送？

理解要点： 绥芬河站是黑龙江省东南部的一座陆路口岸。与它相邻的俄罗斯格罗捷科沃车站距俄中边境线 20.6 千米，由于两国铁轨轨距不同，对外贸易货物需要在国境车站换装才能进行运送。

（4）阿拉山口——我国东联西出、西来东去大通道

阿拉山口位于我国西北部，地处新疆博尔塔拉蒙古自治州博乐市境内的东北角，与哈萨克斯坦塔尔迪库尔干州的多斯特克口岸毗邻。阿拉山口因地处阿拉套山和巴尔鲁克山犄角（楔形）地带而得名。自中国与哈萨克斯坦的铁路完成对接，一条最重要最便捷的铁路线将亚洲大陆东端和欧洲大陆西端连接起来，新的亚欧大陆桥全线贯通，阿拉山口一跃成为中国向西开放的重要门户和桥头堡。

（5）东兴口岸——中国与东盟唯一海陆相连的口岸

东兴口岸位于我国西南陆地边境线与大陆海岸线的汇合处，在中越边境的最东端，东南濒临北部湾，北面背靠十万大山，中越北仑河大桥将中国东兴和越南

芒街两市连成一体，是中国与东盟唯一海陆相连的口岸。东兴市区与越南芒街市相隔一条数十米的北仑河，距越南广宁省会下龙市 180 千米，距越南首都河内 308 千米，距广西省会南宁 178 千米，距防城港市 39 千米。市内的竹山港、潭吉港、京岛港可与中国和越南各大港口通航。

（6）罗湖口岸——我国最大的旅检口岸

罗湖口岸位于深圳罗湖商业中心南侧，与香港新界一河之隔，是内地最早对外开放的陆路口岸之一。一衣带水的罗湖桥见证了深港两地人员交流、来往的历史，也见证了香港的百年沧桑。

（7）文锦渡口岸——供港鲜活商品重要口岸

文锦渡口岸位于深圳市区的东南面，东距沙头角 12 千米，西距罗湖口岸 3 千米，与中国香港一河之隔，有东西两座公路桥相连，是内地比较大的公路客货运综合性口岸。文锦渡口岸与香港上水隔河相望，是我国最早对外开放的客货运口岸，因自身独特的地理位置优势发展成为密切香港与内地经贸联系、稳定和丰富香港市场供给的重要纽带，是内地供港鲜活商品的主要通道，80% 以上的供港新鲜蔬菜、水果、活畜禽、小食品等每天从这里源源不断地运往香港，香港市民 85% 的生活淡水也经这个口岸流入香港。

（8）拱北口岸——中国澳门与内地联系的最主要口岸

拱北口岸位于珠海市东南部，毗邻澳门，陆路与澳门相连，属国家一类口岸，是澳门与内地联系的最主要口岸。日均出入境客流量约 20 万人次，2007 年客流量达 7 000 万人次，为我国第二大陆路客运口岸。每天还有大量活禽畜、蔬菜等鲜活商品经拱北口岸供应澳门市场。

（9）凭祥口岸——中国通往东南亚最大最便捷的陆路通道

凭祥市地处祖国边陲，西南两面与越南谅山省交界，边境线长 97 千米，市区距离越南谅山省首府 32 千米，距离越南首都 176 千米，距离广西省会南宁 160 千米，湘桂铁路和 322 国道贯穿市区，境内有凭祥火车站、友谊关等国家一级口岸和平而关等地方口岸，是中国通往东南亚最大最便捷的陆路通道。

同步案例2-4

中越边贸出口口岸选择

背景与情境： 沈阳某贸易公司与越南谅山市某家公司签订了一份出口纺织品的贸易合同，合同约定采用铁路运输方式。

问题：

（1）如何选择该笔贸易的出口口岸？合适的出口口岸是哪个？

（2）在出口口岸如何办理货物交接？

分析提示：

（1）选择出口口岸时要选择离目的地较近、运输较经济的方案。合适的出口口岸是凭祥。

（2）越南铁路主要是米轨（1 000 毫米轨距），连接我国凭祥的一段铁路，为准轨和米轨的混合轨，我国铁路同越南铁路间经由凭祥的联运货车可以相互过轨，货物和车辆的交接暂在凭祥站办理。

（10）皇岗口岸——全国最大综合性公路及最大汽车口岸

深圳皇岗口岸于1989年12月开通，与香港落马洲口岸隔河相对，西临广深高速公路起点，是联系深港的重要口岸。口岸区域占地面积101万平方米，其中口岸监管区65.3万平方米，生活区6.8万平方米，商业区29.5万平方米。口岸设有货车出入境检查通道40条，小汽车、大型客车出入境检查通道12条及旅客出入境通道48条。

2.4.6　我国主要空港口岸

（1）北京首都国际机场（Beijing Capital International Airport）

北京首都国际机场是中国（包括港、澳、台）三大国际机场之一，也是最繁忙的民用机场之一，同时也是中国国际航空公司的基地机场。

（2）中国香港国际机场（Hong Kong International Airport）

中国香港国际机场是香港唯一运作的民航机场，于1998年7月6日正式启用。香港国际机场是国泰航空、港龙航空、香港航空、华民航空及甘泉航空的基地机场。为满足日益增加的航空交通需求，香港国际机场不断增添新设施及建筑；随着多项扩展计划的完成，香港国际机场已发展成亚洲的客货运枢纽。

（3）上海浦东国际机场（Shanghai Pudong International Airport）

上海浦东国际机场是中国（包括港、澳、台）三大国际机场之一，与北京首都国际机场、香港国际机场并称为中国三大国际航空港。上海浦东国际机场位于上海浦东长江入海口南岸的滨海地带，距虹桥机场约52千米。

（4）广州白云国际机场（Guangzhou Baiyun International Airport）

广州白云国际机场于2004年8月5日正式启用，地处广州市白云区，距广州市中心海珠广场的直线距离约28千米。白云机场是中国南方航空公司、海南航空、中国东方航空公司、深圳航空公司、九元航空公司、中原龙浩航空公司和浙江长龙航空公司等的基地机场。

（5）上海虹桥国际机场（Shanghai Hongqiao International Airport）

上海虹桥国际机场位于上海市西郊，距市中心仅13千米，多年来，虹桥机场一直是上海空港的代名词。

（6）深圳宝安国际机场（Shenzhen Bao'an International Airport）

深圳宝安国际机场是一个能实现海、陆、空联运的现代化航空港，曾入选世界百强机场之一，1991年正式通航，1993年成为国际机场。深圳宝安国际机场2019年跻身全球最繁忙机场行列，是中国珠江三角洲地区重要的空运基地之一。

（7）成都双流国际机场（Chengdu Shuangliu International Airport）

成都双流国际机场位于四川省成都市双流区北部，距离成都市中心16千米，有成都机场高速与成都市区相通。成都双流国际机场是中国中西部最繁忙的民用枢纽机场、西南地区的航空枢纽和重要客货集散地，是前往拉萨贡嘎国际机场的最大中转机场，也是前往昌都邦达机场和林芝米林机场的主要中转机场。

（8）昆明长水国际机场（Kunming Changshui International Airport）

昆明长水国际机场定位为西南门户枢纽机场，致力于构建我国向西南的空中经济走廊，是中国面向东南亚、南亚，连通中东、非洲及欧亚的国家航空枢纽。

（9）西安咸阳国际机场（Xi'an Xianyang International Airport）

西安咸阳国际机场位于中国内陆中心，是中国西北地区空中交通枢纽，同时也是中国东方航空集团西北公司、长安航空、南方航空公司、幸福航空的基地机场。

（10）杭州萧山国际机场（Hangzhou Xiaoshan International Airport）

杭州萧山国际机场是经国务院、中央军委批准设立的大型现代化国际机场，是国内重要干线、口岸机场，是重要的旅游城市机场和国际定期航班机场。

我国主要空港口岸IATA代码（见表2-3）。

表2-3　　我国主要空港口岸IATA代码

空港名称	IATA代码
北京首都国际机场（Beijing Capital International Airport）	PEK
香港国际机场（Hong Kong International Airport）	HKG
上海浦东国际机场（Shanghai Pudong International Airport）	PVG
广州白云国际机场（Guangzhou Baiyun International Airport）	CAN
上海虹桥国际机场（Shanghai Hongqiao International Airport）	SHA
深圳宝安国际机场（Shenzhen Baoan International Airport）	SZX
成都双流国际机场（Chengdu Shuangliu International Airport）	CTU
昆明长水国际机场（Kunming Changshui International Airport）	KMG
西安咸阳国际机场（Xi'an Xianyang International Airport）	XIY
杭州萧山国际机场（Hangzhou Xiaoshan International Airport）	HGH

2.4.7　世界主要港口

（1）鹿特丹港（Rotterdam）

荷兰的鹿特丹港是排在世界前列的大港。鹿特丹在荷兰并非第一大城市，但它保持的港口年吞吐量超过5亿吨的纪录却使它曾经当之无愧地居世界第一大港。鹿特丹港之所以曾经成为世界第一大港，主要有以下三个原因：第一，它紧邻经济发达的西欧国家，特别是德国的兴起为鹿特丹港提供了天然的经济腹地；

第二，欧盟的建立，减少了国家与国家之间的屏障，密切了国家间的贸易往来，促进了鹿特丹港的发展；第三，荷兰本国工业的迅速崛起，促进了鹿特丹港的发展。20世纪90年代，鹿特丹实施了新的扩能计划，建造了10万~15万吨级的集装箱码头。

同步思考2-3

问题： 鹿特丹港的重要性体现在哪些方面？

理解要点： 鹿特丹港位于莱茵河、马斯河以及斯凯尔特河所形成的"金三角洲"，并且隔海与英伦三岛相望。鹿特丹港不仅是通往世界各地的国际海港，也是内河航运的枢纽。此外，莱茵河还与运河及其他河流接通，它是欧洲最繁忙的国际化河流，仅一条莱茵河的运输量，就等同于20~30条铁路的运输量。鹿特丹港具有海港和河港的共同特点，所以被称为"欧洲的门户"。20世纪50年代，欧洲经济共同体的建立以及西欧各国的经济发展，使鹿特丹港成为大多数进出口货物的集散中心，并逐渐发展成为一个十分现代化的港口。鹿特丹是世界最大的石油现货市场，也是世界上有色金属储运中心以及欧洲粮食贸易中心，每年出入港口的远洋轮船大约3.5万艘、内河船舶大约30万艘，平均6分钟就会有一艘海轮进出港区。港口与货场、仓库、车站、飞机场以及银行、保险公司和加工厂连在一起，效率高，运转快。港务局专用的铁路线长达400多千米，并且直接通向各个码头。鹿特丹还有规模相当大的造船厂、修船厂、炼油厂、金属加工厂、食品加工厂等，进港货物有半数就地加工成为半成品，然后转口运送出去，这样可大大减少运输量。鹿特丹是欧洲汽车市场的集散地，汽车用卡车、火车、轮船或内河驳船运到码头以后，再转运到法国、奥地利、意大利以及英国和北欧各国。

（2）汉堡港（Hamburg）

汉堡港位于德国北部易北河（Elbe）下游的右岸，距北海入海口110千米，邻近黑尔戈兰湾（Helgolndet），是一个河海兼用的开敞式潮汐港。其航道水深16米，10万吨级船舶可长驱直入。汉堡港是德国第一大港，也是欧洲第二大集装箱港。

汉堡港的九大集装箱贸易伙伴依次为：中国（含香港）、新加坡、芬兰、瑞典、日本、俄罗斯、美国、韩国和巴西。汉堡港一直是维系中德贸易关系的核心港口，也是中国经济迅速发展最重要的集装箱运输枢纽之一，超过50%的中德贸易商品是通过汉堡港装卸的。汉堡港每周有32条定期集装箱班轮航线发往中国，是欧洲前往中国航线最多的港口。全港分为7大港区，40个海港池，共有700余个泊位，是世界泊位最多的商港，其中水深10~14米的深水泊位330个，河船泊位200多个。港口面积100平方千米，可同时停泊和装卸250艘大型海轮，有300多条国际海运航线与世界各主要港口联系，每年约有18 500艘船只停靠，其中定期航线船只18 000艘。港口设施先进，管理现代化，被称为"德国通向世界的门户"和"欧洲转运最快的港口"。

同步思考2-4

我国A贸易公司和德国B贸易公司签订了一份出口合同，合同中关于装运港和目的港的规定如下：装运港为上海，目的港为德国主要港口。

问题： 该规定方法是否得当？为什么？

理解要点： 该规定不准确，因为德国有法兰克福、汉堡、基尔、卢贝克等多个主要港口，在卸货过程中容易因为规定不清楚导致不必要的误会和损失。

（3）安特卫普港（Antwerp）

安特卫普港是比利时最大的海港、欧洲第三大港，地处斯海尔德河下游，距河口68千米~89千米。安特卫普港以港区工业高度集中而著称。港口腹地广阔，除本国外，还包括法国北部、大东部、卢森堡，德国萨尔州、莱茵-美因河流域、鲁尔河流域，以及荷兰的一部分。现有港区主要分布在斯海尔德河右岸，码头泊位半数以上布置在挖入式港池中，港池间用运河相沟通并设船闸与斯海尔德河隔开，以免受北海潮汐的影响。

（4）马赛港（Marseille）

马赛港位于法国南部地中海利翁湾（Lion）东岸，背山面海，港深水阔，既无泥沙淤塞，又不为潮汐涨落所限，是地中海沿岸的天然良港，同时也是世界大客运港之一。马赛港有优良的导航设备，进港船在320海里处即可通过无线电导航设备安全航行。

课程思政2-1

任选卸货港提单下误卸货物纠纷案

背景与情境： 我国A公司以CIF价格出口一套大型机械设备到法国，但在合同订立时，尚未确定卸货港口在马赛还是波尔多，于是在卸货港条款的规定上采用了选港的方式，选择马赛或者波尔多。卖方在装运期内租船订舱，并由承运人签发了任选卸货港提单，目的港一栏写的是马赛/波尔多，一个位于法国南部，一个位于法国西南部。载货船舶先到马赛然后到达波尔多，在载货船舶预计到达马赛港口60小时之前，我方收到国外买方信息，货物卸货地点为马赛，我方立即通知了船舶代理人。由于船舶代理人延误，致使载货船舶在马赛重新起航时才收到我方的选港信息，不得不在波尔多卸下我方货物。我方后来安排把货物从波尔多运到马赛，产生了多余的运费。

问题： 本案例中，我方可否就损失进行索赔？

研判提示： 可以。任选卸货港提单是在目的港一栏内有2个以上港口可供选择卸货的提单。这种提单的选卸港需在船舶本航次规定挂港的范围内，而且在船舶到达第一个选卸港48小时之前通知船舶代理人；否则承运人可在第一个选卸港或任意一个选卸港卸货。运费按选卸港中最高费率计收。

（5）伦敦港（London）

伦敦港是英国最大的港口，位于英格兰南部、泰晤士河（Thames）下游，距河口 88 千米。伦敦港 18 世纪即发展成为世界大港之一，19 世纪成为世界航运中心，是一个世界性大港，港区设备完善，与世界各主要港口都有船舶往来。

（6）神户港（Kobe）

神户港位于日本南部兵库县（Hyogo）芦屋川河口西岸，濒临大阪湾西北侧，是日本第一大集装箱港。自古以来神户就是日本的重要交通枢纽，公路、铁路及航空皆十分现代化，它既是主要的国际贸易中心，又是日本最大的工业中心之一。该港的特点是填海建造的人工岛，如港岛及罗卡岛等有桥梁可与陆地连接。

（7）横滨港（Yokohama）

横滨港位于日本东南部神奈川县东部沿海，濒临东京湾的西侧，北与川崎港（Kawasaki）相连，为日本第二大贸易港。该港的西、南、北三面有丘陵环绕，受强风影响很少，是日本天然良港之一。

（8）新加坡港（Singapore）

新加坡港位于马来半岛南端的新加坡岛南岸，港口接近赤道，很少受台风袭击，潮差小，是世界海空交通枢纽和著名的自由港，货物可以免税进出。新加坡港以电子电器、炼油及船舶修造为三大支柱部门。主要进出口货物为石油、机械设备、电子电器、化肥、水泥、谷物、糖、橡胶、面粉、化工产品、矿砂、工业原料、食品、木材、椰油、椰干、水果及杂货等。

（9）纽约港（New York）

纽约港位于纽约州东南部哈得孙河口东岸，濒临大西洋，是美国最大的交通枢纽。纽约港腹地广大，公路网、铁路网、内河航道网和航空运输网四通八达。

（10）新奥尔良港（New Orleans）

新奥尔良港是仅次于纽约港的美国第二大港。它地处密西西比河的咽喉地带，腹地深广，是美国重要的河海、海陆联运中心。

（11）巴尔的摩港（Baltimore）

巴尔的摩港位于美国东北沿海马里兰州（Maryland）中部的帕塔普斯科（Patapsco）河口，濒临切萨皮克湾（Chesapeake Bay）的西北侧，是美国大西洋海岸的主要港口之一。

2.5　国际贸易中的报关和报检业务

2018 年 4 月，出入境检验检疫管理职责和队伍正式纳入中国海关管理，海关商检合并，通关作业真正实现了"一次申报""一次查验""一次放行"的"三个一"标准。原出入境检验检疫系统统一以海关名义对外开展工作，口岸窗口岗位实现了统一上岗、统一着海关制服、统一佩戴关衔。企业报关、报检资质合并，报关员与报检员资质合并，企业只需获取相关的备案，即可同时具备报关、报检资质。2018 年以后海关陆续发布了涉及企业报关、报检业务操作的多个海关总署令，企业的报关、报检业务活动较之前有很大的变化。

同步案例2-5

企业如何取得报关、报检资质

背景与情境：2022年12月，小王成立了一家外贸公司，主营化妆品进出口业务，想申请自理报关、报检业务资质。

问题：应该如何办理备案手续？

分析提示：因为海关总署2018年第28号公告将检验检疫自理报检企业备案与海关进出口货物收发货人备案，合并为海关进出口货物收发货人备案，企业可以直接向海关进行进出口货物收发货人备案，企业备案后同时取得报关、报检资质。

2.5.1　国际贸易中的报关业务

中华人民共和国海关是国家的进出关境监督管理机关。海关依照《中华人民共和国海关法》（以下简称《海关法》）及相关法律、法规监管进出境的运输工具、货物、行李物品、邮递物品和其他物品，征收关税和其他税、费，查缉走私，并编制海关统计和办理其他海关业务。

1）报关的含义

学习微平台

微课2-1

报关（customs declaration）是指进出境运输工具的负责人、进出境货物的所有人、进出口货物的收发货人或其代理人向海关办理运输工具、货物、物品进出境手续的全过程。报关是履行货物进出口手续的必要环节之一。在办理报关业务的时候，由于进出口货物的报关手续比较复杂，办理人员需要熟悉法律、税务、外贸、商品等方面的知识，要精通海关法律、法规，掌握办理海关手续的技能，所以我国海关规定进出口货物的报关纳税等海关事务必须由经海关批准的报关员办理。

同步思考2-5

问题：报关与通关的区别是什么？

理解要点：报关是指进出境运输工具的负责人、货物的收发货人或其代理人，在通过海关监管口岸时，依法向海关进行申报并办理有关手续的过程。通关和报关都是针对运输工具、货物、物品的进出境而言的。但是报关是从进出口货物收发货人、进出境物品的所有人、进出境运输工具负责人或者他们的代理人的角度出发，仅指向海关办理进出境及相关手续。而通关不仅包括海关管理相对人向海关办理有关手续，还包括海关对进出境运输工具、货物、物品依法进行监督管理，核准其进出境的管理过程。所以，在进出境活动中经常涉及的"通关"概念，与报关既有联系又有区别。

2）报关的内容

（1）进出境运输工具

进出境运输工具是指用以载用人员、货物、物品进出境，并在国际运营的各种境内或境外船舶、车辆、航空器和驮畜等。

学习微平台

延伸阅读2-2

（2）进出境货物

进出境货物是指一般进出口货物，保税货物，暂准进出境货物，特定减免税货物，过境、转运和通用及其他进出境货物。

（3）进出境物品

进出境物品是指进出境的行李物品、邮递物品和其他物品。以进出境人员携带、托运等方式进出境的物品为行李物品；以邮递方式进出境的物品为邮递物品；其他物品主要包括享有外交特权和豁免权的外国机构或者人员的公务用品和自用物品等。

3）报关业务流程

（1）一般进出口货物报关流程

对于一般货物而言，通过申报、配合查验、纳税、提取或者装运货物就完成了报关手续。申报是运输工具和货物在进境后或出境前，有关当事人根据《海关法》规定的要求和方式，在规定的期限、地点，采用电子数据报关单和纸质报关单形式，向海关报告实际进出口货物的情况，并接受海关审核的行为。查验是货物通关的法定环节之一，是海关对进出口货物的品名、规格、原产地、数量、价格等商品要素是否与报关单所列项目相一致而进行的实际核查。作为海关管理相对人，报关单位要配合海关对进出口货物的查验工作，及时到达查验现场，负责搬移、开拆和重封货物，提供资料和回答海关查验人员的相关询问，协助提取货样等。进出口货物的收发货人在完成申报、配合查验（或者海关做出不予查验的决定）后，应准备办理缴纳税款事宜。口岸地海关对符合放行条件的进出口货物，在进口货物的提运单或提货单上加盖放行章，在出口货物的装货凭证上加盖放行章。进出口货物收发货人或其代理人凭签章的进口提货凭证或出口装货凭证办理相关提货或装货手续。进出口货物的存放场所凭海关签章的进口提货凭证放货，凭海关签章的出口装货凭证办理出口装运。至此，一般进出口货物的进出口报关手续全部办完，海关予以结关。

（2）特殊货物的报关流程

我国《海关法》规定的特殊货物的报关程序适用于保税货物、暂时进出境货物、特定减免税货物等海关监管货物的报关。办理上述货物的进出口报关手续与一般进出口货物报关手续不同，除了进出境阶段外，海关在管理上增加了前期备案和后期核销阶段。

同步案例2-6

特定减免税货物报关

背景与情境： 我国某生产企业因技术改造需进口一套设备（一般机电产品）被批准立项。该企业委托外贸公司B对外签约及办理海关手续。设备进口3个月后发现这套设备中有一台机器不符合合同规定的质量要求，即发函给供应商。供应商答应替补一台。

问题：

（1）作为 B 外贸公司的报关员，为了使这项技术改造顺利完成，应当做些什么工作？

（2）假如质量不符合合同规定的机器不退运出口，又该办些什么手续？

分析提示：

（1）办理技术改造设备免税手续；设备报关进口手续；办理商检、索赔、报关手续。

（2）假如原质量不符合合同规定的机器不退运，则有两种选择：①由海关按机器的实际情况估价征税，并提供这台机器的机电登记证明，替补机器进口时原机器征税的报关单将作为法定免税的依据。②放弃，由海关变卖上交国库。要写放弃申请报告，海关接受放弃申请后会开具收据。此收据将作为替补机器进口法定免税的依据。

问题思维 2-1

疑点： 在进口业务中，不同企业进口同一货物，适用的监管条件和进口税率是相同的。

释疑提示： 在进口业务中，同一进口货物适用的监管条件，是根据进口该货物的企业所享受的减免税待遇决定的。同一货物如果由享受不同减免税待遇企业进口，所适用的监管条件是不一样的，自然而然，它们所适用的进口税率也不尽相同。如果不同的企业享受的减免税待遇一样，那它们的监管条件和适用税率就是相同的。所以，上面的说法不完全正确。

2.5.2　国际贸易中的报检业务

学习微平台

延伸阅读 2-3

商品检验是国际货物买卖过程中一个重要的组成部分，为了确定合同的标的物是否符合买卖合同的规定，明确事故的起因和分清责任的归属，需要通过有资格的非当事人对货物进行检验并发给检验证书，作为买卖双方交收货物、结算货款和处理纠纷的依据。通常货运代理企业可以接受货主的委托办理货物的报检事务。

1）报检的含义

报检 是指进出口货物的收发货人（包括生产单位、经营单位、进出口商品的收发货人和接运单位）按国家有关的法规对法定检验检疫的进出境货物，向海关申请办理检验、检疫、鉴定的手续。

2）报检的范围

（1）国家法律、法规规定必须由检验检疫机构检验检疫的；

（2）输入国家或地区规定必须凭检验检疫机构出具的证书方准入境的；

（3）有关国际条约规定须经检验检疫的；

（4）申请签发普惠制原产地证或一般原产地证的；

（5）对外贸易关系人申请的鉴定业务和委托检验；

（6）对外贸易合同、信用证规定由检验检疫机构或官方机构出具证书的；

（7）未列入《检验检疫商品目录》的入境货物经收、用货单位验收发现质量不合格或残损、短缺，需检验检疫机构出证索赔的；

（8）涉及出入境检验检疫内容的司法和行政机关委托的鉴定业务。

3）报检的业务流程

在进出口活动中，可以进行报检业务的主要有：有进出口经营权的国内企业，进境货物收货人或其代理人，出境货物生产企业或其代理人，中外合资、中外合作和外商独资企业，中外企业、商社常驻中国代表机构等。

海关对进出口商品实施检验检疫主要有以下 3 类：

（1）进出口商品检验

进出口商品检验可以分为进出口商品抽查检验、进出口商品法定检验、民用商品入境验证、出口危险货物包装使用鉴定、出口危险货物包装性能检验 5 种情况。

① 《中华人民共和国进出口商品检验法》（以下简称《商检法》）规定必须实施检验的进出口商品以外的进出口商品，海关进行进出口商品抽查检验。进出口商品抽查检验流程如下：

第一步：海关根据指令进行现场查验，并抽取样品送实验室检测。

第二步：经海关抽查合格的进出口商品，签发抽查结果通知单，准予该批货物销售、使用或出口。经海关抽查不合格的进口商品，签发抽查结果通知单，在海关的监督下进行技术处理，经重新检测合格后，方可销售或者使用；不能进行技术处理或者经技术处理后仍不合格的，由海关责令当事人退货或者销毁。经海关抽查不合格的出口商品，签发抽查结果通知单，在海关的监督下进行技术处理，经重新检测合格后，方准出口；不能进行技术处理或者经技术处理后，重新检测仍不合格的，不准出口。

② 列入实施检验的进出口商品目录的进出口商品以及法律、行政法规规定须经海关检验的其他进出口商品，海关进行法定检验。

第一步：收发货人或代理企业向受理机构提出检验申请并提交有关材料。申请人统一登录"互联网+海关"一体化网上办事平台或"中国国际贸易单一窗口"，通过"货物申报"模块，按照《中华人民共和国海关进出口货物报关单填制规范》的要求向海关传送报关单电子数据及随附单证。海关工作人员根据有关规定审核申报资料，符合规范要求的予以受理，不符合要求的进行退单操作，并一次性告知企业进行补正。

第二步：实施检验。海关根据有关工作规范、企业信用类别、产品风险等级，判别是否需要实施现场检验及是否需要对产品实施抽样检测。

第三步：法定检验的进口商品经检验涉及人身财产安全、健康、环境保护项目不合格的，由海关责令当事人销毁或者退运；其他项目不合格的，可以在海关监督下进行技术处理；经重新检验合格的，方可销售或者使用。海关对检验不合格的成套设备及其材料，签发不准安装使用通知书；经技术处理，并经海关重新

学习微平台

延伸阅读 2-4

检验合格的，方可安装使用。

法定检验的出口商品经海关检验或者口岸查验不合格的，可以在海关监督下进行处理，经重新检验合格的，方准出口；不能进行技术处理或者技术处理后重新检验仍不合格的，不准出口。

第四步：收发货人或代理企业申请海关出证的，海关应当及时出证。

③强制性产品认证目录内产品、特种设备、进口医疗器械列入相关目录的，海关进行民用商品入境验证。

学习微平台

延伸阅读2-5

学习微平台

延伸阅读2-6

④出口危险货物的生产企业，需要对出口危险货物包装使用进行鉴定的，需要申请单位通过"中国国际贸易单一窗口"或者登录"互联网+海关"一体化平台进入"商品检验"板块，填写申请信息，进行业务操作。

具体步骤如下：登录网站—企业注册（设置用户名和密码）—选择"标准版应用"—点击"货物申报"—"其他报检"—"出境包装报检"；选择"报检类别"：危包使用；"施检机关"：企业所在地海关名称；填写具体产品报检信息后，点击"暂存"，确认无误后点击"申报"，待生成正式报检号后，打印"出入境货物包装检验申请单"。企业网上报检成功后，携带申请材料向所在地海关申请办理"出境危险货物运输包装使用鉴定结果单"。

⑤出口危险货物包装性能检验需要申请单位通过登录"互联网+海关"一体化平台，进入"商品检验"板块填写申请信息。

具体步骤如下：登录网站—企业注册（设置用户名和密码）—选择"标准版应用"—点击"货物申报"—"其他报检"—"出境包装报检"；选择"报检类别"：危包性能；"施检机关"：企业所在地海关名称；填写具体产品报检信息后，点击"暂存"，确认无误后点击"申报"，待生成正式报检号后，打印"出入境货物包装检验申请单"。企业网上报检成功后，携带申请材料向所在地海关申请办理"出入境货物包装性能检验结果单"。

（2）进出口商品复验

学习微平台

延伸阅读2-7

报检人对主管海关做出的检验结果有异议的，可以向做出检验结果的主管海关或者其上一级海关申请复验，也可以向海关总署申请复验。进出口货物收发货人或者其代理人可通过互联网登录海关总署"互联网+海关"平台申请办理，也可以现场向隶属海关、其上一级直属海关或向海关总署提出复验申请。报检人对同一检验结果只能向同一海关申请一次复验。报检人申请复验，应当自收到海关的检验结果之日起15日内提出。因不可抗力或者其他正当理由不能申请复验的，申请期限中止。从中止的原因消除之日起，申请期限继续计算。报检人申请复验，应当保证（持）原报检商品的质量、重量、数量符合原检验时的状态，并保留其包装、封识、标志。

学习微平台

延伸阅读2-8

（3）进出口商品免验

进出口商品有自己的品牌，质量长期稳定，企业的质量管理体系符合ISO 9000质量管理体系标准或者与申请免验商品特点相应的管理体系标准要求，并获得权威认证机构认证，在国际市场上有良好的质量信誉，符合《进出口商品免

学习微平台
延伸阅读2-9

验审查表》的条件，无属于生产企业责任而引起的质量异议、索赔和退货，海关检验合格率连续3年达到百分之百的，可以向海关申请免验。

根据进出境货物不同的检验检疫要求、鉴定项目和不同的作用，我国海关签发不同的检验检疫证书、凭单、监管类证单、报告单和记录报告，常见的商检证书种类和适用范围见表2-4。

学习微平台

延伸阅读2-10

表2-4   **常见的商检证书种类和适用范围表**

商检证书种类	适用范围
出入境检验检疫品质证书	证明进出口商品的品名、规格、等级、成分、性能等产品质量
出入境检验检疫数量检验证书	证明进出口商品的数量、质量等
出入境检验检疫植物检疫证书	证明植物基本不带有其他的有害物，符合输入国或地区的要求
出入境检验检疫动物卫生证书	证明进出口动物产品经过检疫合格
出入境检验检疫卫生证书	证明可供食用的进出口动物产品、食品经过卫生检疫或检验合格
出入境检验检疫熏蒸/消毒证书	证明进出口动植物产品已经过消毒或熏蒸处理
出入境货物运输包装性能鉴定结果单	证明出入境货物的包装已经检验并合格
残损鉴定证书	证明进出口商品残损情况，供索赔时用
包装检验证书	证明进出口商品的包装情况
船舶检验证书	证明承运进出口商品的船舶符合货物装运条件与要求

同步案例2-7

化妆品进口报检业务

背景与情境：沈阳某进出口公司从加拿大进口一批化妆品，货物目的港为大连，需要货到大连后通过铁路运输方式运至沈阳。

问题：应该如何办理该批货物的报检手续？

分析提示：化妆品属于法定检验商品，需要在大连清关，转沈阳进行检验检疫。

2.6 国际贸易中的保险业务

国际贸易货物因涉及地处不同国家或地区之间的货物交付和运输，无论采用何种运输方式，都存在着各种各样的风险、损失和费用，为了有效地规避这些风险，就需要为货物办理相应的保险业务。

2.6.1　我国海洋运输货物保险

1）我国海洋运输货物保险的基本险

我国海洋运输货物保险的基本险有三个：平安险（Free from Particular Average，FPA）、水渍险（With Particular Average，WPA 或 WA）、一切险（All Risks）。

（1）平安险

平安险的责任范围主要包括：①被保险货物在运输途中由于恶劣气候、雷电、海啸、地震、洪水等自然灾害造成的整批货物的全部损失或推定全损；②由于运输工具遭受搁浅、触礁、沉没、互撞、与流冰或其他物体碰撞以及失火、爆炸等意外事故造成货物的全部或部分损失；③在运输工具已经发生搁浅、触礁、沉没、焚毁等意外事故的情况下，货物在此前后又在海上遭受恶劣气候、雷电、海啸等自然灾害所造成的部分损失；④在装卸或转运时由于一件、数件或整件货物落海造成的全部或部分损失；⑤被保险人对遭受承保责任内危险的货物采取抢救、防止或减少货损的措施而支付的合理费用，但以不超过该批被救货物的保险金额为限；⑥运输工具遭遇海难后，在避难港由于卸货所引起的损失以及在中途港、避难港由于卸货、存仓以及运送货物所产生的特别费用；⑦共同海损的牺牲、分摊和救助费用；⑧运输合同中订有"船舶互撞责任"条款，根据该条款规定应由货方偿还船方的损失。

（2）水渍险

水渍险的英文意思是"负责单独海损"，其承保的责任范围包括：①平安险所承保的全部责任；②自然灾害所造成的部分损失。

（3）一切险

一切险的责任范围主要包括：除平安险和水渍险的各项责任外，本保险还负责被保险货物在运输途中由于外来原因所致的全部或部分损失。其除外责任的规定，即本保险对下列损失不负赔偿责任：①被保险人的故意行为或过失所造成的损失；②属于发货人责任所引起的损失；③在保险责任开始前，被保险货物已存在的品质不良或数量短差所造成的损失；④被保险货物的自然损耗、本质缺陷、特性以及市价跌落、运输迟延所引起的损失或费用；⑤海洋运输货物战争险条款和货物运输罢工险条款规定的责任范围和除外责任。

2）我国海洋运输货物保险的附加险

我国海洋运输货物保险的附加险分为一般附加险和特殊附加险。

（1）一般附加险

一般附加险包括偷窃提货不着险（Theft，Pilferage and Non-delivery，T.P.N.D），淡水雨淋险（Fresh Water Rain Damage，F.W.R.D），短量险（Risk of Shortage），混杂玷污险（Risk of Intermixture & Contamination），渗漏险（Risk of Leakage），碰损破碎险（Risk of Clash & Breakage），串味险（Risk of Odour），受热受潮险（Damage Caused by Heating & Sweating），钩损险（Hook Damage），包装破裂险（Loss or Damage Caused by Breakage of Packing），锈损险（Risk of

Rust）。

（2）特殊附加险

特殊附加险包括战争险（War Risk）、罢工险（Strike Risk）、交货不到险（Failure to Deliver Risk）、进口关税险（Import Duty Risk）、舱面险（On Deck Risk）、拒收险（Rejection Risk）、黄曲霉素险（Aflatoxin Risk）、货物出口到香港（包括九龙）或澳门存仓火险责任扩展条款（Fire Risk Extension Clause for Storage of Cargo at Destination Hong Kong，including Kowloon，or Macao）。

3）保险公司保险责任的起讫

我国的海洋运输货物保险条款中除了战争险以外的所有险别的保险责任的起讫，均采用国际保险业惯用的"仓至仓条款"（Warehouse to Warehouse，W/W），即保险公司的保险责任从被保险货物运离保险单所载明的起运港（地）发货人仓库开始，一直到货物到达保险单所载明的目的港（地）收货人的仓库时为止。货物一进入收货人仓库，保险责任即告终止。但是，当货物从目的港卸离海轮后满60天，不论保险货物有没有进入收货人的仓库，保险责任均告终止。

同步案例2-8

出口货物保险索赔案

背景与情境：我国某公司按CIF马赛条件出口一批冷冻食品，合同规定投保平安险和罢工险。货到目的港后码头工人正在罢工，货物无法卸载，货轮在等泊时因无法补充燃料以致冷冻设备停止运行，待罢工结束，货物已经损失。

问题：本案例中的损失保险公司是否负责赔偿？

分析提示：保险公司只对因罢工造成的直接损失负责赔偿，本案例不在赔偿范围内。

2.6.2 我国陆、空运输货物保险条款

陆上运输货物保险的基本险别有陆运险（Overland Transportation Risks）和陆运一切险（Overland Transportation All Risks）两种，航空运输货物保险的基本险别有航空运输险（Air Transportation Risks）和航空运输一切险（Air Transportation All Risks）两种。陆上运输货物险的责任起讫也采用"仓至仓"责任条款。保险责任从被保险货物运离保险单所载明的起运地发货人的仓库或储存处所开始时生效，包括正常陆运和有关水上驳运在内，直到该项货物运达保险单所载明的目的地收货人仓库或储存处所，或被保险人用作分配、分派的其他储存处所为止。但如未运抵上述仓库或储存处所，则以被保险货物到达最后卸载的车站满60天为止。航空运输货物保险的责任起讫同样适用于"仓至仓"条款。如未进仓，以被保险货物在最后卸载地卸离飞机后满30天为止。

2.6.3　伦敦保险协会海运货物保险条款

在国际保险市场上，各国保险组织都制定有自己的保险条款。但最为普遍采用的是英国伦敦保险业协会所制定的"协会货物条款"（Institute Cargo Clause，ICC）。我国企业按CIF或CIP条件出口时，一般按"中国保险条款"投保，但如果国外客户要求按"协会货物条款"投保，一般可予接受。现行的伦敦保险业协会海运货物保险条款共有6种险别：①协会货物A险条款（ICC-A）；②协会货物B险条款（ICC-B）；③协会货物C险条款（ICC-C）；④协会战争险条款（货物）（Institute War Clauses Cargo）；⑤协会罢工险条款（货物）（Institute Strikes Clauses Cargo）；⑥恶意损害险条款（Malicious Damage Clauses）。

2.7　国际贸易货款结算

2.7.1　结算工具

随着国际贸易和现代银行信用的发展，买卖双方在贸易实践中普遍采用信用工具来代替现金作为流通手段和支付手段。票据是国际通行的结算工具。国际贸易中使用的票据主要有汇票、本票和支票，其中以使用汇票为主。

1）汇票（Draft/Bill of Exchange）

汇票是出票人签发的，委托付款人在见票时，或者在指定日期无条件支付确定的金额给收款人或者持票人的票据。

汇票是一种无条件支付的委托，有三个当事人：出票人、受票人、收款人。

（1）出票人（Drawer）：是开立票据并将其交付给他人的法人、其他组织或者个人。出票人对持票人及正当持票人承担票据在提示付款或承兑时必须付款或者承兑的保证责任。收款人及正当持票人一般是出口方，因为出口方在输出商品或劳务的同时或稍后，向进口商发出此付款命令责令后者付款。

（2）受票人（Drawee/Payer）：又叫付款人，是指受出票人委托支付票据金额、接受支付命令的人。在进出口业务中，通常为进口人或银行。在托收支付方式下，一般为买方或债务人；在信用证支付方式下，一般为开证行或其指定的银行。

（3）收款人（Payee）：是凭汇票向付款人请求支付票据金额的人，是汇票的债权人，一般是卖方。

同步思考2-6

问题：根据所学知识，查阅相关资料，分析即期汇票和远期汇票的使用程序分为几个部分。

理解要点：即期汇票的使用程序分为：出票、提示和付款；远期汇票的使用程序分为：出票、提示、承兑和付款。如需转让，还要经过背书手续；汇票如果遭到拒付，还要涉及制作拒付证书和行使追索权等法律环节。

2）本票（Promissory Note）

本票，是指出票人自己于到期日无条件支付一定金额给收款人的票据。本票有出票人和收款人两个当事人。

3）支票

支票（Cheque）是出票人签发的，委托办理支票存款业务的银行或者其他金融机构在见票时无条件支付确定的金额给收款人或者持票人的票据。支票有出票人、付款人和收款人三个当事人。支票都是即期的，不需要承兑，本质上是一种无条件的支付命令。

同步思考2-7

问题：请分析汇票、本票和支票三种结算工具的区别。

理解要点：汇票、本票和支票的比较主要从票据的当事人、性质、到期日、票据行为和份数等方面进行分析。

2.7.2 支付方式

1）汇付

汇付（Remittance）又称汇款，是付款人主动通过银行或其他途径将款项汇交收款人的一种支付方式，它属于顺汇法。汇付方式在国际贸易中多用于贸易从属费用的支付，如运费、保险费、佣金、赔款、定金、利息、尾款等。

汇付业务有四个当事人：

（1）汇款人（Remitter）。汇款人一般是进口商，向银行填写汇款申请书，交款、付费。

（2）汇出行（Remitting Bank）。汇出行是出口地银行，在汇付业务中负责指示汇入行付款给收款人。

（3）汇入行（Paying Bank）。汇入行一般是出口地银行，负责通知收款人领取汇款。

（4）收款人（Payee）。一般是出口商，到汇入行收取款项的人。

汇付方式主要分为电汇（T/T）、票汇（D/D）和信汇（M/T）三种。电汇是汇款人将款项交与汇出行，委托汇出行以电报或电传方式指示国外的汇入行将款项解付给收款人的做法，电汇相对其他两种汇付方式费用较高，在国际贸易实务操作中，经常用电汇方式支付定金和尾款。票汇是以银行即期汇票为支付工具的一种汇付方式，汇出行应汇款人的申请，开立以汇出行代理行或分行为付款人，并列明汇款人所指定的收款人名称的银行即期汇票，交给汇款人直接寄给收款人，由收款人凭汇票向汇票上的付款人收取货款的汇付方式。信汇和电汇流程基本相同，不同之处主要体现在汇出行向汇入行寄送付款委托书的方式不是电报或者电传，而是信件方式，随着国际贸易的发展，此种汇付方式被应用得越来越少。

2）托收

托收是指出口人出具汇票，委托银行向进口人收取货款的一种支付方式，它属于逆汇法。托收属于商业信用。

托收业务有四个当事人：

（1）委托人（Principal）。委托银行办理托收业务的人，通常是出口人。

（2）托收行（Remitting Bank）。接受出口人委托办理托收业务的银行，通常是出口人所在地银行。

（3）代收行（Collecting Bank）。接受托收银行的委托向付款人收款的进口地银行，一般是托收银行的国外分行或代理行。

（4）付款人（Payer）。汇票的受票人，是应该支付货款的进口人。

托收可以分为光票托收与跟单托收两大类，其中跟单托收还分为付款交单（D/P）和承兑交单（D/A）。托收属于商业信用，银行办理托收业务时，只是按委托的指示办事，没有检查单据的义务，也无保证付款人必然付款的义务。

业务链接2-7

付款交单凭信托收条借单（D/P·T/R）

在远期付款交单的条件下，D/P·T/R即"付款交单凭信托收条借单"。具体做法是：由进口商承兑汇票后出具信托收据，向代收银行借取货运单据先行提货。若此做法为买卖双方事先约定好的，则代收银行借出货运单据后，发生汇票到期不能收回货款的风险与代收银行无关，应由卖方自己承担。若此做法由代收银行自行决定，并没有经过卖方同意，则代收银行应承担汇票到期收不回货款的全部责任。D/P·T/R这类做法对卖方极为不利，风险大，采用前务必慎重。

3）信用证

信用证是由银行依照客户的要求和指示或自己主动，在符合信用证条款的条件下，凭规定单据向第三者或其指定方进行付款的书面文件。信用证是一种银行开立的有条件的承诺付款的书面文件，属于银行信用。

信用证有三个特点：

（1）信用证方式属于银行信用。

（2）信用证是一项自足文件，不依附于贸易合同而独立存在。

（3）信用证是一种单据买卖。

通常情况下，信用证的当事人由开证申请人、开证行、通知行、受益人、议付行和付款行组成。保兑信用证还有保兑行。

（1）开证申请人（Applicant）：一般为进口商，向银行申请开立信用证。

（2）开证行（Issuing /Opening Bank）：进口商所在地银行，开出信用证、承诺付款。

（3）通知行（Advising/Notifying Bank）：开证行在出口商所在地的分行或代理行，负责审核信用证真伪，将信用证转交给受益人。

（4）受益人（Beneficiary）：一般为出口商，据信用证要求行事，并使用信用证，获得信用证下款项。

（5）议付行（Negotiating Bank）：常由通知行兼任，议付货款。

（6）付款行（Paying /Drawee Bank）：开证行或开证行指定银行，履行付款义务。

信用证的业务流程：①在买卖双方签订合同时，在贸易合同中规定使用跟单信用证支付；②买方向开证行申请开立以卖方为受益人的信用证；③开证行请求另一银行通知或保兑信用证；④通知行通知卖方，信用证已开立，卖方对信用证进行审核；⑤卖方按照信用证要求装运货物；⑥卖方将信用证要求的单据向指定银行提交议付；⑦付款行或议付行对卖方提交的单据进行议付，并将单据寄交开证行，开证行支付货款；⑧开证行提示开证申请人付款赎单；⑨开证申请人付款，取得单据，提取货物。在实践操作中，由于当事人不同、银行单据的结汇方式不同，上面的流程会稍有差异。

2.8　国际贸易业务善后

在国际贸易合同履行过程中，经常会出现由于一方没有履行或者没有完全履行合同，给对方造成了损失，即国际贸易双方在履约过程中发生纠纷。所以在合同订立的时候一般要有明确规定买卖双方承担的义务、违约责任承担的条款，如不可抗力条款、争议与索赔条款、仲裁条款等。

同步思考 2-8

问题： 请查找资料，总结不可抗力在合同中有哪几种规定方法。

理解要点： 概括式、列举式和综合式。

━ 本章概要 ━➤

□　内容提要与结构

▲　内容提要

●　国际贸易业务流程主要包括国际市场调研、寻找客户、建立业务关系、交易磋商、签订合同、履行合同几个阶段。在不同的阶段，进口方和出口方的工作内容是不同的。根据贸易术语的不同，买卖双方的责任、费用、风险划分也不同。

●　国际贸易方式是指在国际贸易中采用的各种方法。随着国际贸易的发展，贸易方式亦日趋多样化。除采用逐笔售定的方式外，还有包销、代理、寄售、招标与投标、拍卖、期货交易、对销贸易、对外加工装配贸易等。

●　贸易术语在我国也称为"价格条件"，它是国际贸易中习惯采用的简明的语言，一般用三个英文字母的缩写来概括说明买卖双方在货物交接方面的权利、义务以及买卖双方有关费用、风险和责任的划分。

● 口岸是国家指定的进行对外经贸、政治、外交、科技、文化、旅游和移民等往来，并供往来人员、货物和交通工具出入国（边）境的港口、机场、车站和通道。因此，口岸是国家指定对外往来的门户。

● 海关依照有关法律、行政法规，监管进出境的运输工具、货物、行李物品、邮递物品和其他物品，征收关税和其他税费，查缉走私，并编制海关统计和办理其他海关业务。

● 商品检验是国际货物买卖过程中一个重要的组成部分，为了确定合同的标的物是否符合买卖合同的规定，明确事故的起因和分清责任的归属，需要通过有资格的非当事人对货物进行检验并发给检验证书，作为买卖双方交收货物、结算货款和处理纠纷的依据。

● 国际贸易业务因为涉及多个操作环节，货物的运输和交付都存在一些风险点，为了能够合理规避这些风险点，分散买卖双方的风险，一般通过投保货运险的方式对货物在运输和交付过程中的风险进行规避和转移。

● 随着国际贸易和现代银行信用的发展，买卖双方在贸易实践中普遍采用信用工具来代替现金作为流通手段和支付手段。票据是国际通行的结算工具，国际贸易中使用的票据主要有汇票、本票和支票。结算方式主要有汇付、托收和信用证。

▲ 内容结构

本章内容结构如图2-2所示：

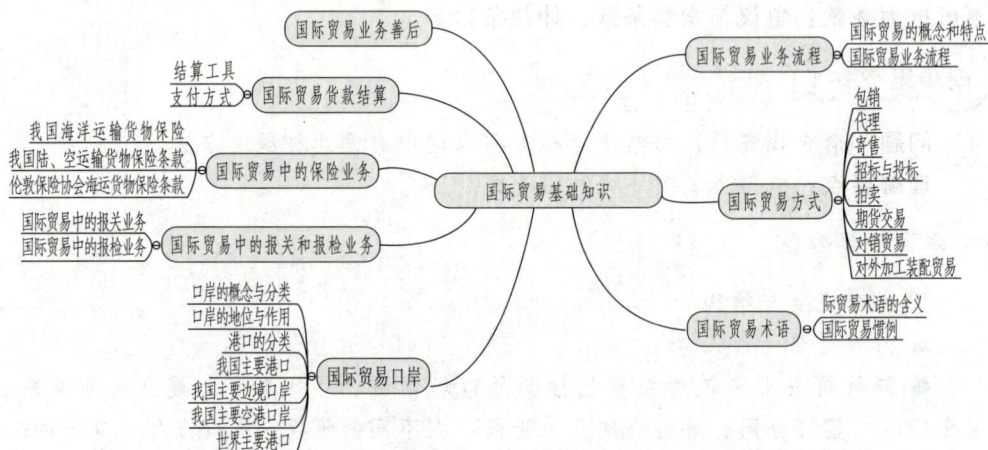

图2-2　本章内容结构

□ 主要概念和观念

▲ 主要概念

包销　代理　寄售　寄售协议　招标　投标　拍卖　期货交易　对销贸易　对外加工装配贸易　贸易术语　口岸　一类口岸　二类口岸　港口口岸　陆地口岸　空港口岸　边境口岸　报检　本票　支票　汇付　托收　信用证

▲ 主要观念

国际贸易进出口合同履行　国际贸易业务操作和知识应用

□ 重点实务和操作

▲ 重点实务

国际贸易方式的选择　国际贸易术语的选择与运用　报关业务流程　报检业务流程　投保国际货物运输保险　国际贸易货款结算

▲ 重点操作

国际贸易业务流程操作

⟶ 基本训练 ➤➤

□ 理论题

▲ 简答题

1）什么是国际贸易方式？常用的国际贸易方式有哪几种？

2）什么是国际贸易术语？

3）简述国际货运代理与国际贸易的关系。

4）什么是口岸？口岸和海关有什么区别？

5）什么是一类口岸？简单说出10个我国对外开放的一类口岸。

6）简述我国主要边境口岸有哪几条主要线路。

7）什么是国际陆港？中国开发陆港的意义是什么？

8）我国最东端和最北端的口岸是哪里？

▲ 讨论题

1）如何选择国际贸易术语？

2）进行边境口岸运输方案设计需要注意哪些事项？

3）物流操作中选择国外港口作业需要注意哪些事项？

4）国际贸易业务善后包括哪些内容？实务中会出现何种问题？

□ 实务题

▲ 规则复习

1）《INCOTERMS 2020》与《INCOTERMS 2010》有哪些不同？

2）国际货运代理从业人员在办理报关业务的时候需要注意哪些事项？

3）海关对进出口货物的报关管理分为哪些环节？

4）根据相关协定，缔约双方在中朝边境地区设立哪些边境口岸？

5）我国现阶段和越南做什么边贸比较好？

▲ 业务解析

1）中国A贸易出口公司与美国B公司以CFR洛杉矶、信用证付款的条件签订了出口贸易合同，合同和信用证均规定不准转运。A贸易出口公司在信用证有效期内委托C货代公司将货物装上D班轮公司直驶目的港的班轮，并以直达提单办理了议付，国外开证行也凭议付行的直达提单予以付款。在运输途中，D班轮公司为接载其他货物，擅自将A公司托运的货物卸下，换装其他船舶运往目的港。由于中途延误，货物抵达目的港的时间比正常直达船的抵达时间晚了20天，造成货物变质损坏。为此，B公司向A公司提出索赔，理由是A公司提交的是直达提单，而实际上则是转船运输，是一种欺诈行为，应当给予赔偿。A公司为此咨询C货代公司。假如你是C货代公司，请回答A公司是否应承担赔偿责任？理由何在？B公司可否向D班轮公司索赔？

2）大连某贸易公司与朝鲜平壤某家公司签订了一份食品出口的贸易合同，合同约定采用铁路运输方式，请安排适合的运输路线和选择合适的出口口岸。如何选择该笔贸易的出口口岸？合适的出口口岸是哪个？

□ 案例题

▲ 案例分析

【训练项目】

案例分析-Ⅱ。

【相关案例】

国际货运代理报检

背景与情境： 大连某国际货运代理报检单位近期在大连口岸的部分代理报检业务情况如下：（1）为北京某企业报检从荷兰进口的200株鲜郁金香（检验检疫类别为P/Q），考虑到鲜花的保鲜要求，在领取入境货物通关单后，告知货主可立即将货物空运至北京。（2）为某企业报检一批从澳大利亚进口的旧车床，在领取入境货物通关单后，告知货主可将货物运至目的地进行检验。（3）为某企业报检一批从泰国进口的香蕉（检验检疫类别为PR/Q.S），货物经韩国仁川转船，其间未更换包装。在口岸海关检验检疫合格后，领取了入境货物检验检疫证明。（4）为吉林某企业报检一批从智利进口的废塑（检验检疫类别为M/N），在领取了入境货物通关单后，告知货主可将货物运至目的地。（5）为长春某企业报检一批从法国进口的羊毛（检验检疫类别为M.P/N.Q），在领取了入境货物通关单后，告知货主可立即将货物运至长春。

问题：

1）上述业务中，报检时需提供"中华人民共和国进境动植物检疫许可证"的是哪项？

2）上述业务中，货物需在口岸实施卫生消毒处理的是哪项？

3）上述业务中，报检时需提供关于包装情况的声明或证书的是哪项？

4）上述业务中，报检时需提供国外官方检疫证书的是哪项？

5）上述业务中，存在与检验检疫有关规定不符的行为是哪项？

6）结合上述案例分析国际货运代理企业在从事报检业务时应该注意哪些事项。

【训练要求】

同第1章"基本训练"中本题型的"训练要求"。

▲ 课程思政

【训练项目】

课程思政–Ⅱ。

【相关案例】

报关企业在进口货物申报中的责任分析

背景与情境：A进出口贸易公司（以下简称A公司）在收到外商通过航空信方式寄来的6台机电设备发票、装箱单和通过互联网发送的3台机电设备发票的电子邮件后，委托B国际货运代理公司（以下简称B公司）以一般贸易方式办理报关事宜。B公司以一般贸易方式向某海关申报进口机电设备3台，申报价格为每台15.4万美元。A公司的业务员在向B公司移交报关单据时未仔细核对，只将3台机电设备发票的电子邮件、6台机电设备的装箱单及到货通知单提供给B公司驻厂客服人员；而B公司驻厂客服人员认为报关时不需要装箱单，只将收到的3台机电设备的发票及到货通知单传真给B公司报关员。B公司的报关员收到上述发票和到货通知单后，向货运公司调取了6台机电设备的随货发票和记录了机电设备编号、发票号码和运单后，未认真核对从货运公司调取的单证与A公司提供的资料的有关内容是否一致，便直接以3台机电设备的数量向某海关办理申报进口手续，致使申报内容不符合进口货物的实际情况。海关经查验后发现当事人实际进口机电设备6台，实际申报3台，涉嫌漏缴税款人民币40万元。

问题：

1）本案例中当事企业是否违反了职业道德？作为报关企业是否应该承担漏报责任？

2）试对上述案例做出你对当事企业的思政研判。

3）海关对上述漏税企业以及报关企业应该如何处理？

【训练要求】

同第1章"基本训练"中本题型的"训练要求"。

□ 实训题

【训练项目】

阶段性体验–Ⅰ："国际贸易业务"技术应用。

【训练目的】

见本章"章名页"之"学习目标"中的"实训目标"。

【训练内容】

专业能力训练：其"能力领域"、"'技术–技能'点"、"名称"和"参照规范与标准"见表2–5。

表2-5　　　　能力领域、"技术–技能"点、名称和参照规范与标准

能力领域	"'技术–技能'点"	名称	参照规范与标准
"国际贸易业务操作"技术应用	"'技术–技能'点"1	"国际贸易方式选择"技术应用	(1) 能全面把握国际贸易方式选择技术； (2) 能根据货物情况，选择合适的国际贸易方式； (3) 能应用相关技术，正确选择国际贸易方式
	"'技术–技能'点"2	"国际贸易术语选择"技术应用	(1) 能熟悉和把握《国际贸易术语解释通则》各版本中关于每个贸易术语的解释，掌握买卖双方在不同的贸易术语项下的风险、费用和责任划分； (2) 应用相关技术，挑选适合的贸易术语作为交易价格，在不同的贸易术语之间进行转换，正确计算相关费用
	"'技术–技能'点"3	"报检业务"技术应用	(1) 能熟悉和把握海关商检部门的管理政策和报检业务流程等技术； (2) 能应用相关技术，正确地准备和缮制进出口报检单证，进行报检业务操作
	"'技术–技能'点"4	"报关业务"技术应用	(1) 能熟悉和把握贸易货物的海关管理政策，报关业务流程和进出口报关单证缮制等技术； (2) 能应用相关技术，正确进行报关业务操作
	"'技术–技能'点"5	"保险业务"技术应用	(1) 能熟悉和把握保险合同的主要内容、注意事项及各个条款的制定规范； (2) 能根据货物的具体情况，选用适当的保险公司、保险险别进行投保； (3) 能把握不同贸易术语项下买卖双方保险责任的划分； (4) 能正确处理突发索赔事件
	"'技术–技能'点"6	《训练报告》撰写技术应用	(1) 能合理设计关于"'国际贸易业务操作'知识应用"的相应《训练报告》，其结构合理、层次分明； (2) 能参照网络教学资源包中《学生考核手册》考核表2-6中的"考核指标"和"考核标准"撰写所述《训练报告》

职业核心能力与职业道德训练：其内容、种类、等级与选项见表2-6；各选项的"参照规范与标准"见本教材"附录三"的附表3和"附录四"的附表4。

表2-6　　　　职业核心能力与职业道德训练内容、种类、等级与选项表

内容	职业核心能力							职业道德						
种类	自主学习	信息处理	数字应用	与人交流	与人合作	解决问题	革新创新	职业观念	职业情感	职业理想	职业态度	职业良心	职业作风	职业守则
等级	中级	中级	中级	中级	中级	中级	中级	认同级	认同级	认同级	认同级	认同级	认同级	认同级
选项		√		√	√	√	√	√			√	√	√	√

【组织形式】

将班级学生分成若干训练团队，根据训练内容和项目需要进行角色划分。

【训练任务】

（1）对表2-5所列专业能力领域各"'技术-技能'点"，依照其"参照规范与标准"实施阶段性基本训练。

（2）对表2-6所列职业核心能力选项，依照本教材"附录三"的附表3的"参照规范与标准"实施"中级"强化训练。

（3）对表2-6所列职业道德选项，依照本教材"附录四"的附表4的"参照规范与标准"实施"认同级"相关训练。

【情境设计】

将学生分成若干训练团队，每团队分别选择一个"训练课业"题目、国际货运代理企业、国际物流企业或者国际贸易公司（本校专业实训基地或毕业生创业团队）的操作项目，进行关于"'国际贸易业务'技术应用"的训练。各团队通过参与和体验所述项目的运作，相应《训练报告》的准备、撰写、讨论与交流等实践活动，完成各自的训练任务。

【指导准备】

知识准备：

（1）国际贸易合同的订立知识、国际物流运作理论与实务知识。

（2）《国际贸易术语解释通则》的理论与实务知识。

（3）国际货物运输保险理论与实务知识。

（4）国际贸易方式选择理论与实务知识。

（5）报关业务理论与实务知识。

（6）报检业务理论与实务知识。

（7）国际货运代理业务范围知识。

（8）本教材"附录一"的附表1中，与本章"职业核心能力'强化训练项'"各"'技术-技能'点"相关的"'知识准备'参照范围"。

（9）本教材"附录三"的附表3和"附录四"的附表4中，涉及本章"职业核心能力领域'强化训练项'"各"'技术-技能'点"和"职业道德领域'相关训练项'"的"参照规范与标准"知识。

操作指导：

（1）教师向学生阐明"训练目的"、"能力与道德领域"和"知识准备"。

（2）教师就"知识准备"中的第（8）（9）项，对学生进行培训。

（3）教师指导学生就操练项目进行资料收集与整理。

（4）教师指导学生就操练项目进行国际贸易方式的选择、国际贸易术语的选择与应用、国际货物运输保险业务操作、报关业务操作、报检业务操作。

（5）教师指导学生撰写、讨论与交流关于"'国际贸易业务操作'技术应用"的相应《训练报告》。

【训练时间】

本章课堂教学内容结束后的双休日和课余时间，为期一周。

【训练步骤】

1）将学生组成若干个团队，每5~6位同学为一团队，每团队确定1名负责人，分别选择一个"训练课业"题目、国际货代公司和贸易公司（本校专业实训基地或毕业生创业团队）的国际贸易业务操作技术应用项目。

2）为学生提供相关基础知识的咨询服务。

3）指导各训练团队结合训练项目，分配各自任务，研究相关问题，进行资料收集、分析和整理工作，制订《"'国际贸易业务'技术应用"训练方案》。指导学生按团队实施训练项目，系统体验如下"技术-技能"操作：

（1）依照表2-5中"'技术-技能'点"1的"参照规范与标准"，应用相应技术，正确选择合适的国际贸易方式，系统体验其"胜任力"要素生成。

（2）依照表2-5中"'技术-技能'点"2的"参照规范与标准"，应用相应技术，正确选择"国际贸易术语"，系统体验其"胜任力"要素生成。

（3）依照表2-5中"'技术-技能'点"3的"参照规范与标准"，应用相应技术，正确进行"进出口报检单证的准备、缮制和报检操作"，系统体验其"胜任力"要素生成；

（4）依照表2-5中"'技术-技能'点"4的"参照规范与标准"，应用相应技术，正确进行"进出口报关单证的准备、缮制和报关操作"，系统体验其"胜任力"要素生成；

（5）依照表2-5中"'技术-技能'点"5的"参照规范与标准"，应用相应技术，正确进行"保险合同制定""根据货物具体情况选择适当保险公司和险别投保""划分不同贸易术语项下买卖双方保险责任""处理突发索赔事件"等项操作，系统体验其"胜任力"要素生成。

（6）依照表2-5中"'技术-技能'点"6的"参照规范与标准"，应用相应技术，正确设计结构合理、层次分明的《训练报告》，系统体验其"胜任力"要素生成。

4）各实训团队在实施上述专业训练的过程中，融入对"信息处理""与人交流""与人合作""解决问题""革新创新"等职业核心能力各"'技术-技能'点"的"中级"强化训练和对"职业观念""职业守则"等职业道德各"素质点"的"认同级"相关训练，同步体验本章"实践学习"中"专能""通能"与

"职业道德"元素的协同性"重组-产生"迁移，以及相关胜任力中"求知韧性"和"复合性'技术-技能'"要素的阶段性生成。

5）各团队对本次训练的相关资料和记录进行整理分析，撰写《"'××贸易公司进出口业务'技术应用"训练报告》。

6）通过团队讨论、交流、互评、发布、分享等方式，修订《训练报告》。

【成果形式】

训练课业：《"'××贸易公司进出口业务'技术应用"训练报告》。

课业要求：

1）"训练课业"的结构与体例参照本教材"课业范例"中的范例综-3。

2）将相关"附件"附于《训练报告》之后。

3）在校园网的本课程平台上展示经过教师点评的班级优秀《训练报告》，并相互借鉴。

═ 单元考核 ═➡

考核评价要求：同第1章"单元考核"的"考核评价要求"。

第 3 章
国际海上货物运输

学习目标

通过本章学习，应该达到以下目标：

理论目标： 学习和把握国际海上货物运输的相关概念、特点与主要单证，各种业务种类的作用与特点及合同的格式与内容等陈述性知识；能用其指导本章"同步思考"、"教学互动"和"基本训练"中"理论题"各题型的认知活动，正确解答相关问题；体验本章"初级学习"中专业认知的横向正迁移，以及相关胜任力中"认知"要素的阶段性生成。

实务目标： 学习和把握班轮运输和租船运输的业务程序、航次租船合同的注意事项、定期租船合同的订立与履行、国际海上货代进口与出口的业务流程、海上货物运输运费的计算，以及相关"业务链接"和二维码资源等程序性知识；能以其建构"国际海上货物运输"中的规则意识，正确解析本章"同步思考"、"同步计算"、"问题思维"、"深度剖析"、"教学互动"和"基本训练"中"实务题"的相关问题；体验本章专业规则与方法"初级学习"中的横向正迁移和"高级学习"中的重组性迁移，以及相关胜任力中"专业规则"要素的阶段性生成。

案例目标： 运用本章的理论与实务知识研究相关案例，培养和提高在"国际海上货物运输"特定业务情境下分析、解决问题与决策设计的能力；能结合本章教学内容，依照相关规范，对"课程思政 3-1"、"课程思政 3-2"和章后"课程思政-Ⅲ"等案例中的企业及其从业人员行为进行思政研判，通过思想政治元素融入专业课的协同效应，促进"立德树人"根本任务的落实；体验本章"高级学习"中专业知识与思政元素的协同性重组迁移，以及相关胜任力中"认知弹性"要素的阶段性生成。

实训目标： 参加"自主学习-Ⅱ"训练，在实施《自主学习计划》的基础上，通过阶段性学习和应用"附录一"附表 1 中"自主学习"（初级）"'知识准备'参照范围"所列知识，搜集、整理与综合"国际海上货物运输"前沿知识，讨论、撰写和交流《"国际海上货物运输"最新文献综述》，撰写《"自主学习-Ⅱ"训练报告》等活动，培养"自主学习"的通用能力（中级）；体验本章"自主学习"中"专能"与"通能"的"重组性"迁移，以及相关胜任力中"求知韧性"的阶段性生成。

引例　租船合同单方违约

背景与情境：A 货代公司与 B 航运有限责任公司签订了租船合约，约定 2023 年 5 月下旬由 B 航运有限责任公司承运 1 500 吨袋装铁矿石自天津港运往日本大阪港，运费 10 000 美元，但 B 航运有限责任公司未按约定时间装运货物，A 货代公司为了按时交货，临时租用其他公司船舶出运货物，额外增加运费 4 000 美元。经交涉无果，A 货代公司把 B 航运有限责任公司告上法庭，要求其支付额外增加的 4 000 美元运费。

从引例可见，这是一起租船合同下船方单方违约造成的索赔案例，由于 B 航运有限责任公司违约给 A 货代公司造成了额外的运费损失，其应该负责赔偿。货运代理企业和船务公司在签订租船合同之后应该如期履约，才能避免争议的发生。

3.1　国际海上货物运输概述

3.1.1　国际海上货物运输的概念、特点

1）国际海上货物运输的概念

国际海上货物运输是指使用船舶或其他运输工具通过海上航道运送货物和旅客并获取收益的运输方式，以及与这种运输方式相关的辅助性的获取收益的活动的总称。

业务链接 3-1

着力提升产业链供应链韧性和安全水平

党的二十大报告明确提出：我们要坚持以推动高质量发展为主题，把实施扩大内需战略同深化供给侧结构性改革有机结合起来，增强国内大循环内生动力和可靠性，提升国际循环质量和水平，加快建设现代化经济体系，着力提高全要素生产率，着力提升产业链供应链韧性和安全水平，着力推进城乡融合和区域协调发展，推动经济实现质的有效提升和量的合理增长。

"供应链韧性"（Supply Chain Resilience）的概念最早是在 2003 年由 Rice 和 Caniato 教授提出，其正式定义由 Christopher 和 Peck 教授在 2004 年首次提出，将供应链韧性定义为"供应链受到干扰后能够恢复到其原始状态或更加理想状态的能力"。随后，供应链韧性的其他定义也陆续被提出，目前使用较为广泛的定义为"供应链对潜在的突发事件的事前准备、在中断发生后的快速响应并从中恢复的适应能力"。

对供应链的关注从微观的企业层面提升到产业层面，一方面是因为我国经济已由高速发展阶段转向高质量发展阶段，产业链供应链安全稳定是构建新发展格局的重要基础；另一方面是因为当前国际环境复杂严峻，疫情对全球的生产贸易活动造成冲击，全球产业链供应链加速重构，我国产业链供应链面临诸多挑战。

首先，在逆全球化思潮影响下，贸易保护主义抬头，西方一些国家针对关键

同步链接 3-1

学习宣传贯彻
党的二十大
精神之三

技术和领域的打压力度明显加大，我国产业链供应链在许多领域依然面临"卡脖子""断供"等威胁。其次，产业链供应链外迁风险增大，在全球产业链供应链加速重构时期，我国经历了由工业化向经济服务化阶段的过渡，国内一些地区产业链供应链外迁趋势渐露端倪。最后，我国产业链供应链尚存在部分领域核心基础零部件、关键技术和设备、关键基础材料严重依赖进口，质量技术基础不完善、共性技术创新体系缺失等问题，造成我国对产业链供应链关键环节的掌控力较弱，局部受阻或断裂的风险较大。

（资料来源　"兰山商城"微信公众号，2022-11-09.原文经节选和改编）

2）国际海上货物运输的特点

国际海上货物运输具有以下特点：①通过能力强；②运输量大；③运费低；④对货物的适应性强；⑤运输速度慢。

3.1.2　国际海上货物运输的主要单证

海运提单（Ocean Bill of Lading）是按《海牙规则》所订条款证明海上运输合同成立和证明承运人已接收货物或货物已装船，并保证在目的地交付货物的单据。提单有三个方面的作用：①可作为货物的收据。已签发的提单就表示承运人已按提单所载内容收到了货物。②可作为运输合同。提单载明许多重要条款和条件，当承托双方发生纠纷时，就可以提单上载明的条款为依据。③可作为物权凭证。提单持有人可凭提单要求承运人交付货物，而且提单还可以通过合法的手续相互转让，转让提单就意味着转让物权。

海运单（Sea Way Bill，SWB）又称海上运送单或海上货运单，是指承运人向托运人或其代理人表明货物已收妥待装的单据。海运单是一种不可转让的单据，即不以在目的港提示该单据作为收货条件，无须待单据寄到，船主或其代理人即可凭收货人收到的通知或其身份证明而向其交货的一种货运单。

托运单（Booking Note，B/N）是指由托运人或发货人根据买卖合同和信用证的有关内容向承运人或他的代理人提供货物进行运输的单证。

装货单（Shipping Order，S/O）是指由托运人按照托运单的内容填写并交船公司或代理人审核签认，据此向码头或船上交货的凭证，又称关单。

装货清单（Loading List，L/L）是船公司或其代理人根据装货单留底一联记载，将船上全部货物按卸货港和货物的性质归类，依航次靠港顺序排列编号制作的装货汇总单。

载货清单（Manifest，M/F）是按卸货港顺序逐票列明全船实际载运货物的明细清单，又称舱单。

载货运费清单（Freight Manifest，F/M）是由船公司在装货港的代理人按照卸货港及提单顺序号逐票列明的载运货物应收运费的明细表，又称运费舱单。

装货清单与载货清单是两个很容易混淆的单证，两个单证的区别可通过表3-1进行说明。

表3-1 装货清单与载货清单的区别

项目	装货清单（L/L）	载货清单（M/F）
制作依据	装货单留底	大副收据/收货单（M/R）、提单（B/L）
内容	待装船货物的汇总	已装船货物的汇总
制作时间	装货前	装船后
作用	理货等业务的单据；为积载计划提供依据	船舶出口报关的单证；出口退税单据之一；卸货港安排卸货的单据；卸货港海关放行的依据

危险货物清单（Dangerous Cargo List）是所有船舶载运危险货物时都必须单独编制的清单。

货物积载图（Stowage Plan or Cargo Plan）是指以图示形式表示货物在船舱内的装载位置，使每一票货物都能形象具体地显示其在船舶舱室内的位置。

教学互动3-1

互动问题：海运单和海运提单的区别是什么？

要求：同"教学互动1-1"的"要求"。

同步案例3-1

信用证支付方式下提单签发疑点

背景与情境：某年3月，我国某公司（以下简称甲方）与加拿大某公司（以下简称乙方）签订了一份设备引进合同。根据合同约定，甲方于该年4月30日开立以乙方为受益人的不可撤销的即期信用证。信用证中要求乙方在交单时，提供全套已装船清洁提单。该年6月12日，甲方收到开证银行进口信用证付款通知书。甲方业务人员审核议付单据后发现乙方提交的提单存在以下疑点：（1）提单签署日期早于装船日期；（2）提单中没有"已装船"字样。

问题：根据以上疑点，甲方断定该提单为备运提单，甲方应该如何避免收不到货物的风险？

分析提示：甲方断定该提单为备运提单，应采取以下措施：（1）向开证行提出单据不符，并拒付货款。（2）向有关司法机关提出诈骗立案请求。（3）查询有关船运信息，确定货物是否已装船发运。（4）向乙方发出书面通知，提出疑义并要求对方做出书面解释。

3.2 班轮运输业务

3.2.1 班轮运输的概念、特点和作用

1）班轮运输的概念

班轮运输（Liner Transport）是指在固定的航线上，以既定的港口顺序，按照事先公布的船期表航行的水上运输经营方式。

2）班轮运输的特点

班轮运输具有"四固定"的特点，即固定的航线、固定的停靠港口、固定的船期和固定的运费率。在运输过程中产生的装卸费用均由承运人负责。

3）班轮运输的作用

班轮运输适合件杂货和不足整船的小额贸易货物，由于具有"四固定"的特点，在国际贸易实践操作中能为贸易双方减少装卸费用负担、运费费率的适用、装运期限等洽谈内容，节约谈判时间和精力，对国际贸易双方业务的达成有一定的促进作用。

3.2.2 班轮运输业务程序

班轮运输业务流程如图3-1所示。

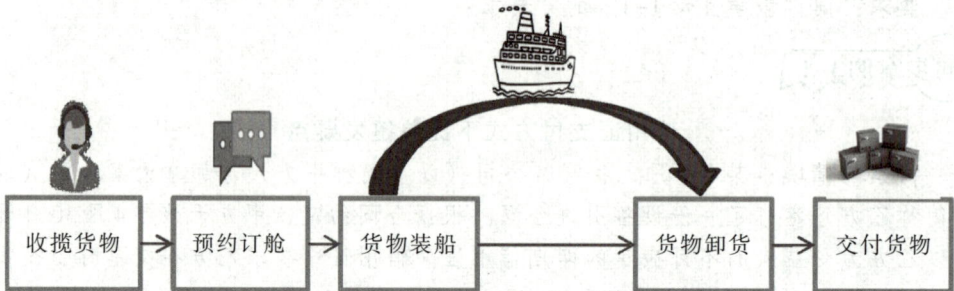

图3-1 班轮运输业务流程图

（1）收揽货物

收揽货物是船公司为使自己所经营的班轮运输船舶能在载重量和舱容上得到充分利用，做到"满舱满载"，从而获得最好的经营效益，从货主那里争取货源的行为。班轮公司针对自己经营的班轮的航线、挂靠港口、离港和到港时间等信息，制定出船期表并发送给客户，并在有关航运期刊、网站上刊载，使客户了解公司经营的班轮运输航线及船期情况，便于客户取得运输信息。

（2）预约订舱

预约订舱是指托运人或其代理人向承运人，即班轮公司或它的营业所或代理机构等申请货物运输，承运人对这种申请给予承诺的行为。承运人与托运人之间不需要签订运输合同，而是以口头或订舱函电进行预约。船公司对这种预约给予承诺，并在舱位登记簿上登记，即算完成了订舱操作，为后期的货物实际装载提

供准备。

（3）货物装船

货物装船是指托运人将托运的货物送至码头承运船舶的船边并进行交接，然后将货物装到船上。对于一些特殊的货物，如危险品、冷冻品、鲜活货、贵重货，多采用船舶直接装船。而在班轮运输中，为了提高装船效率，减少船舶在港停泊时间，不致延误船期，通常都由船公司在各装货港指定装船代理人，在各装货港的指定地点接收托运人送来的货物，办理交接手续后，将货物集中并按货物的卸货次序进行适当的分类后再进行装船。

（4）货物卸货

卸货是指将船舶所承运的货物在卸货港从船上卸下，交给收货人或代其收货的人，并办理货物的交接手续。船公司在卸货港的代理人根据船舶发来的到港电报，一方面编制有关单证联系安排泊位和准备办理船舶进港手续，约定装卸公司，等待船舶进港后卸货；另一方面还要把船舶预定到港的时间通知收货人，以便收货人及时做好接收货物的准备工作。在班轮运输中，为了使分属于众多收货人的各种不同的货物能在船舶有限的停泊时间内迅速卸完，通常由船公司指定的装卸公司作为卸货代理人，总揽卸货以及向收货人交付货物的工作。在卸货过程中，容易发生误卸（溢卸或短卸）的情况。因误卸而引起的货物延迟损失或货物的损坏转让问题，一般在提单条款中都有规定，通常规定因误卸发生的补送、退运的费用由船公司负担，但对因此而造成的延迟交付或货物的损坏，船公司不负赔偿责任。如果误卸是因标志不清、不全或错误以及货主的过失造成的，则所有补送、退运、卸货和保管的费用都由货主负担，船公司不负任何责任。

（5）货物交付

收货人将提单交给船公司在卸货港的代理人，经代理人审核无误后，签发提货单交给收货人，然后收货人再凭提货单前往码头仓库，提取货物并与卸货代理人办理交接手续。

同步思考3-1

问题： 交付货物的方式有哪几种？

理解要点： 交付货物的方式有仓库交付货物、船边交付货物、货主选择卸货港交付货物、变更卸货港交付货物、凭保证书交付货物等。其中，货主选择卸货港交付货物是指货物在装船时货主尚未确定具体的卸货港，待船舶开航后再由货主选定对自己最方便或最有利的卸货港，并在这个港口卸货和交付货物。变更卸货港交付货物是指在提单上所记载的卸货港以外的其他港口卸货和交付货物。凭保证书交付货物是指收货人无法以交出提单来换取提货单提取货物，由收货人开具保证书，以保证书交换提货单提取货物。

3.3　租船运输业务

3.3.1　租船运输的概念、特点

1）租船运输的概念

租船运输（Shipping by Chartering）是指船舶出租人把船舶租给承租人，根据租船合同的规定或承租人的安排运输货物的运输方式。

2）租船运输的特点

租船业务的经营人有可能是经营船舶的所有人，也有可能是从其他船公司租进船舶进行租船运输经营的二船东。

租船运输具有以下特点：①定航线，不定船期；②租船运输适宜大宗货；③租金率或运费率是根据租船市场行情来决定的；④装卸费根据租船合同商定的条款决定由何方支付；⑤一般通过船东的经纪人和租船人的代理人洽谈成交租船业务；⑥各种租船方式均有相应的标准合同格式；⑦租船合同条款由船东和租船人双方自由商定；⑧租船合同中涉及的法律性条款较少，大多数为技术性条款。

3.3.2　租船运输的经营方式

船公司经营方式有航次租船（Voyage Charter）、定期租船（Time Charter）和光船租船（Bareboat Charter）三种，出租给租船人的是该船的运输能力。

1）航次租船的概念、特点

航次租船是船东负责提供一条船舶，在指定的港口之间或区域之间（多个装货港或卸货港）进行一个航次或数个航次承运租船人指定的货物，租船人向船东支付相应运费的租船运输方式。

航次租船的特点：船东占有和控制船舶，负责船舶的营运调度工作。租船人指定装卸港口和货物。租船人向船东支付运费（Freight），又称租金（Hire）。除装卸费由谁支付可协商之外，营运费用都由船东负担。航次租船中的规定可用于在港装卸货物的时间（Laytime）、装卸时间的计算方法、滞期费与速遣费（Demurrage and Despatch）的计算。这是因为船东要控制该船在港装卸约需多少天，这与航次的经济效益有关。若装卸时间超过规定的天数，租船人要支付滞期费；反之，船东则要向租船人支付速遣费。但双方也可以约定CQD（Customary Quick Despatch），即不规定装卸时间而按港口习惯的装卸速度，由船东承担时间风险。航次租船方式根据双方约定的航次数可分下列4种：

（1）单航次租船。这是仅仅洽租一个单程航次的租船方式。船东负责将指定的货物从一个或几个装货港运往另一个或几个卸货港，货物运抵卸货港，卸货完毕，合同即告终止。航次租船中以单航次租船为多。

（2）来回航次租船。它是洽租一个往返航次的租船方式。所租用的船舶在完成一个单航次后，即在本合同中的卸货港装上回程货运回原装货港，卸完货后合同才告终止。由于货物流向以及船舶适宜货载等因素，对租船人来说，回程货一

般不易找到，因此这种来回航次租船很少见。

（3）连续单航次或连续来回航次租船。这是洽租连续完成几个单航次或几个来回航次的租船方式。这种方式下，同一艘船舶在同一航线上连续完成合同规定的两个或两个以上的单航次或来回航次，则合同终止。一般连续完成几个单航次的合同占绝大多数，空放回程航次的费用就由船东负担。当然也往往会给予船东指定另一船（但要大致相同）作代替的权力。

（4）包运合同。它是指在规定的期限内，在船东和租船人预先同意的港口或区域内，船东指派船舶将规定的货物数量在规定的期限内平均分多个航次有规律地运完。履行各航次的船舶分别由船东指派。

2）定期租船的概念、特点

定期租船是船舶所有人将船舶租给其他人使用一定时期的租船方式。它具有以下特点：船东对船舶仍然有所有权和控制权；租金率以船舶的装载能力为基础，结合市场行情等因素而定。定期租船业务中，船东和租船人关于船舶日常运营和相关费用负担的划分见表3-2。

表3-2　　　　　　　　　　**定期租船经营中的费用划分**

船东负担	租船人负担	船东负担	租船人负担
船员工资	燃油费	船舶保险费	淡水△
船员伙食	港口使用费	企业一般船务管理费	承运货物产生的经纪费和代理费
维修保养	扫舱洗轮费	船舶折旧费	部分货损货差索赔△
物料、供应品和设备	货物装卸费	经纪费	
润滑油	垫舱物料费	部分货损货差索赔△	
淡水△	空航费用		

注："△"符号表示该项费用视合同规定由谁负责。

定期租船中有一种特殊的方式称为航次期租（TCT）。它以一个航次运输为目的，按完成该航次的日数和合同规定的日租金率计算并支付租金，以一个固定的航次为限，将货物从装货港运到卸货港的形式类似航次租船方式。它是定期租船方式，只不过租期的时间以完成一个航次为限，合同格式采用期租方式。

业务链接3-2

中国远洋海运集团有限公司简介

中国远洋海运集团有限公司（以下简称中国远洋海运集团或集团）由中国远洋运输（集团）总公司与中国海运（集团）总公司重组而成，总部设在上海，是中央直接管理的特大型国有企业。服务全球贸易，经营全球网络，中国远洋海运集团以航运、港口、物流等为基础和核心产业，以航运金融、装备制造、增值服务、数字化创新为产业赋能，全力打造"3+4"产业生态，致力于构建世界一流的全球综合物流供应链服务生态。

中国远洋海运集团完善的全球化服务铸就了网络服务优势与品牌优势。航运、码头、物流、航运金融、修造船等上、下游产业链形成了较为完整的产业结构体系。集团在全球投资码头56个、集装箱码头49个，集装箱码头年吞吐能力1.32亿TEU，居世界第一。全球船舶燃料销量超过2 830万吨，居世界第一。集装箱租赁业务保有量达391万TEU，居世界第三。海洋工程装备制造接单规模以及船舶代理业务也稳居世界前列。

截至2023年6月30日，中国远洋海运集团经营船队综合运力1.11亿载重吨/1 372艘，排名世界第一。其中，集装箱船队规模304万TEU/475艘，居世界前列；干散货船队运力4 454万载重吨/426艘，油、气船队运力2 695万载重吨/225艘，杂货特种船队598万载重吨/178艘，均居世界第一。

（资料来源：根据中国远洋海运集团有限公司网站资料整理）

3）光船租船的概念、特点

光船租船又称光租船，是指船东在租期内将一艘空船出租给租船人使用，并将船舶的控制权和占有权也一并交给租船人。租船人按合同规定在租期内按期向船东支付租金，负责提供船员、供应和装备船舶、船舶的营运管理和费用。租船人在租期内作为该船临时特定的船东（Shipowner）使用船舶。

光船租船方式的特点：①光船租船方式由船东和租船人的特殊目的而形成；②这是一种财产租赁方式，并不具有运输承揽的性质；③租船人负责雇用船只，负担船员工资和伙食等；④租船人负责船舶的调度和营运安排，并负担所有营运费用；⑤租金率根据船舶装载能力和租期等因素由双方协商确定。

光船租船经营中的费用划分见表3-3。

表3-3　　　　光船租船经营中的费用划分

船东负责	租船人负责	
折旧费	燃油费	船员工资、伙食
船舶保险费△	港口使用费	维修保养
船舶检验费△	货物装卸费	物料、供应品和设备
经纪费	扫舱洗轮费	润滑油
	垫舱物料费	淡水
	空航费（若产生的话）	船舶保险费△
	代理费和经纪费	船舶检验费△

注："△"符号表示根据合同规定由船东负责或由租船人负责。

同步案例 3-2

光船租赁合同下撤船争议

背景与情境： 某船东与承租方于 2022 年 4 月 19 日签订了 A 轮光租合同，船东将 A 轮交给承租方使用 5 年。2023 年 5 月 21 日，船东向仲裁委员会提起仲裁，称承租方在租期内存在违约行为，请求终止光租合同，从承租方处撤回 A 轮。详细违约行为如下：

第一，承租方提供的 2023 年 A 轮一切险和全损险保险单的投保人和被保险人均为 B 货轮公司，未将船东与承租方作为共同被保险人，承租方从 2023 年 1 月 1 日起未投保战争险，承租方没有履行光租合同义务，船东依合同有权撤船。承租方后来于 2023 年 5 月 28 日为船舶补投战争险属实，但距离船东 2023 年 5 月 21 日提出异议已经超过了 7 天的期限。

第二，承租方应在每月 1—7 支付租金，但直到 2023 年 5 月 10 日，承租方才将 4、5 月份的租金汇出，4 月份租金拖延了 33 天，5 月份租金拖延了 3 天。

问题： 在上述情况下船东有无权利撤船？

分析提示： 根据光租合同第二部分第 11 条（a）款规定：租船人在租期内应负担船舶投保水险、战争险和保赔责任险的费用，所有保险单上的抬头应以他们共同的名义。如果租船人没有按上面的规定和要求安排投保上述保险中的任何一种，船东应通知租船人，租船人应在 7 个连续日内改正上述情况；如果租船人没有改正，船东有权从租船人处撤回船舶，这不影响船东对租船人的其他索赔要求。根据光租合同第二部分第 9 条（b）款规定：租金应于每个月的第一天用现金不打折扣预付；根据光租合同第二部分第 9 条（e）款规定：如拖欠租金超过 7 个连续日，船东有权从租船人处撤回船舶，不需要提出抗议书。根据上述分析我们知道，船东在承租方不履约的情况下是有权撤船的。

通过以上分析，进一步明确了在光船租船合同项下，关于租金的支付、保险的投保和承租人其他义务履行的重要性。如果承租人不履行相关义务，出租人将保留撤船的权利。

3.3.3　租船运输的业务程序

船东和租船人通过经纪人洽谈租船交易，从租船人提出租船要求到最终与船东拍板成交，签署合同需要一个过程，常见的程序包括业务磋商和合同签署两个环节（如图 3-2 所示）。

1）业务磋商

（1）询价

租船人根据货物运输的需要或对船舶的特殊要求，将基本租船要求和货物信息用传真或电传通过经纪人传送到租船市场上，寻找合适的船东，并要求感兴趣的船东答复能否提供合适船舶以及报价。

业务磋商 合同签署

```
┌──────────────┐              ┌──────────────┐
│   询价       │              │  编制租船合同 │
├──────────────┤              ├──────────────┤
│   报价       │   ──────►    │  审核租船合同 │
├──────────────┤              ├──────────────┤
│   还价       │              │  签署租船合同 │
├──────────────┤              └──────────────┘
│接受及编制确认书│
└──────────────┘
```

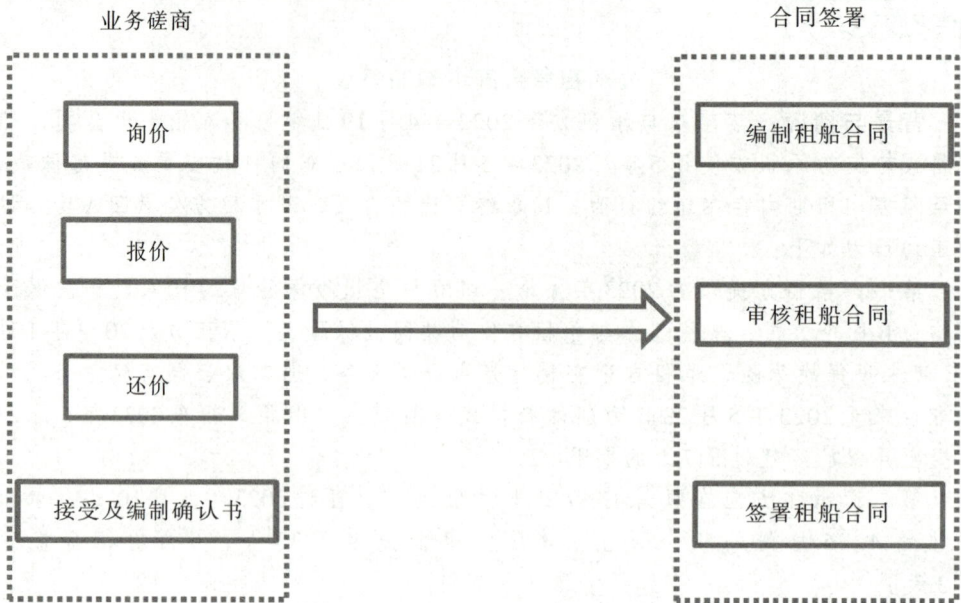

图3-2　租船运输的业务程序图

（2）报价

船东收到租船人的询价后，经过估算或对照其他询价条件，认为可以考虑该询价，通过经纪人向租船人报价，报出所能提供的船舶、运费率或租金等条件。

（3）还价

租船人接到船东主要条款的报价后，极少有全部接受报价的情况。经常是接受部分内容，对其他条款提出还价。若租船人对船东报价中的绝大多数条款都不能接受，但仍想与船东谈判，他可以给船东发出这样的还价，"Charterer decline owner's offer and offer firm as follows..."（租船人拒绝船东的报价，并提出实盘如下……）。若租船人完全不接受船东的报价，想终止谈判，可以这样回答"Charterer decline owner's offer without counter"（租船人毫无还价地拒绝船东报价）。还价时常附有答复期限，如××小时内答复。

（4）接受及编制确认书

船东和租船人经过反复多次还价后，双方对合同主要条款意见一致，租方接受全部主要条款。这时船东根据双方成约的主要条款，编制一份主要条款确认书（Main Term Fixture），即将双方共同承诺的主要条款汇总，发给租船人。由于双方此时只谈妥主要条款，细节还未谈判，因此不论在受盘中还是在订租确认书中都加有"Subject to details"（另定细节）。带有"Subject to details"的受盘在船东和租船人之间是否已构成有效合同，美国法和英国法对此的规定有所不同。在谈判过程中，受盘方接受报价时会附带某些条件，这也许是受盘方还受到某些因素的制约，不得不在接受报价时附带条件，亦有可能是给自己保留余地，不敲定合同，进一步观察行情后再定，这带有取巧色彩。这种附带条件的受盘并不构成真正的受盘，实质上属于还价或称还盘。受盘必须是没有任何附带条件接受对方发盘的全部内容。一些附带条件可能对方无法接受，若提出附带条件的一方不能在规定期限内放弃这些条件，另一方可以终止谈判，不受任何约束。

2）编制、审核、签署租船合同

租约谈妥后，船东或者船东经纪人按照已达成协议的内容编制正式的租船合同，并送交租船人审核，若租船人发现与原协议内容有不符的地方，应及时向船东提出异议，要求改正。如果租船人对编制的合同没有异议，就可以签字。有些航次租约下的装货日期较近，往往还未编制和让双方签署正式租约，船舶就已在装货港开始装货。因此，船公司管理人员和船长仅凭订租确认书的内容履约也是常见的情况。

3.3.4　航次租船合同

1）航次租船合同的定义和种类

航次租船合同（Voyage Charter）是指货主或货运代理人以承租人的身份向船舶所有人租用船舶或舱位运输约定货物，明确船舶提供、货运条件、要求以及运费支付，规定当事人双方权利、义务与责任的书面契约。

实际业务中使用较多的航次租船合同格式有：①统一杂货租船合同（Uniform General Charter，GENCON），租约代号"金康"；②谷物泊位租船合同（Berth Grain Charter Party），简称"巴尔的摩 C 式"（Baltimore Form C）；③北美谷物航次租船合同，1989 年修订（North American Grain Charter Party，1973，Amended 1989），简称"NORGRAIN"，是专用于美国与加拿大出口谷物的航次租船合同格式；④澳大利亚谷物租船合同（Australian Grain Charter Party），简称"AUSTRAL"，该合同格式主要用于从澳大利亚到世界各地进行谷物整船运输的航次租船活动；⑤斯堪的纳维亚航次租船合同 1956 年（Scandinavian Voyage Charter Party 1956），简称"SCANCON"，是波罗的海国际航运公会于 1956 年制定并经 1962 年修改的用于斯堪的纳维亚地区的杂货航次租船合同格式；⑥美国威尔士煤炭合同（American Walsh Coal Charter Party），它是美国船舶经纪人和代理人协会于 1953 年制定的专门用于煤炭的航次租船合同格式；⑦普尔煤炭航次租船合同（Coal Voyage Charter Party），简称"POLCOALVOY"，是波罗的海国际航运公会于 1971 年制定，经 1978 年修订的用于煤炭的航次租船合同格式；⑧北美化肥航次租船合同（North American Fertilizer Charter Party，1978），简称"FERTIVOY"，是波罗的海国际航运公会和国际航运委员会于 1978 年制定的用于化肥的航次租船合同格式；⑨ C（矿石）7 租船合同（C<ORE>7 Mediterranean Iron Ore Form Charter Party），是英国政府在第一次世界大战期间制定的用于进口铁矿石的航次租船合同格式。

2）航次租船合同的主要内容及注意事项

航次租船合同的主要内容与注意事项有：

（1）合同当事人

合同当事人，即履行租船合同约定事项并承担责任的人，一般是作为承租人的货主和船舶出租人的船东。租船合同需详细列明当事人的名称、住址或主要营业场所地址、电话号码等。但需注意，签署合同的人，必须是具有合法身份和法人资格的人，或经合法授权的人。

（2）与船舶相关的事项

船名须在合同中指定。船舶所有人只能派遣合同中被指定的船舶，非经承租人同意无权更换已指定船舶。但为确保提供船舶，合同中规定指定船的同时可规定替代船。若因某些原因，签约时无法在合同中确定船名，经双方同意可采用"船舶待指定"（Vessel to Be Named）的做法。船舶所有人在履行航次租船货运合同前的适当时间，须将已确定的具体船名通知承租人。但派遣船舶的条件、性质和技术规范等，应在合同中规定。待指定船舶一旦被指定，就成为指定船，根据指定船的要求实施对船舶所有人和承租人的约束。

船籍是合同中重要的内容之一。出租人在合同履约期间，擅自变更船舶国籍或变换船旗，即构成违约，承租人有权解约和提出因此遭受损失的索赔。

船级（Classification of Vessel）是船舶技术与性能状况的反映。合同要求船级在于保证船舶的适航性和适货性，若违反有关约定，租船合同就有可能被当事一方解除。载货吨和容积与船舶大小、装载货物的数量有着密切的关系，也与港口费用、运河通行费等有关。合同通常载明船舶实际能装载货物的数字。

船舶位置（Present Position）是指签约时船舶所有人在合同中提供船舶所处的位置和状况说明。船舶所处位置和状况，关系到船舶能否按合同规定的期限到达装货港，关系到承租人备货和货物出运安排。合同中正确地记载船舶的位置和状况是船舶出租人的一项义务。

（3）租船合同中约定的货物

合同可以约定某一种货物，也可以约定几种货物或某一类货物，供承租人根据贸易要求进行选择。船长有权拒绝受载不符合合同约定的货物，并要求承租人赔偿损失。承租人应在合同约定时间在装货港备妥货物，否则要承担违约责任。但若承租人已备妥货物但装货作业受到阻碍，且这种阻碍属于承租人负责范围外的原因所致，则承租人可免除违约责任。承租人负责装货作业，包括货物从码头或堆场运至船边（班轮条款情况下），或装至货舱（承租人负责装货情况下）的整个过程。关于货物数量，合同有具体约定。船舶出租人通常要求承租人提供满舱满载（Full and Complete）货物。如货物是重货，要求承租人提供的货物数量应达到船舶的载重能力，即船舶吃水量达到允许的最大限度；如货物是轻泡货，要求承运人提供的货物应达到满舱。

（4）装货港与目的港

装货港与目的港通常由承租人按规定确定或选择。承租人可以明确、具体地指定一个装货港和一个卸货港，也可以规定某个特定区域内的一个安全装货港和安全卸货港，或规定某个特定的装卸泊位或地点。如果合同规定装货港或卸货港是两个或两个以上的港口，则合同应明确挂靠的顺序；否则，船长则按地理位置的顺序（In Geographical Rotation）安排船舶挂靠作业。如果合同规定几个港口供卸货选择，承租人负有宣布卸货港的责任，并有责任在合同规定的时间内或船舶驶经某地点时向船舶出租人发出"宣港"通知。合同规定承租人指定的港口或泊位必须是安全的。所谓安全，是指一个港口或泊位能使船舶在抵达、进港、在港停泊、装卸和离港的整个期间，未出现某些非常事件的情况下，不会处于运用良好的航海技术和船艺仍不能避免的危险中。另外，合同中还有有关附近港条款。航次租船合同指定的港口或由承租人按规定"宣港"的港口称为"契约港口"（Contract Port），船舶出租人有义务在约定时间将船舶驶往"契约港口"。但是，如果船舶接近或抵达该港口之前，因战争等原因使港口被封锁、封闭或港口航道堵塞而阻碍或延误船舶的正常航行，船舶所有人有权根据合同中的"附近港条款"（The Near Port Clause），将船舶驶往"附近港口或地点"装卸货物。

（5）受载期（Layday）和解约日（Cancelling Date）

受载期是指所租船舶到达指定装货港或地点并已做好装货准备，随时接受货物装船的期限。合同受载期可以具体定在某一天，但习惯上规定为一段期限，如10~15天，以适应海上船舶航行和货运活动的实际情况与要求。**解约日**是指指定船舶未能在受载期限抵达指定装货港或地点，按合同规定承租人行使解除与出租人合同关系的日期。解约日通常定在受载期限的最后一天。如果船舶在合同规定的受载期限与解约日之间到达装货港或地点，并做好装货准备，承租人对船舶未能在受载期限抵达装货港的这种违约行为可请求损害赔偿，但一般不予解除合同。若合同未对解约日进行规定，实务中通常以受载期的最后一天作为解约日。如果船舶未能在规定的受载期和解约日到达装货港，那么货物因此需要仓储、驳运等为准备装货而发生的费用，以及因货物不能及时出运而影响市场销售、违反买卖合同而产生贸易责任的赔偿损失，应由违反租船合同约定的出租人承担，承租人可根据出租人违约的严重程度决定是否行使解除合同和/或索赔的权利。但气象、不可抗力或合同中明确规定的原因致使船舶不能在解约日前抵达装货港时，承租人即使解除合同，也不能向船舶出租人提出赔偿损失的要求。如果船舶在规定的受载期限之前到达装货港，承租人在即刻安排货物出厂、进仓、装船等方面可能会发生困难。因此，航次租船合同在约定受载期的同时，一般还制定"不得提前条款"，即"受载期不得早于某年某月某日"，或者"即使出租人或船长要求，装船不得早于某年某月某日"。也就是说，船舶提前到达装货港，承租人不承担提前装货义务。

同步思考3-2

CIF贸易术语下租船合同的履行

我国A公司与美国B公司按照CIF条件签订出口大米10 000吨的合同，规定装运期为某年6月1日至10日。A公司与C航运公司签订了程租船合同，规定受载期为6月1日至10日。B公司开来信用证的有效期到7月10日，6月6日船抵达受载港，6月10日装船完毕离港。7月1日公司顺利结汇。

问题： A公司为什么能于7月1日顺利结汇？

理解要点：信用证的有效期、程租船受载期的规定、合同相关条款的关联关系。

（6）运费

承租人有义务按合同规定支付运费给船舶出租人作为其提供货运的报酬。运费一般以承运货物的重量吨或容积吨为基础进行计收。有些重量和容积不易准确测定的货物或货价较低的货物，也可以按包干运费（Lump Sum Freight）计收整船或整舱或整批货物的运费。按货物重量计收运费的，合同应明确是按货物装入量还是卸出量计收。对于预付运费，实务中通常要求承租人在签发提单时或装完货物即行支付，也可装妥货后预付总运费的90%，其余用作速遣费或垫付款；对于到付运费，一般在卸货前或办理提货手续时要求收货人连同其他相关费用一起付清。但也有规定，到付运费条件下出租人可以要求承租人先预付一部分，如总运费的1/3，用以支付港口费、燃料费、船员费等经常性开支。关于运费，合同一般还约定，不论船舶或货物在运输过程中是否发生损坏、灭失等，都不予减付或退还。有的合同载明，由于某些原因，如冰冻、罢工等不属于船舶出租人责任的，货物不能在原定卸货港交付而需驶往附近安全港卸货时，出租人仍有权获得原约定的相同运费。当约定支付包干运费时，不论承租人实际提供货物是否满船或满舱，都需按原约定支付足额运费。承租人支付包干运费，有权享用全部约定舱位或装载约定数量的货物；否则，承租人有权在约定的包干运费中扣除相应的不足部分运费。

（7）装卸费用

装卸费用是指将货物从岸边（或驳船）装入船舱内和将货物从船舱内卸至岸边（或驳船）的费用。航次租船，货物装卸责任及费用由当事人之间洽定，承租人在装货港负责将货物送至船舶吊钩下，在卸货港船舶吊钩下提取货物。Free in（F.I.），是指装货港由承租人负责安排工班进行装货作业并负担装货费用，即舱内收货条款；Free out（F.O.）是指卸货港由承租人负责安排工班进行卸货作业并负担卸货费用，即舱内交货条款；Free in and out（F.I.O.），是指装货港和卸货港都由承租人负责安排工班进行装货和卸货作业并负担货物装卸费用，即舱内收货和交货条款；在F.I.、F.O.和F.I.O.条件下，还应明确舱内作业及费用的责任归属。Free in and out，Stowed and Trimmed（F.I.O.S.T.），是指承租人负责安排工班、装卸和舱内作业，负担相关费用。运输大件货物时，合同常采用F.I.O.S.Lashed条款，它是指承租人负责工班、装卸作业、货物绑扎及材料，以及相关费用。

（8）装卸时间

装卸时间是指合同双方当事人约定的，出租人使船舶适于和有效进行装/卸货物、在运费之外不支付附加费的时间。装卸时间期限，是指从船舶进入装/卸期起算直至终止的整个时间，它不是仅用于装/卸货物的时间。航次租船合同下，承租人有义务在规定的装/卸时间内完成货物装/卸事宜。常见的装卸时间的确定和表示方法有：合同规定具体的装/卸日数；约定平均每天装卸效率，计算装卸日数；不规定具体的装/卸时间，使用某些术语约定和计算装卸时间。

装卸时间起算，通常为承租人或其代理人收到来自船长或出租人的代理人递交的"装卸准备就绪通知书"（Notice of Readiness，N/R）后，经过一定时间开始起算，具体视合同约定。装卸时间起算并非以船舶实际开始装/卸货物时间为准，即一旦进入合同规定的起算时间，尽管船舶这时仍然处于等泊状态，装卸时间依然开始起算，且等泊时间亦应计入装卸时间。船舶进入合同规定的装卸时间，时间损失的风险责任即转移到承租人一边。船长或出租人递交 N/R，必须满足两个条件：船舶到达合同指定的装/卸地点和船舶在各方面已做好装/卸货物的准备。所谓装卸地点，通常是指合同约定的安全港口或安全泊位。在港口租船合同中所谓到达（Arrived），是指船舶一经到达合同约定的港口，不论是否已靠泊，都视为船舶已经到达合同约定的地点。这里的"港口"，实践中通常理解为能接受大多数船舶从事装/卸货物、接受港口当局权限管理和承租人有效支配的港口商业区域，不论港内还是港外、浮筒和锚地。所谓"各个方面已做好准备"，是指船舶已按所在港法规的要求办理和通过边检、港监、卫检、海关等进港查验手续；根据货运的要求，船舶货舱已经清洁、干燥、无异味、无虫鼠害，并检验合格、取得证书；船舶装卸机械、各个货舱以及与货运有关的设施、设备已处于随时供用状态；船上人员工作安排已经到位，具备装卸货物的条件。

装卸时间中断，时间损失责任由责任人承担。国际惯例和合同一般规定承租人不负责或免责的主要是：租船合同订明不计算装卸时间的，如除外时间、承租有无法预测和控制的事件、船方原因等，这些导致货物装卸中断的时间不计算装卸时间，一般地，装卸时间免责事项越多，对承租人越有利，但承租人不能依靠免责条款保护自己，即明知道某种事情肯定会发生仍在合同中写入予以免责；免责事项与船舶不能作业的损失时间只属间接因果关系；免责事项是承租人能控制的；承租人行为过失引起免责事项的发生。装卸时间的计算，航次租船合同中一般没做明确规定，但习惯上以货物装完或卸完的时间作为装卸时间的止算时间。

装卸时间的使用与计算方式，会直接影响滞期和速遣时间的计算及其结果。实务中，由合同双方洽商应采用的方式。一般有以下 5 种：

① 按装卸港分别使用与计算（Separate Calculation）。这种方式下，将事先商定的装卸时间日数与实际使用装卸日数分别比较后算出装货港和卸货港的滞期或速遣时间。若合同装货港超过一个，可以按各港分别计算实际装货时间并加总得出总装货时间日数，与合同装货时间日数比较后算出滞期或速遣时间。卸货港与装货港的计算方法相同。

② 共用装卸时间（Laytime All Purposes）。这种方式下，合同中商定一个装卸港进行货物装卸的总的时间日数或合计时间，然后计算装货港与卸货港实际使用时间，相加后得出实际总装卸时间日数，与合同总装卸时间日数相比较，超出为滞期。按照"一旦滞期，永远滞期"的原则，当船舶到达卸货港后立即连续计算滞期时间，承租人将丧失享受在卸货港包括"通知时间"在内的除外的时间不计入装卸时间的权利。

③ 装卸时间抵算（Reversible Laytime），又称"装卸时间调剂使用"。这种方式下，在合同中分别规定装货港和卸货港装/卸时间日数，承租人在装货港完成装货后将实际装货时间日数与合同装货时间日数比较，并把结果（滞期时间和速遣时间）计入卸货时间（这时卸货港可用时间可能减少或增加）。当船舶在卸货港完成卸货后，根据实际卸货时间与卸货港可用时间（这时，卸货港可用时间是合同卸货时间加上装货港的速遣时间或减去装货港的滞期时间）比较，以最终算出该航次租船是滞期还是速遣。

④ 装卸时间平衡计算（Average Laytime）。这种方式，首先分别计算出装货港和卸货港实际装/卸时间与合同约定装/卸时间之间的差数（即余日），然后，对两者差数进行平衡，以最终确定该航次装卸时间是滞期还是速遣。

⑤ 装卸时间事实记录和装/卸时间表。装卸时间事实记录（Laytime Statement of Facts）是一份记录船舶从到达、等待、被引领入港的地点时起，到船舶装货或卸货完毕时止的时间内所处的状态以及各项工作的起止日、时和各种待时的起止日、时的书面记录文件。

装/卸时间表（Time Sheet），又称速遣费/滞期费计算单。这是根据装/卸时间事实记录具体计算装货港和卸货港实际用于装/卸的时间，以及滞期或速遣时间的表格文件。它将装/卸时间事实记录中原来以起、止日、时表示的各项作业或待时的时间，按照租船合同中规定含义的"日"及装/卸时间起算和止算时间的规定，扣除不折算成用日、时、分表示的可用时间、实用时间，并将可用时间同实用时间的差数记入滞期或速遣时间栏，以便计算最终的滞期费或速遣费。

滞期是指非船方责任，承租人未在合同约定时间完成装货或卸货而需要额外增加的时间。船舶滞留在港造成合同另一方的出租人权益损害，承租人依据合同规定需做出相应赔偿所支付的款项，称为滞期费（Demurrage）。承租人向出租人支付滞期费的数额，按滞期时间和合同约定的滞期费率计算，它不包括船舶滞留实际遭受的损失超过约定计收滞期费的金额。

速遣（Dispatch）是指货物实际装/卸完成提前于合同约定的装卸时间，所提前的时间称速遣时间（Dispatch Time）。船舶提前完成货物装/卸，船东可节省装卸时间和增加船期机会收入，因此，船东一般会向承租人支付一笔相应费用，即速遣费（Dispatch Money）。实践中，该速遣费可被认为是作为出租人的船东对承租人的一种奖励或运费回扣（Rebate of Freight）。

同步计算3-1

滞期与速遣的计算

大连欣荣货运代理公司托运玉米 14 000 吨，租用一艘程租船装运，租船合同中有关的装运条件如下：

A. 每个晴天工作日（24 小时）装货定额为 700 吨，星期日和节假日除外，如果使用了，按半数时间计入。

B. 星期日和节假日前一日 18 时以后至星期日和节假日后一日的 8 时以前为假

日时间。

C.滞期费和速遣费每天（24小时）均为USD 1 500。

D.凡上午接受船长递交的"装卸准备就绪通知书"，装卸时间从当日14时起算；凡下午接受通知书，装卸时间从次日8时起算。

E.如有速遣费发生，按"节省全部工作时间"计算。装货记录见表3-4。

表3-4　　　　　　　　　　　　　　装货记录

日期	星期	说明	备注
4月27日	三	上午8时接受船长递交的通知书	
4月28日	四	0~24时	下雨停工2小时
4月29日	五	0~24时	
4月30日	六	0~24时	18时以后下雨停工2小时
5月1日	日	0~24时	节假日
5月2日	一	0~24时	节假日
5月3日	二	0~24时	节假日
5月4日	三	0~24时	8时以前下雨停工4小时
5月5日	四	0~14时	

问题：根据以上已知条件计算滞期费或速遣费。

解：第一步，计算使用时间：

4月27日（星期三）为：10小时（当日14时至24时）

4月28日（星期四）为：24-2=22（小时）

4月29日（星期五）为：24小时

4月30日（星期六）为：18+（6-2）×1/2=20（小时）

5月1日（星期日）为：24×1/2=12（小时）

5月2日（星期一）为：24×1/2=12（小时）

5月3日（星期二）为：24×1/2=12（小时）

5月4日（星期三）为：（24-8）+（8-4）×1/2=18（小时）

5月5日（星期四）为：14小时

合计：144小时÷24=6（天）

第二步，计算允许装卸时间：

14 000÷700=20（天）

第三步，计算非工作时间：

4月30日的非工作时间为：（6-2）×1/2=2（小时）

5月1日的非工作时间为：12小时

5月2日的非工作时间为：12小时

5月3日的非工作时间为：12小时

5月4日的非工作时间为：（8-4）×1/2=2（小时）

合计：40小时÷24=1.67（天）

第四步，计算滞期费或速遣费：

由于7.67天小于20天，所以应计算速遣费。

速遣费=USD 1 500×（20-7.67）=USD18 495

（9）出租人的责任与免责

在租船合同中根据租约自愿的原则，由合同双方洽商确定。一些格式合同对船东的责任约束一般比较宽松。如"金康"格式合同指出，船舶出租人仅对因出租人或其经理本人的行为或不履行职责使货物灭失、损坏或延误交付负责。另外，对因包括船长、船员以及其他雇员在内的作业和管理货物过程中出现过失使货物灭失、损坏和延误交付不负责任。因此，采用类似"金康"格式合同时，承租人应注意这类条款，并可将类似除外责任或免责条款删去，另加双方能接受的条款，或附加一项条款，以规定出租人的责任和免责事项。

（10）关于代理人

在租船合同中主要约定代理人的委托和代办船舶在港业务事宜。当事人争取和指定船舶代理人，目的是维护自己的利益。"金康"格式合同规定："任何情况下，由船舶所有人指定自己在装货港和卸货港的代理人。"但承租人也常要求由其指定代理人、安排船舶港口业务，并以此从船舶出租人处争取一些运费回扣。

（11）关于佣金

当租船经纪人介入租船合同业务时，按常规由船舶出租人支付佣金给经纪人，并在合同中予以规定。佣金一般按运费的百分比计付。连续航次租船情况下，佣金通常在收取运费后支付。有的合同规定，不论合同是否履行，也不论船舶是否灭失，均须支付佣金。"金康"合同规定："未履行合同时，为补偿通信费用和所做的工作，当事责任方须按估算运费总额向经纪人支付佣金的1/3。"

（12）船舶绕航条款

格式合同一般规定："船舶可自由地为任何目的并以任何顺序挂靠任何港口……"从字面上看这一规定，船舶可随意驶离合同规定的或通常习惯的航线。但是，从客观实际和维护当事人合法利益的角度出发，司法实践中各国法院对此会作限制性解释，认为船舶只能挂靠合同规定的或通常挂靠的港口，并且，一般以地理顺序挂靠，船舶根据此条款所做的绕航，不能与合同的目的地相抵触。运输合同若没做特别规定，则应走通常的航线。所谓通常的航线，即直接的地理航线，根据习惯拟定，它需考虑航行的安全性。

（13）货物留置权

货物留置权，是指租船货运情况下，当出租人不能从承租人处获得运费、空舱费、滞期费、共同海损分担额和与货物相关的运输费用时，按合同规定扣留货物乃至将货物拍卖的权利。租船合同通常要求承租人对发生于装货港和卸货港的出租人的货物留置请求承担责任。

（14）承租人免责条款

货物装船并支付预付运费、亏舱费和装货港的船舶滞期费后，承租人可免除进一步履行租船合同的责任。承租人免责条款主要针对出租人在目的港有关货物的留置权。因在 CIF 或 CFR 等价格条件下，承租人无法控制船舶挂靠卸货港和作业情况，以及收货人和提单持有人等的行为。

（15）共同海损

对于共同海损，租船合同一般规定用 1974 年《约克-安特卫普规则》进行处理。在我国，中国国际贸易促进委员会制定共同海损理算规则，即《北京理算规则》作为当事人洽谈租船合同时处理共同海损的参照文本。

（16）罢工和战争条款

罢工条款是船舶出租人为了在港口发生罢工或停工时免于对造成的后果负责，而在租船合同中列明的条款。该条款对罢工期间的装卸时间和滞期费的计算、解除合同的选择权，以及因罢工和停工而使装货或卸货受阻时对已装或未装的部分货物的处理等做出了明确的规定。

战争条款的目的是明确发生战争时，如何处理合同当事人之间的关系，规定船舶装货前、装货中和装货后遭遇战争风险，出租人可以采取的措施与行为等。

（17）冰冻条款

冰冻条款是当船舶在港口因港口冰冻而使货物装卸受阻时，就合同履行将受到的影响做出的相应规定。其内容要点是：装货港冰冻时，租船合同无效，对已装船的部分货物，船舶出租人应负责转运至目的地；卸货港冰冻时，承租人可以选择支付滞期费，使船舶等待至港口解冻后进港卸货，或指令到其他安全的代替港口卸货。

3）航次租船合同的订立与履行

订立与履行航次租船合同的主要工作包括以下 4 项：

（1）询盘的选择。船舶出租人通常在本航次最后卸货港或距离航次结束大约两星期前寻找下一租约。货主或其代理人承租船舶，应提前了解、掌握货物准备情况，通过各种信息渠道掌握本区域范围内可提供的船舶运力，包括船舶种类、吨位、载货与营运性能、现在的位置、动态与状态、租约情况以及现有的市场行情等，以决定是否接洽或与谁接洽。船舶出租人或者经纪人有可能同时得到询盘，这时，经过比较会舍弃货物未备妥者或过高货运要求者或与自己的经营目标不一致的询价个案。

（2）航次租船洽谈。实践中常委托租船经纪人进行航次租船洽谈。经纪人为保障自己的利益，在接受委托与洽谈期间一般不会透露下家或上家的有关情况、提供有关资料给对方，当洽谈进入签约阶段时，才会告知委托方有关上家或下家的名字等。洽谈的第一阶段，主要围绕货物种类、数量、装运港与目的港、出运时间，是否有合适船舶或舱位，以及船舶能否在指定时间抵达装运港等基本意向进行。此外，还要洽谈运价、装卸效率与装卸费、滞期费与速遣费、佣金等相关性费用（运价讨价还价的范围一般在 30% 左右，否则洽谈可能难以继续）以及租船合同格式的使用等。第二阶段，围绕租船合同格式内容进行增减和修改，以适合该航次的特殊要求——"金康"格式，在每行文字旁都标有行数，以方便增删并通知对方。第三阶段，签署合同。前两个阶段可能是背靠背的洽谈，而第三阶段则通常是面对面洽谈，即合同各方已知道对方是谁。

（3）合同的签署。合同一旦签署，双方都有履行义务的责任。作为货运代理人，事先应充分了解船舶出租及船舶经营等的基本情况、租约格式和内涵，事后应信守承诺。同时，应关注船舶出租人的行为与船舶动态，关注货物的交付、装卸及运输的整个过程，直至运抵目的港和收货人完成提货事项，要防范合同风险和货运风险。

（4）航次租船合同纠纷。航次租船活动常见的合同纠纷及原因，主要表现为：合同要求承租人指定安全港口或泊位，但承租人可能不熟悉装货港或卸货港的环境和特殊情况，使合同船舶装卸过程发生"坐底"或其他损坏事件，引致纠纷。

同步案例3-3

航次租船合同纠纷

背景与情境： 2022 年 10 月 29 日，承租双方通过传真方式传递了由船方提供的"航次租船合同确认书"（以下简称"租船确认书"），租船确认书中甲方为承租方，乙方为船方。该租船确认书的最后盖有船方租船部的合同专用章，并有船方工作人员的签字，同时还并列盖有承租方合同专用章及承租方工作人员的签字。另有一手写条款，盖有船方租船部的合同专用章，条款载明"备注：如甲方单方面撕毁合同，将承担 100% 的运费"字样。

承租方工作人员对租船确认书上船舶到港时间不明、合同项下注明可能采用替代船等条款不满，次日与船方进行交涉。然而，承租方被告知，船方已在承租方确认订舱后当即以传真方式向合同外第三方大连某国际物流有限公司青岛分公司（以下简称"大连公司"）订舱。双方当事人为合同订立一事发生争执，主要争议焦点是传真形式订立的租船确认书是否有效。

承租方称，盖章以后，直至 11 月 3 日承租方都未看到盖有双方公章、代表签名及新增备注的载于传真件上的租船确认书。同年 11 月 4 日，承租方向船方发出短函，函件载明"我们决定终止此前与贵公司 2022 年 10 月 29 日草签的合同，同时宣布贵公司与船务代理公司签订的订舱协议无效"，函件上盖有承租方销售部的公章。承租方据此认为，己方最迟于同年 11 月 4 日已经书面通知船方终止了草签的合同。

经查，合同通过传真签订后，船方第三方大连公司也通过传真订立了航次租船合同确认书，为货物出运安排船舶。因承租方于 2022 年 11 月 4 日单方面告知船方取消合同，并未向船方及其租船上家交付货物，而是通过其他途径将货出运，从而导致船方对其上家大连公司违约。船方需赔偿因违约造成大连公司的经济损失。

船方请求本案仲裁庭依据涉案租船确认书第六条第二款"如因甲方原因导致货物全部或部分取消出运，甲方应赔偿乙方取消货物所导致的实际损失"的约定裁决：承租方向船方支付实际损失及利息。

问题： 船方的相关损失应该由谁赔偿？

分析提示： 根据《中华人民共和国民法典》规定，当事人一方不履行合同义务或者履行合同义务不符合约定的，应当承担继续履行、采取补救措施或者赔偿损失等违约责任。本案例中，船方其他损失即应确认为其向其他合同相关人大连公司已支付的违约赔偿应该由承租方承担。

（资料来源　无忧考网. "富瀚口"轮航次租船合同争议案［EB/OL］.［2023-10-23］. https://www.51test.net/show/999660.html. 引文经节选、整理与改编.）

3.3.5　定期租船合同

1）定期租船合同的定义和格式

（1）定期租船合同的定义

定期租船合同是指船舶出租人向承租人提供约定的由出租人配备船员的船舶，由承租人在约定的期间内按照约定的用途使用，并支付租金的合同。

（2）定期租船合同的格式

巴尔的摩统一定期租船合同（BALTIME 1939—Uniform Time Charter），由波罗的海国际航运公会于 1909 年制定，现在使用的是 1947 年的范本，条款偏向船东。

纽约土产交易所定期租船合同（New York Produce Exchange Time Charter, NYPE），大多数人认为 NYPE 对租船人和船东双方的权利和义务订得较为合理，并没有偏袒任何一方。

中国定期租船合同标准格式（China National Chartering Corporation Time Charter Party），是中国租船公司于 1980 年制定、专供中租使用的自备范本。该范本现已为船东所熟悉、接受和使用。此范本条款对承租人较有利。

2）定期租船合同的主要内容和注意事项

定期租船方式下，船舶出租人提供指定船舶在约定的期限内供承租人使用、调派，与船舶相关的事宜，双方的权利、义务与责任在合同中有比较具体、详细的规定。签署与履行合同时应注意以下事项：

（1）船舶

船舶是合同的重要项目。承租人应根据船舶使用范围与航线要求，寻找合适国籍的船舶并在合同中加以指定。一旦船舶被指定，出租人提供非指定船舶，即使是姐妹船，或交船时的级别与合同订明的不一致，承租人也有权拒绝接受。指定船舶在租期开始前或租期内灭失，合同即告终止。

船舶吨位、载重量和容积等直接关系到承租人运载货物和进出港口及费用开支。如果合同在这些事项前冠以"大约"一词，则允许有一定百分比的差异。船舶租用后，发现"差异"超出合同约定，承租人有权向出租人要求降低租金或解约。

船速和燃油消耗是租赁船舶易产生纠纷的方面。如果船舶实际航行时没有达到合同规定的速度，或租期内每天燃油实际消耗量超过合同规定，承租人有权向出租人就减速或燃油超量部分损失提出索赔。如果影响船速，甚至损坏船舶机械等是由于租期内实际使用的燃油质量与合同规定不一致而导致的，则承租人需承担责任。

（2）船舶使用范围与航区

通常规定承租人应保证船舶用于运输约定的合法货物，但一般不规定具体货名。所谓"合法"，即要求所装运的货物符合装货港、卸货港、中途挂靠港所在地法律，船旗国法律，或合同所适用的其他法律。就航区而言，通常规定承租人应当保证船舶在约定航区内的安全港口或地点之间从事约定的海上运输。有的合同特别订明承租人不能指示船舶前往如战区、冰冻区、传染病流行地区、与船旗国处于敌对状态的国家或地区、冬季北半球高纬度地区等；否则，船长有权拒绝承租人的指示，除非事前征得出租人的同意。

（3）租期

租期是指合同双方约定租用船舶的期限。租期的长短一般视承租人对船舶的需求以及市场行情的发展趋势而定，从几个月到几年不等，以月或年表示，也有规定上下限的。租期的计算单位有天、月和年。月有日历月和每30天为一个月两种。租期通常从交船时起算。

（4）交船、还船、转租与停租

交船是指船舶出租人按合同规定将船舶交给承租人使用。交船有期限、地点、船舶状态等规定与要求。交船期限的最后一天一般为解约日，如果出租人未能在这一日之前将船舶按约定条件交与承租人，承租人有权解除合同。《中华人民共和国海商法》（以下简称《海商法》）第一百三十一条规定：出租人应当按照合同约定的时间交付船舶。出租人违反前款规定的，承租人有权解除合同。另外还规定：出租人将船舶延误情况和船舶预期抵达交船港的日期通知承租人的，承租人应当自接到通知时起48小时内，将解除合同或者继续租用船舶的决定通知出租人。因出租人过失延误提供船舶致使承租人遭受损失的，出租人应当负赔偿责任。交船地点一般规定为某一具体港口。

还船是指承租人按合同规定于租期届满时，将原船按与交船时相同的良好状态还给船东。完成最后航次的日期约为合同约定的还船日期，但可能超过合同约定的还船日期的，承租人有权超期用船以完成该航次。超期期间，承租人应按合同约定的租金率支付租金；市场租金率高于合同约定租金率的，承租人应按市场租金率支付租金。若承租人在剩余的时期内安排一个即使非常顺利也无法准时还船的航次，则该航次一般被认为是不合法的。这时，除按合同租金率和市场租金率两者中的高者支付超期天数租金外，承租人应赔偿出租人所遭受的损失。

转租是指承租人根据需要可以把船舶转租给另一租船人。转租时，原承租人以二船东的身份与第三方签订租船合同，但原承租人仍负有原租船合同规定的义务与责任，并按原租船合同履行。承租人转租船舶时，应将转租情况及时通知出租人。与转租承运人订立转租合同时，在船舶航行区域、装运货物的范围等方面，同原租船合同的内容不能相抵触；否则，船长有权拒绝接受转租承运人的指示。

停租是指非承租人的原因，承租人具有因船舶不能按约定使用而停付租金的权利。停租的原因主要有：船员配置数量不足或船员生病等不能工作，或物料不足影响船舶机器正常运转，或影响货物正常积载；船舶故障或需要驶往附近港口进行维修；海损事故等阻碍船舶按合同完成工作。

（5）租金

租金一般按每月每载重吨或每船天计算。具体按日历月还是30天为一个月，视当事人的约定而定。租金一般规定现金预付，每15天或每月按约定日期和方式全额支付。租金一经支付便不能收回。但船舶停租时为出租人垫付的款项，以及向出租人的索赔额，承租人可以从应支付的租金中扣减。若承租人不按合同规定准时全需支付租金，不论其有无过错，出租人均有权撤回船舶并向承租人索赔。承租人需关注包括银行在内的付款的各个环节，及时发现和解决付款过程中发生的问题。特别是航运市场租金上涨时，需防止船东借租金问题撤回船舶。有的合同规定，出租人行使撤船权利，须在合理的时间内向承租人发出撤船通知（Notice of Withdrawal），否则构成撤船权利的放弃。或者，当出租人接受了迟付的租金，也意味着放弃其撤船权利。有的合同规定，承租人未准时和全额支付租金，出租人应书面通知承租人在若干个银行工作日内予以弥补，只有当承租人未及时给予弥补时，出租人才能行使撤船权利。

教学互动 3-2

互动问题：航次租船和定期租船的区别是什么？

要求：同"教学互动 1-1"的"要求"。

3）定期租船合同的订立与履行

（1）定期租船合同的订立

订立合同应注意运用国际惯例、公约及相应的保护性条款，并根据实际情况与需要，选择附加条款以补充格式合同内容的不足。

业务洽谈至合同签署，一般要经过市场调查、洽谈、执行三个阶段。

承租人可运用信息系统和询价的还盘了解市场运力供给情况，并对市场上船舶的适宜性、使用经济性、租金及相关事项进行分析与比较。合同内容及条款细则可经过几轮洽谈完成，由于洽谈合同条款是一项细致的工作，通常选用合同范本并根据当时业务的需要和要求进行增删与修改，直至双方接受与确认。

合同签署后，根据合同规定与要求进行船舶交接及相关事项的准备与履行，包括港口代理人的委托、船舶及其适航性的检验、必要的燃油储备、货运准备、租金支付及账户准备，以及向船长发出航次执行指示等。

货运代理人若参与此项工作，应关注合同洽谈过程和加强业务配合，确保合同的正常履行，维护委托人的权益。

课程思政 3-1

期租船业务案例

背景与情境： 中国香港船东所有的"TO-OUR"号货轮，某次运货到日本大阪，将抵目的港时租船人公司突然宣布破产倒闭（有预谋的），船东再也收不到租金，于是就拒绝驶往大阪并要挟收货人再付运费，否则就将货物卖掉。收货人拒绝再付款，船东果真把船驶往香港，把货卸岸入仓，并已与人洽妥货价，准备把货卖掉。收货人闻讯后立即向香港法庭申请禁令，并向船东提出诉讼要求赔偿一切损失。

问题： 试分析本案例中租船人的做法及其原因。船东能否胜诉？

研判提示： 这类诈骗主要是指国际诈骗犯只要付首期的租金（通常是15天或30天的租金）就可以以期租方式租入船舶，同时自己以二船东的身份（Disponent Owner）以程租船的方式把船转租出去，并要求收货人预付运费，等到货物装妥，船长签发了已付运费的提单后，收到运费的二船东就溜之大吉或突然宣告破产、倒闭，只留下原船东面对提单项下的责任。原船东就成了这类诈骗案的受害方，因为原船东的提单表明他负有不可推卸的承运责任。由于运费已被二船东骗走，在这种情况下，原船东要完成预定的航次，就要付更多的航次费用，如物料、燃油、工资、伙食、卸港费等，而其收到的首期或首二期的租金是显然不足以弥补这类开支的，但由于船东提单的存在，其就必须完成这一承运任务，否则就是违约。船东不能胜诉。

本案例中租船人的行为属于一种恶意的诈骗行为，使船东陷入了两难境地，违反了企业应该遵守的职业道德和伦理规范，扰乱了航运市场。船东应该对承租人进行认真审核，尽量避免此类事件的发生，保护自己的合法权益。

（2）定期租船合同履行过程中应注意的事项

① 船舶所有人任命船长，承租人可以就船舶使用、代理和货运活动做出安排。承租人向船长所发的指示必须符合合同规定，不得带有欺诈性或要求船长运输走私货物等，船长有权拒绝接受承租人的此类指示。船长因服从承租人的指示而造成船舶损害，或使出租人造成其他经济损失，包括对第三者的赔偿责任，由发出指示的承租人负责。

② 出租人提供的船舶在交船时和租期内都应处于可有效使用的状态，否则，出租人应及时采取合理措施予以保证。货物装船、积载、平舱、运输事项和卸船等事务由承租人负责。合同一般规定船长负责监督由承租人雇用的装卸工人进行合理的作业。

③ 承租人可以指示船长按规定签发提单，也可让其货运代理人以船东名义签发提单，所有提单签发不应影响合同的地位。若提单条款与合同内容有冲突，

引发的责任问题及其损失由承租人承担。

④ 承租人或其在港口的代理人在航次开始前应向出租人发出航次指示文件，出租人接到有关指示后应及时通知船长执行航次任务。航行过程中，由于船员的过失或低效率造成船期损失，以及非货物原因而绕航至其他港口造成时间、燃油损失等，承租人有权要求出租人赔偿并在支付租金时减扣。但船舶因恶劣天气而驶至避难港，或在装卸港发生非船舶不适航原因的滞留，有关船期损失与费用一般由承租人负责。

3.4　国际海上货代进口业务流程

采用海运方式进口货物，在国内港口业务操作基本程序如下：

（1）签订委托协议书。委托人和代办人签订"海运进口货物国内代运委托协议书"，作为接交、代运工作中双方划分责任的依据。

（2）寄送货物装船通知及提单。委托人收到国外发货人发出的货物装船通知后，立即转告代办人。同时，国外发货人按贸易合同确定的交货地向货运目的港的对外贸易运输公司发送货物装船通知及提单。

（3）单证递交。委托人通过结汇银行对外付汇、赎单后，在货物到港之前，按照代办人的要求，将代运依据中所提及的一切有关单证送交目的港的对外贸易运输公司。代办人收到委托人提交的单据、证件，于货物抵港后，按海关的规定，办理进口报关、报验手续。

（4）到货通知。在进口货物船舶抵达国内港口联检后 3 日内，代办人港口机构填制海运进口货物到货通知书，寄送给委托人或由委托人指明的收、用货单位。委托人或收、用货单位收到到货通知书后，对该通知书逐项核对，如发现内容有误，用电报通知代办人港口机构纠正。如同一张提单内货物需要分运几个地点，则需告知代办人港口机构，由代办人港口机构根据港口条件酌情受理。

（5）接收货物。代办人港口机构收到委托人或收、用货部门对到货通知的反馈后，根据委托人的授权代办加保手续和选择运输方式。在货物由港口发运后，承运部门发出提货通知（运单）或发货通知书，通知委托人或收、用货单位据以收货。代运货物到达最终目的地时，收、用货单位与承运部门办理交接，查验铅封是否完好，外观有无异状，件数是否相符，是否发生残、短。如发现残、短，收、用货单位须及时向承运部门取得记录，于货到 10 日内，交代办人向责任方办理索赔。如发现代办人错发、错运、溢发等情况，收、用货单位须立即采取措施，妥善保管货物，并及时通知代办人。

同步案例3-4

海运货物进口索赔业务处理

背景与情境： 日本 H 海运公司于某年 5 月 25 日从日本横滨装运 10 辆汽车到上海，货物装船后，船公司签发了没有批注的清洁提单，提单号为 YS-018，船名 "GUANGSU" 0422 航次。该船于 6 月 2 日停靠上海港 A 作业区 5 号泊位。在卸货时，发现其中 5 辆汽车外表损坏，理货公司制作货物残损单，船公司签字确认。收货人上海 B 汽车进出口公司提货时发现车辆受损。后来上海 B 汽车进出口公司对车辆进行修理，费用为 RMB20 000 元，有修理费发票。收货人欲向船公司索赔，但对索赔等事宜不熟悉。

问题：根据本案例实际情况写一封索赔函，应该包括哪些内容？

分析提示：①索赔人的名称；②船名、抵达卸货港日期、装船港及接货地点名称；③货物名称、提单号码等有关情况；④残损情况、数量，并附理货公司残损报告；⑤索赔日期、索赔金额、索赔理由。

3.5 国际海上货代出口业务流程

在办理以海运方式出口货物代理业务时，以 CIF 贸易术语为例，具体的工作程序如下：

1）审核信用证中的装运条款

为使出运工作顺利进行，在收到信用证后，必须审核信用证中有关的装运条款，如装运期、结汇期、装运港、目的港，是否能转运或分批装运以及是否指定船公司、船名、船籍和船级等。合同各方应根据所在国政策、国际惯例、要求是否合理和是否能办到等来考虑是接受还是提出修改要求。

2）备货报验

备货报验就是根据出口成交合同及信用证中有关货物的品种、规格、数量、包装等规定，按时、按质、按量地准备好应交的出口货物，并做好申请报验和领证工作。

3）托运订舱

编制出口托运单后，即可向货运代理办理委托订舱手续。货运代理根据货主的具体要求确定航线后，及时向船公司或其代理订舱。货主也可直接向船公司或其代理订舱。当船公司或其代理签出装货单，订舱工作即告完成，这意味着托运人和承运人之间的运输合同已经缔结。

4）办理保险

订妥舱位后，属卖方投保的，即可办理货物运输险的投保手续。保险金额通常以发票的 CIF 价加成投保（加成数根据买卖双方约定，如未约定，则一般按发票总额的 110% 投保）。

5）货物集港

当船舶到港装货计划确定后，按照港区进货通知并在规定的期限内由托运人办妥集运手续，将出口货物及时运至港区集中，等待装船，做到批次清、件数清、标志清。

6）报关、报检

货物集中到港区后，先报检，后报关。如果货物属于法检商品或者合同中约定需要在装运港进行检验，货主需准备好货物的发票、装箱单等单证交给货运代理公司，进行报检，取得检验证书，再把编制好的出口货物报关单连同装货单、发票、装箱单、商检证、外销合同等有关单证向海关申报出口，经海关关员查验合格放行后方可装船。

课程思政 3-2

倒签提单索赔案

背景与情境： 我国某出口公司先后与伦敦 B 公司和瑞士 S 公司签订两个出售农产品合同，共计 3 500 吨，价值 8.275 万英镑。装运期为当年 12 月至次年 1 月。但由于原定的装货船舶出故障，只能改装另一艘外轮，导致货物到 2 月 11 日才装船完毕。在我公司的请求下，外轮代理公司将提单的日期改为 1 月 31 日，货物到达鹿特丹后，买方对装货日期提出异议，要求我公司提供 1 月份装船证明。我公司坚持提单是正常的，无须提供证明。结果买方聘请律师上货船查阅船长的船行日志，证明提单日期是伪造的，立即凭律师拍摄的证据，向当地法院起诉并由法院发出通知扣留该船。经过 4 个月的协商，我方赔款 2.09 万英镑，买方方肯撤回上诉而结案。

问题：

（1）我公司提供的提单属于什么提单？

（2）本案例给我们带来了什么启示？

研判提示：

（1）倒签提单。

（2）倒签提单是一种违法行为，一旦被识破，产生的后果是严重的。

7）装船工作

在装船前，理货员代表船方，收集经海关放行货物的装货单和收货单，经过整理后，按照积载图和舱单，分批接货装船。装船过程中，托运人委托的货运代理应有人在现场监装，随时掌握装船进度并处理临时发生的问题。装货完毕，理货组长要与船方大副共同签署收货单，交与托运人。理货员如发现某批货有缺陷或包装不良，应在收货单上批注，并由大副签字，以确定船货双方的责任。作为托运人，应尽量争取不在收货单上批注以取得清洁提单。

8）装船完毕

装船完毕，托运人除向收货人发出装船通知外，还可凭收货单向船公司或其代理换取已装船提单，这时运输工作即告一段落。

9）制单结汇

托运人将合同或信用证规定的结汇单证备齐后，在合同或信用证规定的议付有效期限内，向银行交单，办理结汇手续。

同步案例 3-5

海运运费的计算标准

背景与情境： 某出口商以 CFR 成交一批出口货物，货物成交价为 USD 350 000。

该出口商委托甲货运代理人查问这批货物从装货港到卸货港的海运运费。甲货运代理人从乙船公司那里得知运输这批货物按从价运费的方式计收运费，"Ad Val."是0.6%。

问题：

（1）假如你是货运代理人，请告诉该出口商，运输这批货物所需要的海运运费是按照什么标准支付的？

（2）应该支付的运费是多少？

分析提示：

（1）按照货物的FOB价格支付。

（2）海运运费为USD 2 087.48。

3.6 国际海上货物运输运费计算

3.6.1 运价、运费和运价本

1）运价

运价（transport price）是指承、托双方按运输服务的价值确定的交易价格。其表现为运输单位产品的价格，是完成某一计量单位货物运输所收取的运费。海上运输价格，依据运输方式和运输标的的不同，是每运费吨千米价格或每一集装箱的价格或整船的价格。影响运价的主要因素包括：运输成本、运输市场的结构与竞争、货物类型、航线与港口、运输合同条款等。

2）运费

运费（Freight）是托运人或收货人为运输某一票货物而需付出的运输价格或费用，它是运输产品价值的货币表现，是运价与运量的乘积。

运费的计算公式：$F=R×Q$

式中：F为运费；R为运价；Q为运量。

3）运价本

运价本（Freight Tariff），也叫运价表，是船公司承运货物向托运人据以收取运费的费率表的汇总，主要包括条款和规定、商品分类和费率三方面内容。

3.6.2 班轮运费

1）班轮运费的构成

班轮运费（Liner Freight）是班轮公司运输货物而向货主收取的费用。其包括货物的装卸费和货物从装运港至目的港的运输费用及附加费用，由基本运费和附加费两部分组成。

（1）基本运费

基本运费是指每一计费单位（如一运费吨）货物收取的基本运费，包括货物在装运港的装货费用和目的港的卸货费用，以及从装运港到目的港的运输费用。基本运费有等级运价、货种运价、从价运价、特殊运价和均一运价之分。多数航线采用等级费率。

（2）附加费

班轮公司在基本运费之外规定的各种费用，统称为附加费。班轮运费中的附加费用主要有燃油附加费（Bunker Adjustment Factor，BAF）、货币贬值附加费（Devaluation Surcharge or Currency Adjustment Factor，CAF）、转船附加费（Transshipment Surcharge）、直航附加费（Direct Additional）、超重附加费（Heavy Lift Additional）、港口附加费（Port Additional）、港口拥挤附加费（Port Congestion Surcharge）、超长附加费（Over Length Additional）、选择卸货港附加费（Optional Fees or Optional Additional）、变更卸货港附加费（Alteration Surcharge）、绕航附加费（Deviation Surcharge）等。在实践业务中要仔细查看，以防漏计。

问题思维 3-1

疑点：每个航线征收的附加费都是一样的。

释疑提示：例如从广州黄埔港运到日本大阪一票货物，如果我们选 YML 船司，2023 年 8 月 1 日至 10 月 31 日之间，附加费组成如下：AMS 申报费 30 美元/票；文件费 450 元人民币/票；20 英尺普通货柜封条费 30 元人民币；20 英尺普通货柜码头费 822 元人民币。如果我们选 SITC 船司，2023 年 9 月 9 日至 10 月 31 日之间，附加费组成如下：AMS 申报费 30 美元/票；文件费 450 元人民币/票；20 英尺普通货柜封条费 30 元人民币；20 英尺普通货柜码头费 625 元人民币。所以，航线上的船司不同、截关日期不同、开航日期不同、起运时间不同、起运港不同，同一票货物所征收的附加费也是不一样的，每个航线征收的附加费都是一样的说法是错误的。

2）班轮运费的计算标准

班轮运费的计算标准主要有以下 6 种：

① 按货物的毛重计收，在运价表中以字母"W"表示，一般以公吨为计费单位，也有按长吨或短吨计费的，称为重量吨（Weight Ton）。

② 按货物的体积计收，在运价表中以字母"M"表示，一般以 1 立方米为计费单位，也有按 40 立方英尺计费的，称为"尺码吨"。尺码吨与上述重量吨统称运费吨（Freight Ton）。

③ 按货物的价格计收，又称从价运费。在运价表中以"A.V."或"Ad Val"表示，一般按 FOB 货价的一定百分率收费。

④ 按货物的毛重或体积从高计收，在运价表中以"W/M"表示，即凡一重量吨货物的体积超过 1 立方米或 40 立方英尺者按尺码吨计收；不足 1 立方米或 40 立方英尺者按重量吨计收。运价表上还有注明"W/M or A.V."及"W/M plus A.V."字母的，前者表示运费按照货物重量、体积、从价三者中较高的一种计收；后者表示先按货物毛重或体积从高计收后，再加一定百分率的从价运费。

⑤ 按货物的件数计收。如汽车按辆（Unit）、活牲畜按头（Head）计收。

⑥ 临时议定（Open Rate）。其适用于粮食、豆类、煤炭、矿砂等运量较大、

货价较低、装卸速度快的农副产品或矿产品，由货主与船公司临时议定。

3）班轮运费的计算

（1）班轮运费的计算步骤

① 先根据货物的英文名称，按英文字母顺序在货物分级表中查出该货物应属等级和计费标准。

② 在航线费率表中查出基本费率以及所经航线和港口的有关附加费率。

③ 基本费率和附加费率之和即为该货物每一运费吨的单位运价，再乘以该批货物的计费重量或体积尺码即为运费总额。

在国际货物运输中经常出现货物混装的情况，在班轮运费的计算中，按如下要求进行计算：①不同商品混装在一个包装内，此包装内货物要按其中收费高的商品计收运费；②同一种货物因包装不同而计费标准不同，则货物均要按运价高的包装计收运费；③同一提单上有两种以上不同计价标准的货物，托运时未分列货物名称和数量的，计费标准和运价按高者计算；④从价计费的货物，按运价表规定的百分比率乘以该批货物的FOB总值即得运费总额；⑤采用临时议定运价的货物，按货主与船公司的议定费率计收运费。

（2）杂货班轮运费的计算

杂货班轮运费的计算公式：$F=F_b+\sum S$

式中：F表示运费总额，F_b表示基本运费额，S表示某一项附加费。

基本运费是所运货物的数量与规定的基本费率的乘积。即：$F_b=f\times Q$，在公式中，f表示基本费率；Q表示货运量（体积或者重量运费吨）。

附加费按基本运费的一定百分比计算，其公式为：$\sum S=(S_1+S_2+\cdots Sn)\times F_b=(S_1+S_2+\cdots Sn)\times f\times Q$，其中$S_1$、$S_2$、Sn为各项附加费，用$F_b$的百分数表示。

同步计算3-2

杂货班轮运费计算案例

从广州运往加拿大蒙特利尔港口儿童玩具一批计5 000件。每箱体积为80厘米×40厘米×50厘米。每箱装50只，每箱重量为20千克。燃油附加费为30%，港口拥挤附加费为10%。经查阅"中国-加拿大航线等级费率表"，货物属于10级货物，货物的运费计算标准为W/M，运至加拿大蒙特利尔港的海运费拼箱每立方米USD60。

问题：请计算该批货物的海运运费。

解题思路：

第一步：已知货物的运费计算标准为W/M，即为按货物的毛重或体积从高计收，先计算货物体积和重量。

每箱的体积=80厘米×40厘米×50厘米=0.16（立方米）

5 000件儿童玩具的总体积=5 000÷50×0.16=16（立方米）

5 000件儿童玩具的总重量=5 000÷50×20=2（公吨）

由于16立方米的计费吨大于2公吨，因此计收标准为体积。按照16立方米计收运费。

第二步：根据第一步计算出的体积结果来看，5 000 件的运费宜采用拼箱。

5 000 件儿童玩具的海运运费=16×65=1 040（美元）

将运费换算成人民币，从"今日汇率"中，查到当日汇率为 6.42 元人民币兑换 1 美元。

5 000 件儿童玩具的海运运费（人民币）=1 040×6.42=6 676.8（元）

第三步：计算附加运费。

5 000 件儿童玩具的附加运费=6 676.8×（30%+10%）=2 670.72（元）

第四步：计算总运费额。

5 000 件儿童玩具总运费=6 676.8+2 670.72=9 347.52（元）

（3）集装箱班轮运费的计算

班轮运费的计算方法一般也适用于集装箱货物运费的计算，在费率表中规定了基本运费和附加运费，附加运费的计算方法同杂货的计算方法。集装箱班轮运输中基本运费的计算有两种方法：

第一种是以每运费吨为计费单位，此方法与计算普通杂货班轮运输基本运费的方法相同，对具体的航线按照货物的等级和不同的计费标准来计算。

第二种对具体航线按货物等级及箱型、尺寸的包箱费率，或仅按箱型、尺寸的包箱费率而不考虑货物种类和级别计算基本运费。

包箱费率以每个集装箱为计费单位，也称"均一费率"。它有 3 种表现形式：①FAK 包箱费率（Freight for Allkinds），即对每一集装箱不细分箱内货类、不计货量统一收取的运价。②FCS 包箱费率（Freight for Class）。按不同货物等级制定的包箱费率，集装箱普通货物的等级划分与杂货运输分法一样，仍是 1～20 级，但是集装箱货物的费率级差大大小于杂货费率级差，一般低价货集装箱收费高于传统运输，高价货集装箱收费低于传统运输；同一等级的货物，重货集装箱运价高于体积货运价。在这种费率下，拼箱货运费计算是根据货物名称查得等级，计算标准，然后去套相应的费率，乘以运费吨，即得运费。③FCB 包箱费率（Freight for Class）。它是按不同货物等级或货类以及计算标准制定的费率。

货主未在规定的免费堆存时间内前往指定的集装箱堆场或集装箱货运站提取货物及交还集装箱时，承运人就会向货主收取滞期费，也叫滞箱费。此费用按天计算。

3.6.3　租船运费

1）运费计算方式

程租合同中有的规定运费率，按货物每单位重量或体积若干金额计算；有的规定整船包价（Lumpsum Freight）。费率的高低主要取决于租船市场的供求关系，但也与运输距离、货物种类、装卸率、港口使用、装卸费用划分和佣金高低有关。合同中对运费按装船重量（Intaken Quantity）或卸船重量（Delivered Quantity）计算，运费是预付或到付，均须订明。特别要注意的是应付运费时间是指船东收到的日期，而不是租船人付出的日期。

租船运输中船舶港口使用费、装卸费及船期延误费按租约规定由承租人和出租人进行分担、划分及计算。租船运输适用于大宗散货运输，货物的特点是批量大、附加值低、包装相对简单。租船运输没有相对于班轮运输的"四固定"，船期表、航线、港口等都要根据租约而定。租船运输的运价（或租金率）相对班轮运输而言较低。

2）装卸费用

装卸费用是指将货物从岸边（或驳船）装入舱内和将货物从船舱内卸至岸边（或驳船）的费用。如果租船合同中没有做出约定，则由船舶出租人负担，但关于装卸费用及风险分担的问题，一般依据合同条款的具体约定。

装卸费用的划分法：

航次租船合同下，装卸费用是由出租人还是由承租人负担，取决于合同的约定，常见的划分方法有以下7种：

① 船方负担装卸费，即班轮（Liner Terms）条款。根据这一条款，承租人把货物交到船边船舶的吊钩下，船方负责把货物装进舱内，并整理好；卸货时，船方负责把货物从舱内卸到船边，由承租人或收货人提货。所以，责任和费用的划分以船边为界，是船舶出租人负责雇用装卸工人，并负担货物的装卸费用的条款。

② 船方不负担装卸费，即舱内收货（Free in，F.I.）条款。根据这一条款，在装货港由承租人负担装货费用。如果船舶出租人仅就装货费不负责，其他费用，如卸货港的卸货费用等仍由船舶出租人承担的话，可用"F.I.L.O."（Free in，Liner out）条款，这是F.I.条款的变形。采用这一条款时，还要明确理舱费和平舱费由谁负担。一般都规定租船人负担，即船方不负担装卸、理舱和平舱费（Free in and out，Stowed，Trimmed，F.I.O.S.T.）。

③ 船方管装不管卸（Free out，F.O.）条款。根据这一条款，在卸货港由承租人负担卸货费。如果船舶出租人仅不负责卸货费，其他费用仍承担的话，可用"L.I.F.O."（Liner in，Free out）条款，这是F.O.条款的变形。

④ 舱内收交货条款（Free in and out，F.I.O.）。根据这一条款，在装、卸两港由承租人雇用装卸工人，并负担装卸费用。

⑤ 舱内收交货和堆舱、平舱条款（Free in and out，Stowed and Trimmed，F.I.O.S.T.）。舱内收交货和堆舱、平舱费条款与班轮条款相反，船舶出租人不负担有关装卸的所有费用，装卸费、平舱费和堆舱费全部由承租人负担。按此含义，装运重大件货物时，绑扎所需的绑扎材料费用也应由承租人负担，为明确起见，在合同中注明"F.I.O.S.Lashed"。若船舶出租人还不承担垫舱费用，则加注"F.I.O.Dunnages"。

⑥ 总装卸费，或总装货费，或总卸货费条款（Gross Load and Discharge，or Gross Load，or Gross Discharge）。船舶出租人负责与装卸或装货或卸货有关的全部费用。这种条款是指船舶出租人除了要负担装卸费以外，还要承担货物积载、

平舱等费用。该条款在实践中很少使用。

⑦ 限额条款（Scale Load and Discharge）。船舶出租人负责一定限额的装卸费，超出部分由承租人自行负担。

上述条款中的装卸费用是指在装货港产生的装货费，和在卸货港产生的卸货费。如果是在避难港产生的，或者是因为过运河需要过驳而产生的装卸费及其他非原来约定的装卸港产生的装卸费，则仍由船舶出租人负担。除非合同另有约定，即使是由承租人负担装卸费用，船长对船舶的安全装卸作业也仍然负有监管之责。而本条款仅仅是对装卸中的费用在船舶出租人和承租人之间做出分配。

在船舶出租人不付装卸费用的情况下，装卸作业中第一次开舱和最后一次关舱的工作仍属于船舶出租人。即使是承租人承担装卸货物，船舶出租人也必须在整个作业中免费提供船上的装卸设备给承租人使用，而且该设备必须处于可工作状态，同时如果港口规章允许的话，在承租人的要求下，船舶出租人应安排船员操纵船上的装卸设备。

3）滞期费和速遣费

在航次租船合同中，当事各方协商确定期间，在此期间内，船东确保船舶为程租租船人使用于装货或卸货而无须由其支付除运费外的额外费用。它以天数、小时数或日吨数表示。租船合同中规定：装卸时间（通常为船长发出准备就绪通知书后的某一时间，不计为装卸时间的时段，如坏天气、周末及节假日）；因装卸时间超出需支付滞期费或船期损失费，以及装卸时间未用完而支付速遣费。装卸时间长短以及滞期费和速遣费的计收标准与集装箱箱型、尺寸以及港口的条件等有关，同时也依班轮公司而异，有时对于同一港口，不同的船公司有不同的计算方法。

根据班轮公司的规定，在货物超过免费堆存期后，承运人有权将箱货另行处理。对于使用承运人的集装箱装运的货物，承运人有权将货物从箱内卸出，存放于仓储公司仓库，由此产生的转运费、仓储费以及搬运过程中造成的事故损失费与责任均由货主承担。

（1）装卸时间

装卸时间：指航次租船时，船舶出租人允许承租人完成货物装卸的时间。买卖合同中规定的装卸时间应等于或少于运输合同规定的时间。

装卸时间的规定方法：规定装卸日数（工作日、良好天气工作日（WWD）、连续 24 小时良好天气工作日），按港口习惯尽快装卸（CQD）。装卸时间的除外：非良好天气、节假日、合同规定的其他时间。除外时间的使用：不用不算，用了才算；用了也不算。

装卸时间的起算：自递交"装卸准备就绪通知书"（NOR）若干时间后起算。有效的 NOR 条件：船舶需抵达港口或泊位、船舶需实际准备就绪、需在工作期间内递交。

（2）滞期费

滞期费指租船人因未能在规定的时间内完成装卸作业造成船期损失，由此向船东支付的损失补偿。负责装卸货物的一方，如果未按约定的装卸时间和装卸率完成任务，需要向船方缴纳延误船期的罚款。

滞期时间的计算公式：滞期时间=实用装卸时间−允许装卸时间

滞期时间的除外原则：滞期时间连续计算或"一旦滞期，永远滞期"。滞期时间不作节假日或不良天气的任何扣除。

按同样日计算：滞期时间与装卸时间一样，作节假日和不良天气扣除。

滞期费的计算公式：滞期费=滞期时间×滞期费率

（3）速遣费

速遣费指在航次租船合同中，船东同意装货或卸货在装卸货时间终止前提早完成的情况下所给付的约定数额的款项。速遣费与滞期费相反，租船人在合同规定的时间内提前完成了装卸，给船方节约了船期，缩短了船舶的使用周期，从而降低了费用成本或增加了收益。船方为了鼓励租船人缩短装卸时间，对所节约的装卸时间要给租船人一定金额的奖励，这种奖励（实为报酬）称为速遣费。在实际业务中，速遣费通常为滞期费的一半。速遣费通常约定为每天若干金额，不足一天，按比例计算。具体金额视船舶的运营成本而定。

速遣费的计算时间有两种：一是"按节省的全部时间"计算，那么承租人在合同规定的装卸期限内完成货物装卸，它所节省的时间不应扣除例外条款规定的时间或节假日；二是"按节省的全部工作时间"计算，那么承租人在合同规定的装卸期限内完成了货物装卸，其所节省的时间应扣除例外条款中规定的时间或节假日。

速遣费的计算公式：速遣费=速遣时间×速遣费率

🔑 **深度剖析 3-1**

背景资料：在国际贸易中，大宗商品大多使用程租船运输。由于装卸时间直接关系到船方的经营效益，因此，负责租船的一方为了促使对方及时完成装卸任务，故在买卖合同中也要求装卸时间、装卸率和滞期、速遣条款。

问题：在买卖合同中要求装卸时间、装卸率和滞期、速遣条款的同时是否需要有装卸时间的起算和止算约定？

解析与讨论：

装卸时间是指允许完成装卸任务所约定的时间，它一般以天数或小时数来表示。方法有：日（Days）或连续日（Running Days）、累计 24 小时工作日（Wheather Working Days of 24 Hours）、连续 24 小时好天气工作日（Wheather Working Days of 24 Consecutive Hours）。为了计算装卸时间，合同中还必须对装卸时间的起算和止算加以约定。

➡ **本章概要**

☐ 内容提要与结构

▲ 内容提要

● 国际海上货物运输的概念、特点，国际海上货物运输的主要单证。

● 班轮运输业务的概念、特点和作用，以及班轮运输业务程序。

● 租船运输业务的概念、特点，租船运输的经营方式，租船业务的业务程序。

● 租船运输主要有三种经营方式：航次租船、定期租船、光船租船；上述三种方式的性质和特点。

● 航次租船合同的九种格式，航次租船合同的主要内容及注意事项，航次租船合同的订立与履行。

● 定期租船合同的三种主要格式：巴尔的摩统一定期租船合同、纽约土产交易所定期租船合同、中租用1980年定期租船合同；定期租船合同的主要内容和注意事项。

● 国际海上货代进口、出口业务流程。

● 国际海上货物运输杂货的运费计算、集装箱运输货物的运费计算。

▲ 内容结构

本章内容结构如图3-3所示：

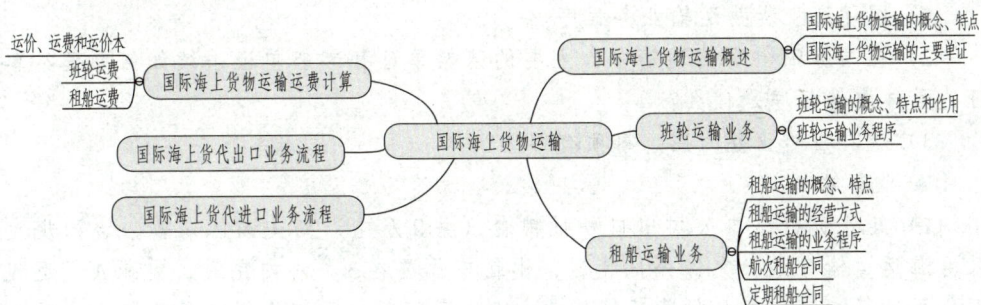

图3-3　本章内容结构

□ 主要概念和观念

▲ 主要概念

国际海上货物运输　海运提单　海运单　托运单　装货单　装货清单　载货清单　载货运费清单　货物积载图　班轮运输　租船运输　航次租船　定期租船　光船租船　航次租船合同　受载期　解约日　滞期　速遣　货物留置权　定期租船合同

▲ 主要观念

国际海上货物运输　国际海上货物运输单证　租船运输的经营方式　租船业务的执行程序　航次租船　定期租船

□ 重点实务和操作

▲ 重点实务

航次租船合同的订立与履行　定期租船合同的订立与履行　国际海上货物运输运费的计算

▲ 重点操作

国际海上货物运输业务操作

─ 基本训练 ─➤

□ 理论题

▲ 简答题

1）简述国际海上货物运输的特点。

2）简述国际海上货物运输的业务种类。

3）租船运输有哪些经营方式？

4）光船租船有哪些特点？

▲ 讨论题

1）航次租船合同和定期租船合同有哪些区别？

2）定期租船的特点有哪些？

□ 实务题

▲ 规则复习

1）国际海上货物运输业务程序。

2）在国际海上货物运输中，主要的装船单证和卸船单证手续如何办理？单证的具体流转程序是什么？

3）航次租船业务的注意事项有哪些？

▲ 业务解析

1）某外贸进出口公司出口一批粮食（共2万吨）到美国休斯敦，合同规定采用海运运输方式，允许分批装运，出运工作要在3个月内完成，委托A货运代理公司进行相关的出口货物运输工作。A货运代理公司应选择哪种租船方式？为什么？

2）A货运代理公司作为无船承运人承运B托运人托运的FCL货物。该批货物由C班轮公司运输。货物装船后，C班轮公司签发了B/L给A货运代理公司，A货运代理公司也签发了自己的House-B/L给B托运人。但B托运人发现House-B/L记载有误，要求重新签发提单。请写出换发提单的程序。

□ 案例题

▲ 案例分析

【训练项目】

案例分析-Ⅲ。

【相关案例】

货运代理谎报货损

背景与情境： 我国A贸易公司委托同一城市的B货运代理公司办理一批从我国C港至韩国D港的危险品货物运输。A贸易公司向B货运代理公司提供了正确的货物名称和危险品货物的性质，B货运代理公司签发了House-B/L给A公司。随后，B货运代理公司以托运人的身份向船公司办理该批货物的订舱和出运手续。为了节省运费，同时因为B货运代理公司已投保责任险，B货运代理公司向船公司谎报货物的名称，亦未告知船公司该批货物为危险品货物。船公司按通常货物处理并装载于船舱内，结果在海上运输中，因为货物的危险性质导致火灾，造成船舶受损，该批货物全部灭失并给其他货主造成巨大损失。

问题：

1）A贸易公司、B货运代理公司、船公司在这次事故中的责任如何？

2）承运人是否应对其他货主的损失承担赔偿责任，为什么？

3）责任保险人是否承担责任，为什么？

4）结合上述分析，请回答我国在货运代理企业的管理上针对企业的瞒报不诚信行为，应该制定哪些管理措施。

【训练要求】

同第1章"基本训练"中本题型的"训练要求"。

▲ 课程思政

【训练项目】

课程思政-Ⅲ。

【相关案例】

集装箱落海灭失索赔案

背景与情境： 货主A公司向作为无船承运人的B货运代理公司订舱出运20个出口集装箱，B公司接受委托承运后签发了提单，又以自己的名义将其中10个集装箱交由C航运公司运输，将另外10个集装箱交由D航运公司运输。D航运公司的船舶在运输途中遇强风，部分装在甲板上的集装箱因绑扎不牢而落入海中灭失。收货人持B公司的B/L提货时发现少了3个集装箱，收货人向B公司索赔，B公司拒赔，从而引发诉讼。

问题：

1）对A公司损失的货物有赔偿责任的是哪个公司？

2）B公司作为无船承运人有哪些权利和义务？

3）D公司作为本案例中的实际承运人，是否有过失？

4）请根据本案例内容对相关当事人进行思政研判。

【训练要求】

同第1章"基本训练"中本题型的"训练要求"。

□ 自主学习

【训练项目】

自主学习-Ⅱ。

【训练目的】

见本章"学习目标"中"创新型学习"的"自主学习"目标。

【教学方法】

采用"学导教学法"和"研究教学法"。

【训练要求】

1）以班级小组为单位组建学生训练团队，各团队依照本教材"附录二"的附表2中"自主学习"（初级）的"基本要求"和各"技术-技能"点的"参照规范与标准"，制订团队《自主学习计划》。

2）各团队实施《自主学习计划》，自主学习本教材"附录一"的附表1中"自主学习"（初级）各"技术–技能"点的"'知识准备'参照规范"所列知识。

3）各团队以自主学习获得的"学习原理"、"学习策略"与"学习方法"知识为指导，通过校图书馆、院资料室和互联网，查阅和整理近两年以"世界主要港口"为主题的国内外学术文献资料。

4）各团队以整理后的文献资料为基础，依照相关规范要求，讨论、撰写和交流《"国际海上货物运输"最新文献综述》。

5）撰写作为"成果形式"的训练课业，总结自主学习和应用"学习原理"、"学习策略"与"学习方法"知识（初级），依照相关规范，准备、讨论、撰写和交流《"国际海上货物运输"最新文献综述》的体验过程。

【成果形式】

训练课业：《"自主学习–Ⅱ"训练报告》

课业要求：

1）内容包括：训练团队成员与分工；训练过程；训练总结（包括对各项操作的成功与不足的简要分析说明）；附件。

2）将团队《自主学习计划》和《"国际海上货物运输"最新文献综述》作为《"自主学习–Ⅱ"训练报告》的"附件"。

3）《"国际海上货物运输"最新文献综述》应符合"文献综述"的规范要求，做到事实清楚，论据充分、逻辑清晰。

4）结构与体例参照本教材"课业范例"的"范例–4"。

5）在校园网的本课程平台上展示班级优秀训练课业，并将其纳入本课程的教学资源库。

◀ 单元考核 ▶

考核评价要求：同第1章"单元考核"的"考核评价要求"。

第4章
国际航空货物运输

学习目标

通过本章学习，应该达到以下目标：

理论目标： 学习和把握国际航空货物运输的相关概念、特点、组织、基本条件和业务种类，集中托运的托运人，航空货运单的作用、用途、组成与主要内容，国际航空各种货物运价基础知识等陈述性知识；能用其指导本章"同步思考"、"教学互动"和"基本训练"中"理论题"各题型的认知活动，正确解答相关问题，体验本章"初级学习"中专业认知的横向正迁移，以及相关胜任力中"认知"要素的阶段性生成。

实务目标： 学习和把握航空集中托运的服务过程、国际航空货物运输进出口代理业务程序、国际航空特种货物运输的规定与要求、国际航空货物运价与运费计算，以及相关"业务链接"和二维码资源等程序性知识；能以其建构"国际航空货物运输"中的规则意识，正确解析本章"同步计算"、"同步思考"、"问题思维"、"深度剖析"、"教学互动"和"基本训练"中"实务题"的相关问题，体验本章专业规则与方法"初级学习"中的横向正迁移和"高级学习"中的重组性迁移，以及相关胜任力中"专业规则"要素的阶段性生成。

案例目标： 运用本章理论与实务知识研究相关案例，培养和提高在"国际航空货物运输"特定业务情境下分析、解决问题与制定决策的能力；能结合本章教学内容，依照相关规范，对"课程思政4-1"和章后"课程思政-Ⅳ"等案例中的企业及其从业人员行为进行思政研判，通过思想政治元素融入专业课的协同效应，促进"立德树人"根本任务的落实；体验本章"高级学习"中专业知识与思政元素的协同性重组迁移，以及相关胜任力中"认知弹性"要素的阶段性生成。

自主学习： 参加"自主学习-Ⅲ"训练。在实施《自主学习计划》的基础上，通过阶段性学习和应用"附录一"的附表1中"自主学习"（中级）各技术-技能点的"'知识准备'参照范围"所列知识，搜集、整理与综合"国际海上货物运输"前沿知识，讨论、撰写和交流《"国际航空货物运输"最新文献综述》，撰写《"自主学习-Ⅲ"训练报告》等活动，培养"自主学习"的通用能力（初级），体验本章"自主学习"中"专能"与"通能"的"重组性"迁移，以及相关胜任力中"求知韧性"要素的阶段性生成。

引例 文化艺术作品出口空运

背景与情境：敦煌研究院有布面油画、卷轴画，合计35幅，将在美国莱恩特大学展览，需要采用航空运输方式，从北京机场运送到美国波士顿机场。由于敦煌研究院无进出口权，且此类文化作品需要文化和旅游部门的批文才能出口，所以客户委托某货运代理公司全程代理运输报关、申办批文。

申办批文要求如下：国家外贸管制部门对于文化艺术品的进出口有着特殊的要求，出口企业需提前半个月向文化和旅游部申报；需要确认此批文化艺术品是属于古文物还是属于古文物的临摹品，且需要提供每幅画的名称、作者、类别、尺寸、材质、数量，以及每幅画的高清图片，需要提供详细的美术作品进出口名录；申请表需要写明美术作品在国外的详细用途和使用具体地点、出入境口岸、进出口日期、美术作品类别、数量、作者详细简介和美术作品的整体介绍；一般10~15个工作日会审核批准，允许出口，并且需要在报关时向海关提供文化和旅游部批文正本。

在航空货物运输中需要注意以下事项：交接货物时，货运代理需要根据货物清单，一一核对货物，确保无货损、清单准确；货运代理需要为客户的货物定制密封木箱包装，且包装箱外部需要加锁和封条，确保货物在运输过程中没有打开过包装，保障货物安全；因为美术品多为纸质和油画布，货运代理人特意在箱子内部放置干燥剂，避免货物潮湿；因为此次运输的是著名的敦煌莫高窟的文化艺术品，为了避免产品里面混有古文物真品，所有单据均须客户签字确认，以确保运输物品的合法性；由于美术作品货值较高，故要在运输前为客户购买保险，最大限度地降低物流风险。

（资料来源 洋浦欧贸．文化艺术作品出口空运［EB/OL］．［2020-08-26］．http：//www.yangpumall.com/．引文经节选、整理与改编）

通过引例可见，在航空货物运输中，不同类型的货物在运输中有不同的要求，需要货运代理人做好申办材料的准备、相关批文的申办和运输细节的安排。

4.1 国际航空货物运输概述

4.1.1 国际航空货物运输的概念、特点

1）国际航空货物运输的概念

国际航空货物运输（international air cargo transport）是指货物的出发地、约定的经停地和目的地之一不在同一境内的航空运输。

2）国际航空货物运输的特点

国际航空货物运输的优点体现为：①运送速度快，适于高价货物和时间要求紧的货物；②安全、准确，货物灭失与破损率低；③适于陆域和水域不方便地区的货物输运；④简化、节省货运包装，降低产品销售成本；⑤缩短存货周期，加快商品流通，为供应链管理创造了条件；⑥减少企业备用资金存量，加速资金周转，提高了资金使用效率和效益等。国际航空货物运输的缺点体现为：容积和载

运量较小，成本较高，易受自然条件的影响，运价也比地面运输高，而且在一定程度上受运输条件的限制，从而影响了运输的准确性和正常性。

中国航空物流信息服务平台简介

中国航空物流信息服务平台（CCSP），是在国务院发布的《物流业调整和振兴规划》和民航局建设民航强国的政策指引下，由中国民航信息网络股份有限公司建设并运营的公共、标准、开放的一站式货运信息服务平台。

CCSP是科技部"十二五"科技支撑项目和民航局"十二五"重点工程。目前，已有国航、东航的全国代理人以及部分外航的代理人使用了该平台。每天通过CCSP交换的信息数据超过10万条。CCSP主要功能包括：电子订舱服务、中性运单服务、分单信息传输服务、中国海关舱单电子数据申报服务、货运电子商务服务、代理人直连服务。

航空物流信息平台的建设以降低物流成本的理念为出发点，解决国内行业信息化的瓶颈问题，在国际行业标准基础上结合中国国情，确定并完善中国航空物流信息交换与服务标准，通过建立物流信息交换共享机制，努力提高国内航空货运业的信息化水平。

（资料来源：根据航空物流信息服务平台网站信息整理）

4.1.2　国际航空货物运输组织

1）国际民用航空组织

国际民用航空组织（International Civil Aviation Organization，IAO）是联合国的一个专门机构。1947年4月4日，《芝加哥公约》正式生效，国际民航组织也据此正式成立，并于5月6日召开了第一次大会。同年5月13日，国际民航组织正式成为联合国的一个专门机构。国际民航组织总部设在加拿大蒙特利尔，负责制定国际空运标准和条例。

2）国际航空运输协会

国际航空运输协会（International Air Transport Association，IATA）是一个由世界各国航空公司所组成的大型国际组织，其前身是1919年在海牙成立并在第二次世界大战时解体的国际航空业务协会，总部设在加拿大蒙特利尔，执行机构设在瑞士日内瓦。其主要负责管理在民航运输中出现的诸如票价、危险品运输等问题，主要作用是通过航空运输企业来协调和沟通政府间的政策，并解决实际运作中的问题。

3）国际机场理事会

国际机场理事会（Airports Council International，ACI），原名为国际机场联合协会（Airports Association Council International），于1991年1月成立，1993年1月1日改称国际机场理事会。国际机场理事会是全世界所有机场的行业协会，是一个非营利性的组织，其宗旨是加强各成员与全世界民航业各个组织和机构（包括政府部门、航空公司和飞机制造商等）的合作，并通过这种合作促进建立一个安全、有效、与环境和谐的航空运输体系。

4）中国航空运输协会

中国航空运输协会（China Air Transport Association，CATA）成立于2005年9月9日，是依据中国有关法律规定，经中华人民共和国民政部核准登记注册，以航空运输企业为主体，由航空运输相关企事业单位、社会团体自愿结成的全国性、行业性、非营利性社会组织。

4.1.3　国际航空货物运输的基本条件

国际航空货物运输需要基本条件支持，在设施设备等主要硬件方面需要有：①航空港站，供飞行器停放、起飞、降落、维修和确保空港、航空器安全的设施与设备；②供货物进出空港，接收、保管、安排运输、保税、装拆箱、分拨、检验、交付等用途的航空货运站、货物仓库和作业设备；③航空器，包括符合适航条件的客货两用飞机和货运飞机；④航线，即按规定运行的空中交通线，包括飞行的方向、航路的高度层和宽度、经停地点和两端港站，跨越国境通达其他国家的航线称为国际航线；⑤航班，是指飞机按预先拟定的时间由始发港站起飞，并按照规定的航线经过经停站至终点港站作运输生产飞行的时间编排，航班分为出港和进港航班，或去程和回程航班；⑥装货器具，包括航空载货托盘、航空集装箱和用于多式联运的国际标准集装箱，后者仅可装于宽体货运飞机或混合航空器的主甲板。

🔑 课程思政 4-1

货运代理扣留核销单证索赔案

背景与情境： A货运代理有限公司接受B进出口有限公司委托，为其办理了一批出口货物自北京至伦敦的国际航空运输手续。运输完成后，B公司未能按照双方约定向A公司支付各项运杂费15 000元。A公司多次催要未果，遂扣留了B公司的核销单证。双方几经交涉，一直未能就付费和退还核销单证问题达成一致意见。最后，A公司向法院提起诉讼，要求B公司支付拖欠的运杂费及相应利息。B公司随即提出反诉，称A公司扣留核销单证，导致自己未能在规定期限内办理出口退税手续，从而造成B公司损失出口退税人民币8 000余元，要求A公司予以赔偿。

问题：

（1）A公司是否有权扣留B公司的核销单证？

（2）本案例应该如何解决？

研判提示：

（1）无权。除非与客户在合同中有明确约定，否则货运代理不得随意扣留客户的核销单证。

（2）B 公司支付 A 公司运费、报关费等各项费用 15 000 元及相应利息；A 公司赔偿 B 公司经济损失 8 000 元。

4.1.4　国际航空货物运输的业务种类

国际航空货物运输的业务种类有：班机运输方式（Scheduled Airline）和包机运输方式（Chartered Carrier），包机运输又分为整机包机和部分包机。

1）班机运输

班机运输是指具有固定起飞时间、航线、出发站、目的港和停靠站的飞机运输。班机运输一般有固定的始发站、到达站和经停站。班机运输有固定的航线、挂靠港、固定的航期，并在一定时间内有相对固定的收费标准，对进出口商来讲可以在贸易合同签署之前预期货物的起运和到达时间，核算运费成本，合同的履行也较有保障，因此，班机运输成为多数贸易商首选的航空货运形式。班机运输由于多采用客货混合机型，航班以客运服务为主，货物舱位有限，不能满足大批量货物及时出运的要求，往往只能分批运输。不同季节同一航线客运量的变化也会直接影响货物装载的数量，使得班机运输在货物运输方面存在很大的局限性。

2）包机运输

包机运输分为整机包机和部分包机。**整机包机**是指航空公司或包机代理公司按照合同中双方事先约定的条件和运价将整架飞机租给租机人，从一个或几个航空港装运货物至指定目的地的运输方式。**部分包机**则是指由几家航空货运代理公司或发货人联合包租一架飞机，或者是由包机公司把一架飞机的舱位分别卖给几家航空货运代理公司的货物运输形式。部分包机适合于运送一吨以上但货量不足整机的货物，在这种形式下货物运费较班机运输低，但由于需要等待其他货主备妥货物，因此运送时间相对要长。

包机运输满足了大批量货物进出口运输的需要，而且运费比班机运输形式低，且随国际市场供需情况的变化而变化，给包机人带来了潜在的利益。但由于包机运输是按往返路程计收费用，存在着回程空放的风险。

包机运输可以由承租飞机的双方议定航程的起止点和中途停靠的空港，因此比班机运输更具灵活性，但各国政府出于安全的需要，也为了维护本国航空公司的利益，对他国航空公司的飞机通过本国领空或降落本国领土往往大加限制，复杂烦琐的审批手续大大增加了包机运输的营运成本，因此，贸易实践中使用包机业务的地区并不多。

学习微平台

延伸阅读 4-1

4.1.5　航空集中托运

航空运价随着货物计费重量的增加而逐级递减，代理人或集运商能否从航空公司获取更加优惠的运价和货物的重量有很大关系，所以集中托运大批量货物的运营模式成为目前代理人和集运商追求的作业方式。

1）集中托运的概念

集中托运（Consolidation）是指航空货运代理公司将若干批单独发运的货

物集中成一批向航空公司办理托运，填写一份总运单送至同一目的地，然后由其委托当地的代理人负责分发给各实际收货人。集中托运可以采用班机或包机运输方式，这种托运方式可降低运费，是航空货运代理的主要业务之一。

2）集中托运人

集中托运人（Consolidator） 是将多个托运人的货物集中起来作为一票货物交付给承运人的运输组织者。

3）集中托运的服务过程

集中托运的主要服务过程（如图4-1所示）：代理人先从实际托运人处收取货物，在收取货物时，签发一份航空分运单（House Air Waybill，HAWB）给实际的托运人，表明托运人把货物交给了代理人；代理人收到了托运人的货物后，将货物交给航空公司，进行集中托运，航空公司签发航空主运单给代理人；经过航空货物运输，货物到达目的地后，航空公司将与航空主运单内所载相同的货物交给分拨代理商；分拨代理商将货物按照航空分运单所载的内容信息，交给各个实际收货人。

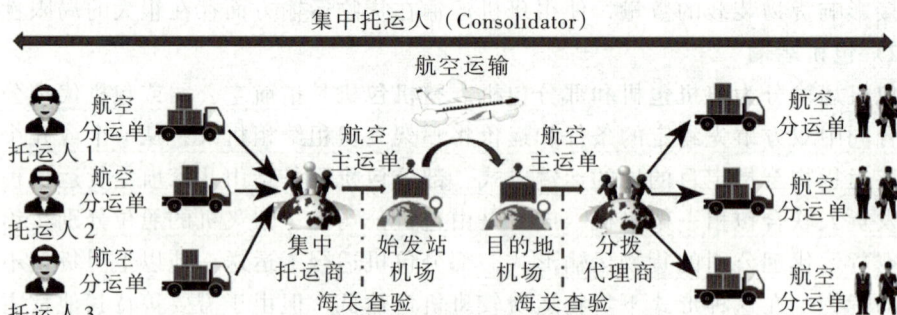

图4-1　集中托运人服务过程图

深度剖析4-1

背景资料：分运单（HAWB），是代理人与发货人交接货物的凭证，托运人栏和收货人栏都是真正的托运人和收货人；主运单（MAWB）是代理人与承运人交接货物的凭证，托运人栏和发货人栏都是代理人。

问题：为什么航空主运单中的托运人和发货人不是实际的收发货人而是代理人？

解析与讨论：

此问题可以通过图4-1集中托运人服务过程图进行理解，从图中我们可以看到，实际的托运人和收货人不和航空公司直接接触，而是集中托运商和分拨代理商负责实际和它们接触，又因集中托运交给航空公司的货物有很多托运人，所以航空公司直接给其开一份航空主运单，再由集中托运商给实际的托运人签发航空分运单，所以航空主运单中的托运人和发货人不是实际的收发货人而是代理人。

在集中托运业务中，分运单是代理人与发货人交接货物的凭证，代理人可以自己签发分运单，不受航空公司的限制，格式应参照主运单进行制作。在分运单中托运人栏和收货人栏都是真正的托运人和收货人。航空主运单是代理人与承运人交接货物的凭证，也是承运人运输货物的正式文件。在航空主运单中，托运人栏和收货人栏都是代理人。在中国，只有航空公司才有权签发航空主运单，任何代理人不得印制自己的航空主运单。

4.1.6　国际航空运输区划和时差计算

1）航空运输区划

航空运输方式的特点决定了航空运输地理情况对其有较大的影响。国际航空货物运输中与运费有关的各项规章制度、运费水平是由国际航空运输协会统一协调、制定的。国际航空运输协会将全球划分为三个航空运输业务区（如图4-2所示），分为 Area TC1、Area TC2、Area TC3 三个大区，简称 TC1、TC2、TC3 区。

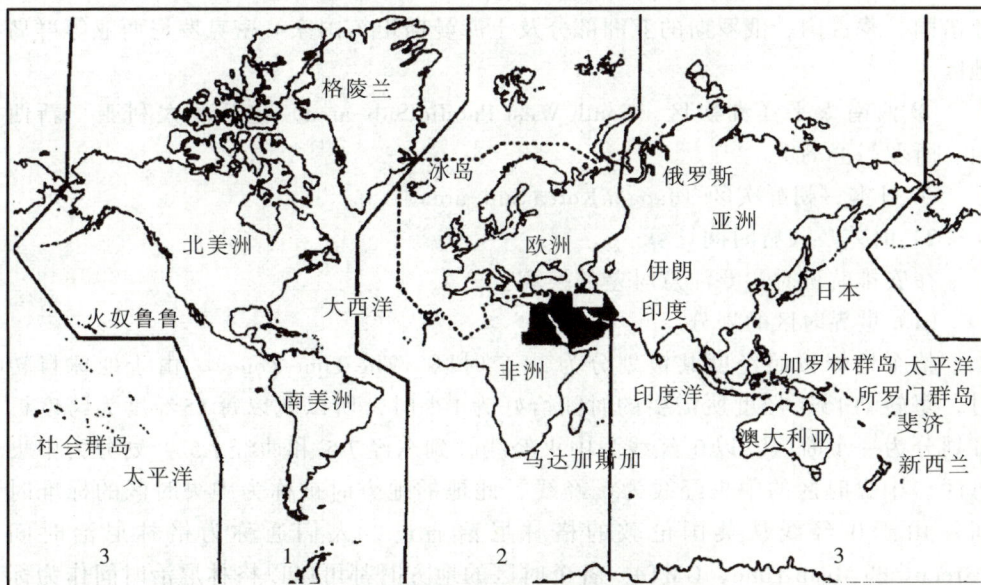

图4-2　全球三个航空运输业务分区示意图

（1）TC1区

TC1区包括北美、中美、南美、格陵兰、百慕大和夏威夷群岛，共有四个次区：加勒比海次区（Caribbean Sub-area）、墨西哥次区（Mexico Sub-area）、狭长地带次区（Long haul Sub-area）、南美次区（South America Sub-area）。

（2）TC2区

TC2区由整个欧洲大陆（包括俄罗斯的欧洲部分）及毗邻岛屿，冰岛、亚速尔群岛，非洲大陆和毗邻岛屿，亚洲的伊朗及伊朗以西地区组成。TC2区是与政治地理区划差异最多的一个区，它主要有三个次区：

①非洲次区（Africa Sub-area）。非洲次区含非洲大多数国家及地区，但北部非洲的摩洛哥、阿尔及利亚、突尼斯、埃及和苏丹不包括在内。

②欧洲次区（Europe Sub-area）。欧洲次区包括欧洲国家和摩洛哥、阿尔及利亚、突尼斯三个非洲国家和土耳其（既包括欧洲部分，也包括亚洲部分）。俄

罗斯仅包括其欧洲部分。

③ 中东次区（Middle East Sub-area）。中东次区包括巴林、塞浦路斯、埃及、伊朗、伊拉克、以色列、约旦、科威特、黎巴嫩、阿曼、卡塔尔、沙特阿拉伯、苏丹、叙利亚、阿拉伯联合酋长国、也门等。

（3）TC3区

TC3区由整个亚洲大陆及毗邻岛屿（已包括在二区的部分除外）,澳大利亚、新西兰及毗邻岛屿,太平洋岛屿（已包括在一区的部分除外）组成。它主要有四个次区：

① 亚次大陆次区（South Asia Subcontinent Sub-area）包括阿富汗、印度、巴基斯坦、斯里兰卡等南亚国家。

② 东南亚次区（South East Asia Sub-area）包括中国（含港、澳、台）、东南亚诸国、蒙古国、俄罗斯的亚洲部分及土库曼斯坦等国家、密克罗尼西亚等群岛地区。

③ 西南太平洋洲次区（South West Pacific Sub-area）包括澳大利亚、新西兰、所罗门群岛等。

④ 日本、朝鲜次区（Japan/ Korea Sub-area）。

2）时差及飞行时间计算

在安排航班时,要注意时差的换算。

（1）世界时区的划分

整个地球按照经度共被划分为24个时区（The Time Zone）,由于地球自转时,每转动15个经度所需要的时间恰好为1小时,所以就以每15经度为跨度标准划分为一个时区。以0°经线为中央经线,到东经7.5°和西经7.5°,划分为中央时区。中央时区的中央经线为0°经线,此地的地方时被称为中央时区的标准时间。由于0°经线从英国伦敦的格林尼治通过,人们通称为格林尼治时间（Greenwich Mean Time,GMT）。各个时区的地方时都可以以格林尼治时间作为标准,加以比较,换算、计算两地的时差。在夏季白昼较为漫长,为了节省电力并对白天加以充分利用,一些国家颁布法律把夏季的当地时间拨前一个小时或者几十分钟。这个变化了的时间叫"夏令时"（Daylight Saving Time,DST）。夏令时在使用时存在有效期的限制。

（2）法定时区和法定时

法定时区是各国根据本国具体情况自行规定的适用于本国的标准时区。法定时是世界各国使用的标准时。在航空货物运输指南（OAG-CARGO）中的航班时刻表中各个城市的时间都是当地标准时间,为了更方便查阅和进行时差换算,OAG公布了国际时间换算表（International time calculator）,列出了各个国家当地的标准时间与世界标准时间的差距。

（3）飞行小时的计算

飞行小时是指自始发地机场至目的地机场之间的运输时间,包括中转时间。航班时刻表上的出发和到达时间都是以当地时间（Local Time）公布的,所以在计算航班飞行小时时，要通过时差的换算，具体的计算方法分为三步：

第一步，从 International time calculator 查出始发地与目的地的标准时间。

第二步，将起飞和到达的当地时间换算成世界标准时（GMT）。

第三步，用到达时间减去起飞时间。

4.1.7　国际航空运输代码

在国际航空货物运输中，为了操作方便，在填写航空货运单中国家、城市、机场、航空公司、航空货运操作、危险品等信息时，可以通过国际航空运输协会出版的航空货物运价手册（TACT Rules）查询具体的代码。

4.2　国际航空货物运输进口业务流程

国际航空货物运输进口代理业务程序包括：代理预报、承接运单与货物、货物仓储、整理运单、发出到货通知、进口报关、收费与发货、送货上门及货物转运等业务内容，其中，对于交接运单与货物、收费与发货等业务，航空公司有关部门业务人员应重点做好下列工作：

（1）交接运单与货物

航空公司的地面代理公司须向货物代理公司交接的有：国际货物交接清单、主货运单与随机文件、货物。

（2）发放货物

①对于分批到达货物：待货物全部到齐后，方可通知货主提货。如果部分货物到达，货主要求提货，有关货运部门则收回原提货单，出具分批到达提货单，待后续货物到达后，再通知货主再次提取。②属于航空公司责任的破损、短缺，应由航空公司签发商务记录。③属于货物运输代理公司责任的破损、短缺，应由该代理公司签发商务记录。④对于属于货物运输代理公司责任的货物破损事项，应尽可能协同货主、商检单位立即在仓库做商品检验，确定货损情况，避免后续运输中加剧货物损坏程度。

（3）收取费用

货物运输代理公司在发放货物前，应先将有关费用收齐。收费内容包括：①到付运费及垫付款、垫付费；②单证、报关费；③海关、动植检、卫检报验等代收代付费用；④仓储费等。

同步案例4-1

航空运输进口案例操作

背景与情境： 杭州 ABC 进口公司从德国汉堡订购了一批机器设备，委托某货代公司将该批设备通过航空运输运到上海，再经由上海运至杭州，并指定要在杭州口岸办理清关手续。

问题：

（1）货物空运到达上海后，应采取何种方式运抵杭州？

（2）要办理该种运输，必须具备哪些条件？

分析提示：

（1）应采用转关及监管运输方式由上海口岸运抵杭州口岸。

（2）应具备的条件有：收货人所在地或邻近地设有海关；向海关提交单据列明转关运输事项；办理转关运输业务主体资格合法；运输工具和货物在转关过程中接受海关监管。

4.3   国际航空货物运输出口业务流程

国际航空货物运输出口代理业务程序包含以下几个基本环节：

1）市场销售

国际航空货物运输销售代理销售的产品是航空公司的舱位，承揽货物处于整个航空货物出口运输代理业务程序的核心地位。在具体操作时，需及时向出口单位介绍业务范围、服务项目、各项收费标准，特别是向出口单位介绍优惠运价和服务优势等。发货人发货时，首先需要填写委托书，并加盖公章，作为货主委托代理承办航空货运出口货物的依据。国际货物托运书是一份重要的法律文件，航空货运代理公司根据委托书要求办理出口手续，并据以结算费用。

2）委托运输

托运单（Shippers Letter of Instruction，SLI）是托运人用于委托承运人或其代理人填写航空货运单的一种表单，表单上列有填制货运单所需各项内容，并应印有授权承运人或其代理人代其在货运单上签字的文字说明。货运单既可以由托运人填写，也可以由承运人或其代理人代为填写，目前我国货运单均由承运人或其代理人代为填制。然而，作为填开货运单的依据托运书，应由托运人自己填写，而且托运人必须在上面签字或者盖章。在接受托运人委托后，单证操作前，货运代理公司的指定人员对托运书进行审核。主要审核其价格是否能被接受，预定航班是否可行等信息，审核人员必须在托运书上签名和对日期进行确认。

3）审核单证

单证的种类和内容具体应该包括：

（1）发票、装箱单：发票上应有公司公章，应标明价格术语和货价。

（2）托运书：一定要注明目的港名称或目的港所在城市、货物毛重、收发货人及其联系方式，明确运费预付还是运费到付，还要有托运人签名。

（3）报关单：注明经营单位注册号、贸易性质、收汇方式，并要求在申报单位处加盖公章。

（4）许可证：注明合同号、出口口岸、贸易国别、有效期，一定要符合要求并与其他单据相符。

（5）商检证书：商检证、商检放行单、盖有商检放行章的报关单均可。商检证上应有海关放行联字样。

（6）进料/来料加工核销本。

（7）索赔/返修协议：要求提供正本，要求合同双方盖章或者签字。

（8）到付保函：凡到付运费的货物，发货人都应提供到付保函。

（9）关封。

同步思考 4-1

某托运人计划从北京运往马来西亚一批水银温度计。

问题：

（1）收运这批水银温度计应参照哪本手册进行操作？

（2）托运人应提交哪些文件？

（3）运输时应遵照哪些原则？

理解要点：

（1）收运这批水银温度计应参照"危险物品手册"进行操作。

（2）危险品申报单、货运单。

（3）运输时应遵照预先检查、轻拿轻放、固定货物防止滑动的原则。

4）预配舱和预订舱

代理人汇总所接受的委托和客户的预报，制订预配舱方案，并对每票货配上运单号。代理人根据预配舱方案，按航班、日期打印出总运单号、件数、重量、体积，向航空公司预订舱。

5）接受单证和填制货运单

接受托运人或其代理人送交的已经审核确认的托运书及报关单证和收货凭证，制作操作交接单。接到移交来的交接单、托运书、总运单、分运单、报关单证，进行分运单、总运单直单、拼总运单的填制，总运单上的运费填制按所适用的公布运价，并注意是否可以用较高重量点的运价，分运单上的运费和其他费用按托运书和交接单的要求。当总运单下有几份分运单时，需制作航空货物清单，最后制作空运出口业务日报表供制作标签用。

6）接收货物

接收货物是指航空货运代理公司把即将发运的货物从发货人手中接过来并运送到自己的仓库。接收货物时应对货物进行过磅和丈量，并根据发票、装箱单或送货单清点货物，核对货物的数量、品名、合同号和唛头等是否与货运单上内容一致。

7）标记和标签

标记是在货物外包装上由托运人书写的有关事项和记号，包括托运人、收货人的姓名、地址、联系电话、传真、合同号以及操作注意事项。标签按其作用分为：①识别标签：说明货物的货运单号码、件数、重量、始发站、目的站、中转站的一种运输标志；②特种货物标签：说明特种货物性质的各类识别标志，可以分为活动物标签、危险品标签和鲜活易腐品标签；③操作标签：说明货物储运注意事项的标签，例如易碎、不可倒置等。标签按类别可分为航空公司标签和分标签两种。一件货物贴一张航空公司标签，有分运单的货物，每件再贴一张分标签。

8）配舱和订舱

配舱时需要核对已经入库的货物件数、重量、体积与托运书上预报数量是否相符。对晚到、未到货物以及未顺利通关放行的货物按实际情况进行调整处理，为制作仓单作准备。订舱就是为所收运货物向航空公司申请并预订舱位，预订的舱位有时会由于货物、单证、海关通关等原因导致最终舱位不够或者空舱，如发生此类情况应该及时进行调整和补救。

9）出口报关

出口报关是指发货人或其代理人在货物发运前，向出境地海关办理货物出口手续的过程。

10）出仓单和提板箱

制订配舱方案后可以编制出仓单。出仓单交给出口仓库，用于出库计划，出库时点数并与装板箱环节交接。出仓单在装板箱环节作为向出口仓库提取货物的依据，在货物的交接环节作为从装板箱环节收货凭证和制作国际货物交接清单的依据，该清单用于向航空公司交接货物、外拼箱和报关环节。根据订舱计划向航空公司申领板、箱并办理相应的手续，提板、箱时，应领取相应的塑料薄膜和网，对所使用的板、箱要登记和销号。

11）签单和交接发运

货运单在海关盖完放行章后还需要到航空公司签单，主要审核运价使用以及货物性质项目是否符合航空公司的规定及航空公司的地面代理规定，只有签单确认后才允许将单、货交给航空公司。交接是向航空公司交单交货，由航空公司安排航空运输。

12）航班跟踪和信息服务

货运代理要对客户提供航班跟踪服务，将航班取消、延误、溢载、故障、改机型、错运、中转等信息及时反馈给客户，便于及时对不正常情况做出计划调整。所谓信息服务就是指货运代理要为客户提供多方面信息，例如：订舱信息、审单及报关信息、仓库收货信息、交运称重信息、一程及二程航班信息、集中托运信息、单证信息等。

13）费用结算

费用结算主要涉及货运代理人同发货人、货运代理人同承运人和货运代理人同国外代理人进行结算。发货人结算费用如果运费预付，加收航空运费、地面运输费、各种服务费和手续费；承运人结算费用包括向承运人支付运费和利润分成，同时收取代理佣金；国外代理结算主要涉及付运费和利润分成。

同步案例4-2

航空运输出口货物遗失索赔案

背景与情境： A货运代理公司接受货主的委托，将一台重20千克的精密仪器从沈阳空运至香港。该批货物价值5万余元人民币，但货物"声明价值"栏未填写。A货运代理公司按照正常的业务程序，向货主签发了航空分运单，并按普通货物的空运费率收取了运费。由于当时沈阳无直达香港的航班，所有空运货物需要在北京办理中转，为此 A 货运代理公司委托香港 B 货运代理公司驻北京办事处办理中转业务。但是，由于航空公司工作疏忽，致使该货物在北京至香港的运输途中遗失。

问题：

（1）A 货运代理公司和 B 货运代理公司的法律地位是什么？

（2）它们是否应对货物遗失承担责任？

（3）本案例是否适用国际航空货运公约？为什么？

（4）货主认为应按货物的实际价值进行赔偿的主张是否有法律依据，为什么？

分析提示：

（1）A 货运代理公司是集运商，B 货运代理公司是 A 货运代理公司的代理人，对承运人航空公司而言，它们是托运人。

（2）它们对货物遗失不承担责任。

（3）适用国际航空货运公约。

（4）没有法律依据。因为货物"声明价值"栏未填写，即没办理声明价值并支付声明价值附加费，所以航空公司按普通货物赔偿，最高限额为每千克 20 美元。

4.4　国际航空特种货物运输

在国际航空货物运输中，对一些鲜活易腐品、活体动物、危险物品、贵重货物，航空公司在收运、运输、运费的计收等方面都有一些特殊的规定和要求，接下来简单地介绍几种特种货物的运输。

4.4.1　鲜活易腐货物

1）鲜活易腐货物范围

鲜活易腐货物是指在一般运输条件下易死亡或变质腐烂的货物。如：虾、蟹类，肉类，花卉、水果、蔬菜类，沙蚕、活赤贝、鲜鱼类，植物，蚕种，蛋种，乳制品，冰冻食品，药品，血清、疫苗、人体白蛋白、胎盘球蛋白等。

2）鲜活易腐货物的收运条件

鲜活易腐货物应具有必要的检验合格证明和卫生检疫证明，还应符合有关到达站国家关于该货物进出口和过境规定。托运人交运鲜活易腐货物时，应书面提出在运输中需要注意的事项及允许的最长运输时间。

在运输过程中必须有适合此种货物特性的包装，要注意不要因在运输途中包装破损或有液体溢出而污损飞机或者其他装载物，需冷藏冰冻的货物，容器应密闭，保证冰水不会流出；凡怕压货物，外包装应坚固抗压；需通风的货物，包装上应有通气孔。带土的树种或植物苗等不得用麻袋、草包、草绳包装，应用塑料袋包装，以免土粒、草屑等物堵塞飞机空气调节系统；为便于搬运，鲜活易腐货物每件重量以不超过 25 千克为宜。除识别标签外，货物的外包装上还应拴挂"鲜货易腐"标签和向上标签。

3）鲜活易腐货物运输中涉及的文件

在货运单品名栏"nature and quantity"应注明"PERISHABLE"字样，并且注明已订妥的各航段航班号、日期等信息；在"handing information"栏内注明其他文件的名称和注意事项，并将装有各种卫生检疫证明的信封钉在货运单后面，随货运单寄出。

4）鲜活易腐货物的仓储和运输

此类货物一般要求在运输和保管中采取特别的措施（如冷藏、保温等），以保持其鲜活或不变质。为减少鲜活易腐货物在仓库存放的时间，托运人或收货人可直接到机场办理交运或提取手续。

鉴于各个国家对鲜活易腐货物在运输时的一些不同规定，承运人在承运鲜活易腐货物时都会查询其具体要求。如机场能否提供冷库、清关的时间范围等，确定无误后方可承运。在安排运输时需要注意以下几点：

① 鲜活易腐货物应优先发运，尽可能利用直达航班；

② 收运鲜活易腐货物的数量必须取决于机型以及飞机所能提供的调温设备；

③ 需订妥航班；

④ 鲜活易腐货物运达后，应由航空公司或其地面代理立即通知收货人来机场提取；

⑤ 承运前还应查阅 TACT 规则第八部分有关承运人对鲜活易腐货物的承运规定；

⑥ 如果在周末和节假日无法办理清关手续，应尽量安排货物在工作日到达中转站或目的站。

教学互动 4-1

互动问题：根据鲜活易腐货物的运输要求，请分析：在运输蔬菜时应该注意哪些事项？

要求：同"教学互动 1-1"的"要求"。

同步思考 4-2

问题：在运输鲜活易腐货物时如遇班机延误、衔接脱班，应如何处理？货物在运输过程中腐烂变质如何处理？

理解要点：第一种情况：如因延长运输时间而对货物的质量产生影响，航空公司将及时通知收货人或托运人征求处理意见，并尽可能按照其意见进行处理。在此期间，对货物按照要求妥善保管，并尽可能安排最早的航班运出。

第二种情况：在运输途中货物发生腐烂、变质，或由于目的站收货人未能及时提取货物使其变质，航空公司将结合具体情况将货物毁弃或移交当地海关处理，发生的额外费用将通过货运单填制人向托运人收取，与此同时在发现货物腐烂变质时，航空公司需要填写运输事故记录并通知托运人或者收货人。

4.4.2 活体动物

1）活体动物运输一般要求

活体动物种类繁多，各具特性，运输工作中容易出现各种各样的麻烦。活体动物不同于其他货物，对环境的变化敏感性很强。工作人员一方面需要了解各种动物的个性，另一方面应严格按照运输规则来组织运输。

为了保证活体动物在航空运输中安全到达目的地，在承运活体动物时需参照IATA每年出版的《活动物规则》（Live Animal Regulations，LAR），其中包括了有关活体动物运输的各项内容，如包装种类、操作和仓储标准等。收运活体动物应以《活动物规则》为依据，严格遵守各项规定。装卸活体动物时应避免污染其他的货物。装卸活体动物时必须谨慎，以确保动物和人的健康与安全。

2）活体动物收运的基本条件

活体动物收运应包括如下基本条件：

（1）交运的动物必须健康状况良好，无传染病，并具有卫生检疫证明；

（2）托运人必须办妥海关手续，根据有关国家的规定，办妥进出口和过境许可证，以及目的地国家所要求的一切文件；

（3）妊娠期的哺乳动物，一般不予收运，除非兽医证明动物在运输过程中无分娩的可能，方可收运，但必须对此类动物采取防护措施；

（4）对于动物与尚在哺乳期的幼畜同时交运情况，只有大动物与幼畜可以分开时，方可收运；

（5）有特殊不良气味的动物，不予收运。

3）活体动物的包装要求

活体动物在航空运输中在容器方面有以下规定：动物容器的尺寸，应适合不同机型的舱门大小和货舱容积；容器应坚固，防止动物破坏容器、逃逸和接触外界；容器上应有便于搬运的装置；动物的出入口处，应设有安全设施，以防发生事故；容器必须防止动物粪便漏溢污损飞机，必要时加放托盘和吸湿物；容器的大小应适合动物的特性，并应为动物留有适当的活动余地，大型动物容器需适合用机械进行装卸的要求；容器必须有足够的通气孔以防止动物窒息；对不能离水的动物，应注意包装防止水的漏溢以及因缺氧而造成动物在途中死亡，必要时容器内应备有饲养设备和饲料。

活体动物的包装容器上还应贴上"动物"标贴、"不可倒置"标贴，如果是有毒的动物，还需要贴上"有毒"标贴。

4）活体动物运输中涉及的文件

在活体动物运输中，托运人每交运一批动物，应填制活动物证明书，一式二份，证明书应由托运人签字，一份交承运人留存，一份和其他资料一起附在货运单上寄往目的站。除活动物证明书外还需要提供动物卫生检疫证明以及有关国家进出口许可证件。

5）活体动物的仓储和运输

活体动物在航空运输仓储过程中应注意以下5点：

（1）根据动物的习性，注意动物存在区域的温度、通风、光线、卫生等环境因素；

（2）互为天敌、来自不同地区、发情期的动物不能放在一起；

（3）不能与食品、放射性物质、毒性物质、传染物质、灵柩、实验用动物等货物放在一起；

（4）承运人一般不负责给动物喂食、喂水，除非托运人有特别要求；

（5）活体动物运输不办理运费到付，必须在订妥全程舱位后方可收运，并应尽量订直达航班，或中转次数少的航班。

同步思考 4-3

问题： 活体动物在运输过程中死亡应该由谁承担责任？

理解要点： 活体动物在运输过程中，由于自然原因而发生的病、伤或者死亡，承运人不负责任；除非能够证明是由于承运人的处理不当造成的，承运人才需要承担责任。动物在运输途中或到达目的地后死亡，如不是由承运人责任造成，所产生的一切处理费用，均由托运人或收货人承担。

4.4.3　危险物品

1）危险物品的范围

危险物品是指在航空货物运输中，可能危害人身健康、安全或者对财产造成损害的物品。

2）危险物品的收运条件

危险物品的托运人必须遵守航空运输全过程中有关货物运输始发站、过境站和终点站所在国家的法律和相关政府、部门、承运人有关危险物品的相关规定，如对货物中的危险品不如实申报或隐瞒不报，均应承担经济和法律责任。

3）危险物品运输中涉及的文件

危险物品在托运过程中需要填写"托运人危险物品申报单"，申报单必须由托运人填写，并对申报的所有内容负责，任何代理人都不可替代托运人签字。托运人签字后一份交给始发站留存，另一份随货物运至目的站。在航空货运单中的"handing information"栏内注明"Dangerous goods as per attached shipper's declaration"字样。

除此之外，还需要有中国民航局批准的空运货物运输条件识别报告书，以及中华人民共和国出入境检验检疫出境货物包装性能检验结果单、危险品航空运输综合保证函等文件。

4）危险物品的仓储和运输

在危险物品的运输中需要注意以下4条原则：

（1）预先检查原则；

（2）方向性原则；

（3）轻拿轻放原则；

（4）固定货物，防止滑动、倾倒、翻滚原则。

4.4.4　贵重货物

1）贵重货物的范围

贵重货物主要包括货物的声明价值每千克超过或等于 1 000 美元的任何物品，以及一些金、银、铂材质制作的各种形状的制品、饰品；合法的银行钞票、有价证券、股票、旅行支票及邮票；钻石、各种宝石及其制品等货物。

2）贵重货物的收运条件

贵重货物包装应用硬质木箱或者铁箱，不能使用纸质包装，必要时外包装上用"井"字铁条加固，并使用铅封或火漆封志。除识别标签和操作标签外，不得使用任何其他标签和粘贴物，只能使用挂签，外包装上不能对内装货物做任何提示性标记。在托运人交运时自愿办理声明价值，每票不超过 10 万美元；超过 10 万美元的，分成几份托运，并按照航空公司要求处理。不可以与其他货物作为一票货物运输。

3）贵重货物运输中涉及的文件

在航空货运单上"Nature and Quantity of Goods"栏内应注明"Valuable Cargo"字样。在航空货运单中的"handing information"栏内按照航空公司要求结合国家规定标注相关信息。

4）贵重货物的运输要求

贵重货物在运输中优先使用直达航班，收运前，托运人必须订妥全程舱位，运输过程中如需特别安全措施，应特别注明，并将货物的航班安排情况通知收货人。贵重货物不得使用地面运输，贵重货物应存放在贵重货物仓库内，并随时记录出、入库情况。货物交接时必须有书面凭证并经双方签字。运输贵重货物，尽量缩短货物在始发站、中转站和目的站机场的时间，避开周末或节假日交运。中转站接收中转的贵重货物，应进行复核，发现包装破损或封志有异，应停止运输，征求始发站的处理意见，如果发现贵重货物有破损、丢失或短少等迹象，应立即停止运输，填写"货物不正常运输记录"并通知有关部门。

同步案例 4-3

贵重物品航空运输案

背景与情境：某托运人准备从上海运往巴黎 10 枚金币。该托运人欲请货运代理人代为向航空公司交运。

问题：

（1）如何包装这票货物？

（2）容器应贴有哪些标贴？

（3）在货运单栏"Nature and Quantity of Goods"项目下，应该注明什么字样？

（4）能否办理运费到付？

（5）这票货物的声明价值不得超过多少美元？

分析提示：

（1）用硬质木材或铁箱包装，必要时加"井"字加固并使用铅封或火漆封志。

（2）除识别标签和操作标签外不应有其他任何额外标贴，特别是不应有任何对内装货物做出提示的标记。

（3）真实的货物名称，准确的净重和件数，同时注明"Valuable Cargo"字样。

（4）可以办理运费到付。

（5）不得超过10万美元。

4.4.5　超大、超重货物

1）超大、超重货物范围

超大货物是指需要一个以上的集装板方能装下的货物，这类货物的运输需要特殊处理程序及装卸设备。超重货物是指每件超过150千克的货物。

2）超大、超重货物的收运及运输要求

超大、超重货物订舱时应说明货物的重量和尺寸，并在货运单内单独列明，承运人可提前制订装载计划并准备必要的固定设施。托运人提供的包装应便于承运人操作。托运人要确保货物内部不含有危险性物品，重货尽量装在集装箱的中间位置；如果装载的货物未超过集装箱容积的2/3，且单件货物重量超过150千克，则需要固定。

4.5　航空货运单

1）航空货运单的概念

航空货运单（Airway Bill），是托运人和承运人订立合同接受货物和承运条件的证明。

2）航空货运单的作用与用途

航空货运单的作用与用途主要有：①航空货物运输合同订立和运输条件的证明文件；②收到货运单上记载货物的证明或收据；③运杂费账单与发票的凭证；④报关文件，即与其他文件一起作为交付海关查验和货物进出口清关的基本单证；⑤保险证明，若航空承运人承办保险或发货人要求承运人代办保险，货运单上相关记载作承保依据；⑥承运人处理业务的依据，若航空货运单与货物同行，在该货运单项下，承运人根据运单上记载的内容和指示办理货运业务，包括装载、运输、交付及计收费用等事宜。

3）航空货运单的组成

航空货运单通常由相同编号的一式数联组成，包括若干正本和若干副本。一式数联的航空货运单，一般有3份正本及至少6份副本，都有相同的编号。航空货运单编号一般采用11位数字表示，前3位数字是航空公司的代码号，后7位数字是承运每票货物的顺序编号，最后1位是核查号。航空货运代理人以集中托运的方式安排出口和进口时，航空货运单根据业务要求又有总运单和分运单两类。**航空总运单（Master Airway Bill）**又称航空主运单，是指航空货运代理人把若干单独托运的货物集中起来并用同一份经航空承运人签署的与货物一起发运到同一到站的运单。航空分运单是指航空货运代理人签发给各委托人的货物收据及提货凭证。

4）航空货运单的主要内容

航空货运单正面以填制内容为主，一般来说，航空货运单应包括：①货物品名、性质、重量、体积、包装、件数及标志或号数，货物说明与价值声明；②托运人姓名、公司名称、地址及通信号码，收货人名称、地址及通信号码；③航空承运人及名称、地址，以及代理人的IATA代号；④起运地、出运时间、机号及航班，如果采用联运方式，则还包括经停和换装转运地、第一承运人的名称和地址、目的港及预计抵达时间、收货人及其地址、通信号码；⑤计费重量、运费及其支付方式；⑥货运保险及其费用负担；⑦货运单的填写地点、日期，航空货运单的份数，以及随附文件；⑧声明运输期间适用的规定或公约；⑨双方当事人商定的其他事宜与运输条件。

> **问题思维 4-1**

疑点：收货人在目的地提取货物时，需要出示航空运单。

释疑提示：航空运单（Airway bill）是由承运人或其代理人签发的重要的货物运输单据，是承托双方的运输合同，其内容对双方均具有约束力。航空运单不可转让，持有航空运单也并不能说明可以对货物要求所有权。不是物权凭证，所以在目的地提取货物时不需要出示。

4.6　国际航空运费的计算

4.6.1　基本概念

1）运价、航空运费及其他费用

运价（Rate），又称费率，是指承运人对所运输的每一重量单位货物（千克或者磅）所收取的自始发地机场至目的地机场的航空费用。**航空运费（Weight Charge）**是指航空公司将一票货物自始发地机场运至目的地机场所应收取的航空运输费用。该费用根据每票货物所适用的运价和货物的计费重量计算而得。**其他费用（Other Charges）**是指由承运人、代理人或其他部门收取的与航空货物运输有关的费用，包括提供地面运输、仓储、制单、国际货物的清关环节等服务的部门所收取的费用。

2）计费重量

计费重量（Chargeable Weight） 是指用以计算货物航空运费的重量。航空货物运输计费重量或者是货物的实际毛重，或者是货物的体积重量，或者是较高重量分界点的重量。货物的实际重量（Actual Gross Weight）是指一批货物包括包装在内的实际总重量。凡重量大而体积相对小的货物以其实际重量作为计费重量。货物的体积重量（Volume Weight）是指将货物的体积按一定的比例折合成的重量。我国民航规定以 6 000 立方厘米折合为 1 千克为计算标准。当一批货物由几件不同货物组成，其中有重货也有轻泡货时，其计费重量以整批货物的总毛重或总体积重量或两者中较高的一个计算。国际航协规定，国际货物的计费重量以 0.5 千克为最小单位，重量尾数不足 0.5 千克的，按 0.5 千克计算，0.5 千克以上不足 1 千克的，按 1 千克计算。例如，10.01 千克按 10.5 千克计算；10.52 千克按 11 千克计算。一票货物自始发地机场至目的地机场航空运费有最低限额，称为最低运费。在实践操作中，货物按其适用的航空运价与其计费重量计算所得的航空运费，应与货物最低运费相比较，取其中高者。

3）国际航空货物运价与运费计收

国际航协运价是指 IATA 在 TACT 运价资料上公布的运价。国际货物运价可以分为公布直达运价和非公布直达运价，具体见表 4-1。

表4-1   **IATA运价体系表**

IATA 运价	公布直达运价	普通货物运价（General Cargo Rate）
		指定商品运价（Specific Commodity Rate）
		等级货物运价（Commodity Classification Rate）
		集装货物运价（Unit Load Device Rate）
	非公布直达运价	比例运价（Construction Rate）
		分段相加运价（Combination of Rate and Charge）

4）与航空货物运输相关的杂费

在航空货运活动中，主要杂费有：从承运人的营业场所至机场或反向的货物运输费；保管费、仓库保管费及相关收费；特殊货物操作费；保险费；货到付款服务费；代垫付款；结关费用；罚款；修理、货物包装等费用；货物转运、续运或退运的费用。

4.6.2 普通货物运价

1）普通货物运价基础知识

普通货物运价（General Cargo Rate，GCR）是指除了等级货物运价和指定商品运价以外的适合于普通货物运输的运价。

各航空公司公布的普通货物运价针对所承运货物数量的不同规定几个计费重量分界点（Breakpoint）。最常见的是 45 千克分界点，将货物分为 45 千克以下的货物和 45 千克以上（含 45 千克）的货物。45 千克以下的普通货物运价，又被称为标准普通货物运价，即 Normal General Cargo Rate，用"N"表示。45 千克以上（含 45 千克）的不同重量等级分界点的普通货物运价用"Q"表示，如"Q45"表示 45 千克以上（含 45 千克）普通货物的运价。另外，根据航线货流量的不同还可以规定 100 千克、300 千克分界点，用"Q100""Q300"表示。运价的平均数额随运输货量的增加而降低。用货物的计费重量和其适用的普通货物运价计算而得的航空运费不得低于运价资料上公布的航空运费的最低收费标准（M）。

M：Minimum Charge　　　　　最低运费

N：Normal Rate　　　　　　　45 千克以下普通货物运价

Q：Quantity Rate　　　　　　45 千克以上普通货物运价

C：Specific Commodity Rate　指定商品运价

R：Class Rate Reduction　　　等级运价附减

S：Class Rate Surcharge　　　等级运价附加

运价分类代号在航空货运单的销售工作中，主要用于填制货运单运费计算栏的"RATE CLASS"一栏。

2）普通货物运价计算

（1）专业术语

在普通货物运价计算中涉及一些专业术语，需要掌握：Volume——体积；Volume Weight——体积重量；Gross Weight——毛重；Chargeable Weight——计费重量；Applicable Rate——适用运价；Weight Charge——航空运费。

（2）计算步骤

① 计算体积重量。

② 体积重量与实际毛重比较，取其高者作为暂时的计费重量，计算出一个运费。

③ 若有重量分界点运价，且货物的计费重量接近于较高重量分界点，则再采用较高重量分界点的较低运价计算出一个运费。

④ 两次计算出的运费进行比较，取低者作为最终的航空运费，其对应的重量为计费重量；如果计算出来的运费没有最低运费多，将采用最低运费为航空运费。

⑤ 填制航空货运单的运费计算栏。

（3）普通货物运价计算举例

同步计算 4-1

从北京通过航空运输方式运送一批服装到日本东京，货物毛重为 25.2 千克，体积为 82cm×48 cm×32cm，航空公司公布的运价如下：

BEIJING	CN		BJS
Y.RENMINBI	CNY		KGS
TOKYO	JP	M	320.00
		N	30
		45	28.13

问题：根据以上已知条件计算该批货物的航空运费。

解：Volume：82cm×48 cm×32cm = 125 952cm³

Volume Weight：125 952cm³÷6 000cm³/Kg=20.99Kgs=21.0Kgs

Gross Weight：25.2Kgs

Chargeable Weight：25.5Kgs

Applicable Rate：GCR N 30CNY/KG

Weight Charge：25.5×30 = CNY 765

在航空货运单运费栏目内填入：

No. Of pieces RCP	Gross Weight	Kg Lb	Rate Class		Chargeable Weight	Rate/ Charge	Total	Nature and Quantity of Goods（Incl dimensions or Volume）
			N	Commodity Item No.				
1	25.2	K			25.5	30	765	GARMENTS DIMS：82cm×48 cm×32cm

同步计算4-2

从北京空运到荷兰阿姆斯特丹一批工具货物，该批货物的毛重为38千克，体积为100cm×50cm×30cm，航空公司公布的运价如下：

BEIJING	CN		BJS
Y.RENMINBI	CNY		KGS
AMSTERDAM	NL	M	320.00
		N	50.12
		45	41.52
		300	37.51

问题：请结合所学知识计算该货物的航空运费。

理解要点：在计算过程中思考本题是按照实际重量计算运费，还是应该按照较高重量分界点的较低运价计算运费。

解：

① 先按照实际重量计算：

Volume：100cm×50cm×30cm=150 000cm³

Volume Weight：150 000cm³÷6 000cm³/kg=25.0Kgs

Gross Weight：38.0Kgs

Chargeable Weight：38.0Kgs

Applicable Rate：GCR N 50.12CNY/KG

Weight Charge：38×50.12 = CNY 1 904.56

② 采用较高重量分界点的较低运价计算：

Chargeable Weight：45.0kgs

Applicable Rate：GCR Q41.52CNY/Kg

Weight Charge：45×41.52 = CNY 1 868.4

① 和 ② 的计算结果比较，取运费较低者

Weight Charge：45×41.52 = CNY 1 868.4

在航空货运单运费栏目内填入：Gross Weight：38.0；Rate Class：Q；Chargeable Weight：45.0；Rate/Charge：41.52，Total：1 868.4。

No. Of pieces RCP	Gross Weight	Kg Lb	Rate Class		Chargeable Weight	Rate/ Charge	Total	Nature and Quantity of Goods (Incl dimensions or Volume)
			Q	Commodity Item No.				
1	38.0	K			45	41.52	1 868.4	TOOLS DIMS：100cm×50cm×30cm

除了以上两种情况，在普通货物运价的计算中还会出现适用最低运价的情形，也就是说根据货物的运费计算方法，计算出的运费没有最低运费多，这时适用的是最低运价。

4.6.3　指定商品运价

1）指定商品运价基础知识

指定商品运价（Specific Commodity Rate，SCR）是承运人根据在某一航线上经常运输某一种类货物的托运人的请求或为促进某地区间某一种类货物的运输，经国际航空运输协会同意所提供的优惠运价。国际航空运输协会公布指定商品运价时将货物划分为以下类型：

0001—0999 食用动物和植物产品；

1000—1999 活动物和非食用动物及植物产品；

2000—2999 纺织品、纤维及其制品；

3000—3999 金属及其制品，但不包括机械、车辆和电气设备；

4000—4999 机械、车辆和电气设备；

5000—5999 非金属矿物质及其制品；

6000—6999 化工品及相关产品；

7000—7999 纸张、芦苇、橡胶和木材制品；

8000—8999 科学、精密仪器、器械及配件；

9000—9999 其他货物。

由于特种货物运价比普通货物运价要低，因此适用指定商品运价的货物除了满足航线和货物种类的要求外，还必须达到承运人所规定的起码运量（如100千克）。如果货量不足，而托运人又希望适用指定商品运价，那么货物的计费重量就要以所规定的最低运量（100千克）为准，该批货物的运费就是计费重量（在此是最低运量）与所适用的指定商品运价的乘积。

指定商品运费可按较高重量分界点较低运价计算出较低运费。当货物的计费重量没有达到指定商品运价的最低重量要求时，按指定商品运价计算得出的运费高于按普通货物运价计算出的运费，则按低者收取货物运费。

2）指定商品运价计算

（1）指定商品运价计算步骤

①查询运价表中由始发地至目的地的运价，如有指定商品代号，则考虑使用指定商品运价。

业务链接4-2

从中国始发的常用指定商品代码

从北京始发的货物的指定商品代码有如下商品：

0007 FRUIT，VEGETABLESZ 水果，蔬菜；

0008 FRUIT，VEGETABLES-FRESH 新鲜的水果，蔬菜；

0300FISH（EDIBLESEAFOOD）鱼（可食用的），海鲜、海产品；

1093 WORMS 沙蚕；

2195 A：YARN，THREAD，FIBRES，CLOTHNOTFURTHERPROCESSEDORMANUFACTURED：EXCLUSIVELYINBALES，BOLTS，PIECES 成包、成卷、成块未进一步加工或制造的纱、线、纤维、布；

B：WEARINGAPPAREL，TEXTILEMANUFACTURES 服装、纺织品；

2199A：YARN，THREAD，FIBRES，TEXTILES 纱、线、纤维、纺织原料；

B：TEXTILE MANUFACTURES 纺织品；

C：WEARING APPAREL 服装（包括鞋、袜）；

2211YARN，THREAD，FIBRES-NOTFURTHERPROCESSEDORMANUFACTURED：EXCLUSIVELY INBALES，BOLTS，PIECES-WEARING APPAREL，TEXTILEMANUFAC-TURES 成包、成卷、成块未进一步加工或制造的纱、线、纤维；服装、纺织品；

7481 RUBBER TYRES，RUBBER TUBES 橡胶轮胎、橡胶管。

②查找TACT RATES BOOKS品名表，确定该货物属于组，找出与其品名相对应的指定商品编号。

③检查货物的计费重量，如果达到了指定商品运价的最低重量，则使用指定商品运价计算。

④如果货物的计费重量没有达到指定商品运价的最低重量要求，则需要与普通货物运价进行比较计算，取运价低者。

同步思考 4-4

问题：指定商品运价的适用规则有哪些？

理解要点：①运输始发地至目的地之间有公布的指定商品运价；②托运人所交运的货物名称应与有关指定商品运价的货物品名吻合；③货物的计费重量满足指定商品运价使用时的最低重量要求。

（2）指定商品运价计算举例

同步计算 4-3

从北京运到日本大阪一批新鲜苹果（FRESH APPLES），共 5 件，每件 65 千克，货物的总体积为 100cm×50cm×25cm×5，公布运价如下：

BEIJING	CN		BJS
Y.RENMINBI	CNY		KGS
OSAKA	JP	M	320.00
		N	37.51
		45	28.13
	0008	300	18.80
	0300	500	20.65
	1093	100	18.51

问题：请计算该批货物的航空运费。

解：经过查 TACT RATES BOOKS 的品名表，新鲜苹果（FRESH APPLES）属于编号"0008"指定商品代码，货物的重量符合"0008"指定商品运价使用的规则，所以本票货物的航空运费计算如下：

Volume： 100cm×50cm×25cm×5=625 000cm^3

Volume Weight： 625 000cm^3÷6 000cm^3/Kg=104.17Kgs

Gross Weight： 65×5=325kgs

Chargeable Weight： 325kgs

Applicable Rate： SCR 0008/Q30018.80CNY/KG

Weight Charge： 325×18.80 = CNY 6 110

航空货运单的运费计算栏目填制如下：

No. Of pieces RCP	Gross Weight	Kg Lb	C	Rate Class		Chargeable Weight	Rate/Charge	Total	Nature and Quantity of Goods（Incl dimensions or Volume）
				Commodity Item No.					
5	325	K		0008		325	18.80	6 110	FRESH APPLES DIMS：100cm×50cm×25cm×5

4.6.4　等级货物运价

等级货物运价（Class Rate or Commodity Classification Rate，CCR）指适用于指定地区内部或地区之间的少数货物运输。通常表示为在普通货物运价的基础上增加或减少一定的百分比。当某一种货物没有指定商品运价可适用时，方可使用合适的等级运价。适用等级货物运价的货物通常有：活动物、装活动物的集装箱和笼子；贵重物品；尸体或骨灰；报纸、杂志、期刊、书籍、商品目录、盲人和聋哑人专用设备和书籍等出版物；作为货物托运的行李。

其中，活动物、装活动物的集装箱和笼子；贵重物品；尸体或骨灰通常在普通货物运价基础上增加一定百分比。报纸、杂志、书籍、商品目录、盲人和聋哑人专用设备和书籍等出版物；作为货物托运的行李在普通货物运价的基础上减少一定百分比。

同步计算4-4

从北京运到美国纽约一只2岁龄宠物狗（LIVE DOG），毛重40千克，体积为：100cm×50cm×60cm，付款方式为全部预付，公布运价如下：

BEIJING	CN		BJS
Y.RENMINBI	CNY		KGS
NEW YORK	US	M	630.00
		N	65.28
		45	47.98
		300	45.21
		500	40.23

IATA AREA（see Rule 1.2.2 Definitions of Areas）						
ALL LIVE ANIMALS Except：Baby Poulty Less than 72 hours old	Within 1	Within 2 （see also Rule3.7.1.3）	Within 3	Between 1&2	Between2&3	Between3&1
	175%of Normal GCR	175%of Normal GCR	150%of Normal GCR EXCEPT：1BELOW	175%of Normal GCR	150%of Normal GCR EXCEPT：1BELOW	150%of Normal GCR EXCEPT：1BELOW

问题：请计算宠物狗的航空运费。

解：从运价表可以看出，从三区到一区之间运送一般的活体动物，运价为 150%of Normal GCR，航空运费计算如下：

Volume：100cm×50cm×60cm=300 000cm^3

Volume Weight：300 000cm^3÷6 000cm^3/Kg=50Kgs

Gross Weight：40Kgs

Chargeable Weight：50Kgs

Applicable Rate：150%N=150%×65.28=CNY97.92

Weight Charge：50×97.92 = CNY 4 896

航空货运单的运费计算栏目填制如下：

No. Of pieces RCP	Gross Weight	Kg Lb	Rate Class		Chargeable Weight	Rate/ Charge	Total	Nature and Quantity of Goods (Incl dimensions or Volume)
				Commodity Item No.				
1	40	K	S	N150	50	97.92	4 869	DOG DIMS: 100cm×50cm×60cm LIVE ANIMAL

━ 本章概要 ━➡

☐ 内容提要与结构

▲ 内容提要

● 国际航空货物运输的概念、特点，运输的基本条件和业务种类。

● 鲜活易腐货物、活体动物、危险物品、贵重货物、超大超重货物航空货物运输的基本范围和要求。

● 国际航空运输中普通货物运价计算方法。

● 国际航空运输中指定商品运价计算方法。

● 国际航空运输中等级货物运价计算方法。

● 国际航空货物进出口运输代理业务程序的基本环节。

▲ 内容结构

本章内容结构如图4-3所示：

☐ 主要概念和观念

▲ 主要概念

国际航空货物运输　班机运输　整机包机　部分包机　集中托运　集中托运人　托运单　鲜活易腐货物　航空货运单　航空总运单　运价　航空运费　其他费用　计费重量

国际航空货物运输的概念、特点
国际航空货物运输组织
国际航空货物运输的基本条件
国际航空货物运输的业务种类
航空集中托运
国际航空运输区划和时差计算
国际航空运输代码

国际航空货物运输概述

国际航空货物运输进口业务流程
国际航空货物运输出口业务流程

国际航空货物运输

国际航空运费的计算
航空货运单
国际航空特种货物运输

基本概念
普通货物运价
指定商品运价
等级货物运价

鲜活易腐货物
活体动物
危险物品
贵重货物
超大、超重货物

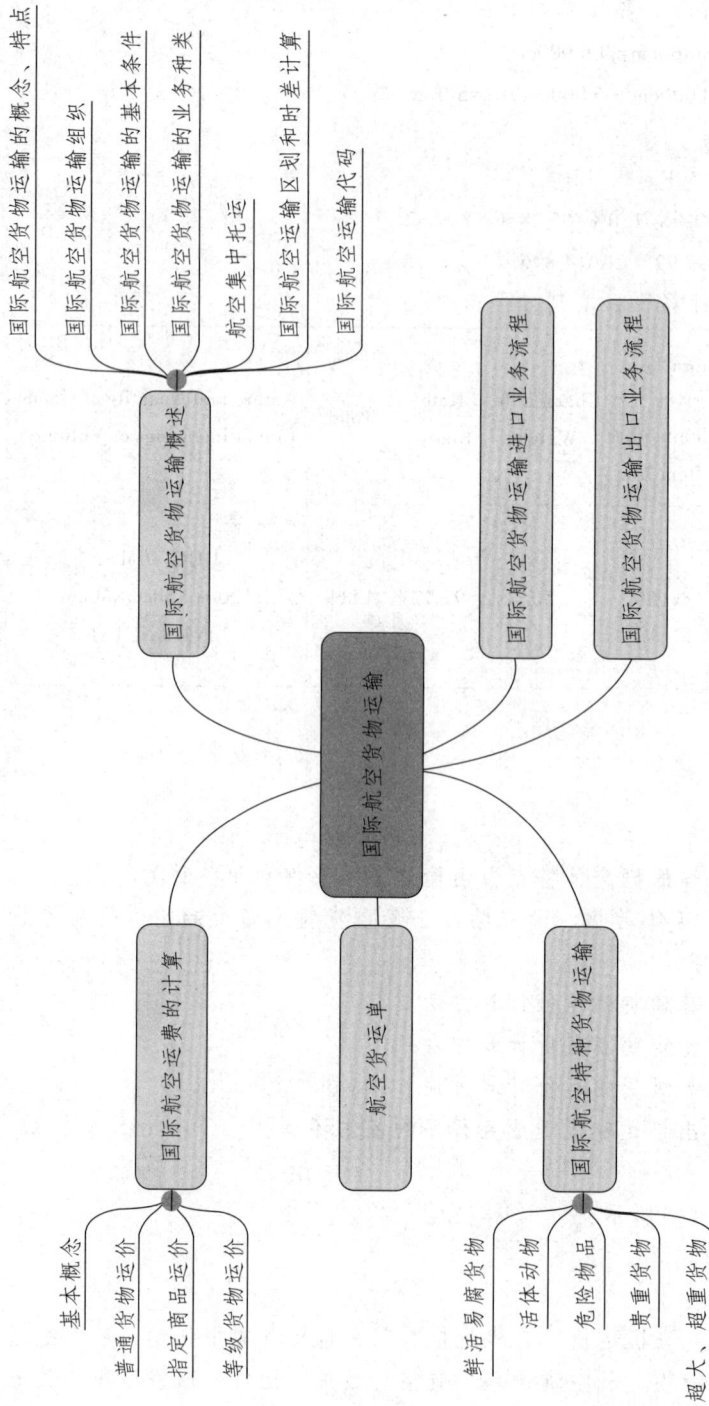

图4-3　本章内容结构图

▲ 主要观念

国际航空货物运输

☐ 重点实务和操作

▲ 重点实务

国际航空货物运输进出口业务操作

▲ 重点操作

"国际航空货物运输"知识应用

━ 基本训练 ━➤

☐ 理论题

▲ 简答题

1）简述国际航空货物运输的概念、特点、组织和业务种类。

2）简述航空货运单的概念、组成和主要内容。

3）简述国际航空运费的基本概念。

4）等级货物主要包括哪些货物？

▲ 讨论题

1）航空货运单有什么作用和用途？

2）国际航空货物运输的基本条件是什么？

☐ 实务题

▲ 规则复习

1）国际航空货物运输运费的计算类型。

2）国际航空货物进口运输业务流程。

3）国际航空货物出口运输业务流程。

▲ 业务解析

我国A出口公司向国外B公司出口一批工艺品，合同规定采用航空运输方式进行运输，采用信用证进行结算货款，B公司开来的信用证显示：装运不晚于5月20日，所有单据在装运后5天内向银行议付交单，A公司在5月4日向机场办妥装运手续，后因天气原因，飞机延期至7日起飞，恰好7日和8日为双休日，单证人员于5月10日向银行办理议付，开证行拒付，理由是交单期与信用证要求不符，而国外B公司凭航空公司可以不用运单提货的条件向承运人提走了装运货物。

问题：在本案例中开证行拒付有无道理？出口公司是否存在失误？你认为本案例应该如何善后？

☐ 案例题

▲ 案例分析

【训练项目】

案例分析-Ⅳ。

【相关案例】

航空货物运输受损案

背景与情境： 一票从澳大利亚墨尔本空运到北京的奶酪：货运单号999-89783444，1件500千克，货物价值20 000美元。飞机于2023年8月9日到达北京机场，当天上午9点航空公司发出到货通知。收货人当天办理完海关手续后到机场提货时，发现货物并没有放在冷库保存，奶酪解冻后受损，收货人当时便提出异议。因为在货运单的操作注意事项栏中明显注明"KEEP COOL"字样，但工作人员在分拣时疏忽没有看到。最后经过挑选，损失达60%左右。

问题：

1）收货人能否向承运人索赔，为什么？

2）承运人如果赔偿，能否享受责任限额？为什么？

3）赔偿总金额是多少？

4）结合上述案例分析，请总结进行运输方案设计需要考虑哪些因素。

【训练要求】

同第1章"基本训练"中本题型的"训练要求"。

▲ 课程思政

【训练项目】

课程思政-Ⅳ。

【相关案例】

航空运输致损索赔案

背景与情境： 某航空公司承运一批空运货物，其中有一件是易碎货。托运人在托运单上正确地描述了包裹中货物的性质，但负责代为办理托运的空运代理在填写航空货运单时，由于疏忽未写明该包裹中易碎货物的性质。在目的地，卸货操作人员不知晓该包裹中货物的性质。至交货时发现该批货物已严重受损，收货人打算向责任方提出索赔。

问题：

1）承运人对此是否应承担责任，为什么？

2）发货人是否可以向空运代理提出索赔，为什么？

3）空运代理对此是否应承担责任，为什么？

4）空运代理是否有权享受国际航空货运公约所规定的条件和责任限额，为什么？

5）本案应如何正确处理，其法律依据是什么？

【训练要求】

同第1章"基本训练"中本题型的"训练要求"。

□ 自主学习

【训练项目】

自主学习-Ⅲ。

【训练目的】

见本章"学习目标"中"创新型学习"的"自主学习"目标。

【教学方法】

采用"学导教学法"和"研究教学法"。

【训练要求】

1）以班级小组为单位组建学生训练团队，各团队依照本教材"附录二"的附表2中"自主学习"（初级）的"基本要求"和各"技术-技能"点的"参照规范与标准"，制订团队《自主学习计划》。

2）各团队实施《自主学习计划》，自主学习本教材"附录一"的附表1中"自主学习"（初级）各"技术-技能"点的"'知识准备'参照规范"所列知识。

3）各团队以自主学习获得的"学习原理"、"学习策略"与"学习方法"知识为指导，通过校图书馆、院资料室和互联网，查阅和整理近两年以"世界主要航空港"为主题的国内外学术文献资料。

4）各团队以整理后的文献资料为基础，依照相关规范要求，讨论、撰写和交流《"国际航空货物运输"最新文献综述》。

5）撰写作为"成果形式"的训练课业，总结自主学习和应用"学习原理"、"学习策略"与"学习方法"知识（初级），依照相关规范，准备、讨论、撰写和交流《"国际航空货物运输"最新文献综述》的体验过程。

【成果形式】

训练课业：《"自主学习-Ⅲ"训练报告》

课业要求：

1）内容包括：训练团队成员与分工；训练过程；训练总结（包括对各项操作的成功与不足的简要分析说明）；附件。

2）将团队《自主学习计划》和《"国际航空货物运输"最新文献综述》作为《"自主学习-Ⅲ"训练报告》的"附件"。

3）《"国际航空货物运输"最新文献综述》应符合"文献综述"的规范要求，做到事实清楚，论据充分、逻辑清晰。

4）结构与体例参照本教材"课业范例"的"范例-4"。

5）在校园网的本课程平台上展示班级优秀训练课业，并将其纳入本课程的教学资源库。

单元考核

考核评价要求：同第1章"单元考核"的"考核评价要求"。

第 5 章
国际其他货物运输

学习目标

通过本章学习，应该达到以下目标：

理论目标： 学习和把握国际其他货物运输的相关概念、特点与分类等陈述性知识；能用其指导本章"同步思考"、"问题思维"、"教学互动"和"基本训练"中"理论题"各题型的认知活动，正确解答相关问题；体验本章"初级学习"中专业认知的横向正迁移，以及相关胜任力中"认知"要素的阶段性生成。

实务目标： 学习和把握国际铁路联运、公路运输的经营方式和运费计收、集装箱货物运输进出口业务程序、多式联运枢纽的基本要求和一般业务程序、筹办展览的主要业务工作、国际邮政物流邮资的计收，以及相关"业务链接"和二维码资源等程序性知识；能以其建构"国际其他货物运输"中的规则意识，正确解析本章"同步思考"、"深度剖析"、"教学互动"和"基本训练"中"实务题"的相关问题；体验本章专业规则与方法"初级学习"中的横向正迁移和"高级学习"中的重组性迁移，以及相关胜任力中"专业规则"要素的阶段性生成。

案例目标： 运用本章理论与实务知识研究相关案例，培养和提高在"国际其他货物运输"特定业务情境下分析、解决问题与决策设计的能力；能结合本章教学内容，依照相关规范，对"课程思政5-1"和章后"课程思政-V"等案例中的企业及其从业人员行为进行思政研判，通过思想政治元素融入专业课的协同效应，促进"立德树人"根本任务的落实；体验本章"高级学习"中专业知识与思政元素的协同性重组迁移，以及相关胜任力中"认知弹性"要素的阶段性生成。

自主学习： 参加"自主学习-Ⅳ"训练。在实施《自主学习计划》的基础上，通过阶段性学习和应用"附录一"的附表1中"自主学习"（中级）各技术-技能点的"'知识准备'参照范围"所列知识，搜集、整理与综合"国际多式联运"前沿知识，讨论、撰写和交流《"国际多式联运货物运输"最新文献综述》，撰写《"自主学习-Ⅳ"训练报告》等活动；体验本章"自主学习"中"专业"与"通用"规则和技能的"重组性"迁移，以及胜任力中"求知韧性"的阶段性生成。

引例　国际多式联运货物赔偿

背景与情境： 2019年11月18日，我国A公司与美国B公司签订了进口3套冷水机组的贸易合同，交货方式为FOB美国西雅图港，货物总价值为319 360美元，保险由买方购买，目的地为吴江。2019年12月24日，B公司出具了编号为FEINV045309的商业发票，发票金额为319 360美元。启明国际航运有限公司于2019年12月27日从美国西雅图港以国际多式联运方式运输了共3个集装箱的货物经上海到吴江。启明国际航运有限公司作为全程承运人签发了编号为OOCL19107710的空白指示提单，发货人为B公司，收货人为空白指示提单经托运人背书后的提单持有人即A公司。货物装在2个20英尺框架集装箱内，箱号为TRIU0604894和TRIU0610388，货物为冷水机组。

货物到达上海港后，2020年1月11日启明国际航运有限公司与中国外运苏州公司通过传真方式就编号为OOCL19107710提单下货物的陆路直通运费、短驳运费和开道车费用达成协议，约定上述三项费用的总金额为人民币9 415元。在运输时，上海港集装箱码头有限公司开出了户名为"吴江A"的大件开道费发票，发票金额为人民币3 500元。2020年6月5日，中国外运苏州公司开出了付款单位为启明国际航运有限公司编号为0305143和0305142的2张国际货物运输代理业专用发票，发票金额为人民币9 415元。

2020年1月9日，编号为95318816.7的中国外轮理货总公司上海分公司在上海卸船时出具了由理货员签名的理货单，箱号为TRIU0604894和TRIU0610388的2个框架集装箱无损坏记录；启明国际航运有限公司出具的编号为0745604、0745605的2份集装箱发放/设备交接单（出场联）表明，箱号为TRIU0604894和TRIU0610388的2个框架集装箱离开上海外高桥港区时完好无损，而2020年1月22日涉案集装箱到达目的地吴江时由堆场值班员签署的编号为0745604、0745605的2份集装箱发放/设备交接单的"进场联"表明，货物到场时2个框架集装箱底板破损，机器设备压缩机顶部外壳破碎（内部受损程度待查）。

2020年2月4日，收货人委托的上海东方天祥检验服务有限公司出具的检验报告、2020年2月25日收货人申请的中华人民共和国吴江海关出具的编号为320300102000135的检验证书和2020年4月26日中国人民保险公司吴江市支公司（以下简称"人保吴江公司"）委托的上海大洋保险公估有限公司出具的公估报告书，虽非启明国际航运有限公司、收货人和保险人及中国外运苏州公司共同委托，但关于货损事实的存在是可以认定的，中国外运苏州公司对货损区段的责任提出了异议，而对货损事实未予否认。

2020年4月26日，人保吴江公司作为涉案货物的保险人委托上海大洋保险公估有限公司就损失进行了公估，并出具了公估报告书，因人保吴江公司作为货损的赔偿责任人，其与收货人存在相对立的利害关系，并要承担对收货人损失的保险赔偿责任，且鉴于该报告书的"公估"性质，故对该公估报告书可予采信。上海大洋保险公估有限公司出具的公估报告书所确立的损失金额为211 378美元。

2020年1月9日编号为95318816.7的中国外轮理货总公司上海分公司的货物

在上海卸船时出具的理货单和启明国际航运有限公司的编号为0745604、0745605的2份集装箱发放/设备交接单的出场联，可以证明货物在上海卸货和出集装箱堆场时是完好的，而到达目的地吴江后编号为0745604和0745605的2份集装箱发放/设备交接单的进场联表明集装箱和货物均存在损坏。

2019年12月24日，收货人A公司就涉案货物的运输保险填具投保单，向人保吴江公司投保。2019年12月24日保险人向A公司开具编号为0868074的货物运输保险费发票。2019年12月24日人保吴江公司开具了编号为PYCA200132058400IT010的货物运输保险单，被保险人为A公司。该保险合同的承保险别是中国人民保险公司1981年1月1日的海洋货运保险条款一切险，保险责任期间为仓至仓条款。2020年3月29日收货人A公司向保险人人保吴江公司出具情况说明，并提出理赔要求。2020年4月19日收货人A公司与受损货物的保险人人保吴江公司达成了赔偿合约，约定保险人向收货人赔偿21万美元。2020年4月26日，人保吴江公司委托的上海大洋保险公估有限公司出具了公估报告书，公估定损金额为210 103.56美元。2020年4月30日人保吴江公司赔付给A公司19万美元，折合人民币1 571 300元的保险赔偿金，收货人A公司签署了金额为人民币1 571 300元的权益转让书给保险人人保吴江公司。

2020年6月5日，保险人人保吴江公司向启明国际航运有限公司发出了索赔函。2020年12月18日启明国际航运有限公司与该货物保险人人保吴江公司达成赔付金额为11万美元的和解协议。2020年12月23日，人保吴江公司向启明国际航运有限公司签发了收据和免除责任确认书。

（资料来源 110法律咨询. 东方海外货柜航运有限公司诉中国外运江苏集团公司苏州公司国际多式联运合同陆路运输段［EB/OL］.［2021-07-01］. http: //data.110.com/a50837.html. 引文经节选、整理与改编）

上海海事法院审理认为，涉案货物运输起运港为美国西雅图，目的港为经中国上海至吴江，运输经过了海运和陆路运输，依照我国《海商法》第一百零二条所规定的"多式联运合同"，运输方式应为国际多式联运。本案原定案由为沿海货物运输合同货损货差纠纷不当，调整为国际多式联运合同陆路运输段货物损害追偿纠纷。从引例可见，在国际多式联运中货损责任的判定非常困难，需要结合多种专业知识进行判断和分析。

5.1 国际陆上货物运输

5.1.1 国际铁路货物运输

1）国际铁路货物运输的概念与特点

国际铁路货物运输是指经由地上、地下及架空铁路实现货物从一地到另一地的位移。与其他运输方式相比较，铁路运输具有以下显著特点：①运输量较大，安全可靠；②运输速度快；③运输成本较低；④运输具有较高的连续性和准确性，受气候条件的影响较小；⑤环境污染和噪声较小；⑥安全性高，事故率低；

⑦占地面积小。

2）国际铁路货物运输的分类

国际铁路货物运输主要分为：①冷冻货物的运输；②大量液体或气体的运输；③集装箱货物运输；④邮包运输；⑤其他货物运输。

3）国际铁路联运

（1）国际铁路联运的性质和特点

国际铁路联运（international through railway transport）是指使用一份统一的国际铁路联运票据，由跨国铁路承运人办理两国或两国以上铁路的全程运输，并承担运输责任的一种连贯运输方式。

国际铁路联运具有以下特点：①手续简便，方便发、收货人；②便于在国际贸易中充分利用铁路运输的优势；③可及早结汇；④促进铁路沿线外向型经济及铁路运输企业的发展。

（2）国际铁路联运出口货物运输

国际铁路联运出口货物运输的组织工作，主要包括计划的编制、货物的托运和承运、运送和交付。货物的托运与承运的过程，即为承运方（铁路）与托运方（发货人）缔结运输合同的过程。托运是发货人向铁路提出委托运输的行为；承运则是铁路接受发货人所提出的货物运输的委托的行为。发货人按车站指定日期将货物搬入车站或指定货位，经车站根据运单的记载事项核实货物，确认符合国际联运的有关规定后即予以接收。在发货人付清一切应付运送费用后，车站在所提交的运单上加盖车站的日期戳。运单在加盖车站日期戳后，即标志承托双方以运单为凭证的运输合同开始生效，参运国铁路对货物负有从始运地运送至运单上指定的目的地的一切责任。

（3）国际铁路联运进口货物运输

通过国际铁路联运进口货物，均需办理报关、报验、铁路货物单证的交接等手序，主要工作包括：①进口合同资料抄寄工作。合同资料是国境站核放货物的重要依据，也是向各有关部门报关、报检的凭证。各进出口公司在对外合同签字后，要及时将一份合同中文抄本寄给货物进口口岸的分支机构。对于由外运公司分支机构接收的分拨小额订货，必须在抄寄合同的同时，按合同内容填写货物分类表。合同资料包括合同的中文抄本和它的附件、补充书、协议书、变更申请书和有关确认函电等。②进口货物的现场核放工作。进口货物的交接首先是票据的交接，发货人将进口货物票据交给中方交接人员后，收货人主动到中方铁路办公处索取中方公司所代理单位的进口货物票据。然后抄制进口货物明细单，查验合同所附带有关进货的材料是否齐全。接着按海关要求填报进口货物报关单，并连同合同及有关证明批件向海关申报放行货物。③进口货物的交货。联运进口货物到达车站后，铁路根据运单或随附运单的进口货物通知单所记载的实际收货人，发出货物到达通知，通知收货人提取货物。收货人接到通知后，必须向车站领取货物并付运送费用。在收货人付清一切应付运送费用后，铁路将货物连同运单一起交付收货人。

5.1.2　国际公路货物运输

1）国际公路货物运输的概念与特点

国际公路货物运输是指货物借助一定的运载工具，沿着公路作跨越两个或两个以上国家或地区的移动过程。由于公路运输具有机动灵活、适应性强的优点，因此在运输体系中体现出"时差效益"、"远距离效益"和"质量差效益"三个特点。除了上述特点之外，与其他运输方式相比，公路也具有一定的局限性，如载重量小，不适宜装载重件、大件货物，不适宜长途运输，车辆运行中震动较大，易造成货损、货差事故等。同时，公路运输运价通常比水运和铁路运输高。

2）公路运输的要素

汽车是公路运输的主要运载工具，公路运输货物实际上主要就是汽车运输。公路运输的要素为公路和汽车。

3）公路运输的经营方式

在市场经济条件下，公路运输的组织形式有公共运输业、契约运输业、自用运输业和汽车货运代理。

（1）公共运输业（Common Carrier）专门经营汽车货物运输业务并以整个社会为服务对象，其经营方式有：①定期定线。不论货载多少，在固定路线上按时间表行驶。②定线不定期。在固定路线上视货载情况，派车行驶。③定区不定期。在固定的区域内根据需要，派车行驶。

（2）契约运输业（Contract Carrier）按照承托双方签订的运输契约运送货物，与其签订契约的一般都是大型工矿企业，常年运量较大而且较稳定。契约期限一般都较长，短的有半年、一年，长的可达数年。按契约规定，托运人保证提供一定的货运量，承运人保证提供所需的运力。

（3）自用运输业（Private Operator）多为工厂、企业和机关，利用自有汽车，专门运送自己的物资和产品，一般不对外营业。

（4）汽车货运代理（Freight Forwarder）本身既不掌握货源也不掌握运输工具，以中间人身份一面向货主揽货，一面向运输公司托运，借此收取手续费和佣金。有的汽车货运代理专门向货主揽取零星货载，加以归纳集中成为整车货物，然后自己以托运人的身份向运输公司托运，赚取零担和整车货物运输之间的差额。

同步思考5-1

公路货物运输与铁路货物运输的优点对比分析

公路货物运输和铁路货物运输有各自的优点。公路运输：覆盖全面，可以上门提送；灵活可控，透明度较高；手续简便、服务态度明显高于铁路。铁路运输：承载能力强，适合大宗物资集中运输；规模经济，单位运输成本低；不考虑途中重组因素，铁路货物运输风雨无阻，安全快捷。

问题：那么我们应该如何选择呢？

理解要点：

（1）1 000 千米以内适合选择公路运输，相对安全快捷。而 1 000 千米以上，尤其西南、西北地区选择铁路运输更安全。

（2）易碎、不容易装卸的货物适合公路，一点装、一点卸，不易损坏。铁路运输损坏可能性非常高，野蛮装卸很普遍。

（3）上百吨的货物适合铁路运输，几十吨的货物非常适合公路运输。

4）公路运费的计收

公路运费均以"吨·千米"为计算单位，一般有两种计算标准：一是按货物等级规定基本运费费率；二是以路面等级规定基本运价。凡是一条运输路线包含两种或两种以上的等级公路时，应以实际行驶里程分别计算运价。特殊道路，如山岭、河床、原野地段，则由承托双方另议商定。公路运费费率分为整车（FCL）和零担（LCL）两种，后者一般比前者高 30%~50%。我国公路运输部门规定，一次托运货物在 2.5 吨以上的为整车运输，适用整车费率；不满 2.5 吨的为零担运输，适用零担费率。凡 1 千克重的货物，体积超过 4 立方分米的为轻泡货物（或尺码货物 Measurement Cargo）。整车轻泡货物的运费按装载车辆核定吨位计算；零担轻泡货物，按其长、宽、高计算体积，每 4 立方分米折合 1 千克，以千克为计费单位。此外，还有包车费率（Lump Sum Rate），即按车辆使用时间（小时或天）计算。

同步案例 5-1

国际公路运输案例——昆曼公路

背景与情境：昆曼公路（昆曼高速公路）是中国的第一条国际高速公路，起于云南省会昆明，止于泰国首都曼谷，是亚洲公路网编号为 AH3 公路中的一段。昆曼公路全长约 1 807 千米，其中中国境内 688 千米、老挝境内 229 千米、泰国境内约 890 千米，于 2008 年 12 月正式通车。

昆曼公路主要进行"蔬菜换石油"的国际陆运，由泰国公司把石油通过昆曼公路用油罐车拉到中国磨憨口岸，中国向泰国出口新鲜蔬菜。昆曼公路不仅可以用来缓解云南成品油供应长期紧张和泰国不易种植蔬菜的问题，而且有利于打造"云菜"品牌，带动农民增收。

2013 年 6 月，在云南省东南亚南亚经贸合作发展联合会、老挝国家工商会、泰国城乡发展基金会三方举行的第二次中老泰昆曼经济走廊民间协调机制会议上，三方共同签署了"昆曼公路便利化运输民间先行解决方案"。根据该方案，货物车辆从昆明腾俊国际陆港验关出发后，仅在老挝的会晒有一次甩挂作业，之后即可直达泰国曼谷物流中心，中途不再掏箱验关，大幅节约了物流的时间和成本。方案确认了昆曼公路陆路运输路线为昆明—磨憨（中国）—磨丁（老挝）—会晒（老挝）—清孔（泰国）—曼谷；陆水联运路线为昆明—景洪港（中国）—清盛港（泰国）—曼谷。支持昆明国际陆港和会晒物流中心开展甩挂运输试点建设，支持在磨憨使用货运专用通道。

问题：请查找资料分析昆曼公路国际货物运输的具体操作方式。

分析提示：具体操作方式为：货物车辆自昆明国际陆港出发，经磨憨货运通道，抵达老挝后加挂老挝车牌，货车使用双牌照通行到达老挝会晒物流中心，进行甩挂作业，进入泰国清孔使用泰国车牌，直达泰国曼谷物流中心。反之，货物车辆自泰国曼谷物流中心出发，经泰国清孔物流中心，进行甩挂作业，抵达老挝会晒物流中心使用老挝牌照，加挂中国牌照，经磨憨口岸直达昆明国际陆港。

（资料来源　百度文库. 国际公路运输案例——昆曼公路［EB/OL］.［2014-12-15］. https://wenku.baidu.com/view/20388eb5ce2f0066f53322a2.html. 引文经节选、整理与改编）

5.2　国际集装箱货物运输

5.2.1　国际集装箱货物运输概述

1）国际集装箱货物运输相关概念

（1）集装箱

集装箱（container）是具有足够的强度，可长期反复使用的适于多种运输工具而且容积在1m³以上（含1m³）的集装单元器具。这种容器和货物的外包装不同，它是进行货物运输，便于机械装卸的一种成组工具。

（2）集装箱货物运输

集装箱货物运输（Container Transport）是以集装箱作为运输单位进行货物运输的一种现代化的运输方式，它适用于海洋运输、铁路运输及国际多式联运等。集装箱海运已经成为国际主要班轮航线上占有支配地位的运输方式。

集装箱货物运输之所以发展如此快速，是因为同传统海运相比，它具有下列优点：①提高装卸效率，提高了港口的吞吐能力，加速了船舶的周转和港口的疏港；②减少货物装卸次数，有利于提高运输质量，减少货损、货差；③节省包装费、作业费等各项费用，降低货运成本；④简化货运手续，便利货物运输；⑤把传统单一运输串联成为连贯的成组运输，从而促进了国际多式联运的发展。集装箱运输的管理方法和工作体系与传统运输方式不同，其主要的关系方有集装箱运输经营人、无船承运人（NVOCC）、实际承运人、集装箱租赁公司、集装箱专用码头（堆场）或货运站。

学习微平台

延伸阅读5-1

同步思考5-2

某进出口公司向泰国巴伐利亚有限公司出口一批电器电料，国外开来信用证有关条款规定：电器电料100箱，从中国港口至曼谷；禁止分批装运和转运；全套清洁已装船提单，注明"运费已付"，发货人抬头背书K.T.银行，通知买方。该公司审证无误后，即装集装箱运输，随后备妥各种单据向银行交单，要求付款，但却遭到开证行拒付。其理由是我方提交的是"联合运输单据"，不符合信用证不许转运的要求。

问题：对方拒付理由成立吗？

理解要点：信用证禁止转运，但货物是由集装箱运输，而且同一提单包括全程运输，银行可以接受联合运输单据。所以，对方拒付不成立。

2）集装箱货物运输方式及交接方式

集装箱货物运输方式根据货物装箱数量和形式不同可分为整箱和拼箱两种。

（1）整箱（Full Container Load，FCL）。整箱是指货主将货物装满整箱后，以箱为单位托运的集装箱。一般做法是由承运人将空箱运到工厂或仓库后，在海关人员监督下，货主把货装入箱内，加锁、铅封后交承运人并取得场站收据（Dock Receipt），最后凭场站收据换取提单或运单。

（2）拼箱（Less than Container Load，LCL）。拼箱是指承运人或代理人接受货主托运的数量不足整箱的小票货物后，根据货物性质和目的地进行分类、整理、集中、装箱、交货等工作，这些工作均在承运人码头集装箱货运站（CFS）或内陆集装箱转运站进行。

集装箱的交接，按交接方式不同大致有四类：整箱交、整箱接（FCL/FCL）；拆箱交、拆箱接（LCL/LCL）；整箱交、拆箱接（FCL/LCL）；拆箱交、整箱接（LCL/FCL）。其中以整箱交、整箱接效果最好，也最能发挥集装箱的优越性。按交接地点不同，归纳起来可分为四种方式：门到门、门到场站、场站到门、场站到场站。

业务链接5-1

中外运集装箱运输有限公司简介

中外运集装箱运输有限公司（简称中外运集运）于1998年5月28日在上海组建，是中国具有领先地位的综合物流服务供应商、招商局集团管理的大型国际化现代企业集团——中国外运长航集团麾下的专业化公司，主要负责集中经营并统一管理中国外运长航集团国际集装箱班轮运输业务。

公司自成立以来，业务不断拓展和调整，目前在大连、天津、北京、青岛、宁波、南京、福州、厦门和深圳设有直属分支机构，并借助集团遍布全国的庞大网络，服务网络已覆盖国内主要城市与口岸，经营着由中国内地主要港口到日本、韩国、澳大利亚、菲律宾、新加坡、越南、印度尼西亚等国家和香港地区的多条集装箱班轮航线。根据集团公司的整体战略规划，中外运集运坚持"以客户为中心、以市场为导向"，做精做优亚洲区域内精品航线，努力成为亚洲区域内集装箱运输精品服务承运人。

（资料来源　根据中外运集装箱运输有限公司网站相关内容整理）

3）集装箱货物运输的主要货运单证

（1）出口主要有场站收据、装箱单、集装箱提单和设备交接单。

（2）进口主要有收（交）货记录，即承运人把货物交给收货人或其代理人时，双方共同签署的、证明货已交付以及该批货物交付时的情况的单证。它是将来索赔时的重要依据。

5.2.2　集装箱货物运输进出口业务程序

1）集装箱货物运输出口程序

（1）订舱。出口公司根据贸易合同事先向船公司（或其代理）办理订舱手续。

（2）签发装箱单。船公司确认订舱后，签发装箱单，分送集装箱堆场和集装箱货运站，据以安排空箱和货运交接。

（3）发送空箱。整箱货运所需的空箱，由船公司送交，发货人收取。拼箱货运所需的空箱一般由货运站领取。

（4）拼箱货装箱。集装箱货运站根据订舱单核收托运货物并签发场站货物收据，经分类整理后在站内装箱。

（5）整箱货装箱。发货人收到空箱后，自行装箱并按时运至集装箱堆场。集装箱堆场根据订舱单、装箱单验收并签发场站货物收据。

（6）集装箱货运交接。场站收据是发货人发货和船公司收货的凭证。

（7）换取提单。发货人凭场站收据向船公司换取提单，然后向银行结汇。如果信用证规定需要装箱提单，则应在集装箱装箱后，才能换取装船提单。

（8）装船。集装箱堆场根据船舶积载计划，进行装船。

2）集装箱货物运输进口程序

（1）货运单证。凭出口公司寄来的有关货运单证着手缮制。

（2）分发单证。将单证分别送代理、集装箱货运站和集装箱堆场。

（3）到货通知。通知收货人有关船舶到港时间，便于准备接货，并于船舶到港以后发出到货通知。

（4）提单。收货人按到货通知，持正本提单向船公司（或代理）换取提货单。

（5）提货单。船公司（或代理）核对正本无误后，即签发提货单。

（6）提货。收货人凭提单连同进口许可证至集装箱堆场办理提箱或提货手续。

（7）整箱交货。集装箱堆场根据提货单将集装箱交给收货人并与货方代表办理设备交接手续。

（8）拆箱交货。集装箱货运站凭提单交货。

同步案例5-2

集装箱拼箱业务操作

背景与情境： 图5-1是由集装箱拼箱业务经营人办理集装箱拼箱业务的流程图。

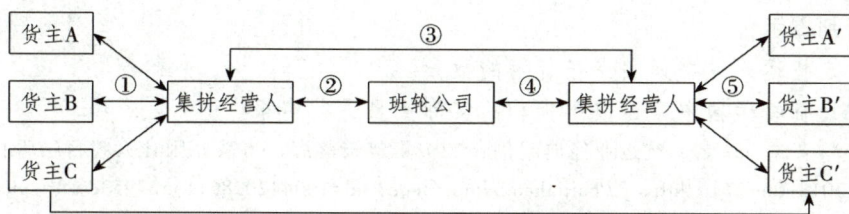

图5-1　集装箱拼箱业务流程图

问题：依流程图所标序号写出由集拼经营人（货代企业）办理集装箱拼箱业务的具体操作程序。

分析提示：

（1）A、B、C不同货主（发货人）将不足一个集装箱的货物（LCL）交集拼经营人；集拼经营人签发House-B/L给货主。

（2）集拼经营人将拼箱货拼装成整箱后，向班轮公司办理整箱货物运输；班轮公司签发海运提单给集拼经营人。

（3）集拼经营人将货物装船及船舶预计抵达卸货港等信息告知其卸货港的机构（代理人），同时，还将班轮公司B/L及House-B/L的复印件等单据交卸货港代理人，以便向班轮公司提货和向收货人交付货物。

（4）集拼经营人在卸货港的代理人凭班轮公司的提单等提取整箱货。

（5）A′、B′、C′等不同货主（收货人）凭House-B/L等在集装箱货运站（CFS）提取拼箱货。

课程思政 5-1

国际集装箱货物运输

背景与情境：2022年12月，红星国际贸易公司向国外A公司销售一批无缝钢管，共计12个40尺集装箱，委托盛世物流有限公司办理货物出运事宜。2023年1月15日，华安国际接受盛世物流有限公司订舱委托，签发了抬头为永富物流的提单，提单记载托运人为红星国际贸易公司，收货人为A公司。起运港：上海，目的港：巴西桑托斯，承运的无缝钢管分装在12个40尺集装箱内，货物实际总重322 888千克。2023年1月，华安国际委托汇利达国际货运代理上海分公司（简称汇利达公司）向法国达飞公司订舱。2023年1月15日，华安国际及汇利达公司向法国达飞公司出具了保函和并单保函，并承诺集装箱内货物积载符合运输要求，注明4个集装箱的货物重量分别为24 891千克、24 645千克、24 996千克、24 906千克，货物总重99 438千克，共420件，发货人一栏记载为华安国际代表永富物流，其他信息与货物托运单一致。货物在从马来西亚克兰港驶往巴西港口时，遭遇6级东南风，有3个40尺集装箱倒塌落海。

问题：

（1）本案例主要存在的问题有哪些？

（2）本案例给我们带来什么启示？

研判提示：

（1）托运人没有如实申报货物的数量。

（2）货物运输中应该按照货物的实际重量进行申报。

（资料来源　佚名．航运业经典案例：22个集装箱落海，事故原因让人瞠目结舌！［EB/OL］．［2018-06-27］．https：//baijiahao.baidu.com/s？id=1604420286115527953&wfr=spider&for=pc．引文经节选、整理与改编）

5.3　国际多式联运

5.3.1　国际多式联运的概念、特点及必备条件

1）国际多式联运的概念

国际多式联运（international multimodal transportation），是指按照多式联运合同，以至少两种不同的运输方式，由多式联运经营人将货物从一国境内的接管地点运至另一国境内指定交付地点的货物运输方式。

2）国际多式联运的特点

国际多式联运相对于单一运输方式具有较大的优越性，具体体现为：提高运输组织水平、综合利用各种运输方式的优势、实现"门到门"运输的有效途径、手续简便、提早结汇、安全迅速、降低运输成本、节约运杂费用。不足之处是各国集装箱标准尚未统一，各国集装箱运输的发展不平衡以及国际多式联运的法律问题尚未统一，以上因素导致一些业务开展不顺利。

3）构成国际多式联运必须具备的条件

货物托运和多式联运经营人承接的是国际货物运输；至少两种不同运输方式的连贯运输；发货人与负责全程运输的多式联运经营人订立相关的多式联运合同；由与发货人订立相关合同的多式联运经营人对货物全程运输负责；由多式联运经营人签发一份全程多式联运单据，且应满足不同运输的需要；全程运输使用单一运费率。

国际多式联运的主要特点：它是由多式联运经营人与托运人签订一个运输合同，实行运输全程一次托运、一单到底、一次收费、全程负责以及统一理赔的一种国际货运组织形式。

问题思维5-1

疑点：国际多式联运提单是物权凭证。

释疑提示：国际多式联运提单是否是物权凭证得进行具体分析，如果在此段多式联运业务中涉及的多式联运方式包含海运，那么这个多式联运提单就是物权凭证，如果在此段多式联运业务中涉及的多式联运方式不包含海运，那么这个多式联运提单就不是物权凭证。

业务链接 5-2

学习微平台

延伸阅读 5-2

中欧班列

中欧班列是指按照固定车次、线路等条件开行，往来于中国与欧洲及"一带一路"沿线各国的集装箱国际铁路联运班列。我国多个省份和城市开通中欧班列，成为国家"一带一路"倡议的重要物流节点。中欧班列作为密切中欧经贸联系的纽带，为中欧间的商贸物流提供了一条便捷的陆路通道，在中欧班列常态化运营后，其弥补海运时间长和空运费用高等不足的优势，将使其成为吸引包括跨境电商在内中欧贸易的重要物流方式。

5.3.2　多式联运枢纽与网络点

1）联运枢纽的基本要求

（1）能承接来自不同运输方式和运载工具的停留、挂靠作业，布局合理、满足国际联运货物有序作业和快速转运的设施与设备，包括航道、港站、航站、泊位、堆场、仓库、各类机械与工具，确保运载工具和货物进出口装卸、货物换装、转运或储存都能顺利进行。

（2）有规范化的联运生产组织及管理严格的运作体制，确保联运枢纽各环节的有效配合；有规范化和标准化的业务操作程序、严格的单证流转制度，确保作业管理和业务管理的质量。

（3）高效率和自动化的信息接收、处理和交换系统，使物流和信息流形成一体，保证货物从一开始，包括订舱、接收、汇集、联运调度、仓储与场站管理、换装与积载，以及运输过程，直到交付，都能按照信息管理功能的要求得到有效控制和协调。

（4）具有良好的货运进出口环境、宽松的政策、符合国际多式联运货运监管的制度、合理和具有竞争力的价格水平。

（5）具有能掌握现代多式联运方式和不同运输方式的技术、业务，以及懂经营、精管理，能组织和协调辖区内各项工作的专门人才。

2）网络点的功能与要求

多式联运需要网络的支持，特别是货物的门到门运输，网络起着重要的作用，网络点是形成网络的基本条件。多式联运有关网络点的功能与要求有以下几个方面：①具有足以承接和处理进出网络点货物与集装箱的设施、设备、技术等条件，并确保它们正常、合理、有效地得到调度、使用，并具有养护和维修条件与能力；②能够承接、保管、分拨、调运各类进出口的联运货物，并能提供货物拆箱、拼箱、监理、点数、包装、维修和转运；③能够承接、堆放、保管进出港站的集装箱，按国际标准对集装箱实施检验和必要的维修，并具有根据有关指示及时吸纳各类空重箱进入网点或调运出网点的能力；④能够正确处理各项与货物联运、货物交付和集装箱管理相关的业务及单证事宜；⑤便于海关对进出口、转运货物的查验与监管，便于货主办理通关手续等；⑥具有信息处理和有效的反馈功能，为客户提供各方面所需要的信息和资料；⑦协调各方面的关系，确保场站及货物联运各环节的有效配合；⑧控制网络点运行费用，降低客户多式联运货物的流通成本。

3）内陆货站

内陆货站有其特定的含义与功能。首先，它设立在陆域内地，地理位置较好、经济、贸易发达和集中的地点，并与多式联运网线相连接，形成多式联运网络的组成部分。其次，它具有集散货物的功能，即把那些不成箱的零担出口货物在内地货站经拼箱公司拼装成箱后进行出运或中转，或者货物进口后安排拆箱、分拨、转运与交付业务。有的内陆货站具有整箱货接收、交付、安排储存和转运功能。最后能够回收、保管、检验和维修集装箱，有的还具有集装箱运输机械保管和维护的功能与要求，以及为了便于开展业务，也代办报关和保险手续。

同步思考 5-3

问题： 国际多式联运在世界范围内发展中存在哪些问题？

理解要点：

（1）地区发展不平衡。

（2）集装箱标准化尚未取得一致。

（3）国际多式联运经营人责任未统一。

（4）综合优势未得到充分发挥。

5.3.3 国际多式联运一般业务程序

1）多式联运业务及业务关系当事人

（1）多式联运业务

多式联运业务从多式联运经营人的角度出发，主要包括与发货人订立多式联运合同、组织全程运输、完成从接货到交货过程的合同事项等内容。多式联运具体业务主要包括：①出运地货物交接，即托运人根据合同的约定把货物交至指定地点。②多式联运路线和方式的确定，与分包方签订货物联运合同。③货物出口安排。对货物全程运输投保货物责任险和集装箱保险。④通知转运地代理人，与分包承运人联系，及时做好货物过境或进口换装、转运等手续申办和业务安排。⑤货物运输过程的跟踪监管，定期向发货人或收货人发布货物位置等信息。⑥通知货物抵达目的地时间，并要求目的地代理人办理货物进口手续。此外，还有估算费用、集装箱跟踪管理、租箱与归还业务，以及货物索赔和理赔业务等。

（2）多式联运业务关系当事人

① 多式联运经营人是与托运人进行签约，负责履行或组织履行联运合同，并对全程运输负责的企业法人和独立经营人。实务中，以船舶运输公司为多式联运经营人和货运代理人，以无船承运人的身份从事多式联运经营活动者居多。

② 货物托运人与收货人在国际货物多式联运公约中已有清楚定义。但这里所述的托运人和收货人，是指货物实际托运人和实际收货人。与多式联运经营人

的关系，前者是多式联运的业务委托关系和合同当事方；后者是多式联运合同涉及的第三方和在目的地有货物提运权的关系人。

③ 分合同方，包括区段承运人，如船舶所有人或经营人，铁路、公路、航空和江河运输经营人，以及非运载工具经营人，如集装箱场站、仓储经营人和转运代理人等。与多式联运经营人签订分合同的当事人应承担合同中约定的责任部分。

④ 其他有关方主要指那些与货物和国际多式联运业务相关的关系方，包括与货物进出口业务相关的货物保险与货物检验，以及其他责任保险方、进出口贸易监管机构、外汇控制机构、海关等。

2）国际多式联运业务单据

多式联运单据，是国际货物多式联运合同，以及多式联运经营人接管货物并负责按照合同条款交付货物的证明。凡在我国境内签发的多式联运单据必须由多式联运经营人或其代理人报有关部门登记，并在单据右上角注明许可证编号。

3）货物接管和交付

多式联运经营人可以从发货人或其代理人手中接管货物，或根据接管货物地点适用的法律或规章，从负责管理运输的当局或其他第三者手中接管货物。多式联运经营人接管货物、安排全程运输、签发多式联运单据，在货物抵达目的地时，有义务通过其代理人按多式联运单据中收货人的地址通知收货人货物已抵达目的地，并按多式联运单据载明的交接方式交付货物给多式联运单据持有人。多式联运经营人向收货人交付货物时和在交货后规定时间内，收货人未将货物灭失或损坏的情况书面通知多式联运经营人的，则此项交付被视为多式联运经营人已经按照多式联运单据的记载交付货物的初步证据。货物在交付时已经当事各方或其授权在交货地的代表联合调查或检验，则无须就调查或检验所证实的灭失或损坏送交书面通知。

4）索赔与诉讼

货物在多式联运过程中发生损害时，受损人按照国际公约和有关法规规定可以进行索赔。实际业务中，一般做法是，收货人发现货物损害后，首先向多式联运经营人或区段承运人发出书面通知，同时通知货物投保公司，根据货物本身的保险范围，向保险公司索赔；保险公司赔付后凭由权益转让书所取得的代位权责任范围向责任区段的承运人或分合同方追偿。多式联运经营人若已投保货物责任险，则在赔付后可向所投保的保险公司索赔，其中如有属区段承运人或分合同方责任者，保险公司再向它们追偿。

索赔不成可以按规定进行诉讼。依照公约与法规规定，索赔和诉讼都有一定程序和时效。我国《海商法》第八十一条和《国际集装箱多式联运管理规则》第33条规定，货损不明显时，整箱货自交付次日起连续15天内，拼箱货自交付次日起连续7天内提交书面索赔通知，否则，所做的货物交付被视为多式联运经营人已经按照多式联运单据的记载交付以及货物状况良好的初步证据。诉讼应依照公约或法规规定在具有管辖权或双方协议地点的法院进行。多式联运公约规定的诉讼时效是2年，与汉堡规则规定相同但与海牙规则和维斯比规则的规定不同。如果自货物交付之日起6个月内没有提出书面索赔通知，则会失去诉讼权利。我国《国际集装箱多式联运管理规则》中规定的多式联运经营人的诉讼时效，多式联运全程包括海运段的为1年；多式联运全程未包括海运段的，则按《中华人民共和国民法典》的规定为3年。诉讼时效时间从多式联运经营人交付或应当交付货物的次日起计算。

同步案例5-3

多式联运货损索赔案

背景与情境： 我国A公司与美国B公司签订了进口3套设备的贸易合同，FOB美国西海岸，目的港为山东济南，委托C航运公司负责全程运输。C航运公司从美国西雅图港以海运方式运输了装载于3个集装箱内的设备到青岛港，C航运公司委托D货代公司负责青岛到济南的陆路运输，双方订立陆路运输合同。D货代公司并没有亲自运输，而是委托E汽车运输服务公司运输。货到目的地后，收货人发现2个集装箱破损，货物被严重损坏。经查实发现涉案2个集装箱货物的损坏发生在青岛至济南的陆路运输区段。

问题：

（1）C航运公司是否对货物的损失承担责任？为什么？

（2）阐述C航运公司和D货代公司的法律地位。

（3）本案例是否可以按照我国《海商法》中关于承运人赔偿责任和责任限额的规定来确定当事人的赔偿责任？为什么？

分析提示：

（1）C航运公司要对货物的损失承担责任。因为A公司委托C航运公司负责全程运输。C航运公司赔偿之后再向它的被委托人索赔。

（2）C航运公司是青岛到济南陆运合同中的委托人，D货代公司是被委托人，也是C航运公司的代理人。

（3）不可以按《海商法》中关于承运人赔偿责任和责任限额的规定处理。因为货损是发生在陆运段，只能用与汽车运输有关的法律处理。

学习微平台

延伸阅读5-3

5.4 国际管道运输

5.4.1 国际管道运输的概念、种类和特点

1）国际管道运输的概念

国际管道运输（International Pipeline Transportation）是随着石油的生产而产生和发展的。它是一种特殊的运输方式，与普通的货物运输的形态完全不同，具有独特的特点。普通货物运输是货物随着运输工具的移动，把货物运送到目的地，而管道运输的运输工具本身就是管道，是固定不动的，只是货物本身在管道内移动。

2）国际管道运输的种类

管道运输就其铺设工程可分为架空管道、地面管道和地下管道，其中以地下管道最为普遍。管道运输按其运输对象又可分为流体管道（Fluid Pipeline）、气体管道（Gas Pipeline）和水浆管道（Scurry Pipeline）。

3）国际管道运输的特点

管道运输不同于其他运输方式的最明显特点是驱动货物运行的输送工具是机泵和管道，是静止不动的，只是给被运货物以压力而使货物本身连续不断地被运送，因此，管道运输是一种节省能耗的、灵便的、先进的运输方式。

（1）管道运输的优点

管道运输的主要优点包括：①不受地面气候影响并可连续作业。②运输的货物不需要包装，节省包装费用。③能耗低、运费低廉。④输送能力强。⑤费用省、成本低。⑥因系单向运输，无回空运输问题。⑦生产率高，经营管理比较简单。⑧漏失污染少，噪声低，有利于环境保护。

（2）管道运输的缺点

管道运输的主要缺点包括：①运输货物过于单一，仅限于液体和气体货物。②永远是单向运输，机动灵活性小。③固定投资大。

5.4.2　国际管道运输的发展

1）国际管道运输的费用

管道运输由于其管道路线是固定的，所以运输费用计算比较简单。按油气类不同品种规格规定不同费率。其计算标准多以桶为单位，有的以吨为单位。此外，一般均规定每批最低托运量。

2）国际管道运输在我国的发展

目前，我国陆上油气管道运输的货物周转量为 6 000 多亿吨千米，已跻身于五大运输业之列，对国民经济的建设和发展发挥了重要作用，与此同时，管道运输技术亦形成了相当独立的专业技术体系。与世界管道运输相比，我国仍有较大差距：一是管道运输在我国综合运输体系中所占比例太低，管道规模小，覆盖面窄，最适合管道输送的成品油在我国仍然主要靠铁路运输，商用成品油管道几乎为零，煤浆管道至今仍未实现零的突破；二是专用于油气管道的钢材、直缝制管、高效泵机组、阀门等几乎都要依赖进口；三是管道技术比较落后。在国家综合运输体系中，管道运输业缺少统一的规划和布局，以及与其他运输方式的合理分工。管道运输的发展相对于铁路、公路、水运、航空而言较慢。现在涉及管道运输的有陆上石油、海洋石油、石化、煤炭、冶金等部门和企业，各自都在为满足本行业的发展而行动。把适于管道运输的液体、气体、浆体介质运输分割在多个部门纵向管理，影响了管道运输业的发展。

发展我国管道运输事业，关键在于要有切实可行的有关体制和机制等方面的配套政策，具体建议如下：①国家应将管道运输的发展纳入国家综合经济管理部门的议事日程，应设立专门机构，由国家宏观调控，统筹协调各种运输方式的合理分工。②应由国家综合经济管理部门按照中长期经济发展规划和建设国家综合交通运输体系的要求，统筹国内外原油、天然气、液化石油气和液化天然气资源利用规划，统筹制订管道网络的建设规划及分期实施计划。③按照社会主义市场经济的发展要求，进行管道建设投资和管道经营管理的体制改革，加大国家投资力度，积极采用国际投资方式，建立多元化、多渠道的投资体制和经营管理体制。④国家应制定相应的法律、税收、运价等方面的扶持管道运输发展的政策。⑤应重视和发挥管道运输行业协会的作用，组织全国管道专家和技术人员参与制定技术标准发展规划，并为国家提供决策论证和立法依据。

深度剖析 5-1

背景资料：管道运输（Pipeline Transport）是用管道作为运输工具的一种长距离输送液体和气体物资的运输方式，是一种专门由生产地向市场输送石油、煤和化学产品的运输方式，是统一运输网中干线运输的特殊组成部分。

问题：管道运输与其他运输方式相比有什么优点？

解析与讨论：

在五大运输方式中，管道运输有着独特的优势。在建设上，与铁路、公路、航空相比，投资要省得多。

5.5　国际展览与展品物流

5.5.1　国际展览

1）展览的含义

展览（Exhibition）指公开陈列美术作品、摄影作品的原件或者复制件。展览会既是信息、通信和娱乐的综合，也是唯一的在面对面沟通中充分挖掘五官感觉的营销媒介。

2）展览会的种类

（1）综合展览会既展出工业品，也展出消费品；既吸引工商界人士，也吸引消费者。这类展览会一般规模相当大，往往按行业划分展区。

（2）贸易展览会的展出者和参观者的主体是商人。他们参加或参观这类展览会的目的具有多样性，包括进行市场调研、开拓销售渠道、树立公司的产品形象、提高销售额等，最终目的都是贸易。

（3）消费展览会是面向公众消费者开放的展览会。这类展览会多具地方性，一般是综合性的，如理想家庭展览会；也有一些是专业展，如游艇展。展览会通过大众媒介，如电视、电台、网络、报刊等吸引观众，观众主要是消费者，需要买门票参观展览会。

（4）从理论上讲，有2个以上国家参加的展览会都可以称作"国际展览会"。但是，在贸易展览业中，比较普遍的标准是：①20%以上展出者来自国外；②20%以上的观众来自国外；③20%以上的广告宣传费使用在国外。国际博览会联盟规定具备上述标准之一就可称作"国际博览会"。

（5）地方展览会一般规模不大，特征是以当地观众为主。但是展出者可能来自这一地区之外，甚至是国外。地方展览会的费用相对较低，但是观众的质量并不一定低。地方展览会可以为中小企业提供与潜在客户进行接触以及与大企业进行公平竞争的机会。对人力、财力有限的中小企业来说，地方展览会是应首要考虑的营销手段。

（6）欧美国家习惯上把农业展览会单独划分为一类，把林业、畜牧业、渔业、食品加工业等行业也包括在农业展览会的展出范围之内，展出内容有种子、牲畜、手工制品（比如草提篮）、化肥、农业机械、农业环境、农业技术等。大部分农业展览会具有较强的地区特色。

（7）经济活动展览会内容包括保险、银行、金融、租赁、投资等，也就是第三产业的展览会。

（8）独家展览会是由单个公司为其产品或服务举办的展览会。单独举办展览会的原因有：避开竞争对手，抢先开发市场，不让竞争对手了解自己的新产品和技术，产品市场不大、用户有限，无适合的常规展览会。独家展览会的好处是公司可以自主选择并决定展览时间、地点和观众。公司还可以充分发挥设计能力，提高特殊展示效果，而不受常规展览会的规定限制。

（9）流动展览会是使用飞机、轮船、火车、卡车、拖车、组合房屋等作为展馆，在不同地点、不同时间展出相同内容的展览会。

（10）国家贸易中心展览会通常是与办公设施配套的小型常设展览中心，由政府或贸易促进机构在国内外设立。贸易中心也可以组织常规的展览会。在贸易中心举办展览会的优势是宣传效果好，能够为展出者树立形象、扩大影响；劣势是展出费用高，因为需要长期租用场地和派遣常驻人员。

（11）虚拟展览会也称在线展览会，这是一种通过国际互联网络，使用虚拟现实技术组织的展览会。

5.5.2　展品物流

展品运输是筹办展览的主要业务工作，也是国际展览物流的最重要环节。展品运输大致可分为三个阶段：运输筹划、去程运输和回程运输。

1）运输筹划

运输工作需要统筹策划。运输筹划涉及运输方式、运输路线、运输日程、运输费用、运输公司和代理等因素。

教学互动 5-1

互动问题：

（1）展品物流的运输筹划需要哪些环节？

（2）运输筹划的每个环节包括哪些内容？

要求：同"教学互动 1-1"的"要求"。

2）去程运输

去程运输是指展品自展出者所在地至展台之间的运输，一个比较完整的集体安排的去程运输过程可以大致分为以下几个阶段：①展品集中；②装车；③长途运输；④交接；⑤接运；⑥掏箱；⑦开箱。

3）回程运输

回程运输是指将展品运回至展出者所在地的运输，简称"回运"。对于安排统一运输的集体展出组织者而言，将展品自展台运至原展品集中地的运输称作"回运"，将展品自展品集中地分别运回给参展者所在地的运输称作"分运"。还有一种情况是将展品运至下一个展览地，传统上称作"调运"。

展品运输需要办理一些手续，包括办理单证、办理海关手续、办理保险等。参加国内展览时，有关手续和单证要简单一些；参加国际展览时，有关手续要复杂得多，各国、各地区对单证的具体要求可能不一样，海关和保险手续的具体种类、程序也不尽相同，需要事先了解。

同步思考5-4

问题： 展品的运输工作是一项比较烦琐、复杂的工作，可能需要将运输工作中的大部分具体业务委托给代理办理。那么，应该如何选择国际展品物流公司？

理解要点： 物流公司首先要有丰富的展览物流经验，其次要在各个国家有长期可靠的运营团队，最后在选择物流公司时一定要让代理报出完整的费用。

5.6　国际邮政物流

国际邮政物流是指通过各国邮政运输办理的包裹、函件等。每年全世界通过国际邮政所完成的包裹、函件、特快专递等数量相当庞大，因此它成为国际物流的一个重要组成部分。国际邮政运输（International Postal Transport）是一种较简单的运输方式。世界各国的邮件包裹业务均由国家办理，我国邮政业务由国家邮政局负责办理。

1）国际邮政运输的特点

国际邮政运输有以下特点：①具有广泛的国际性；②具有国际多式联运性质；③具有"门到门"（Door to Door）运输的性质。

2）万国邮政联盟

万国邮政联盟简称邮联。《邮联组织法》规定其宗旨为：组成一个国际邮政领域，相互交换邮件，组织和改善国际邮政业务，有利于国际合作的发展；推广先进经验，给予会员国邮政技术援助。我国于1972年加入邮联。现邮联将每年10月9日定为世界邮政日，届时各国邮政组织均组织宣传纪念活动。

3）邮包的种类

国际邮件按运输方式分为陆路邮件和航空邮件，按内容性质和经营方式分为函件和包裹两大类。在我国，邮包分为普通包裹、脆弱包裹和保价包裹。此外，国际上还有快递包裹、代收货价包裹、收件人付费包裹等。以上包裹如以航空方式邮递，即称为航空运输包裹。邮政局在收寄包裹时，均给寄件人以收据，故包裹邮寄属于给据邮件。给据邮件均可办理附寄邮件回执，回执是邮件投交收件人作为收到邮件的凭证。回执可按普通、挂号或航空寄送。

业务链接 5-3

四大国际快递公司

联邦快递（FedEx）：联邦快递是一家国际性速递集团，提供隔夜快递、地面快递、重型货物运送、文件复印及物流服务，总部设于美国田纳西州孟菲斯，隶属于美国联邦快递集团（FedEx Corp）。2014 年 12 月 16 日，美国联邦快递公司同意收购逆向物流公司 Genco。这表明联邦快递向电子商务领域大举进军。2020 年 7 月，福布斯 2020 全球品牌价值 100 强发布，联邦快递排名第 99 位。

UPS 快递（美国联合包裹运送服务公司）：UPS（United Parcel Service，Inc.）成立于 1907 年，总部设于美国佐治亚州亚特兰大市，是全球领先的物流企业，提供包裹和货物运输、国际贸易便利化、先进技术部署等多种旨在提高全球业务管理效率的解决方案。UPS 业务网点遍布全球 220 多个国家和地区，拥有 49.5 万名员工。2019 年 UPS 营业额达到 740 亿美元，在福布斯 2020 全球品牌价值 100 强中，UPS 快递排名第 48 位。

DHL 快递（敦豪物流）：DHL 是全球著名的邮递和物流集团 Deutsche Post DHL 旗下公司，公司名称 DHL 由三位创始人姓氏的首字母组成（Dalsey、Hillblom 和 Lynn）。公司主要包括以下几个业务部门：DHL Express、DHL Global Forwarding、Freight 和 DHL Supply Chain。1969 年，DHL 开设了其第一条从旧金山到檀香山的速递运输航线，之后逐渐把航线扩张到中国香港以及日本、菲律宾、澳大利亚和新加坡等国家和地区。在敦豪航空货运公司致力建立起一个崭新的、提供全球门到门速递服务的网络的构想下，在 20 世纪 70 年代中后期敦豪航空货运公司把其航线扩展到南美洲、中东地区和非洲。2020 年 8 月 10 日，德国邮政敦豪集团（DEUTSCHE POST DHL GROUP）名列 2020 年《财富》世界 500 强排行榜第 142 位。

TNT 快递（荷兰快递服务商）：TNT 快递为企业和个人提供快递和邮政服务。其隶属于荷兰的 TNT 集团，在欧洲和亚洲可提供高效的递送网络，且通过在全球范围内扩大运营分布来优化网络域名注册查询效能。TNT 快递提供世界范围内的包裹、文件以及货运项目的安全准时运送服务。2016 年 5 月，FedEx 正式收购 TNT。2018 年 12 月，世界品牌实验室编制的《2018 世界品牌 500 强》揭晓，TNT 公司排名第 114 位。

国际四大快递在全球各有优势，从中国出发，FedEx 和 UPS 的强项在美洲、日本线路，TNT 在欧洲和西亚、中东有绝对优势，DHL 则是在日本、东南亚、澳大利亚有优势。

（资料来源 作者根据相关资料整理）

4）邮资和单证

国际邮资均按重量分级为其计算标准。邮资由基本邮资和特别邮资两部分组成。基本邮资是指邮件经海、陆、空运往寄达国应付的邮资，也是特别邮资计算的基础。基本邮资费率是根据不同邮件种类和国家地区制定的，邮政局对每一邮件都要照章收取基本邮资。特别邮资是为某项附加手续或责任而收取的邮资，如挂号费、回执费、保价费等，是在基本邮资的基础上按件加收的，但是保价邮资须另按所保价值计收。

邮政运输的主要单证是邮政收据（Post Receipt）。邮政收据是邮政局收到寄件人的邮件后所出具的凭证，也是邮件灭失或损坏时凭以向邮政局索赔的凭证，还是收件人凭以提取邮件的凭证。

本章概要

□ 内容提要与结构

▲ 内容提要

● 国际铁路联运出口货物运输的组织工作，主要包括计划的编制、货物的托运和承运、运送和交付。

● 国际公路货物运输既是一个独立的运输体系，也是车站、港口和机场集散物资的重要手段，它是沟通生产和消费的桥梁和纽带，没有公路运输的衔接，铁路、水路、航空运输就不能正常进行。

● 国际集装箱运输的概念、特点、业务种类以及国际集装箱运输进出口运输代理业务程序。

● 国际多式联运相对于单一运输方式具有较大的优越性，具体体现为：提高运输组织水平、综合利用各种运输的优势、实现"门到门"运输的有效途径、手续简便、提早结汇、安全迅速、降低运输成本、节约运杂费用。

● 国际管道运输是一种特殊的运输方式，与普通的货物运输的形态完全不同，具有独特的特点。

● 展览会包括综合展览会、贸易展览会、消费展览会、国际展览会、地方展览会、农业展览会、经济活动展览会、独家展览会、流动展览会、国家贸易中心展览会、虚拟展览会等。

▲ 内容结构

本章内容结构如图5-2所示：

□ 主要概念和观念

▲ 主要概念

国际铁路货物运输　国际铁路货物联运　国际公路货物运输　集装箱货物运输
国际多式联运

国际铁路货物运输
国际公路货物运输

国际陆上货物运输

国际集装箱货物运输概述
集装箱货物运输进出口业务程序

国际集装箱货物运输

国际其他货物运输

国际邮政物流

国际展览与展品物流

国际管道运输

国际多式联运

国际展览
展品物流

国际管道运输的概念、种类和特点
国际管道运输的发展

国际多式联运的概念、特点及必备条件
多式联运枢纽与网络点
国际多式联运一般业务程序

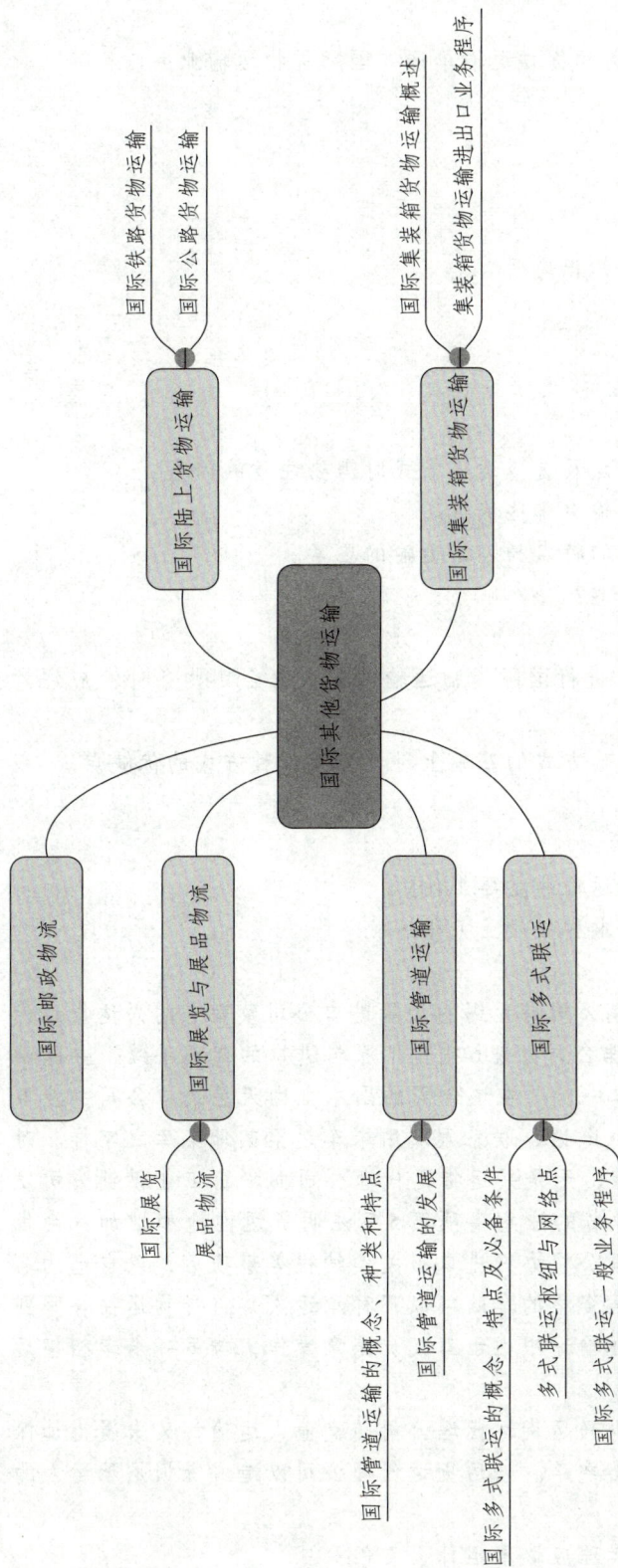

图5-2　本章内容结构

▲ 主要观念

国际物流货物运输方式　国际货物运输单证　国际货物运输业务

□ 重点实务和操作

▲ 重点实务

国际货物运输方式的选择

▲ 重点操作

"国际物流货物运输方式"知识应用

━ 基本训练 ━➡

□ 理论题

▲ 简答题

1）简述国际货物运输的特点及选择运输方式时需要注意的因素。

2）简述国际集装箱货物运输有哪些优点。

3）简述国际铁路货物联运的特点和公路运输的要素。

4）国际多式联运业务有哪些？

▲ 讨论题

1）内陆城市选择海运方式进行国际货物运输时应该符合哪些条件？应注意哪些事项？

2）在掌握各种国际货物运输方式的基础上讨论分析每种方式的优缺点。

□ 实务题

▲ 规则复习

1）国际铁路联运进口货物运输的主要工作。

2）多式联运枢纽的基本要求和一般业务程序。

▲ 业务解析

某年，上海的华贸工业供销公司持无锡的天星进口公司致南京的兴运货运代理公司的信件，向兴运货运代理公司办理6吨化工原料进口的代理手续，并随函附有按CIF条件的进口合同副本一份。在该合同的副本上由天星进口公司的业务员手书注明收货人名称、地址、电话、联系人及用卡车运至某地某库之字样。时隔3个月后，货从国外运抵南京，于是兴运货运代理公司向华贸工业供销公司发出"进口到货通知书"，在通知书的注意事项第5条注明货运内地加批加保由货运代理统一办理。兴运货运代理公司办好进口报关、纳税等事项后，以自己的名义委托南京市一家具有合法营运资格的车队（以下称承运人）将货物运往合同副本上指定的某地某库。不料在运输途中由于驾驶员违章操作，与另一卡车相撞后造成车货俱毁。

事后，华贸工业供销公司以兴运货运代理公司转交他人运输，又未履行加保为由，向兴运货运代理公司提出索赔。兴运货运代理公司以造成货损是承运人的责任而拒绝赔偿。

问题：请问本事件中货运代理应该承担什么责任？

□ 案例题

▲ 案例分析

【训练项目】

案例分析-V。

【相关案例】

公路运输承运人承运货物失踪案

背景与情境： A货运代理公司作为B进口商的代理人，负责从C港接收一批工艺品，在距C港150海里外的D港交货。该批工艺品用于国际展览，要求A货运代理公司在规定的日期之前于D港交付全部货物。A货运代理公司在C港接收货物后，通过定期货运卡车将大部分货物陆运到D港。由于定期货运卡车出现季节性短缺，一小部分货物无法及时运抵，于是A货运代理公司在市场雇用了一辆货运车，要求其于指定日期之前将货物运抵D港。而后，该承载货物的货车连同货物一起下落不明。

问题：

1）A货运代理公司是否应对货主的损失承担赔偿责任，为什么？

2）结合本案例分析，针对上述运输中存在的问题有哪些解决方案。

【训练要求】

同第1章"基本训练"中本题型的"训练要求"。

▲ 课程思政

【训练项目】

课程思政-V。

【相关案例】

国际集装箱货物运输下货物"失踪"

背景与情境： 上海美家外贸公司出口30万美元的皮鞋，委托集装箱货运站装箱出运，发货人在合同规定的装运期内将皮鞋送到货运站，并由货运站在卸车记录上签收后出具仓库收据。该批货出口提单记载CY-CY运输条款、SLAC（由货主装载并计数）、FOB价、由国外收货人买保险。国外收货人在提箱时集装箱外表状况良好，关封完整，但打开箱门后发现一双皮鞋也没有。

问题：

1）本案例中货运站存在哪些思政问题？

2）试对上述问题做出你的思政研判。

3）请从思政角度对本案例中承运人行为做出评价。

【训练要求】

同第1章"基本训练"中本题型的"训练要求"。

□ 自主学习

【训练项目】

自主学习-Ⅳ。

【训练目的】

见本章"学习目标"中"创新型学习"的"自主学习"目标。

【教学方法】

采用"学导教学法"和"研究教学法"。

【训练要求】

1）以班级小组为单位组建学生训练团队，各团队依照本教材"附录二"的附表2中"自主学习"（中级）的"基本要求"和各"技术–技能"点的"参照规范与标准"，制订团队《自主学习计划》。

2）各团队实施《自主学习计划》，自主学习本教材"附录一"的附表1中"自主学习"（中级）各"技术–技能"点的"'知识准备'参照规范"所列知识。

3）各团队以自主学习获得的"学习原理"、"学习策略"与"学习方法"知识为指导，通过校图书馆、院资料室和互联网，查阅和整理近2年以"国际多式联运货物运输"为主题的国内外学术文献资料。

4）各团队以整理后的文献资料为基础，依照相关规范要求，讨论、撰写和交流《"国际多式联运货物运输"最新文献综述》。

5）撰写作为"成果形式"的训练课业，总结自主学习和应用"学习原理"、"学习策略"与"学习方法"知识（中级），依照相关规范，准备、讨论、撰写和交流《"国际多式联运货物运输"最新文献综述》的体验过程。

【成果形式】

训练课业：《"自主学习-Ⅳ"训练报告》

课业要求：

1）内容包括：训练团队成员与分工；训练过程；训练总结（包括对各项操作的成功与不足的简要分析说明）；附件。

2）将团队《自主学习计划》和《"国际多式联运货物运输"最新文献综述》作为《"自主学习-Ⅳ"训练报告》的"附件"。

3）《"国际多式联运货物运输"最新文献综述》应符合"文献综述"规范要求，做到事实清晰，论据充分，逻辑清晰。

4）结构与体例参照本教材"课业范例"的"范例-4"。

5）在校园网的本课程平台上展示班级优秀训练课业，并将其纳入本课程的教学资源库。

=单元考核=>

考核评价要求：同第1章"单元考核"的"考核评价要求"。

第 **6** 章
国际物流的仓储业务

学习目标

通过本章学习，应该达到以下目标：

理论目标： 学习和把握国际物流的仓储业务的相关概念、特点、基本环节，保税仓库和保税区的种类等陈述性知识；能用其指导本章"同步思考"、"教学互动"和"基本训练"中"理论题"各题型的认知活动，正确解答相关问题，体验本章"初级学习"中专业认知的横向正迁移，以及相关胜任力中"认知"要素的阶段性生成。

实务目标： 学习和把握仓储保管业务环节，保税仓库的申请、审批、设立程序以及海关的监管要求，保税仓库进出货物业务办理程序，保税区的设立以及进出货物业务办理程序，相关"业务链接"和二维码资源等程序性知识；能以其建构"国际物流的仓储业务"中的规则意识，正确解析本章"同步思考"、"问题思维"、"教学互动"和"基本训练"中"实务题"的相关问题；体验本章专业规则与方法"初级学习"中的横向正迁移和"高级学习"中的重组性迁移，以及相关胜任力中"专业规则"要素的阶段性生成。

案例目标： 运用本章理论与实务知识研究相关案例，培养和提高在"国际物流的仓储业务"特定业务情境下分析、解决问题与决策设计的能力；能结合本章教学内容，依照相关规范，对"课程思政6-1""课程思政6-2"和章后"课程思政-Ⅵ"等案例中的企业及其从业人员行为进行思政研判，通过思想政治元素融入专业课的协同效应，促进"立德树人"根本任务的落实；体验本章"高级学习"中专业知识与思政元素的协同性重组迁移，以及相关胜任力中"认知弹性"要素的阶段性生成。

实训目标： 参加"'国际物流的仓储业务'技术应用"业务胜任力的实践训练。在了解和把握本训练所及"能力与道德领域"相关"'技术-技能'点"的"参照规范与标准"的基础上，通过"'国际物流的仓储业务'技术应用"各训练任务的完成，系列技能操作的实施，相关《训练报告》的准备、撰写、讨论与交流等有质量、有效率的活动，培养"'国际物流的仓储业务'技术应用"的专业能力，强化"信息处理""与人交流""与人合作""解决问题""革新创新"等职业核心能力（中级），并通过"认同级"践行"职业理想"、"职业态度"、"职业良心"、"职业作风"和"职业守则"等行为规范，促进健全职业人格的塑造；体验本章"实践学习"中"专能""通能"与道德元素的协同性"重组-产生"迁移，以及相关胜任力中"求知韧性"和"复合性'技术-技能'"要素的阶段性生成。

引例　仓储业务的增值服务功能

背景与情境：仓储业务最普通的增值服务与包装有关，在通常情况下，产品往往是以散装形式或者无标签形式运到仓库里，所以这种存货之间基本上没有任何区别。一旦收到客户的订单，配送中心的仓库管理人员就要按客户要求对货物进行定制和发放。如制造商把未贴标志的电池发送到仓库中，向仓库的作业人员提供销售所需的带有商标牌号的包装材料。接到订货后仓库作业人员按要求将标志图案贴到电池上，然后用定制的包装将其包装好。可以看出该产品与在仓库存放时是没有区别的，而零售商收到的却是定制的产品和包装。由于个别零售商所需要的安全储备量较少，所以配送中心仓库可以减少其存货，与此同时还可以相应地降低市场预测和配送计划的复杂性。此外配送中心仓库可以通过优化包装来提高这种增值服务，以满足各个渠道的顾客要求。例如，仓库可以通过延伸包装和变换托盘来增值。这种做法可以使配送中心只处理一种统一的商品，并且使包装需求专门化。在涉及大型机械的情况下，这是一种有价值的服务。另外有时要零售商和顾客处理掉大量的包装是有困难的，因此解除或者回收包装材料也是一种增值服务。配送中心还可以通过改变包装形式来增值。例如，厂商将大量的防冻剂运到仓库，由配送中心将该商品进行瓶装，来满足不同包装尺寸的需求，这类延期包装使得存货风险降到最低程度，降低了运输成本，并减少货物在运输过程中的损坏。

还有一类增值服务是对鲜活易腐产品进行温度控制，配送中心可以依赖储存温度，加快或者延迟香蕉的成熟过程，这样产品就可以按照市场的需求状况进行调整。提供增值的仓储服务，还要注意质量标准与厂商要求的质量标准一致。

从引例可见，仓储业务的增值服务主要表现在包装上。仓储企业在经营过程中要拓展自己的业务范围，才能在市场竞争中居于主动地位。

6.1　仓储业务概述

仓储、包装在生产企业中曾经被看作两个不同领域的生产形式，因而制约了企业的发展和商品的流通。只有深刻理解仓储和包装的内在含义，才能真正掌握两者在国际物流中的作用。

6.1.1　仓储的概念和特点

1）仓储的概念

仓储（warehousing）是指利用仓库及相关设施设备进行物品的入库、储存、出库的活动。仓储保管工作是国际货运和现代化物流过程的重要组成部分，没有仓储保管就不能解决生产集中性与消费分散性的矛盾，也不能解决生产季节性与消费常年性的矛盾。换言之，没有商品储备，生产就会停止，流通就会中断，因此仓储保管具有责任重大、专业性和时间性强的特点。

2）仓储的特点

（1）责任重大

仓库中的商品都是企业的宝贵财富，在工作中稍有疏忽，就会出现差错，一旦发生损坏、变质、短少、丢失、错乱、火灾、爆炸，既会给货主造成重大经济损失，也会损坏仓库的形象和信誉。

（2）专业性和时间性强

仓储是一门综合性的应用科学，涉及建筑、物理、化学、生物、气象、包装、力学、机械等多方面的知识，只有专业人员才能合理应用这些知识，做好仓储保管工作。仓储部门还要为货主提供及时、优质、方便的服务，如及时收储、转运、装卸和拨发，才能做到多储、低耗，加快商品流通，提高企业形象。

课程思政 6-1

仓库被盗

背景与情境： 某仓库在进行定期盘点时，发现丢失了一卷不锈钢卷板，价值3万元。初步怀疑是被盗，由于证据不足（公司监控设施落后，没有监控记录），无法查找到作案人，并且无法确认是在白天工作时间内丢失还是晚上下班时间丢失。于是公司做出决定，由仓管员、仓库主管、安保科长三个责任人进行全额赔偿。

问题：

（1）如果仓库物资丢失，由仓库员工负责全额赔偿，公司不承担任何损失，这样是否合法合理？

（2）如果公司内部有明确制度规定一旦物资发生盘亏，仓管员就必须进行全额赔偿，那么，这样的公司规定在法律上是否有效？

研判提示：

（1）不合理。

（2）无效。该公司的内部制度不完善，造成了管理上的漏洞。

3）仓储保管的三个基本环节

仓储保管的三个基本环节为：

（1）入库验收

入库验收是仓储工作的起点，是划清仓库与货主或运输部门的责任分界线。验收时要做到以下几点：①认真审核正式入库凭证所列项目是否正确，印鉴是否齐全，随车（船）清单、磅码单和运单所列品种、数量与入库凭证是否一致。②根据凭证所列项目逐项与实物核对，做好数量、品种验收和包装验收。进行数量验收时要清点件数，并应注意外包装上标明的内装数量；对计重商品要过磅检斤，根据情况也可抽验或理论换算重量；需要检尺的商品要认真检尺。品种验收是要核对凭证上的商品名称、规格、货号、等级、箱号、商检号码、尺码、重量、唛头等是否与实物相符。包装验收时要检查包装有无霉变、锈蚀、虫蛀、鼠咬、溶化、潮湿、污染、变形、破损等情况。对于箱内有响声、有轻浮感或其他可疑情况的，应拆箱检验，并报告主管人员，通知存货单位到现场共同开箱检验。

入库商品经验收后，收货人员应在入库凭证和回单上签字。如有上述任何异样情况应在运单上批注，并做出详细验收记录，由仓库收货人与承运单位有关人员共同签字，以分清责任，并及时报告领导和存货单位。

（2）在库管理

商品入库后，仓库就承担起保管养护商品的责任，如有短少、丢失，或者在合理储存期内由于保管不善，发生霉烂变质，则应负赔偿责任。因此，在库管理应做好以下工作：①必须记账、登卡、填写储存凭证，详细记录品名、等级、规格、批次、包装、件数、重量、运输工具及其号码、单证号码、验收情况、存放地点、入库日期、存货单位等，做到账、货、卡相符。②合理安排货位，商品分类存放。在同一仓间内存放的商品，必须性能互不抵触，养护措施一致，灭火方法相同，也就是要做到"三个一致"，即商品性能、养护方法、消防方法相一致。严禁将互相抵触、污染、串味、养护措施和灭火方法不同的商品放在一起。对于贵重商品要指定专人保管，专库存放。普通库不能存放危险品、毒品和放射性商品。③商品堆码要科学、标准，符合安全第一、进出方便、节约库容的原则。仓间面积要合理规划，干道、支道要画线，垛位标志要明显，要编顺序号。

（3）出库复核

出库复核是仓储工作的最后一个环节，必须把好这一关。出库复核应做好以下工作：①要根据存货单位的备货通知，搞好备货工作，如发现入库商品未全部到齐、入库商品在验收时发现的问题尚未处理、商品质量有问题，要立即与存货单位联系，待取得一致意见后才能出库。如发现包装破损，要及时修补或更换。②要认真核对出库凭证和商品，做到手续完备，交接清楚，不错发、错运。③要分清仓库和承运单位的责任，办清交接手续，要开出库商品清单或出门证，写明承运单位的名称、品名、数量、运输工具和编号，并会同承运人或司机签字。④要做到三核对，即提货单与储存凭证核对，提货单、储存凭证与货卡商品核对，发货人与提货人当面点交共同核对。商品出库以后，保管人员要在当日，根据出库凭证销卡、销账、清点货垛上的结余数，并将有关单证交账务人员登账复核，做到账、货、卡相符。商品出库必须先进的先出，易坏的先出，否则由此造成的损失由仓库负责。要严禁口头提货、电话提货、白条提货。如遇紧急装车、装船必须出库时，要经仓库主管人员批准才能发货，并应在第二天补办正式手续。

同步案例6-1

货物入库作业

背景与情境：某仓储企业收到某客户的入库通知单，有下列商品需要储存：1 000台34英寸的长虹彩电，1 000台242升的海尔电冰箱，1 000箱方便面，1 000箱饼干，500箱可乐，100块洗衣皂，100条毛巾，100袋洗衣粉。

问题：

（1）商品入库储存需要做哪些准备工作？

（2）储存时需要注意哪些事项？

分析提示：

（1）熟悉各种需要入库物资的状况，全面掌握仓库库场情况，制订仓储计划、妥善安排货位、做好货位准备、准备垫仓物料和作业用具、做好验收准备、装卸搬运工序设定等。

（2）方便面、饼干、可乐等物品怕热、易变质，需要储存于低温货位；洗衣皂和洗衣粉有挥发性，不能与食品同区储存以防串味；毛巾怕潮、怕污、怕水渍、怕暴晒，应储存于干燥货位；彩电、冰箱易生锈，应储存于干燥货位，在堆放时小心轻放，注意包装所能承受的压力。

6.1.2　仓储的地位和作用

仓储管理是指对仓库及其库存物的管理，现代企业的仓库已成为企业的物流中心。仓储在企业物流系统中的重要作用主要表现在以下4个方面：

（1）降低运输成本、提高运输效率

大规模、整车运输会带来运输的经济性。在供应物流方面，企业从多个供应商处分别小批量购买原材料并运至仓库，然后将其拼箱并整车运输至工厂。由于整车运输费率低于零担运输费率，因此可以大大降低运输成本，提高运输效率。

（2）进行产品整合

仓库除了满足客户订货的产品整合要求外，对于使用原材料或零配件的企业来说，从供应仓库将不同来源的原材料或零配件配套组合在一起，整车运到工厂以满足需求也是很经济的。单纯的储存和保管型仓库已远远不能适应生产和市场的需求，增加配送和流通加工的功能，向流通仓库的方向发展，已成为现代仓库的一个发展方向。

（3）支持企业的销售服务

仓库合理地靠近客户，使产品适时地到达客户手中，将提高客户的满意度并扩大企业销售，这一点对于企业成品仓库来说尤为重要。

（4）调节供应和需求

由于生产和消费之间或多或少地存在时间或空间上的差异，仓储可以提高产品的时间效用，调整均衡生产和集中消费或均衡消费和集中生产在时间上的矛盾。

同步思考 6-1

问题：货主将仓储和物流包给第三方物流公司，有什么好处？

理解要点：

（1）企业集中精力于核心业务。

（2）灵活运用新技术，实现以信息换库存，降低成本。

（3）减少固定资产投资，加速资金周转。

（4）提供灵活多样的顾客服务，为顾客创造更多的价值。

6.1.3　企业仓储活动的类型

如何为库存商品安排仓储空间，企业可以有三种选择，即自有仓库仓储、租赁公共仓库仓储或合同仓储。

1）自有仓库仓储

（1）自有仓库仓储的优点

相对于公共仓储来说，企业利用自有仓库进行仓储活动具有以下优势：①可以更大程度地控制仓储；②自有仓储的管理更具灵活性；③长期仓储时，自有仓储的成本低于公共仓储；④可以为企业树立良好形象。

（2）自有仓库仓储的缺点

①自有仓库固定的容量和成本使得企业的一部分资金被长期占用。不管企业对仓储空间的需求如何，自有仓库的容量是固定的，不能随着需求的增加或减少而扩大或缩小。当企业对仓储空间的需求减少时，仍需承担自有仓库中未利用部分的成本；而当企业对仓储空间有额外需求时，自有仓库却无法满足。②自有仓库还存在位置和结构上的局限性。如果企业只能使用自有仓库，则会由于位置限制而失去战略性优化选址的灵活性；市场的大小、市场的位置和客户的偏好经常变化，如果企业在仓库结构和服务上不能适应这种变化，将失去许多商业机会。③由于自有仓库的成本高，所以许多企业因资金问题而难以修建自有仓库。建设自有仓库是一项长期、有风险的投资，并且因其专业性强而难以出售，而企业将资金投资于其他项目可能会得到更高的回报。因此，投资建造自有仓库的决策要非常慎重。

2）租赁公共仓库仓储

（1）租赁公共仓库进行仓储活动的优点

①从财务角度上看，最重要的优点是企业不需要资本投资；②可以满足企业在库存高峰时大量额外的库存需求；③使用公共仓储可以避免管理上的困难；④公共仓储的规模经济可以降低货主的仓储成本；⑤使用公共仓储时企业的经营活动更加灵活；⑥便于企业控制保管和搬运成本。

（2）租赁公共仓库进行仓储活动的缺点

①增加了企业的包装成本；②增加了企业控制库存的难度。

3）合同仓储

（1）合同仓储的概念

在物流发达的国家，越来越多的企业转向利用合同仓储（Contract Warehousing）或称第三方仓储（Third-Party Warehousing）。**合同仓储，是指企业将物流活动转包给外部公司，由外部公司为企业提供综合物流服务**。

（2）合同仓储的意义

合同仓储不同于一般公共仓储。合同仓储公司能够提供专业、高效、经济和准确的分销服务。企业若想得到高水平的质量与服务，则可利用合同仓储，因为合同仓储仓库的设计水平更高，并且符合特殊商品的高标准、专业化的搬运要求。而如果企业只需要一般水平的搬运服务，则应利用公共仓储。从本质上说，合同仓储是生产企业和仓储企业之间建立的伙伴关系。正是由于这种伙伴关系，与传统仓储公司相比，合同仓储公司可以为货主提供满足其特殊要求的空间、人力、设备和服务。

合同仓储公司为数量有限的货主提供专门物流服务，其中包括存储、卸货、拼箱、订货分类、现货库存、在途混合、存货控制、运输安排、信息和货主要求的其他服务。由此可见，合同仓储不仅仅提供存储服务，还可为货主提供一整套物流服务。

合同仓储的优势体现在：①有利于企业有效利用资源；②有利于企业扩大市场；③有利于企业进行新市场的测试；④有利于企业降低运输成本。

4）自有仓库仓储、租赁公共仓库仓储、合同仓储的比较

自有仓库仓储、租赁公共仓库仓储和合同仓储各有优势，企业选择的依据是物流的总成本最低。

租赁公共仓库和合同仓储的成本只包含可变成本，随着存储总量的增加，租赁的空间就会增加，由于公共仓库一般按所占用空间来收费，这样成本就与总周转量成正比，其成本函数是线性的。而自有仓储的成本结构中存在固定成本。由于公共仓库的经营具有营利性质，因此自有仓储的可变成本的增长速率通常低于公共仓储成本的增长速率。当总周转量达到一定规模时，两条成本线相交，即成本相等。这表明在周转量较低时公共仓库是最佳选择。随着周转量的增加，由于可以把固定成本均摊到大量存货中，因此使用自有仓库更经济。自有仓库仓储与租赁公共仓库仓储的成本比较如图6-1所示。

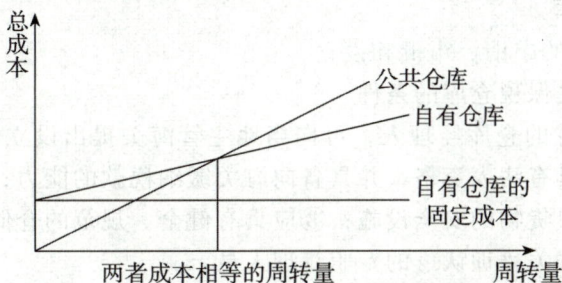

图6-1 自有仓库仓储与租赁公共仓库仓储的成本比较

业务链接6-1

深圳赤湾港仓储业务

深圳赤湾港是中国重要的进口散装化肥灌包港口和集散地之一，每年处理进口化肥灌包量均在100万吨以上。赤湾港涉及对化肥多品种、多形式的港口物流拓展，涵盖了散装灌包，进口保税，国际中转，水路、铁路、公路配送等多项服务。赤湾港从国外进口化肥的装运采用散装方式，到达港口以后，通过门式起重

机的抓斗卸货到漏斗，通过漏斗输送到灌包房，灌包房设有散货灌包机28套。利用灌包机将散装化肥灌成每包50千克装的袋装肥料再进行销售。赤湾港的散粮钢板筒仓采用美国齐富技术（容量52 000立方米）和德国利浦技术（容量70 000立方米）建造，两大系统功能互享，最大程度上对粮谷的装卸、输送、计量、储存、灌包、装船、装车、倒仓、通风、除尘、清仓、灭虫等进行科学有效的控制，将进出仓的合理损耗控制在严格的范围内。港运粮食码头对小麦、大麦、大豆、玉米等农产品多品种的分发操作积累了专业技术优势和仓储保管经验。

6.2 保税仓库与保税区

6.2.1 保税仓库

1）保税仓库的定义和种类

（1）保税仓库的定义

保税仓库（bonded warehouse）是指经海关批准设立的专门存放保税货物及其他未办结海关手续货物的仓库。根据我国实际情况，海关允许存放的货物有以下三类：①供加工贸易（来料加工、进料加工）加工成品复出口的进口料件。②外经贸主管部门批准开展外国商品寄售业务、外国产品维修业务、外汇免税商品业务及保税生产资料市场的进口货物。③转口贸易货物以及外商寄存、暂存货物和国际航行船舶所需的燃料、物料和零配件等。

以上类别中的第①、②类属于经海关核准暂免办理纳税手续的进口货物，第③类属于暂时进境储存后再复运出境的进境货物。

（2）保税仓库的种类

根据国际上的通行做法及我国的具体情况，保税仓库可分为公用型保税仓库和自用型保税仓库。

2）保税仓库的申请、审批和设立

（1）申请设立保税仓库的条件

符合下列条件的仓库经理人，可向当地主管海关提出设立保税仓库的申请：①仓库经理人须具有法人资格，并具备向海关缴纳税款的能力；②仓库应具有专门储存、堆放进口货物的安全设施；③应具有健全、规范的仓储管理制度和仓库账册；④应配备海关培训认可的专职管理人员。

（2）申请设立保税仓库应提供的文件

申请设立保税仓库，应向主管海关提供下列文件：①经营单位的营业执照，如租赁仓库，还应提供仓库经营人的营业执照；②经营单位填写的保税仓库申请书，应填明仓库名称、地址、负责人、管理人员、储存面积及存放保税货物的类别等内容；③外经贸主管部门批准开展有关业务的批件，如寄售、维修等；④其他有关资料，如租赁仓库协议、仓库管理制度等。

（3）保税仓库的审批和设立

主管海关在审核上述申请文件后，派人员到仓库实地检验，核查仓库设施，

核定仓库面积，对符合海关监管条件的，区别不同类型的保税仓库，分别办理审批手续。对设立公共保税仓库的，由直属海关审核同意后报海关总署审批；对设立自用型保税仓库的，由直属海关负责审批，并报海关总署备案。经批准设立的保税仓库，由海关颁发保税仓库登记证书。

3）货物进出保税仓库的程序

（1）保税仓库货物的进口

学习微平台

案例分析 6-1

① 本地进货。进口货物在保税仓库所在地进境时，应由货物所有人或其代理人向入境所在地海关申报，填写进口货物报关单，在报关单上加盖"保税仓库货物"章并注明"存入××保税仓库"，经入境地海关审查后，货物所有人或其代理人应将有关货物存入保税仓库，并将两份进出口报关单随货代交保税仓库，保税仓库经营人应在核对报关单上申报的进口货物与实际入库的货物无误后，在有关报关单上签字，其中一份报关单交回海关存查（连同保税仓库货物入库单据），另一份留存仓库。

② 异地进货。进口货物在保税仓库所在地以外其他口岸入境时，货物所有人或其代理人应按《海关进口货物转关运输管理规定》办理转关运输手续。货物所有人或其代理人应先向保税仓库所在地主管海关提出将进口货物转运至保税仓库的申请，主管海关核实后，签发进口货物转关运输联系单，并注明"货物转运存入××保税仓库"。货物所有人或其代理人凭此联系单到入境地海关办理转关运输手续，入境地海关核准后，将监管进口货物运至保税仓库所在地，货物抵达目的地后，货物所有人或其代理人应按上述"本地进货"手续向主管海关办理申报及入库手续。

（2）保税仓库货物的出口

进口货物存入保税仓库后，其出库的流向较为复杂，一般可分为储存后原物复出口、加工贸易提取后加工成品出口、向境内销售或使用三种情况，下面就分这三种流向介绍有关海关手续。

① 储存后原物复出口。存入保税仓库的货物在规定期限内复运出境时，货物所有人或其代理人应向保税仓库所在地主管海关申报，填写出口货物报关单，并提交货物进口时经海关签章确认的进口报关单，经主管海关核实后予以验放有关货物或按转关运输管理办法，将有关货物监管运至出境地海关验放出境。办理复出境手续后，海关在一份出口报关单上加盖印章退还货物所有人或其代理人，作为保税仓库货物核销依据。

② 加工贸易提取后加工成品出口。从保税仓库提取货物用于进料加工、来料加工项目加工生产成品复出口时，经营加工贸易的单位首先按进料加工或来料加工的程序办理，向外经贸部门申请加工贸易合同审批，再持有关批件到主管海关办理合同登记备案，并在指定银行开设加工贸易银行保证金台账后，由主管海关核发《加工装配和中小型补偿贸易进出口货物登记手册》（以下简称《登记手册》）。经营加工贸易单位持海关核发的《登记手册》，向保税仓库所在地主管海关办理保税仓库提货手续，填写进料加工或来料加工专用进口货物报关单（由于

保税仓库进货时所填写进口货物报关单并未确定其贸易性质，因此，在以加工贸易提取后加工成品出口使用时，其贸易性质已确定为"进料加工"或"来料加工"的，须补填进口货物报关单）和"保税仓库领料核准单"，经海关核实后，在"保税仓库领料核准单"上加盖放行章，其中一份由经营加工贸易单位凭以向保税仓库提取货物，另一份由保税仓库留存，作为保税仓库货物的核销依据。

③ 向境内销售或使用。存入保税仓库的货物需转为进入境内市场销售时，货物所有人或其代理人应事先报主管海关核准并办理正式进口手续，填写进口货物报关单（其贸易性质由"保税仓库货物"转变为"一般贸易进口"），对属于国家规定实行进口配额、进口许可证、机电产品进口管理、特定登记进口商品以及其他进口管理商品的货物，需向海关提交有关进口许可证或其他有关批件，并缴纳该货物的进口关税和进口环节增值税、消费税。办理上述进口手续后，海关在"进口货物报关单"（一式两份）上加盖放行章。其中一份用以向保税仓库提取货物，另一份由保税仓库留存，作为保税仓库货物的核销依据。

（3）保税仓库货物的核销

保税仓库货物应按月向主管海关办理核销。经营单位于每月的前五天将上月所发生的保税仓库货物的入库、出库、结存等情况列表报送主管海关，并随附经海关签章的进口、出口报关单及保税仓库领料核准单等单证。

主管海关对保税仓库入库、出库报表与实际进口、出口报关单及领料单进行审核，必要时派人员到仓库实地核查有关记录和货物结存情况，核实无误后予以核销，并在一份保税仓库报表上加盖印章认可，退还保税仓库经营单位留存。

课程思政 6-2

保税仓库擅自销售海关监管货物

背景与情境： 某保税仓库设立后从第一次申报保税货物入库，到海关核查日止共申报入库货物 500 批，价值人民币 5 600 万元，申报出库货物价值人民币 1 200 万元。依此计算，该仓库库存货物价值应为 4 400 万元人民币。仓库内的保税货物绝大多数为计算机网络备件、电源、网卡、路由器、集线器等，这些商品的平均关税税率在 15% 左右，加上 13% 的增值税，应缴税款约 802 万元。但是海关在对该库进行实际盘点时发现，该库虽然存有少量物品，却均非当初申报入库的物品，该库实际库存为零。由于涉嫌保税货物出库超期未申报、故意逃税、走私等违法行为，此案移交缉私局侦查处理。

（资料来源　百度文库，引文经节选、整理与改编）

问题： 该保税仓库行为的性质是否违反《海关法》？保税仓库进出货物是否每批都需要向海关进行申报？

研判提示： 本案例中，该保税仓库的行为违反了海关对保税货物的监管规定，未遵守进出口相关法律法规。每票货物都需要申报并接受海关监管。

4）海关对保税仓库的监管要求

保税仓库所存货物的储存期限为一年。如因特殊情况需延长储存期限，应向主管海关申请延期，经海关核准的延期最长不能超过一年。所存货物储存期满仍未转为进口或复运出境的，按《海关法》有关规定，由海关将货物变卖处理，变卖所得价款在扣除运输、装卸、储存等费用和进口税款后，尚有余款的，自货物变卖之日起一年内，经货主申请予以发还，逾期无人申请的，余款上缴国库。

保税仓库所存货物属于海关监管的保税货物，未经海关核准并按规定办理有关手续，任何人不得出售、提取、交付、调换、抵押、转让或移作他用。货物在仓库储存期间发生短少或灭失，除不可抗力原因外，短少或灭失部分由保税仓库经营单位承担缴纳税款责任，并由海关按有关规定予以处理。货物进口时已明确为一般进口货物的，不允许存入保税仓库。

保税仓库必须独立设置，专库专用，保税货物不得与非保税货物混放。加工贸易备料保税仓库的入库货物仅限本企业加工生产自用料件，不得存放本企业一般贸易进口货物或与加工生产无关的货物以及其他企业的货物。

公共保税仓库储存的保税货物，一般不得跨关区提取和转库存取，只能供应本关区加工生产企业按规定提取使用。对经批准设立的专门存储不宜与其他物品混放的保税仓库原料（如化工原料、易燃易爆危险品），以及一个企业集团内设立专为供应本集团内若干分散在不同关区加工企业生产出口产品所需的企业备料保税料件，必须跨关区提取的，加工贸易企业应事先凭与保税货物所有人或外商签订的购货合同或协议、外经贸部门的批准文件等单证向海关办理加工贸易合同登记备案，领取《加工贸易登记手册》，并在该登记手册限定的原材料进口期限内分别向加工贸易企业主管海关、保税仓库主管海关办理分批从保税仓库提取货物的手续。在保税仓库中不得对所存货物进行加工，如需对货物进行改变包装、加刷唛码等整理工作，应向海关申请核准并在海关监管下进行。

教学互动 6-1

互动问题：

（1）保税仓库能为企业提供哪些服务？

（2）企业使用保税仓库能解决什么问题，带来哪些效益？

要求：同"教学互动 1-1"的"要求"。

保税仓库对所存货物应设专人负责管理，海关认为必要时，可会同仓库双方共同加锁。海关可随时派人员进入保税仓库检查货物储存情况，查阅有关仓库账册，必要时可派人员驻库监管。保税仓库经营单位应予协作配合并提供便利。保税仓库经营单位进口供仓库自己使用的设备、装置和用品，如货架，搬运、起重、包装设备，运输车辆，办公用品及其他管理用具，均不属于保税货物。进口时应按一般贸易办理进口手续并缴纳进口税款。

同步思考6-2

大连 A 公司（隶属于大窑湾海关管辖区）准备建立一个保税仓库，于是该企业董事长黄某让业务员小王直接将相关材料送达大连直属海关审批。未料遭到了拒绝，原因是该公司未向大窑湾海关提交书面申请。

问题：大连直属海关拒绝的理由是否恰当，为什么？

理解要点：大连直属海关拒绝的理由是正确的。因为企业设立保税仓库应向仓库所在地主管海关提交书面申请，主管海关报直属海关审批，直属海关批准设立保税仓库后报海关总署备案。

问题思维6-1

疑点：办结海关进口手续的一般贸易货物可以放在保税仓库里暂存。

释疑提示：保税仓库里可以存放的货物有以下几类：（1）加工贸易进口货物；（2）转口货物；（3）供应国际航行船舶和航空器的油料、物料和维修用零部件；（4）供维修外国产品所进口寄售的零配件；（5）外商暂存货物；（6）未办结海关手续的一般贸易货物；（7）经海关批准的其他未办结海关手续的货物。所以办结海关进口手续的一般贸易货物可以放在保税仓库里暂存的说法是错误的。

6.2.2　保税区

保税区与经济特区、经济技术开发区等特殊区域一样，都是经国家批准设立的实行特殊政策的经济区域。我国为了更进一步扩大对外开放，吸引国外资金和技术，借鉴了国际上的先进管理经验，从 20 世纪 90 年代开始在沿海地区陆续批准设立保税区。

业务链接6-2

保税区和自贸区的区别

从税收上讲，保税区针对进出口关税，自贸区针对的除了关税外还有增值税；从功能上讲，保税区针对的是物流仓储和加工业，自贸区针对的除了物流仓储外还有国际贸易；从政策上讲，在保税区内免除海关惯常监管，而国际通行的自由贸易区则是现有保税区的全方位升级。

1）保税区的定义及特点

（1）保税区的定义

保税区是指在一国境内设置的，受海关监管的特定区域。按我国规定，建立保税区需经国务院批准，保税区与中华人民共和国境内的其他地区（非保税区）之间，应设符合海关监管要求的隔离设施，并由海关实施封闭式管理。国务院已批准建立的保税区主要有上海浦东新区的外高桥保税区、天津港保税区、深圳沙头保税区、深圳福田保税区、大连保税区、广州保税区、张家港保税区、海口保税区、厦门象屿保税区、福州保税区、宁波保税区、青岛保税区、汕头保税区、深圳盐田港保税区、珠海保税区、重庆寸滩保税区等。

（2）保税区的特点

保税区一般建立在具有优良国际贸易条件和经济技术较为发达的港口地区，国家建立保税区的目的是通过对专门的区域实行特殊政策，吸引外资，发展国际贸易和加工工业，以促进本国经济发展。保税区作为这类特殊经济区域的一种，具备两个基本特点，即"关税豁免"和"自由进出"。

① 关税豁免即对从境外进口到保税区的货物以及从保税区出口到境外的货物均免征进出口税。这是世界各国对特殊经济区域都实行的优惠政策，目的是吸引国内外厂商到区内开展贸易和加工生产。

② 自由进出即对保税区与境外的进出口货物，海关不作惯常的监管。这里的"惯常监管"是指国家对进出口的管理规定和进出口的正常海关手续。由于国际上将进入特定区域的货物视为未进入关境，因此可以不办理海关手续，海关在此方面也不实行监管。我国保税区根据本国情况，对进出保税区货物参照国际惯例，大大简化了进出口货物的管理及海关手续。

2）保税区有关管理规定

（1）进出口税收方面

从境外进入保税区的货物，除法律、行政法规另有规定外，其进口关税和进口环节税的征免规定为：①保税区内生产性的基础设施建设项目所需的机器、设备和其他基建物资，海关予以免税。②保税区内企业自用的生产、管理设备和自用合理数量的办公用品及其所需的维修零配件，生产用燃料，建设生产厂房、仓储设施所需的物资设备，予以免税。③保税区行政管理机构自用的合理数量的管理设备和办公用品及其所需的维修零配件，予以免税。④保税区内企业为加工出口产品所需的原材料、零部件、元器件、包装物料，海关予以免税。

上述第①~④项范围以外的货物、物品从境外进入保税区，海关依法征税。保税区内企业加工的制成品运往境外，除法律、行政法规另有规定外，免征出口关税。转口货物和在保税区内储存的货物，海关按保税货物管理。

（2）进出口许可证方面

①从境外进口供保税区内使用的机器设备、基建物资等，免领进口许可证。②为加工出口产品所需进口的料件以及供储存的转口货物，免领进口许可证。③保税区内加工产品出口，免领出口许可证。

（3）人员居住

保税区内仅设立行政管理机构及有关企业。除安全保卫人员外，其他人员不得在保税区内居住。在保税区内设立国家限制和控制的生产项目，须经国家规定的主管部门批准。

（4）货物进出

国家禁止进出口的货物、物品不得运入、运出保税区，销往境内非保税区的货物不得运入保税区。

（5）汽车进口

除国家指定的汽车进口口岸的保税区（天津、大连、上海、广州、福田等）外，其他保税区均不得允许运进转口方式的进口汽车，对保税区内企业自用的汽车，也应由指定的口岸办理进口手续。

（6）特殊产品管理

保税区内设立生产受被动配额许可证管理的纺织品和可生产化学武器的化学品、化学武器关键前体、化学武器原料及易制毒化学品等商品的企业时，应报国家主管部门批准。产品出境时，海关一律凭出口许可证验放。

（7）激光光盘管理

保税区内设立生产激光光盘的企业，应报国家主管部门批准，海关按现行对该行业的监管规定管理。

同步案例6-2

保税区的进口流程优化

背景与情境： 中国香港某公司在宝安、东莞均设有工厂，国外的原材料到香港码头后，在无须报关的情况下，由香港货车提柜并经福田保税区一号通道拖运至保税区存放。待境内工厂需要用料时，派境内厂家的理货员到保税区指定需要的货品，填报好准确的报关文档，由境内的车辆经福田保税区二号通道直接报关进口或转关至东莞海关拆关。如此不仅可节省可观的仓租和拖车费用，而且境内厂家的报关员无须出境即可根据实物填报报关单，可完全确保报关数据准确无误。

问题： 上述便利通关模式是如何运作的？

分析提示： 享有中国最开放政策的福田保税区被称作"境内的香港仓库"，它实行"境内关外"的运作模式，货物从香港自由进出保税区，不用报关只需简单备案，而且有专用通道与香港直通，原料从香港码头下船后在1个小时内就可直接运进保税区，具备了香港作为物流中心的一切条件。

3）保税区货物的进出口

（1）保税区单位注册和运输工具备案

① 保税区内设立的企业（包括生产企业、外贸企业、仓储企业等）及行政管理机构，须经所在地人民政府或其指定的主管部门批准，并持有关批准文件、营业执照等有关资料向保税区海关办理注册登记手续。

② 进出保税区的运输工具（指专门承运保税区进出口货物的运输工具和区内企业、机构自备的运输工具）须经所在地人民政府或其指定的主管部门批准，并由运输工具负责人、所有人或其代理人持有关批准证件及列明运输工具名称、数量、牌照号码和驾驶员姓名的清单，向保税区海关办理登记备案手续。海关核准后，发给准运证。保税区外其他运输工具进出保税区时，应向海关办理临时进出核准手续。

（2）保税区与境外之间进出货物的申报

① 保税区与境外之间进出的货物，改变传统的单一报关方式，海关实行备

案制与报关制相结合的申报方式。

② 对保税区内加工贸易企业所需进境的料件、进境的转口货物、仓储货物，以及保税区运往境外的出境货物，进出境时实行备案制。由货主或其代理人填写进（出）境货物备案清单，向保税区海关备案。

③ 对保税区内进口自用合理数量的机器设备、管理设备及办公用品，以及工作人员所需自用合理数量的应税物品，实行报关制。由货主或其代理人填写进（出）口货物报关单，向保税区海关申报。

（3）保税区与非保税区进出货物

海关对保税区与非保税区之间进出的货物，按国家有关进出口管理规定实行监管。从保税区进入非保税区的货物，按进口货物办理手续；从非保税区进入保税区的货物，按出口货物办理手续，出口退税按国家有关规定办理。

① 非保税区（指境内除保税区以外的其他地区）运入保税区的供加工生产产品用的货物（原材料、零部件、元器件、包装物料等），视同出口。有关运输企业或其代理人应向保税区海关或其主管海关办理申报出口手续，填写出口货物报关单，提供有关单证。属国家许可证管理的商品，还应提交出口许可证。属应征出口税的商品，应缴纳出口关税。海关审核无误后，验放有关货物运入保税区。

② 从非保税区运入保税区供区内企业、机构自用的机器设备、管理设备及其他物资，由使用企业或机构向保税区海关申报，填写运入货物清单，经海关核准验放后运入保税区。

③ 从非保税区运入保税区的已办妥进口手续的进口货物，原已征进口税款不予退税。

④ 从非保税区运入保税区委托区内生产企业加工产品的货物，生产企业应事先持委托加工合同向保税区海关办理登记备案手续，凭海关核准的登记备案手续向保税区海关申报运入区内。委托加工货物须在合同期限内加工产品并返回非保税区，并在海关规定期限内向保税区海关办理委托加工合同核销手续。

⑤ 从保税区运出销往非保税区的货物，视同进口。由发货人或其代理人向保税区海关办理进口申报手续，填写进口货物报关单，属国家实行配额、许可证、特定登记进口、机电产品管理及其他进口管理的商品，应提供配额证明、进口许可证或其他有关批件，并缴纳进口关税和进口环节增值税、消费税，海关审核无误后，验放有关货物运出保税区。

⑥ 保税区内生产企业使用进口料件加工产品运出销往非保税区时，企业或其代理人应向保税区海关办理进口申报手续，填写进口货物报关单，提供有关许可证等进口批件，补交所使用的进口料件的进口关税和进口环节增值税、消费税。如对产品中所含进口料件品名、数量、价值申报不清，则应按制成品补缴税款。

⑦ 保税区内生产企业将进口料件运往非保税区委托加工产品时，生产企业应事先持委托加工合同向保税区海关办理登记备案手续，凭海关核准的登记备案手续向保税区海关申报运出区外。委托非保税区企业加工的期限为6个月，因特殊情况向海关申请延期的，延期期限不得超过6个月。在非保税区加工的产品应

运回保税区，并在海关规定期限内向保税区海关机办理委托加工合同核销手续。

4）海关对保税区的监管要求

海关依法在保税区执行监管任务，进出保税区的货物、运输工具、人员，应当经由海关指定的专用通道，并接受海关检查。保税区内企业应依照国家有关法律、法规设置账簿、编制报表，凭合法、有效的凭证记账并进行核算，记录有关进出保税区货物和物品的库存、转让、转移、销售、加工、使用和损耗等情况。保税区实行海关稽查制度。区内企业应与海关实行电子计算机联网，进行电子数据交换。海关对进出保税区的货物、物品、运输工具、人员及区内有关场所，有权依《海关法》规定进行检查、查验。保税区内的货物可以在区内企业之间转让、转移，双方当事人应就转让、转移事项向海关备案。保税区内的转口货物可以在区内仓库或区内其他场所进行分级、挑选、刷贴标志、改换包装形式等简单加工。保税区内加工企业开展进料加工、来料加工业务，海关不实行加工贸易银行保证金台账制度。但区内企业委托非保税区企业进行加工业务的，非保税区企业应向当地海关办理合同登记备案手续，并实行加工贸易保证金台账制度。进出保税区的运输工具负责人，应持保税区主管机关批准的证件连同运输工具名称、数量、牌照号及驾驶员姓名等清单，向保税区海关办理登记备案手续。

业务链接6-3

各种监管方式下保税物流货物监管要点比较分析详见表6-1。

表6-1　　　**各种监管方式下保税物流货物监管要点比较分析表**

监管场所、区域名称	存货范围	储存期限	服务功能	面积（不低于）		审批权限	入区退税	备注
				东部	中西部			
保税仓库	进口	1年+1年	储存	公用、维修2 000平方米 液体5 000平方米		直属海关	否	按月报核
出口监管仓库	出口①	半年+半年	储存/出口/配送/国内结转	配送5 000平方米 结转1 000平方米		直属海关	否②	退换货物先入后出
保税物流中心（A型）	进出口	1年+1年	储存/全球采购配送/国内结转/转口/中转③	公用20 000平方米 自用4 000平方米	公用5 000平方米 自用2 000平方米	海关总署	是	
保税物流中心（B型）	进出口	2年+1年		100 000平方米	50 000平方米	海关总署	是	
保税物流园区	进出口	无期限	储存/贸易/全球采购配送/中转/展示			国务院	是	按年报核
保税区	进出口	无期限	物流园区功能+维修/加工			国务院	否	离境退税
保税港区	进出口	无期限	保税区功能+港口功能			国务院	是	

注：①出口配送型仓库可以存放为拼装出口货物而进口的货物。②经批准享受入仓即退税政策的除外。③保税物流中心（B型）的经营者不得开展物流业务。

深度剖析 6-1

背景资料：外国商品存入保税区，不必缴纳进口关税，并可自由出口，只须交纳存储费和少量费用，但如果要进入关境则需交纳关税。

问题：为什么外国商品存入保税区，不必缴纳进口关税？

解析与讨论：

保税区具有如下特点：

（1）实施封闭式管理。海关对保税区实行封闭管理，境外货物进入保税区，实行保税管理。

（2）实施若干"境内关外"理念。境内其他地区货物进入保税区，视同出境。

（3）实施海关、外经贸、外汇等部门的若干特殊管理。有关部门对保税区实行较区外相对优惠的政策和便捷的管理。

本章概要

□ 内容提要与结构

▲ 内容提要

● 仓储业务的概念、特点、地位、作用和仓储保管的三个基本环节。

● 企业仓储活动的类型分为自有仓库仓储、租赁公共仓库仓储和合同仓储。

● 保税仓库的定义、种类，保税仓库设立申请、审批。

● 保税仓库进出口货物程序。

● 保税区的定义、特点以及相关管理规定。

▲ 内容结构

本章内容结构如图 6-2 所示：

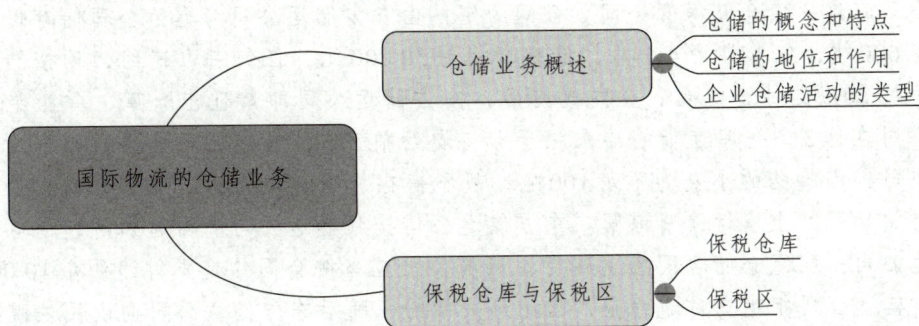

图6-2　本章内容结构

□ 主要概念和观念

▲ 主要概念

仓储　合同仓储　保税仓库　保税区

▲ 主要观念

仓储保管业务流程　保税仓库进出口货物程序　保税区进出口货物程序

☐ 重点实务和操作

▲ 重点实务

仓储货物入库验收　仓储货物在库管理　仓储货物出库复核　保税仓库进出口货物业务　保税区进出口货物业务

▲ 重点操作

"国际物流的仓储业务"知识应用

基本训练

☐ 理论题

▲ 简答题

1）仓储的概念和特点是什么？

2）仓储的地位和作用是什么？

3）简述保税仓库的含义和分类。

▲ 讨论题

1）仓储在企业物流系统中起到什么作用？

2）自有仓库有哪些优缺点？

☐ 实务题

▲ 规则复习

1）简述仓储保管的三个基本环节。

2）简述保税仓库货物的进出口操作程序。

3）简述保税区货物的进出口操作程序。

4）海关对保税区的监管有哪些要求？

▲ 业务解析

1）某市盛达粮油进出口有限责任公司（以下简称盛达公司）与该市东方储运公司签订一份仓储保管合同。合同约定：由东方储运公司为盛达公司储存保管小麦600吨，保管期为4个月，储存费用为50 000元，任何一方违约，均按储存费用的20%支付违约金。合同签订后，东方储运公司即清理出仓库，并拒绝其他公司在这3个仓库存货的要求。于即将履约前2日，盛达公司书面通知东方储运公司：因收购的小麦尚不足100吨，故不需存放贵公司仓库，双方之前所签订的仓储合同终止履行，请谅解。东方储运公司接到盛达公司书面通知后，遂电告盛达公司：同意仓储合同终止履行，但贵公司应当按合同约定支付违约金10 000元。盛达公司拒绝支付违约金，因此形成纠纷，随后东方储运公司向人民法院提起诉讼，请求判处盛达公司支付违约金10 000元。试问东方储运公司的诉讼请求应予以支持吗？请说明理由。

2）美国某大型石油化工企业为了拓展在华南地区的市场，在深圳设立办事处，将化工塑胶粒大批量存入保税区仓库，再根据客户的需求从保税区仓库提货，大大提高了交易的速度及效率，节省了大量的物流成本，提高了客户的满意度。试分析保税区的作用及意义。

3）一批转口的货物于 2022 年 9 月 1 日进入某保税仓库储存，到 2023 年 1 月底因故没有出库，经海关批准延期 3 个月，但到期仍未出库。2023 年 12 月初，海关对这批货物进行了提取，并依法变卖。请问海关这种做法是否正确，为什么？

□ 案例题

▲ 案例分析

【训练项目】

案例分析 - Ⅵ。

【相关案例】

保税物流主要功能分析

背景与情境： 广州某工厂为进料加工企业，其生产出的成品必须在《进料加工登记手册》到期前出口核销，但往往这时并不是此种货物在国际市场的高价期，而且预先联系好的买家有时也会临时取消订货。于是该工厂将广州保税区作为其一个成品集货基地，生产出来的产品暂存放于区内保税仓库内，待世界各地的买家有利需求时，由码头提取空柜至保税区仓库装货，非常灵活方便。

问题：

1）本案例体现保税物流的什么功能？

2）保税物流在实践操作过程中有哪些功能？

3）结合本案例分析，思考保税区在我国进出口贸易中起到什么作用。

【训练要求】

同第 1 章"基本训练"中本题型的"训练要求"。

▲ 课程思政

【训练项目】

课程思政 - Ⅵ。

【相关案例】

保税区"一日游"暴利案例

背景与情境： A 家具经营商（以下简称 A 公司）通过先出口到上海的保税区，再进口到该企业上海仓库的方式，从国内的家具企业一共采购了 11 批木制品和木家具。据一份"货物进出境记录"显示，一批在海宁生产的、经营单位和发货单位均为海宁某公司的三人牛皮沙发，当天被运进外高桥保税区，并办理了出境手续。但就在同一天，A 公司又为这批沙发办理了入境手续。一天之内，海宁生产的国产货在保税区转了一圈成了身价暴涨的进口货。就这样在保税区内"游走"了一天后，这批牛皮沙发从 715 美元的出口单价，变成了 857 美元的进口单价，一下子上涨了 142 美元。该年度 A 公司从上海口岸进口家具共 119 批次，其中有 11 批是国产家具，占到 A 公司从上海口岸进口家具的近 10%，共涉及金额约 80 万美元。

问题：

1）本案例中 A 公司使用的是什么方法，保税区有哪些作用？

2）试对上述问题做出你的思政研判。

3）通过网上或图书馆调研等途径收集思政研判的依据。

【训练要求】

同第1章"基本训练"中本题型的"训练要求"。

□ 实训题

【训练项目】

阶段性体验-Ⅱ："国际物流的仓储业务"技术应用。

【训练目的】

见本章"学习目标"中的"实训目标"。

【训练内容】

专业能力训练：其"能力领域"、"'技术-技能'点"、"名称"及"参照规范与标准"见表6-2。

表6-2　　　能力领域、"技术-技能"点、名称及参照规范与标准

能力领域	"技术-技能"点	名称	参照规范与标准
"国际物流的仓储业务"技术应用	"'技术-技能'点"1	"仓储业务的程序化运作"技术应用	（1）能正确利用各类物流及仓储公司网站、物流类刊物等渠道选择合适的物流仓储服务公司，并根据货物情况，选择合适的仓储类型； （2）能熟练把握国际物流仓储业务执行程序各环节的具体业务内容； （3）能应用"仓储业务程序化运作"技术，正确进行相关业务操作
	"'技术-技能'点"2	"保税仓库与保税区仓储"技术应用	（1）能熟悉和把握保税仓库和保税区进出口货物仓储业务流程和注意事项； （2）能应用相关技术，胜任和完成国际物流仓储业务办理的各环节主要工作； （3）能根据货物的具体情况，应用相关技术，选用适合的仓储类型
	"'技术-技能'点"3	"《训练报告》撰写"技术应用	（1）能应用正确设计关于"'国际物流仓储业务'技术应用"的《训练报告》，其结构合理，层次分明； （2）能依照商务应用文的规范撰写所述《训练报告》； （3）能参照网络教学资源包中《学生考核手册》考核表6-7的"考核指标"和"考核标准"撰写所述《训练报告》

职业核心能力和职业道德训练：其内容、种类、等级与选项见表6-3；各选项的"参照规范与标准"见本教材"附录三"的附表3和"附录四"的附表4。

表6-3　　　　职业核心能力与职业道德训练内容、种类、等级与选项表

内容	职业核心能力							职业道德						
种类	自主学习	信息处理	数字应用	与人交流	与人合作	解决问题	革新创新	职业观念	职业情感	职业理想	职业态度	职业良心	职业作风	职业守则
等级	中级	中级	中级	中级	中级	中级	中级	认同级	认同级	认同级	认同级	认同级	认同级	认同级
选项		√		√	√	√	√			√	√	√	√	√

【组织形式】

将班级学生分成若干小组，根据训练内容和项目需要进行角色划分。

【训练任务】

（1）对表6-2所列专业能力领域各"'技术-技能'点"，依照其"参照规范与标准"实施"阶段性"基本训练。

（2）对表6-3所列职业核心能力选项，依照本教材"附录三"的附表3中的"参照规范与标准"实施"中级"强化训练。

（3）对表6-3所列职业道德选项，依照本教材"附录四"的附表4中"参照规范与标准"实施"认同级"相关训练。

【情境设计】

将学生分成若干训练团队，各团队分别选择一个"训练课业"题目和国际物流仓储项目，进行关于"'国际物流仓储业务'技术应用"的训练。各组通过参与和体验所述项目的运作，相应《训练报告》的准备、撰写、讨论与交流等实践活动，完成各自训练任务。

【指导准备】

知识准备：

（1）国际物流仓储基本知识。

（2）国际物流仓储业务作业流程知识。

（3）保税仓库基础知识。

（4）保税区基础知识。

（5）海关对保税物流货物的监管要求知识。

（6）本教材"附录一"的附表1中，与本章"职业核心能力'强化训练项'"各"'技术-技能'点"相关的"'知识准备'参照范围"。

（7）本教材"附录三"的附表3和"附录四"的附表4，涉及本章"职业核心能力领域'强化训练项'"各"'技术-技能'点"和"职业道德领域'相关训练项'"的"参照规范与标准"知识。

操作指导：

（1）教师向学生阐明"训练目的"、"能力与道德领域"和"知识准备"。

（2）教师就"知识准备"中的第（6）、（7）项，对学生进行培训。

（3）教师指导学生就训练项目进行资料收集与整理。

（4）教师指导学生就训练项目进行仓储业务的程序化运作、仓储业务办理。

（5）教师指导学生撰写、讨论与交流关于"'国际物流仓储业务'技术应用"的相应《训练报告》。

【训练时间】

本章课堂教学内容结束后课余时间。

【训练步骤】

1）将学生分成若干个团队，每3~5位同学一团队，每团队确定1名负责人，分别选择一个"训练课业"题目和国际物流仓储项目。

2）为学生提供相关基础知识的咨询服务，指导各团队结合训练项目，分配各自任务，指导其研究相关问题，进行资料收集、分析和整理工作。

3）指导学生按团队实施训练项目，系统体验国际物流的仓储业务的程序化运作、国际物流仓储业务办理，并详细记录训练操作情况。系统体验如下技能操作：

（1）依照表6-2中"'技术-技能'点"1的"参照规范与标准"，应用相应技术，正确进行"仓储业务的程序化运作"，体验其"胜任力"要素生成。

（2）依照表6-2中"'技术-技能'点"2的"参照规范与标准"，应用相应技术，正确进行"保税仓库与保税区仓储"相关工作，系统体验其"胜任力"要素生成。

（3）依照表6-2中"'技术-技能'点"3的"参照规范与标准"，应用相应技术，正确撰写结构合理、层次分明的《训练报告》，系统体验其"胜任力"要素生成。

4）各团队在实施上述专业训练的过程中，融入对"信息处理""解决问题""革新创新"等职业核心能力各"'技术-技能'点"的"中级"强化训练和对"职业作风"和"职业守则"等职业道德各"素质点"的"认同级"相关训练。

5）各实训团队对本次实训的相关资料和记录进行整理分析，分别就所选实训课业的题目之一，撰写《"'国际物流仓储业务'技术应用"训练报告》。

【成果形式】

训练课业：《"××国际物流仓储业务'技术应用'"训练报告》

课业要求：

1）"训练课业"的结构与体例参照本教材"课业范例"中的范例综-3。

2）将相关"附件"附于《训练报告》之后。

3）在校园网的本课程平台上展示经过教师点评的班级优秀《训练报告》，并相互借鉴。

单元考核

考核评价要求：同第1章"单元考核"的"考核评价要求"。

第7章
国际物流出口单证

学习目标

通过本章学习，应该达到以下目标：

理论目标：学习和把握国际物流出口单证的相关概念、种类，海运提单的性质与作用等陈述性知识；能用其指导本章"同步思考"、"教学互动"和"基本训练"中"理论题"各题型的认知活动，正确解答相关问题；体验本章"初级学习"中专业认知的横向正迁移，以及相关胜任力中"认知"要素的阶段性生成。

实务目标：学习和掌握汇票、商业发票、装箱单、保险单、海运提单、原产地证书、报关单等物流出口单证各项内容填制的方法、规范或应注意的问题，相关"业务链接"和二维码资源等程序性知识；能以其建构"国际物流出口单证"中的规则意识，正确解析本章"同步思考""教学互动"和"基本训练"中"实务题"的相关问题；体验本章专业规则与方法"初级学习"中的横向正迁移和"高级学习"中的重组性迁移，以及相关胜任力中"专业规则"要素的阶段性生成。

案例目标：运用本章理论与实务知识研究相关案例，培养和提高在"国际物流出口单证"特定业务情境下分析、解决问题与决策设计的能力；能结合本章教学内容，依照相关规范，对"课程思政7-1"、"课程思政7-2"和章后"课程思政-Ⅶ"等案例中的企业及其从业人员行为进行思政研判，通过思想政治元素融入专业课的协同效应，促进"立德树人"根本任务的落实；体验本章"高级学习"中专业知识与思政元素的协同性重组迁移，以及相关胜任力中"认知弹性"要素的阶段性生成。

自主学习：参加"自主学习-Ⅴ"训练。在实施《自主学习计划》的基础上，通过阶段性学习和应用"附录一"的附表1中"自主学习"（中级）各"'技术-技能'点"的"'知识准备'参照范围"所列知识，搜集、整理与综合"国际物流出口单证"前沿知识，讨论、撰写和交流《"国际物流出口单证"最新文献综述》，撰写《"自主学习-Ⅴ"训练报告》等活动；体验本章"自主学习"中"专业"与"通用"规则和技能的"重组性"迁移，以及相关胜任力中"求知韧性"的阶段性生成。

引例　单证标准化壁垒

背景与情境：联合国《贸易程序简化建议书》中有一段话："烦琐过时的程序、复杂非标准的单证，导致交易成本的增加，造成货物运输的延误；国际贸易信息传递的呆滞和错误，给各国国际贸易带来了很大的损失。"实践中不乏这样的案例，在我国一批出口业务中，由于企业将发货单证上的国家代码写成了三位数而不是联合国标准的两位数，导致货物被贸易国海关计算机系统排出，造成压货，结果损失巨大。造成损失的原因是我国出口企业对国际贸易标准缺乏了解，单证、标签等不符合国际标准，其中并不包括产品质量。我国海关、商务部等部门实施了国际贸易单证标准，即由政府部门签发的单证都能够严格按照国际标准执行，使得我国产品能够走出国门，这是我国成为世界第一贸易大国的一个重要前提。国际贸易单证标准是一个完整的标准体系。滞关、压仓、退货、货物损毁，主要是因为包括与金融保险等服务相关的单证以及更多的由企业填写和申报的单证，与国际标准的要求相去甚远。

从引例可见，单证工作在整个国际贸易环节中具有举足轻重的地位，我们应该予以高度重视。

7.1　出口单证的种类

单证是完成国际贸易程序不可缺少的环节，是国际贸易工作的一个重要组成部分。众所周知，国际贸易的单证种类繁多，用途各异，且内容格式也不尽相同，要求缮制正确、合理、合法、齐全和及时，稍有疏漏就会给贸易各方造成损失。因此，熟悉各种贸易单证的种类是十分重要的。本节主要介绍国际贸易中涉及的出口单证，出口单证就其性质和用途不同，可分为官方单证、商业单证和货运单证等类型。

同步案例7-1

单证不符开证行拒付

背景与情境：日本某银行应当地客户的要求开立了一份不可撤销的自由议付L/C，出口地为上海，合同中规定单证相符后，议付行可向日本银行的纽约分行索偿。上海一家银行议付了该笔单据，并在L/C有效期内将单据交开证行，同时向其纽约分行索汇，顺利收回款项。第二天开证行提出单据有不符点，要求退款。议付行经落实，确定不符点成立，但此时从受益人处得知，开证申请人已通过其他途径（未用提单）将货提走。

问题：议付行可否以此为理由拒绝退款？

分析提示：

（1）L/C业务是纯单据业务，单证不符不能付款，银行仅处理单据，不问货物真实情况。

（2）尽管开证申请人将货物提走，但开证行并未将单据交给开证人。所以，议付行应向受益人追索所垫付的货款，退款给开证行。

7.1.1　官方单证

官方单证是指我国有关主管部门为了管理上的需要，规定某些单证须先由出口单位报请主管机关审核批准后方予以签发。官方单证主要有以下几种：出口许可证（Export Licence）、出口商品检验证书（Inspection Certificate）、原产地证书（Certificate of Origin）、出口货物报关单、特定减免税证明等。

学习微平台

延伸阅读 7-1

7.1.2　商业单证

商业单证是由出口人根据贸易合同或信用证上的要求而制作的单证。它们主要有以下几种：①信用证（Letter of Credit）；②汇票（Bill of Exchange or Draft）；③商业发票（Commercial Invoice）；④海关发票（Customs Invoice）；⑤领事发票（Consular Invoice）；⑥装箱单/重量单（Packing List/Weight List）；⑦保险单（Insurance Policy）；⑧寄单证明（Beneficiary's Statement）；⑨装船通知（Shipping Advice）；⑩受益人证明（Beneficiary's Certificate）等。

同步思考 7-1

问题：下面是一份已填写好的托收汇票，请回答：

（1）汇票出票人、付款人分别是谁？

（2）汇票是即期汇票还是远期汇票？

（3）该笔托收业务的托收行是谁？

Bill of Exchange

Drawn under NEW YORK BANK，NEW YORK，U.S.A L/C No.LC2886

Dated JUL.04，2023 Payable with interest@＿＿＿＿＿＿＿%＿＿＿＿＿＿＿

No NB0106 Exchange For USD42 400.00 SHENYANG China JUL.31，2023

At 60 DAYS AFTER sight of this FIRST of Exchange（SECOND of Exchange Being unpaid）Pay to the order of Bank of China，Shen Yang Branch the sum of Say u.s.dollars forty two thousand four hundred only.

To NEW YORK BANK，NEW YORK，U.S.A

SHENYANG FOREIGN TRADE CO.LTD

沈阳进出口外贸有限公司

肖沈阳

理解要点：

（1）汇票出票人：SHENYANG FOREIGN TRADE CO. LTD；汇票付款人：NEW YORK BANK。

（2）汇票是远期汇票。

（3）该笔托收业务的托收行是：BANK OF CHINA，SHENYANG BRANCH。

7.1.3   货运单证

货运单证是由托运人、承运人或其代理签发的单证。货运单证主要有：①出口货物托运单（Booking Note of Export Cargo）；②出口货物订舱单（Booking Note of Export Cargo）；③装货单（Shipping Order，S/O）；④收货单（Mate's Receipt）；⑤集装箱托运单（一式八联）；⑥集装箱场站收据（Dock Receipt，D/R）；⑦集装箱装箱单（Container Load Plan，CLP，一式十联）；⑧海运提单（Bill of Lading）；⑨提货单（Delivery Order，D/O，一式五联）；⑩设备交接单（Equipment Interchange Receipt，一式六联）；⑪铁路运单（Rail Way Bill，一式五联）；⑫货物收据（Cargo Receipt，C/R）；⑬国际货物托运书（Shipper's Letter of Construction）；⑭航空主运单（Master Air Waybill）；⑮航空分运单（House Air WayBill）等。

课程思政 7-1

假信用证诈骗未遂

背景与情境： 中行某支行曾收到一份由印度尼西亚雅加达亚欧美银行发出的，要求纽约瑞士联合银行保兑的电开信用证，金额为 600 万美元，受益人为广东某外贸公司，出口货物是 200 万条干蛇皮。但查银行年鉴，没有该开证行的资料，稍后，又收到苏黎世瑞士联合银行的保兑函，但其两个签字中，仅有一个相似，另一个无法核对。此时，受益人称货已备妥，亟待装运。为慎重起见，中行某支行一方面劝阻受益人暂不出运；另一方面抓紧与纽约瑞士联合银行和苏黎世瑞士联合银行联系查询，先后得到答复："从没听说过此开证行情况，也从未保兑过这一信用证，请提供更详细资料以查此事"。至此，可以确定，该证为伪造保兑信用证，诈骗分子企图凭此骗取外贸公司出口货物。

问题： 出口业务操作时需要注意什么问题？

研判提示： 在实际业务中，一些国外的银行和企业不遵守诚信原则，我方在与其进行业务往来时，应该特别慎重。我方应该核实国外买方以及开证银行的真实性。

7.2   出口单证的制作

跟单信用证是国际贸易中应用最为广泛的一种支付方式。信用证结算方式下，各种单据也是依照此信用证项下的各种条款来缮制的，要严格遵守"单证相符""单单相符"的原则。

7.2.1   汇票

汇票是无条件的书面支付命令，要求付款人即期或定期支付票面上的金额。汇票一般一式两份，其中一份付讫，另一份即自动失效，也就是通常所说的"付一不付二""付二不付一"，现将汇票中各项内容的填制方法介绍如下：

（1）NO.。此栏为汇票的编号，该编号应与商业发票的编号相同。

（2）Exchange for。此栏应填汇票的金额，用阿拉伯数字书写，金额与货币名称应与发票上的相同并不得超过信用证上的金额。

（3）汇票的右上方是议付地点和日期。地点一般印在汇票上，议付日期由议付行在寄单之前打上。

（4）At Sight。此栏是汇票的期限。如为即期汇票，则在 At 与 Sight 之间打下"***"符号。如为远期汇票，则应按信用证上规定的时间填在 At 与 Sight 之间。例如，30 days 或 60 days，可在日期之后加"after"字样，也可不加，因为计算汇票的时间不包括见票日，即常说的算尾不算头。

（5）Pay to the Order of。此栏应填信用证上的受益人，如为托收应填出口人。通常由受益人或出口人所委托的某家银行作为收款人，如通过中国银行议付或托收的就填 Bank of China。

（6）The Sum of。此栏应填汇票的金额，用英文大写，货币名称与金额应与（2）中的内容一致。习惯上在大写数字前加"say"在大写数字后加"only"字样。

（7）Drawn Under。此栏为出票依据。如为 L/C，应填开证行的名称、信用证号码、开证日期，或按信用证上的要求填写；如为托收，应填合同号和签约日期；如为光票，应填出票理由，如 being additional premium under L/C No. 96/54321。

（8）To。此栏应填收票人亦即付款人。在信用证的情况下，通常填开证行或开证行指定的付款行。在托收的情况下，应填进口商及详细地址。

（9）汇票右下方空白处应由出票人签字盖章。在信用证情况下，出票人应是信用证上指定的受益人，并应与发票上的签署人一致。

（10）在制作汇票时要认真仔细，不能有涂改，不能加盖修改图章，也就是说，不能有丝毫差错，否则会被付款人拒付。

7.2.2　商业发票

商业发票是出口人开给进口人的出口货物清单，是买卖双方交接货物和结算货款的主要依据，也是全套出口单据的核心。现将其各项内容和制作方法介绍如下：

（1）发票的抬头。在"Sold to Messrs"或"TO"之后，必须填开证申请人。若开证人为 ABC CO.，但来证要求发票抬头改为他人也可照办，例如来证要求 Invoice to be made in the name of L.L.E.CO. 或要求在 ABC CO. 之后加注"On behalf of L.L.E.CO." 或要求加注"for account of L.L.E.CO." 均可照办。如为托收，发票抬头应填进口人。

（2）发票上的品名、规格、数量、包装以及唛头等项目。所填写的内容必须与信用证上规定的完全一致，不能有任何省略或改动，即使证上有错字、漏字，也只能将错就错。例如，来证规定为"Sound Gunny Bags"，不能改为"New

Gunny Bags”；如来证商品名称为“Mink”，不能改为“Weasel”；如来证品名为“Cider”，不能改为“Apple Wine”；如来证为“70 percent”，不能改为“70%”，等等。

（3）价格。价格应按信用证上的规定在发票上表现出来。如来证价格为“CIF Hamburgs Liner Terms”，则在发票上对价格的描述不能省去“Liner Terms”。

（4）发票上的总金额。除非信用证另有规定，一般不得超过信用证上的总金额并须与汇票上的金额相一致。

（5）信用证上如规定超额运费或超额保险费或选港费由买方负担，且信用证金额已包括上述费用者，或信用证金额虽不包括上述费用，但规定可在信用证项下支取者（May be drawn under this credit 或 Additional insurance premium may drawn in excess of L/C amount），则可连同货款一并列在发票的总值内。

（6）如来证的总金额是按CIFC计算的，则在发票、汇票上的总金额也应按CIFC总金额计算，不要减去佣金。待收汇后再把佣金汇付给买方。

如来证单价为CIFC，但总金额已预扣佣金，则在发票、汇票上CIFC总金额之下要减去佣金，以CIF值作为发票、汇票的最高金额。

如合同中规定的CIF价含佣金5%并双方事先言明是暗佣，事后国外来证上的CIF总金额是含暗佣金额5%的，则在发票上不应减去佣金。

（7）如来证规定单价中含有佣金（Including Commission）应在发票上照写，而不能用“折扣（Discount）”字样代替。如来证中有“现金折扣（Cash Discount）”字样，则在发票上照例，而不能写成“商业折扣（Trade Discount）”，反之亦然。“Cash Discount”是卖方鼓励买方早日付款用的，即若在规定付款之日前提前付款，则在价格上给予一定的折扣。例如，60 days net，2% discount for cash，即60天按净价付款，减收2%。

（8）如来证要求出“收讫发票（Receipted Invoice）”，则应在发票上加注“Receipted Invoice”或“Received Invoice”字样，并在发票的正中空白处加注“Payment Receipted Against ×× Bank L/C No. ××× dated ××”字样，或加注“Payment Received”字样。

（9）如来证要求出“证实发票（Certified Invoice）”，则应在发票上加注“Certified Invoice”字样，并在发票正中空白处加注“We hereby certify that the contents described herein are true and correct”字样，同时要求将发票上的“有错当查（E.&O.E）”字样划掉。

（10）南美一些国家的商人往往要求在来证上出“宣誓发票（Sworn Invoice）”，这时应在发票上加“Sworn Invoice”字样，并在发票正中空白处加注“We swear that the contents of the value of this Invoice are true and correct in every respect”字样，同时将发票上的“E.&O.E”字样划掉。

（11）如来证要求出“详细发票（Detailed Invoice）”，则应在发票上加注“Detailed Invoice”字样，并在发票内详细列明货名、规格、数量等内容。

（12）如来证要求提供“中性发票（Neutral Invoice）”，则在发票上不能显示出口人的名称、地址，所以不能用公司原有的发票，而应用白纸打制，并应以"To whom it may concern"作为发票抬头。

（13）如开来信用证的金额为 20 000 美元，而发票金额为 20 005.50 美元，可采取抹零的办法，即在发票金额栏内加上"5.50 美元不计"字样，总金额即为 20 000 美元，即"Written off USD 5.50，Net proceeds USD 20 000.00"。这样便可使单证一致，而不致因微小金额要求对方改证。

如信用证金额为 20 000 美元而发票金额为 20 055.50 美元，可采用先行减去 55.50 美元以后再解决的办法（即另行要求外商汇付），并在发票的总金额项下加注"Less USD 55.50 to be settled latter，net proceeds USD 20 000"，以做到单证一致。

如金额较大，若为 20 155.50 美元，则可采取电提办法，即由议付行电询开证行，其措辞可以是"L/C No.1234 Invoice amount exceeded USD20 155.50 may we negotiate plus confirm"。如回电为"Confirm"或"L/C No.1234 you may negotiate if otherwise in order"，则可放心寄单。

（14）如国外客户要求或信用证上规定在发票内加列船名、原产地名称、生产企业名称、进口许可证号、外汇批准号、银行登记号、合同号和加注阿拉伯文等，在不违背政策规定的情况下亦可照办。

（15）《跟单信用证统一惯例》（《UCP600》）规定，商业发票无须签字，但若来证要求出"Signed commercial Inv."，则应照办。不过习惯做法都是在发票上签字盖章。

（16）发票日期不能迟于提单的日期。

同步案例7-2

商业发票签发失误致损案

背景与情境：我国某公司对外出口一批货物，对方开来的信用证中，对发票只规定"Commercial Invoice in Duplicate"。公司交单后被拒付，理由是商业发票受益人漏签字盖章，经检查发现的确没有签字盖章，立即补寄签字完整的发票，但此时信用证已过期，故又被拒绝。公司与买方交涉，以降价处理才收回货款。

问题：本案中对方拒付有理由吗？

分析提示：有。

7.2.3 装箱单

装箱单用以补充发票的内容，以便进口国家的海关查验货物和进口商核对货物，在制作时应注意以下问题：

（1）装箱单上的总件数和总重量应与发票上的总件数和总重量相一致。

（2）单据名称须与信用证规定相符，如信用证规定为"Weight Memo"，则单据名称不能用"Weight List"。

（3）信用证如要求提供"Packing List"或"List of Specification"或"De-

案例分析 7-1

tailed Packing List"，则须注明每件货物的规格、花色、数量，后者还须加注包装情况，如信用证要求注明尺码（Measurement），则应加注每件货物的体积。如信用证要求用空白纸张（Plain Paper）做装箱单，则装箱单上不能有受益人及买主的名称，也不得加盖任何图章。

（4）这两种单据的日期应与发票日期相同或略迟，不能早于发票日期。

7.2.4　保险单

保险单或保险凭证是被保险人索赔和保险人理赔的主要依据，也是在 CIF 条件下卖方必须提供的出口单据之一。保险单或保险凭证由保险人出具，但投保人在投保前后应注意以下问题：

（1）除信用证另有规定外，保险单上的被保险人必须是信用证上的受益人，被保险人取得保险单后必须进行空白背书才能转让。

（2）由保险经纪人开出的暂保单，银行不会接受议付，但对预约保险（Open Cover）项下的投保声明（Insurance Declaration）银行可接受。

（3）如来证要求出具投保回执（Acknowledgement of Insurance Declaration），则受益人不能接受。因保险人通常不一定同意提供回执，即使同意提供，时间未必及时，最终会影响及时收汇，造成利息损失，甚至会因等待的时间太长，以致信用证过期，其后果就更为严重，故应及时要求对方改证。

（4）投保的险别和投保金额要与来证规定相符。如来证要求的投保险别超过合同中的规定，应要求对方改证，或者按来证办理，但应要求对方在信用证上加注"超保费由买方负担，并允许受益人在信用证金额项下超支（Additional Premium between 110% and 130% of the invoice value are for buyer's account and beneficiary may draw in excess of L/C amount）"。

（5）若信用证上有投保一切险（Covering All Marine Risks）或可能发生的风险（Covering Eventual Risks）或惯常险别（Covering Customary Risks）之类的不确切词语，按《UCP500》规定不应使用。如已使用，银行按所提示的保险单据予以接受，但对未投保的任何险别不予负责。还有的来证要求投保 A.A.R 险，这是 All and Any Risks 或 Against All Risks 的意思，只要投保一切险加战争险、罢工险即可。

（6）保险单上的签发日期应早于提单日期，最晚应与提单日期同一天，否则开证行或进口商有权拒付。

（7）除信用证另有规定外，保险金额的货币应是信用证所使用的货币。保险金额不得少于发票的最高金额，一般按发票总值加一成投保。根据国际保险业务惯例，保险金额小数点以后的尾数应进位至整数。

（8）除信用证另有规定外，保险单的理赔地点应在货物的目的地。如目的地无保险公司的理赔代理人或检验人时，则应由离该目的地最近的保险公司理赔代理人办理检验或理赔事宜。

（9）保险单上的唛头、货名、件数、运输工具名称、装运港、目的港等项目均应与发票和提单上的同项内容相一致。

同步思考7-2

我国 A 公司是出口方，与客户以 CIF 贸易术语成交出口一批货物，D/P 付款，现在所有单据除了保险单都已经寄到买方银行等待付款，可是客户说缺少保险单。

问题：保险单应由卖方还是买方保管？

理解要点：由卖方保管，投保时受益人为卖方，经过背书转让给买方。

问题思维7-1

疑点：出口采购 CIF 贸易术语成交，卖方投保货运险，如果在国际货物运输段发生承保范围内的风险，应该由卖方找保险公司进行索赔。

释疑提示：CIF 贸易术语的风险转移点是装运港货物装上船，装上船之后的风险由买方承担。很明显在国际货物运输段发生的承保范围内的风险导致货物损失，应该由买方承担责任，保险单能够背书转让，买方可以在银行处获得保险单，向保险公司提出索赔。

7.2.5 海运提单

海运提单（Bill of Lading）是用以证明海上货物运输合同和货物已经由承运人接收或者装船，以及承运人保证据以交付货物的单证。

1）海运提单的性质与作用

（1）提单是承运人或作为承运人的具名代理或代表、船长或作为船长的具名代理或代表所签发的货物收据，证明已收到提单上所列明的货物。

（2）提单是代表货物所有权的凭证，收货人或提单的合法持有人有权凭提单向承运人提取货物。由于提单是一种物权凭证，因而在国际市场上，提单可以在载货船舶到达目的港交货之前办理转让或凭以向银行抵押贷款。

（3）提单是承运人与托运人之间运输协议合同的证明，是承运人与托运人处理双方在运输中的权利和义务问题的主要依据。

（4）提单是收取运费的证明，同时在运输过程中起到办理货物的装卸、发运和交付等方面的作用。

深度剖析7-1

背景资料：海运提单是物权凭证，航空运单不是物权凭证。

问题：同样是货物运输单据，为什么海运提单是物权凭证，航空运单不是物权凭证？

解析与讨论：

首先我们来看一下什么是物权凭证。物权凭证是代表所有权的凭证。海运提单可以采用指示抬头的形式，通过背书转让，或者采用不记名提单的形式，直接由提单持有人收货。航空运单不可转让，持有航空运单并不能说明对货物具有所有权，所以不是物权凭证。

2）提单的种类

提单的种类很多，但使用较广的是已装船提单、清洁提单和指示提单。

（1）已装船提单是指载明货物已由某轮装运的字样和装运日期的提单。

（2）清洁提单是指货物交运时表面状况良好，承运人在签发提单时未加任何"货损或包装不良"一类批注的提单。

（3）指示提单是按照记名人（Named Person）的指示或非记名人（To Order）的指示交货的提单。

3）提单制作需要注意的问题

理论上提单应由船公司填制，但实际上都是由托运人制作。在缮制提单时应注意以下问题：

（1）如来证无特殊规定，则提单上的发货人（Shippers）应为信用证的受益人；当来证规定以第三者为发货人时，可以国内运输机构或其他公司的名义发货；如来证规定以开证人为发货人，则不能接受。

（2）提单的收货人（Consignee）习惯上称为抬头人。绝大多数信用证都要求做成指示抬头（To Order），又称"空白抬头"。这种提单必须经发货人背书，方可流通转让。也有极少数信用证要求做成"凭开证银行指示（To Order of Issuing Bank）"，或"凭收货人指示（To Order of Consignee）"，这种提单无须发货人背书。另外，提单抬头还分记名和不记名，对这两种提单发货人均不背书，对于不可转让提单无须背书。

（3）提单上的背书又分"空白背书"和"记名背书"。凡是"空白抬头"必须是"空白背书"，"空白背书"是由发货人在提单背面加盖印章，无须加任何字句；而"记名背书"除加盖印章外，还应注明"交付给××（Deliver to ××）"字样。

（4）提单的抬头与背书直接关系到物权归谁所有和能否转让等问题。因此，一定要严格按照信用证要求办理。值得一提的是，若货物发往法国或阿根廷，发货人必须在提单正面签署。

（5）信用证上如要求加注被通知人（Notify Party）名称，应照办。如来证规定仅通知某人（Notify ×× Only），则通知栏内不能省去"Only"字样。来证如规定在提单上须标示出买方名称，则应在提单上加注"买方××（Name of Consignee ××）"。如来证未要求加注被通知人，则在正本提单上的被通知人一栏留空不填，但应在副本提单的被通知人一栏内加注开证申请人的名称，以便货到目的港时船方通知其办理提货手续。

（6）若为联运提单（C.T.B/C），其上有：

① 前段运输（Pre-carriage by）。本栏应填第一段运输方式的运输工具名称。如货物从西安经陆路运往天津，再装船运往美国，则此处填："by wagon No.××"

或"by Train"。

② 收货地点（Place of Receipt）。本栏填前段运输承运人接收货物的地点，如西安。

③ 船名及航次号（Ocean Vessel & Voy. No.）。如第一程运输不是海运，在签发联运提单时此栏可填："Intended Vessel"（预期船只）。《UCP500》第 26 条规定，银行可以接受这样填制的提单。

④ 装运港（Port of Loading）。本栏填海运段的实际装运港名称，应与信用证上的规定相一致。

⑤ 卸货港（Port of Discharge）。本栏填实际的卸货港名称，应与信用证上的规定相一致。

⑥ 交货地点（Place of Delivery）。这是指最终目的地，如从上海海运至美国旧金山，然后由旧金山运至芝加哥，则交货地点填芝加哥。

（7）提单上的唛头必须与其他单据上的相一致。如信用证规定有唛头，则应按信用证上的规定制作。如为散装货，则应注明"N/M"或"In Bulk"字样。如果是裸装货钢材，若钢材端部涂刷的是红色，则在提单的唛头栏内注明"Red Stripe"；若刷的白色，则填"White Stripe"。

（8）提单上的货物名称，可作一般概括性的描述，不必列出详细规格。有时同一货物，但使用不同货名，可以节约运费。因此，应尽可能事先通知对方在来证中采用收取运费较低的货名，或使对方在来证中加注"提单使用某某货名可以接受"的字句。

（9）提单上除有阿拉伯数字的件数外，还需有英文大写的件数，两者的数量要相一致。

（10）提单上的重量，除信用证有特别规定者外，仅列毛重，并应与发票、重量单上的重量相一致。

（11）如为 CFR 或 CIF 价格，提单上加注"运费预付（Freight Prepaid）"或"运费已付（Freight Paid）"字样，除非信用证另有规定，运费预付或已付的提单不必加注运费金额。如为 FOB 价格，提单上须加注"运费到付（Freight Collect 或 Freight to Be Collected）"。

（12）提单上的签发日期必须与信用证上规定的装船日期相对应，也就是最晚不得迟于信用证或合约上最迟的日期，在提单日期之后，必须填写签发地点。

（13）提单正本须按信用证规定的份数签发，如无规定，应签发正本两份。如信用证上规定受益人提供"全套提单（Full Set B/L or Complete Set B/L）"，则是指承运人在提单上所注明的全部正本份数。如要求出具 2/3 origin B/L，则应制作三份正本，其中两份送银行议付，另一份正本应按信用证中规定办理；如该项规定不合理，应及时通知开证申请人改正。每份正本提单的效力是相同的，只要其中一份提货，其他各份即告失效。

（14）提单必须编号，以便联系工作和核查，发装船通知时，要说明提单号和船名，提单正本必须要有船长（或船代）或承运人（或其代表）签字，才能生效。

（15）如签发提单人为外轮代理，而承运人为"Maersk Line"，则应在外轮代理之后加注"As Agent for The Carrier Maersk Line"字样。

课程思政 7-2

包装不符争议案

背景与情境：上海A出口公司与中国香港B公司按CIF条件成交自行车1 000台，由A出口公司缮制合同一式两份，其中包装条款规定为"PACKING IN WOODEN CASE"（木装箱）。将此合同寄至B方，然后由B方签回。B公司签回的合同于原包装条款"PACKING IN WOODEN CASE"后面加了"CKD"字样，但未引起A出口公司注意。此后，B公司按合同规定开证，A出口公司凭信用证规定制单结汇完毕。在此过程中，得知B公司已将提单转让给另一商人C，货到目的港，发现系整台自行车木箱装，与单据所载不符。由于自行车整台进口需交纳20%进口税，因此C拒收货物并因此要求退还货款。B公司转而向A出口公司提出同样要求。但是，A出口公司认为B公司已将提单转让给第三者公司，该行为表明买方对卖方的所有权已做出了相抵触的行为，即已构成对货物的接受。由此，双方产生了争议。

（资料来源　佚名．包装不符争议案［EB/OL］．https：//wenku.baidu.com/view/e5ee6870777f5acfa1c7aa00b52acfc788eb9f66.html．引文经节选、整理与改编）

问题：试分析本案中应该由哪方承担责任。

研判提示：卖方忽略CKD，造成实际装载与合同和单据不符，负有不可推卸的责任。CKD是Completely Knock Down的缩写，意思是将一件成品完全拆散。本例买方回签的包装条款意思是将整台自行车完全拆散成零件装入木箱，而卖方却整车包装。买方对提单的转让不构成与卖方所有权相抵触的行为。本案例中A出口公司首先负有单据不符的责任，B公司在不知情的情况下付了款，并获得单据，而且处置了单据，但并不意味着失去要求退货、退款的权利。

教学互动 7-1

互动问题：

（1）海运提单如何转让？在转让过程中应该注意哪些事项？

（2）海运提单在运输过程中如何体现它的物权凭证作用？

要求：同"教学互动1-1"的"要求"。

7.2.6　原产地证书

原产地证书（Certificate of Origin）是出口商应进口商要求而提供的，由公证机构或政府或出口商出具的证明货物原产地或制造地的一种证明文件。原产地证书可分为一般原产地证书（CO）、区域性经济集团互惠原产地证书和普惠制原产地证书（FORM A）。

一般原产地证书是证明货物原产于某一特定国家或地区，享受进口国正常关税（最惠国）待遇的证明文件。它的适用范围是：征收关税、贸易统计、保障措施、歧视性数量限制、反倾销和反补贴、原产地标记、政府采购等方面。

区域性经济集团互惠原产地证书目前主要有中国-东盟自由贸易区优惠原产地证书、《亚太贸易协定》原产地证书、《中国与巴基斯坦优惠贸易安排》优惠原产地证明书、中国-智利自贸区原产地证书等。区域优惠原产地证书是具有法律效力的在协定成员方之间就特定产品享受互惠减免关税待遇的官方凭证。

普惠制产地证书 （Generalized System of Preferences Certificate of Origin） 又称 "G.S.P 证" "Form A 证"，是指发达国家给予发展中国家或地区在经济、贸易方面的一种非互利的特别优惠待遇。就是说，发展中国家向发达国家出口制成品或半制成品时，发达国家对发展中国家予以免征或减征关税。普惠制产地证是给惠国给予受惠国普惠制优惠待遇的有效法律文件。

目前世界上共有 40 多个发达国家给予发展中国家普惠制待遇。在我国，普惠制产地证书在当事企业申请后由海关负责审批、签发。

普惠制产地证书除 Reference NO. 由海关编制外，其余各栏的填写方法如下：

第一栏，出口商名称、地址和所在国家。此栏必须详细填写，不能有所省略。

第二栏，收货人名称、地址和国家。一般应填写给惠国的收货人名称，也可以填写发票抬头人。如信用证要求不填收货人，即可留空不填。

第三栏，运输方式和航线。此栏应填写起运港（地）、目的港（地）、起运日期、运输方式。如未选港，可填 by sea freight，如为转运，应加上转运港名称。例如，from ×× to ×× via Hong Kong。

第四栏，供发证机关使用。此栏一般不填。如先发货后给证，由海关在证上加注"追补"字样；如因证书丢失重新补发，由海关在证上加注"本证为×月×日签发第××号证书的复本，原证书作废"。欧盟、日本一般不接受后发证书，除非有不可避免的理由。

第五栏，商品的顺序号。如一批货物有不同品种，应分别列明序号，依次编排，单项编排，单项商品只填写"1"即可。

第六栏，唛头及包装号。此栏须与发票及其他单证所填写的一致。如无唛头，应填写 N/M（即 No Mark）。

第七栏，包装件数、种类及商品名称。在包装件数的阿拉伯数字之后要用括号加上大写的英文，如 150 箱（ONE HUNDRED AND FIFTY CARTONS），包装种类和商品名称均要与信用证规定及其他单据上的相一致，如来证要求加信用证号或合同号，也应加列在此栏内，并要在此栏末行打上休止符号×××，以防外商事后添加内容。

第八栏，原产地标准。此栏是给惠国海关审核的重点。应参照证书背面的第六条"对第八栏应如何填写"的规定，切勿填错，否则将被视为废纸。如完全自产，则打"P"；含有进口成分的填"W"；输往加拿大的打"Y"。如含有进口成分，应注明百分比，最高不得超过40%，如超过则不给惠。目前对澳大利亚、新西兰出口货物，可以不填此栏。

第九栏，毛重或其他数量。此栏应填商品的正常计量单位，以重量计算的则填毛重，并应先写英文，后写阿拉伯数字。如只有净重，应注明为"Net Weight"。如为件数，应注明"箱""打""双"。

第十栏，发票号及日期。此栏应同商业发票上的一致。

第十一栏，签证当局证明。签发日期不得早于第十栏的"发票日期"和第十二栏的"申报日期"，而且应早于货物出运日期。手签及印章在证面上不得重叠。

第十二栏，出口商声明。此栏内所填进口国应与收货人和目的港（地）相一致，进口国必须是给惠国。对欧盟国家，如国别不明，可填写"EEC"（European Economic Community）。所有正副本均由出口人盖章及被授权人手签，手签人的姓名须事先向海关备案。出口商制单日期不得早于第十栏的日期，也不得迟于第十一栏的海关签发日期，但可以是同一日期。

一般原产地证书和普惠制产地证书在功能、签发单位、办理方法和提交单据上有很大不同，表7-1对一般原产地证书和普惠制产地证书进行了对比。

表7-1　　　　　　　　　　一般原产地证书和普惠制产地证书对比

内容	一般原产地证书	普惠制产地证书
概念	中国原产地证是证明我国出口货物生产和制造在中国的证明文件，是出口产品进入国际贸易领域的"经济国籍"和"护照"	普惠制产地证是依据给惠国要求而出具的能证明出口货物原产自受惠国的证明文件，并能使货物在给惠国享受普遍优惠关税待遇
功能	享受最惠国待遇的有效证件	享受普惠制减、免税待遇的有效证件
办理机构	办理原产地证的机构为中国贸易促进委员会（CCPIT），凡在中国贸易促进委员会注册的企业，都可以申请办理中国原产地证。也可以通过www.co.ccpit.org网站申请办理中国原产地证	由申请签发普惠制产地证书的企业（公司）事先向当地海关办理注册登记手续
提供单据	企业最迟于货物报关出运前三天向签证机构申请办理原产地证，并严格按签证机构要求，真实、完整、正确地填写以下材料："中华人民共和国出口货物原产地证明书/加工装配证明书申请书"一份；"中华人民共和国出口货物原产地证明书"一式四份；出口货物商业发票；签证机构认为必要的其他证明文件；如果通过网上申请原产地证则不用提供以上文件	申报时必须提供以下单据：填制正确、清楚的"普惠制产地证明书申请书"一份；缮制正确、清楚，经申请单位手签人员手签并加盖公章的"普惠制产地证明书"一套；正式的出口商业发票副本一份；含有进口成分的商品，必须提交"含进口成分受惠商品成本明细单"；复出口日本的来料加工产品及其以进养出的商品，还应提交缮制清楚的，经申请单位手签人员手签并加盖公章的"从日本进口原料的证书"一式两份及来料（或进料）发票副本；必要时，申请单位还应提交信用证、合同、提单及报关单等

业务链接7-1

国际贸易中各种结汇单据的日期

国际贸易中涉及各种单据，如销售合同、形式发票、商业发票、装箱单、提单、保险单、产地证、信用证、产品的检测报告COA和证明等。这些单据的先后顺序一般如下：签订销售合同，开具形式发票，这两个日期可以是同一天；商业发票和装箱单的日期和销售合同可以一样，也可以稍晚，但不能迟于提单日期；信用证开具的日期，这个日期正常来说比提单日期要早，信用证中会规定最迟装运期，也就是提单日期不能晚于的日期；最迟交单日期，为所有单据到达开证行的日期；信用证有效期，要保证这个日期晚于货物到港后，依然有效；产地证日期早于提单日期，晚于合同日期；提单、保险单日期相同；提单日期不晚于信用证规定的最迟装运期；COA和其他证明，早于提单日期，晚于合同日期。

7.2.7　报关单

进出口货物**报关单**是指进出口货物收发货人或其代理人，按照海关规定的格式对进出口货物的实际情况做出书面申明，以此要求海关对其货物按适用的海关制度办理通关手续的法律文书。报关单是海关监管、征税、统计以及开展稽查和调查的重要依据，是加工贸易进出口货物核销，以及出口退税和外汇管理的重要凭证，是海关处理走私、违规案件，及税务、外汇管理部门查处骗税和套汇犯罪活动的重要证据。

自2018年8月1日起，海关进出口货物整合申报正式实施。原报关单、报检单将合并为一张大表进行货物申报，让企业真正实现一次申报、一单通关。报关单的填制规范如下：

第一栏　预录入编号

预录入编号指预录入报关单的编号，一份报关单对应一个预录入编号，由系统自动生成。

报关单预录入编号为18位，其中第1~4位为接受申报海关的代码（海关规定的《关区代码表》中相应的海关代码），第5~8位为录入时的公历年份，第9位为进出口标志（"1"为进口，"0"为出口；集中申报清单"I"为进口，"E"为出口），后9位为顺序编号。

第二栏　海关编号

海关编号指海关接受申报时给予报关单的编号，一份报关单对应一个海关编号，由系统自动生成。

报关单海关编号为18位，其中第1~4位为接受申报海关的代码（海关规定的《关区代码表》中相应的海关代码），第5~8位为海关接受申报的公历年份，第9位为进出口标志（"1"为进口，"0"为出口；集中申报清单"I"为进口，"E"为出口），后9位为顺序编号。

第三栏　境内收发货人

填报在海关备案的对外签订并执行进出口贸易合同的中国境内法人、其他组织名称及编码。编码填报18位法人和其他组织统一社会信用代码，没有统一社会信用代码的，填报其在海关的备案编码。

特殊情况下填报要求如下：

（1）进出口货物合同的签订者和执行者非同一企业的，填报执行合同的企业名称。

（2）外商投资企业委托进出口企业进口投资设备、物品的，填报外商投资企业，并在标记唛码及备注栏注明"委托某进出口企业进口"，同时注明被委托企业的统一社会信用代码。

（3）有代理报关资格的报关企业代理其他进出口企业办理进出口报关手续时，填报委托的进出口企业名称。

（4）海关特殊监管区域收发货人填报该货物的实际经营单位或海关特殊监管区域内经营企业名称。

（5）免税品经营单位经营出口退税国产商品的，填报免税品经营单位名称。

第四栏　进出境关别

根据货物实际进出境的口岸海关，填报海关规定的《关区代码表》中相应口岸海关的名称及代码。

特殊情况填报要求如下：

进口转关运输货物填报货物进境地海关名称及代码，出口转关运输货物填报货物出境地海关名称及代码。按转关运输方式监管的跨关区深加工结转货物，出口报关单填报转出地海关名称及代码，进口报关单填报转入地海关名称及代码。

在不同海关特殊监管区域或保税监管场所之间调拨、转让的货物，填报对方海关特殊监管区域或保税监管场所所在的海关名称及代码。其他无实际进出境的货物，填报接受申报的海关名称及代码。

第五栏　进出口日期

进口日期填报运载进口货物的运输工具申报进境的日期。出口日期指运载出口货物的运输工具办结出境手续的日期，在申报时免予填报。无实际进出境的货物，填报海关接受申报的日期。进出口日期为8位数字，顺序为年（4位）、月（2位）、日（2位）。

第六栏　申报日期

申报日期指海关接受进出口货物收发货人、受委托的报关企业申报数据的日期。以电子数据报关单方式申报的，申报日期为海关计算机系统接受申报数据时记录的日期。以纸质报关单方式申报的，申报日期为海关接受纸质报关单并对报关单进行登记处理的日期。本栏目在申报时免予填报。申报日期为8位数字，顺序为年（4位）、月（2位）、日（2位）。

第七栏　备案号

填报进出口货物收发货人、消费使用单位、生产销售单位在海关办理加工贸易合同备案或征、减、免税审核确认等手续时，海关核发的《加工贸易手册》、海关特殊监管区域和保税监管场所保税账册、《中华人民共和国海关进出口货物征免税证明》（以下简称《征免税证明》）或其他备案审批文件的编号。

一份报关单只允许填报一个备案号。具体填报要求如下：

（1）加工贸易项下货物，除少量低值辅料按规定不使用《加工贸易手册》及以后续补税监管方式办理内销征税的外，填报《加工贸易手册》编号。使用异地直接报关分册和异地深加工结转出口分册在异地口岸报关的，填报分册号；本地直接报关分册和本地深加工结转分册限制在本地报关，填报总册号。加工贸易成品凭《征免税证明》转为减免税进口货物的，进口报关单填报《征免税证明》编号，出口报关单填报《加工贸易手册》编号。对加工贸易设备、使用账册管理的海关特殊监管区域内减免税设备之间的结转，转入和转出企业分别填制进、出口报关单，在报关单"备案号"栏目填报《加工贸易手册》编号。

（2）涉及征、减、免税审核确认的报关单，填报《征免税证明》编号。

（3）减免税货物退运出口，填报"中华人民共和国海关进口减免税货物准予退运证明"的编号；减免税货物补税进口，填报"减免税货物补税通知书"的编号；减免税货物进口或结转进口（转入），填报《征免税证明》的编号；相应的结转出口（转出），填报"中华人民共和国海关进口减免税货物结转联系函"的编号。

（4）免税品经营单位经营出口退税国产商品的，免予填报。

第八栏 境外收发货人

境外收发货人通常指签订并执行出口贸易合同中的买方或合同指定的收货人，境外发货人通常指签订并执行进口贸易合同中的卖方。

填报境外收发货人的名称及编码。名称一般填报英文名称，检验检疫要求填报其他外文名称的，在英文名称后填报，以半角括号分隔；对于AEO互认国家（地区）企业，编码填报AEO编码，填报样式为："国别（地区）代码+海关企业编码"，例如：新加坡AEO企业SG123456789012（新加坡国别代码+12位企业编码）；对于非互认国家（地区）AEO企业等其他情形，编码免予填报。特殊情况下无境外收发货人的，名称及编码填报"NO"。

第九栏 运输方式

运输方式包括实际运输方式和海关规定的特殊运输方式，前者指货物实际进出境的运输方式，按进出境所使用的运输工具分类；后者指货物无实际进出境的运输方式，按货物在境内的流向分类。

根据货物实际进出境的运输方式或货物在境内流向的类别，按照海关规定的"运输方式代码表"选择填报相应的运输方式。

（1）特殊情况填报要求如下：

① 非邮件方式进出境的快递货物，按实际运输方式填报。

② 进口转关运输货物，按载运货物抵达进境地的运输工具填报；出口转关运输货物，按载运货物驶离出境地的运输工具填报。

③ 不复运出（入）境而留在境内（外）销售的进出境展览品、留赠转卖物品等，填报"其他运输"（代码9）。

④ 进出境旅客随身携带的货物，填报"旅客携带"（代码L）。

⑤ 以固定设施（包括输油、输水管道和输电网等）运输货物的，填报"固定设施运输"（代码G）。

（2）无实际进出境货物在境内流转时填报要求如下：

① 境内非保税区运入保税区货物和保税区退区货物，填报"非保税区"（代码0）。

② 保税区运往境内非保税区货物，填报"保税区"（代码7）。

③ 境内存入出口监管仓库和出口监管仓库退仓货物，填报"监管仓库"（代码1）。

④ 保税仓库转内销货物或转加工贸易货物，填报"保税仓库"（代码8）。

⑤ 从境内保税物流中心外运入中心或从中心运往境内保税物流中心外的货物，填报"物流中心"（代码W）。

⑥ 从境内保税物流园区外运入园区或从园区内运往境内园区外的货物，填报"物流园区"（代码X）。

⑦ 保税港区、综合保税区与境内（区外）（非海关特殊监管区域、保税监管场所）之间进出的货物，填报"保税港区/综合保税区"（代码Y）。

⑧ 出口加工区、珠澳跨境工业区（珠海园区）、中哈霍尔果斯边境合作中心（中方配套区）与境内（区外）（非海关特殊监管区域、保税监管场所）之间进出的货物，填报"出口加工区"（代码Z）。

⑨ 境内运入深港西部通道港方口岸区的货物以及境内进出中哈霍尔果斯边境合作中心中方区域的货物，填报"边境特殊海关作业区"（代码H）。

⑩ 经横琴新区和平潭综合实验区（以下简称综合实验区）二线指定申报通道运往境内区外或从境内经二线指定申报通道进入综合实验区的货物，以及综合实验区内按选择性征收关税申报的货物，填报"综合实验区"（代码T）。

海关特殊监管区域内的流转、调拨货物，海关特殊监管区域、保税监管场所之间的流转货物，海关特殊监管区域与境内区外之间进出的货物，海关特殊监管区域外的加工贸易余料结转、深加工结转、内销货物，以及其他境内流转货物，填报"其他运输"（代码9）。

第十栏 运输工具名称及航次号

填报载运货物进出境的运输工具名称或编号及航次号。填报内容应与运输部门向海关申报的舱单（载货清单）所列相应内容一致。

（1）运输工具名称具体填报要求如下：

直接在进出境地或采用全国通关一体化通关模式办理报关手续的报关单填报要求如下：

① 水路运输：填报船舶编号（来往港澳小型船舶为监管簿编号）或者船舶英文名称。

②公路运输：启用公路舱单前，填报该跨境运输车辆的国内行驶车牌号，深圳提前报关模式的报关单填报国内行驶车牌号+"/"+"提前报关"。启用公路舱单后，免予填报。

③铁路运输：填报车厢编号或交接单号。

④航空运输：填报航班号。

⑤邮件运输：填报邮政包裹单号。

⑥其他运输：填报具体运输方式名称，如管道、驮畜等。

转关运输货物的报关单填报要求如下：

①进口。

A.水路运输：直转、提前报关填报"@"+16位转关申报单预录入号（或13位载货清单号）；中转填报进境英文船名。

B.铁路运输：直转、提前报关填报"@"+16位转关申报单预录入号；中转填报车厢编号。

C.航空运输：直转、提前报关填报"@"+16位转关申报单预录入号（或13位载货清单号）；中转填报"@"。

D.公路及其他运输：填报"@"+16位转关申报单预录入号（或13位载货清单号）。

E.以上各种运输方式使用广东地区载货清单转关的提前报关货物填报"@"+13位载货清单号。

②出口。

A.水路运输：非中转填报"@"+16位转关申报单预录入号（或13位载货清单号）。多张报关单需要通过一张转关单转关的，运输工具名称字段填报"@"。

中转货物，境内水路运输填报驳船船名；境内铁路运输填报车名（主管海关4位关区代码+"TRAIN"）；境内公路运输填报车名（主管海关4位关区代码+"TRUCK"）。

B.铁路运输：填报"@"+16位转关申报单预录入号（或13位载货清单号），多张报关单需要通过一张转关单转关的，填报"@"。

C.航空运输：填报"@"+16位转关申报单预录入号（或13位载货清单号），多张报关单需要通过一张转关单转关的，填报"@"。

D.其他运输方式：填报"@"+16位转关申报单预录入号（或13位载货清单号）。

采用"集中申报"通关方式办理报关手续的，报关单填报"集中申报"。免税品经营单位经营出口退税国产商品的，免予填报。无实际进出境的货物，免予填报。

（2）航次号具体填报要求如下：

直接在进出境地或采用全国通关一体化模式办理报关手续的报关单：

①水路运输：填报船舶的航次号。

②公路运输：启用公路舱单前，填报运输车辆的8位进出境日期（顺序为年

（4位）、月（2位）、日（2位），下同）。启用公路舱单后，填报货物运输批次号。

③铁路运输：填报列车的进出境日期。

④航空运输：免予填报。

⑤邮件运输：填报运输工具的进出境日期。

⑥其他运输方式：免予填报。

转关运输货物的报关单：

①进口。

A.水路运输：中转转关方式填报"@"+进境干线船舶航次。直转、提前报关免予填报。

B.公路运输：免予填报。

C.铁路运输："@"+8位进境日期。

D.航空运输：免予填报。

E.其他运输方式：免予填报。

②出口。

A.水路运输：非中转货物免予填报。中转货物：境内水路运输填报驳船航次号；境内铁路、公路运输填报6位起运日期（顺序为年（2位）、月（2位）、日（2位））。

B.铁路拼车拼箱捆绑出口：免予填报。

C.航空运输：免予填报。

D.其他运输方式：免予填报。

免税品经营单位经营出口退税国产商品的，免予填报。无实际进出境的货物，免予填报。

第十一栏　提运单号

填报进出口货物提单或运单的编号。一份报关单只允许填报一个提单或运单号，一票货物对应多个提单或运单时，应分单填报。

具体填报要求如下：

（1）直接在进出境地或采用全国通关一体化模式办理报关手续的。

①水路运输：填报进出口提单号。有分提单的，填报进出口提单号+"*"+分提单号。

②公路运输：启用公路舱单前，免予填报；启用公路舱单后，填报进出口总运单号。

③铁路运输：填报运单号。

④航空运输：填报总运单号+"_"+分运单号，无分运单的填报总运单号。

⑤邮件运输：填报邮运包裹单号。

（2）转关运输货物的报关单。

转关运输货物的进口报关单：

①水路运输：直转、中转填报提单号。提前报关免予填报。

②铁路运输：直转、中转填报铁路运单号。提前报关免予填报。

③ 航空运输：直转、中转货物填报总运单号+"_"+分运单号。提前报关免予填报。

④ 其他运输方式：免予填报。

⑤ 以上运输方式进境货物，在广东省内用公路运输转关的，填报车牌号。

转关运输货物的出口报关单：

① 水路运输：中转货物填报提单号；非中转货物免予填报；广东省内汽车运输提前报关的转关货物，填报承运车辆的车牌号。

② 其他运输方式：免予填报。广东省内汽车运输提前报关的转关货物，填报承运车辆的车牌号。

（3）采用"集中申报"通关方式办理报关手续的，报关单填报归并的集中申报清单的进出口起止日期（按年（4位）月（2位）日（2位）年（4位）月（2位）日（2位））。

（4）无实际进出境的货物，免予填报。

第十二栏 货物存放地点

填报货物进境后存放的场所或地点，包括海关监管作业场所、分拨仓库、定点加工厂、隔离检疫场、企业自有仓库等。

第十三栏 消费使用单位/生产销售单位

（1）消费使用单位填报已知的进口货物在境内的最终消费、使用单位的名称，包括：

① 自行进口货物的单位。

② 委托进出口企业进口货物的单位。

（2）生产销售单位填报出口货物在境内的生产或销售单位的名称，包括：

① 自行出口货物的单位。

② 委托进出口企业出口货物的单位。

③ 免税品经营单位经营出口退税国产商品的，填报该免税品经营单位统一管理的免税店。

（3）减免税货物报关单的消费使用单位/生产销售单位应与《征免税证明》的"减免税申请人"一致；保税监管场所与境外之间的进出境货物，消费使用单位/生产销售单位填报保税监管场所的名称（保税物流中心（B型）填报中心内企业名称）。

（4）海关特殊监管区域的消费使用单位/生产销售单位填报区域内经营企业（"加工单位"或"仓库"）。

（5）编码填报要求：

① 填报18位法人和其他组织统一社会信用代码。

② 无18位统一社会信用代码的，填报"NO"。

（6）进口货物在境内的最终消费或使用以及出口货物在境内的生产或销售的对象为自然人的，填报身份证号、护照号、台胞证号等有效证件号码及姓名。

第十四栏　监管方式

监管方式是以国际贸易中进出口货物的交易方式为基础，结合海关对进出口货物的征税、统计及监管条件综合设定的海关对进出口货物的管理方式。其代码由4位数字构成，前两位是按照海关监管要求和计算机管理需要划分的分类代码，后两位是参照国际标准编制的贸易方式代码。

根据实际对外贸易情况按海关规定的《监管方式代码表》选择填报相应的监管方式简称及代码。一份报关单只允许填报一种监管方式。

特殊情况下加工贸易货物监管方式填报要求如下：

（1）进口少量低值辅料（即5 000美元以下，78种以内的低值辅料）按规定不使用《加工贸易手册》的，填报"低值辅料"。使用《加工贸易手册》的，按《加工贸易手册》上的监管方式填报。

（2）加工贸易料件转内销货物以及按料件办理进口手续的转内销制成品、残次品、未完成品，填制进口报关单，填报"来料料件内销"或"进料料件内销"；加工贸易成品凭《征免税证明》转为减免税进口货物的，分别填制进、出口报关单，出口报关单填报"来料成品减免"或"进料成品减免"，进口报关单按照实际监管方式填报。

（3）加工贸易出口成品因故退运进口及复运出口的，填报"来料成品退换"或"进料成品退换"；加工贸易进口料件因换料退运出口及复运进口的，填报"来料料件退换"或"进料料件退换"；加工贸易过程中产生的剩余料件、边角料退运出口，以及进口料件因品质、规格等原因退运出口且不再更换同类货物进口的，分别填报"来料料件复出""来料边角料复出""进料料件复出""进料边角料复出"。

（4）加工贸易边角料内销和副产品内销，填制进口报关单，填报"来料边角料内销"或"进料边角料内销"。

（5）企业销毁处置加工贸易货物未获得收入，销毁处置货物为料件、残次品的，填报"料件销毁"；销毁处置货物为边角料、副产品的，填报"边角料销毁"。

企业销毁处置加工贸易货物获得收入的，填报为"进料边角料内销"或"来料边角料内销"。

（6）免税品经营单位经营出口退税国产商品的，填报"其他"。

第十五栏　征免性质

根据实际情况按海关规定的《征免性质代码表》选择填报相应的征免性质简称及代码，持有海关核发的《征免税证明》的，按照《征免税证明》中批注的征免性质填报。一份报关单只允许填报一种征免性质。

加工贸易货物报关单按照海关核发的《加工贸易手册》中批注的征免性质简称及代码填报。特殊情况填报要求如下：

（1）加工贸易转内销货物，按实际情况填报（如一般征税、科教用品、其他法定等）。

（2）料件退运出口、成品退运进口货物填报"其他法定"。

（3）加工贸易结转货物，免予填报。

（4）免税品经营单位经营出口退税国产商品的，填报"其他法定"。

第十六栏　许可证号

填报进（出）口许可证、两用物项和技术进（出）口许可证、两用物项和技术出口许可证（定向）、纺织品临时出口许可证、出口许可证（加工贸易）、出口许可证（边境小额贸易）的编号。免税品经营单位经营出口退税国产商品的，免予填报。一份报关单只允许填报一个许可证号。

第十七栏　起运港

填报进口货物在运抵我国关境前的第一个境外装运港。根据实际情况，按海关规定的《港口代码表》填报相应的港口名称及代码，未在《港口代码表》列明的，填报相应的国家名称及代码。货物从海关特殊监管区域或保税监管场所运至境内区外的，填报《港口代码表》中相应海关特殊监管区域或保税监管场所的名称及代码，未在《港口代码表》中列明的，填报"未列出的特殊监管区"及代码。其他无实际进境的货物，填报"中国境内"及代码。

第十八栏　合同协议号

填报进出口货物合同（包括协议或订单）编号。未发生商业性交易的免予填报。免税品经营单位经营出口退税国产商品的，免予填报。

第十九栏　贸易国（地区）

发生商业性交易的进口填报购自国（地区），出口填报售予国（地区）。未发生商业性交易的填报货物所有权拥有者所属的国家（地区）。按海关规定的《国别（地区）代码表》选择填报相应的贸易国（地区）中文名称及代码。

第二十栏　起运国（地区）/运抵国（地区）

起运国（地区）填报进口货物起始发出直接运抵我国或者在运输中转国（地）未发生任何商业性交易的情况下运抵我国的国家（地区）。

运抵国（地区）填报出口货物离开我国关境直接运抵或者在运输中转国（地区）未发生任何商业性交易的情况下最后运抵的国家（地区）。

不经过第三国（地区）转运的直接运输进出口货物，以进口货物的装货港所在国（地区）为起运国（地区），以出口货物的指运港所在国（地区）为运抵国（地区）。经过第三国（地区）转运的进出口货物，如在中转国（地区）发生商业性交易，则以中转国（地区）作为起运/运抵国（地区）。按海关规定的《国别（地区）代码表》选择填报相应的起运国（地区）或运抵国（地区）中文名称及代码。无实际进出境的货物，填报"中国境内"及代码。

第二十一栏　经停港/指运港

经停港填报进口货物在运抵我国关境前的最后一个境外装运港。指运港填报出口货物运往境外的最终目的港；最终目的港不可预知的，按尽可能预知的目的港填报。根据实际情况，按海关规定的《港口代码表》选择填报相应的港口名称及代码。经停港/指运港在《港口代码表》中无港口名称及代码的，可选择填报相应的国家名称及代码。无实际进出境的货物，填报"中国境内"及代码。

第二十二栏 入境口岸/离境口岸

入境口岸填报进境货物从跨境运输工具卸离的第一个境内口岸的中文名称及代码；采取多式联运跨境运输的，填报多式联运货物最终卸离的境内口岸中文名称及代码；过境货物填报货物进入境内的第一个口岸的中文名称及代码；从海关特殊监管区域或保税监管场所进境的，填报海关特殊监管区域或保税监管场所的中文名称及代码。其他无实际进境的货物，填报货物所在地的城市名称及代码。

离境口岸填报装运出境货物的跨境运输工具离境的第一个境内口岸的中文名称及代码；采取多式联运跨境运输的，填报多式联运货物最初离境的境内口岸中文名称及代码；过境货物填报货物离境的第一个境内口岸的中文名称及代码；从海关特殊监管区域或保税监管场所离境的，填报海关特殊监管区域或保税监管场所的中文名称及代码。其他无实际出境的货物，填报货物所在地的城市名称及代码。入境口岸/离境口岸类型包括港口、码头、机场、机场货运通道、边境口岸、火车站、车辆装卸点、车检场、陆路港、坐落在口岸的海关特殊监管区域等。按海关规定的《国内口岸编码表》选择填报相应的境内口岸名称及代码。

第二十三栏 包装种类

填报进出口货物的所有包装材料，包括运输包装和其他包装，按海关规定的《包装种类代码表》选择填报相应的包装种类名称及代码。运输包装指提运单所列货物件数单位对应的包装，其他包装包括货物的各类包装，以及植物性铺垫材料等。

第二十四栏 件数

填报进出口货物运输包装的件数（按运输包装计）。特殊情况填报要求如下：

（1）舱单件数为集装箱的，填报集装箱个数。

（2）舱单件数为托盘的，填报托盘数。

不得填报为零，裸装货物填报为"1"。

第二十五栏 毛重（千克）

填报进出口货物及其包装材料的重量之和，计量单位为千克，不足1千克的填报为"1"。

第二十六栏 净重（千克）

填报进出口货物的毛重减去外包装材料后的重量，即货物本身的实际重量，计量单位为千克，不足1千克的填报为"1"。

第二十七栏 成交方式

根据进出口货物实际成交价格条款，按海关规定的《成交方式代码表》选择填报相应的成交方式代码。无实际进出境的货物，进口填报CIF，出口填报FOB。

第二十八栏 运费

填报进口货物运抵我国境内输入地点起卸前的运输费用，出口货物运至我国境内输出地点装载后的运输费用。运费可按运费单价、总价或运费率三种方式之一填报，注明运费标记（运费标记"1"表示运费率，"2"表示每吨货物的运费单价，"3"表示运费总价），并按海关规定的《货币代码表》选择填报相应的币种代码。免税品经营单位经营出口退税国产商品的，免予填报。

第二十九栏　保费

填报进口货物运抵我国境内输入地点起卸前的保险费用，出口货物运至我国境内输出地点装载后的保险费用。保费可按保险费总价或保险费率两种方式之一填报，注明保险费标记（保险费标记"1"表示保险费率，"3"表示保险费总价），并按海关规定的《货币代码表》选择填报相应的币种代码。免税品经营单位经营出口退税国产商品的，免予填报。

第三十栏　杂费

填报成交价格以外的、按照《中华人民共和国进出口关税条例》相关规定应计入完税价格或应从完税价格中扣除的费用。可按杂费总价或杂费率两种方式之一填报，注明杂费标记（杂费标记"1"表示杂费率，"3"表示杂费总价），并按海关规定的《货币代码表》选择填报相应的币种代码。应计入完税价格的杂费填报为正值或正率，应从完税价格中扣除的杂费填报为负值或负率。免税品经营单位经营出口退税国产商品的，免予填报。

第三十一栏　随附单证及编号

根据海关规定的《监管证件代码表》和《随附单据代码表》选择填报除本规范第十六条规定的许可证件以外的其他进出口许可证件或监管证件、随附单据代码及编号。本栏目分为随附单证代码和随附单证编号两栏，其中代码栏按海关规定的《监管证件代码表》和《随附单据代码表》选择填报相应证件代码；随附单证编号栏填报证件编号。

（1）加工贸易内销征税报关单（使用金关二期加工贸易管理系统的除外），随附单证代码栏填报"c"，随附单证编号栏填报海关审核通过的内销征税联系单号。

（2）一般贸易进出口货物，只能使用原产地证书申请享受协定税率或者特惠税率（以下统称优惠税率）的（无原产地声明模式），在"随附单证代码"栏填报原产地证书代码"Y"，"随附单证编号"栏填报"优惠贸易协定代码"和"原产地证书编号"。可以使用原产地证书或者原产地声明申请享受优惠税率的（有原产地声明模式），"随附单证代码"栏填写"Y"，"随附单证编号"栏填报"优惠贸易协定代码"、"C"（凭原产地证书申报）或"D"（凭原产地声明申报），以及"原产地证书编号（或者原产地声明序列号）"。一份报关单对应一份原产地证书或原产地声明。各优惠贸易协定代码如下：

"01"为"亚太贸易协定"；
"02"为"中国－东盟自贸协定"；
"03"为"内地与香港紧密经贸关系安排"（香港CEPA）；
"04"为"内地与澳门紧密经贸关系安排"（澳门CEPA）；
"06"为"台湾农产品零关税措施"；

"07"为"中国-巴基斯坦自贸协定";

"08"为"中国-智利自贸协定";

"10"为"中国-新西兰自贸协定";

"11"为"中国-新加坡自贸协定";

"12"为"中国-秘鲁自贸协定";

"13"为"最不发达国家特别优惠关税待遇";

"14"为"海峡两岸经济合作框架协议（ECFA）";

"15"为"中国-哥斯达黎加自贸协定";

"16"为"中国-冰岛自贸协定";

"17"为"中国-瑞士自贸协定";

"18"为"中国-澳大利亚自贸协定";

"19"为"中国-韩国自贸协定";

"20"为"中国-格鲁吉亚自贸协定"。

海关特殊监管区域和保税监管场所内销货物申请适用优惠税率的，有关货物进出海关特殊监管区域和保税监管场所以及内销时，已通过原产地电子信息交换系统实现电子联网的优惠贸易协定项下货物报关单，按照上述一般贸易要求填报；未实现电子联网的优惠贸易协定项下货物报关单，"随附单证代码"栏填报"Y"，"随附单证编号"栏填报"优惠贸易协定代码"和"原产地证据文件备案号"。"原产地证据文件备案号"为进出口货物的收发货物人或者其代理人录入原产地证据文件电子信息后，系统自动生成的号码。

向香港或者澳门特别行政区出口用于生产香港CEPA或者澳门CEPA项下货物的原材料时，按照上述一般贸易填报要求填制报关单，香港或澳门生产厂商在香港工贸署或者澳门经济局登记备案的有关备案号填报在"关联备案"栏。

"单证对应关系表"中填报报关单上的申报商品项与原产地证书（原产地声明）上的商品项之间的对应关系。报关单上的商品序号与原产地证书（原产地声明）上的项目编号应一一对应，不要求顺序对应。同一批次进口货物可以在同一报关单中申报，不享受优惠税率的货物序号不填报在"单证对应关系表"中。

（3）各优惠贸易协定项下，免提交原产地证据文件的小金额进口货物"随附单证代码"栏填报"Y"，"随附单证编号"栏填报"优惠贸易协定代码XJE00000"，"单证对应关系表"享惠报关单项号按实际填报，对应单证项号与享惠报关单项号相同。

第三十二栏 标记唛码及备注

填报要求如下：

（1）标记唛码中除图形以外的文字、数字，无标记唛码的填报N/M。

（2）受外商投资企业委托代理其进口投资设备、物品的进出口企业名称。

（3）与本报关单有关联关系的，同时在业务管理规范方面又要求填报的备案号，填报在电子数据报关单中"关联备案"栏。

保税区之间流转货物、加工贸易结转货物及凭《征免税证明》转内销货物，其对应的备案号填报在"关联备案"栏。减免税货物结转进口（转入），"关联备案"栏填报本次减免税货物结转所申请的《中华人民共和国海关进口减免税货物结转联系函》的编号。减免税货物结转出口（转出），"关联备案"栏填报与其相对应的进口（转入）报关单"备案号"栏中《征免税证明》的编号。

（4）与本报关单有关联关系的，同时在业务管理规范方面又要求填报的报关单号，填报在电子数据报关单中"关联报关单"栏。

保税区之间流转、加工贸易结转类的报关单，应先办理进口报关，并将进口报关单号填入出口报关单的"关联报关单"栏。办理进口货物直接退运手续的，除另有规定外，应先填制出口报关单，再填制进口报关单，并将出口报关单单号填报在进口报关单的"关联报关单"栏。减免税货物结转出口（转出），应先办理进口报关，并将进口（转入）报关单单号填入出口（转出）报关单的"关联报关单"栏。

（5）办理进口货物直接退运手续的，填报"<ZT"+"海关审核联系单号"或者"海关责令进口货物直接退运通知书"编号+">"。办理固体废物直接退运手续的，填报"固体废物，直接退运表××号/责令直接退运通知书××号"。

（6）保税监管场所进出货物，在"保税/监管场所"栏填报本保税监管场所编码（保税物流中心（B型）填报本中心的国内地区代码），其中涉及货物在保税监管场所间流转的，在本栏填报对方保税监管场所代码。

（7）涉及加工贸易货物销毁处置的，填报海关加工贸易货物销毁处置申报表编号。

（8）当监管方式为"暂时进出货物"（代码2600）和"展览品"（代码2700）时，填报要求如下：

①根据《中华人民共和国海关暂时进出境货物管理办法》（海关总署令第233号，以下简称《管理办法》）第三条第一款所列项目，填报暂时进出境货物类别，如：暂进六，暂出九；

②根据《管理办法》第十条的规定，填报复运出境或者复运进境日期，期限应在货物进出境之日起6个月内，如：20230815前复运进境，20231020前复运出境；

③根据《管理办法》第七条，向海关申请对有关货物是否属于暂时进出境货物进行审核确认的，填报"中华人民共和国××海关暂时进出境货物审核确认书"编号，如：<ZS海关审核确认书编号>，其中英文为大写字母；无此项目的，无须填报。

上述内容依次填报，项目间用"/"分隔，前后均不加空格。

④收发货人或其代理人申报货物复运进境或者复运出境的：

货物办理过延期的，根据《管理办法》填报"货物暂时进/出境延期办理单"的海关回执编号，如：<ZS海关回执编号>，其中英文为大写字母；无此项目的，无须填报。

（9）跨境电子商务进出口货物，填报"跨境电子商务"。

（10）加工贸易副产品内销，填报"加工贸易副产品内销"。

（11）服务外包货物进口，填报"国际服务外包进口货物"。

（12）公式定价进口货物填报公式定价备案号，格式为："公式定价"+备案编号+"@"。对于同一报关单下有多项商品的，如某项或某几项商品为公式定价备案的，则备注栏内填报为："公式定价"+备案编号+"#"+商品序号+"@"。

（13）进出口与《预裁定决定书》列明情形相同的货物时，按照《预裁定决定书》填报，格式为："预裁定+《预裁定决定书》编号"（例如：某份预裁定决定书编号为R-2-0100-2023-0001，则填报为"预裁定R-2-0100-2023-0001"）。

（14）含归类行政裁定报关单，填报归类行政裁定编号，格式为："c"+四位数字编号，例如，c0001。

（15）已经在进入特殊监管区时完成检验的货物，在出区入境申报时，填报"预检验"字样，同时在"关联报检单"栏填报实施预检验的报关单号。

（16）进口直接退运的货物，填报"直接退运"字样。

（17）企业提供ATA单证册的货物，填报"ATA单证册"字样。

（18）不含动物源性低风险生物制品，填报"不含动物源性"字样。

（19）货物自境外进入境内特殊监管区或者保税仓库的，填报"保税入库"或者"境外入区"字样。

（20）海关特殊监管区域与境内区外之间采用分送集报方式进出的货物，填报"分送集报"字样。

（21）军事装备出入境的，填报"军品"或"军事装备"字样。

（22）申报HS为3821000000、3002300000的，属于下列情况的，填报要求为：属于培养基的，填报"培养基"字样；属于化学试剂的，填报"化学试剂"字样；不含动物源性成分的，填报"不含动物源性"字样。

（23）属于修理物品的，填报"修理物品"字样。

（24）属于下列情况的，填报"压力容器""成套设备""食品添加剂""成品退换""旧机电产品"等字样。

（25）申报HS为2903890020（入境六溴环十二烷），用途为"其他（99）"的，填报具体用途。

（26）集装箱体信息填报集装箱号（在集装箱箱体上标示的全球唯一编号），集装箱规格，集装箱商品项号关系（单个集装箱对应的商品项号，半角逗号分隔），集装箱货重（集装箱箱体自重+装载货物重量，千克）。

（27）申报HS为3006300000、3504009000、3507909010、3507909090、3822001000、3822009000，不属于"特殊物品"的，填报"非特殊物品"字样。"特殊物品"定义见《出入境特殊物品卫生检疫管理规定》（国家质量监督检验检疫总局令第160号公布，根据国家质量监督检验检疫总局令第184号、海关总署令第238号、第240号、第243号修改）。

（28）列入目录的进出口商品及法律、行政法规规定须经海关出入境检验检疫机构检验的其他进出口商品实施检验的，填报"应检商品"字样。

（29）申报时其他必须说明的事项。

第三十三栏　项号

分两行填报。第一行填报报关单中的商品顺序编号；第二行填报备案序号，专用于加工贸易及保税、减免税等已备案、审批的货物，填报该项货物在《加工贸易手册》或《征免税证明》等备案、审批单证中的顺序编号。有关优惠贸易协定项下报关单填制要求按照海关总署相关规定执行。其中第二项特殊情况填报要求如下：

（1）深加工结转货物，分别按照《加工贸易手册》中的进口料件项号和出口成品项号填报。

（2）料件结转货物（包括料件、制成品和未完成品折料），出口报关单按照转出《加工贸易手册》中进口料件的项号填报；进口报关单按照转进《加工贸易手册》中进口料件的项号填报。

（3）料件复出货物（包括料件、边角料），出口报关单按照《加工贸易手册》中进口料件的项号填报；如边角料对应一个以上料件项号时，填报主要料件项号。料件退换货物（包括料件、不包括未完成品），进出口报关单按照《加工贸易手册》中进口料件的项号填报。

（4）成品退换货物，退运进境报关单和复运出境报关单按照《加工贸易手册》原出口成品的项号填报。

（5）加工贸易料件转内销货物（以及按料件办理进口手续的转内销制成品、残次品、未完成品）填制进口报关单，填报《加工贸易手册》进口料件的项号；加工贸易边角料、副产品内销，填报《加工贸易手册》中对应的进口料件项号。边角料或副产品对应一个以上料件项号时，填报主要料件项号。

（6）加工贸易成品凭《征免税证明》转为减免税货物进口的，应先办理进口报关手续。进口报关单填报《征免税证明》中的项号，出口报关单填报《加工贸易手册》原出口成品项号，进、出口报关单货物数量应一致。

（7）加工贸易货物销毁，填报《加工贸易手册》中相应的进口料件项号。

（8）加工贸易副产品退运出口、结转出口，填报《加工贸易手册》中新增成品的出口项号。

（9）经海关批准实行加工贸易联网监管的企业，按海关联网监管要求，企业需申报报关清单的，应在向海关申报进出口（包括形式进出口）报关单前，向海关申报"清单"。一份报关清单对应一份报关单，报关单上的商品由报关清单归并而得。加工贸易电子账册报关单中项号、品名、规格等栏目的填制规范比照《加工贸易手册》。

第三十四栏　商品编号

填报由10位数字组成的商品编号。前8位为《中华人民共和国进出口税则》和《中华人民共和国海关统计商品目录》确定的编码；9、10位为监管附加编号。

第三十五栏　商品名称及规格型号

分两行填报。第一行填报进出口货物规范的中文商品名称，第二行填报规格型号。具体填报要求如下：

（1）商品名称及规格型号应据实填报，并与进出口货物收发货人或受委托的报关企业所提交的合同、发票等相关单证相符。

（2）商品名称应当规范，规格型号应当足够详细，以能满足海关归类、审价及许可证件管理要求为准，可参照《中华人民共和国海关进出口商品规范申报目录》中对商品名称、规格型号的要求进行填报。

（3）已备案的加工贸易及保税货物，填报的内容必须与备案登记中同项号下货物的商品名称一致。

（4）对需要海关签发《货物进口证明书》的车辆，商品名称栏填报"车辆品牌+排气量（注明cc）+车型（如越野车、小轿车等）"。进口汽车底盘不填报排气量。车辆品牌按照《进口机动车辆制造厂名称和车辆品牌中英文对照表》中"签注名称"一栏的要求填报。规格型号栏可填报"汽油型"等。

（5）由同一运输工具同时运抵同一口岸并且属于同一收货人、使用同一提单的多种进口货物，按照商品归类规则应当归入同一商品编号的，应当将有关商品一并归入该商品编号。商品名称填报一并归类后的商品名称；规格型号填报一并归类后商品的规格型号。

（6）加工贸易边角料和副产品内销，边角料复出口，填报其报验状态的名称和规格型号。

（7）进口货物收货人以一般贸易方式申报进口属于《需要详细列名申报的汽车零部件清单》（海关总署2006年第64号公告）范围内的汽车生产件的，按以下要求填报：

① 商品名称填报进口汽车零部件的详细中文商品名称和品牌，中文商品名称与品牌之间用"/"相隔，必要时加注英文商业名称；进口的成套散件或者毛坯件应在品牌后加注"成套散件"或者"毛坯"等字样，并与品牌之间用"/"相隔。

② 规格型号填报汽车零部件的完整编号。在零部件编号前应当加注"S"字样，并与零部件编号之间用"/"相隔，零部件编号之后应当依次加注该零部件适用的汽车品牌和车型。汽车零部件属于可以适用于多种汽车车型的通用零部件的，零部件编号后应当加注"TY"字样，并用"/"与零部件编号相隔。与进口汽车零部件规格型号相关的其他需要申报的要素，或者海关规定的其他需要申报的要素，如"功率""排气量"等，应当在车型或"TY"之后填报，并用"/"与之相隔。汽车零部件报验状态是成套散件的，应当在"标记唛码及备注"栏内填报该成套散件装配后的最终完整品的零部件编号。

（8）进口货物收货人以一般贸易方式申报进口属于《需要详细列名申报的汽车零部件清单》范围内的汽车维修件的，填报规格型号时，应当在零部件编号前加注"W"，并与零部件编号之间用"/"相隔；进口维修件的品牌与该零部件适用的整车厂牌不一致的，应当在零部件编号前加注"WF"，并与零部件编号之间用"/"相隔。其余申报要求同上条执行。

（9）品牌类型。品牌类型为必填项目。可选择"无品牌"（代码0）、"境内自主品牌"（代码1）、"境内收购品牌"（代码2）、"境外品牌（贴牌生产）"（代码3）、"境外品牌（其他）"（代码4）如实填报。其中，"境内自主品牌"是指由境内企业自主开发、拥有自主知识产权的品牌；"境内收购品牌"是指境内企业收购的原境外品牌；"境外品牌（贴牌生产）"是指境内企业代工贴牌生产中使用的境外品牌；"境外品牌（其他）"是指除代工贴牌生产以外使用的境外品牌。上述品牌类型中，除"境外品牌（贴牌生产）"仅用于出口外，其他类型均可用于进口和出口。

（10）出口享惠情况。出口享惠情况为出口报关单必填项目。可选择"出口货物在最终目的国（地区）不享受优惠关税""出口货物在最终目的国（地区）享受优惠关税""出口货物不能确定在最终目的国（地区）享受优惠关税"如实填报。进口货物报关单不填报该申报项。

（11）申报进口已获3C认证的机动车辆时，填报以下信息：

① 提运单日期。填报该项货物的提运单签发日期。

② 质量保证期。填报机动车的质量保证期。

③ 发动机号或电机号。填报机动车的发动机号或电机号，应与机动车上打刻的发动机号或电机号相符。纯电动汽车、插电式混合动力汽车、燃料电池汽车为电机号，其他机动车为发动机号。

④ 车辆识别代码（VIN）。填报机动车车辆识别代码，须符合国家强制性标准《道路车辆–车辆识别代号（VIN）》（GB 16735—2019）的要求。该项目一般与机动车的底盘（车架号）相同。

⑤ 发票所列数量。填报对应发票中所列进口机动车的数量。

⑥ 品名（中文名称）。填报机动车中文品名，按《进口机动车辆制造厂名称和车辆品牌中英文对照表》（国家质检总局2004年第52号公告）的要求填报。

⑦ 品名（英文名称）。填报机动车英文品名，按《进口机动车辆制造厂名称和车辆品牌中英文对照表》（国家质检总局2004年第52号公告）的要求填报。

⑧ 型号（英文）。填报机动车型号，与机动车产品标牌上整车型号一栏相符。

（12）进口货物收货人申报进口属于实施反倾销反补贴措施货物的，填报"原厂商中文名称"、"原厂商英文名称"、"反倾销税率"、"反补贴税率"和"是否符合价格承诺"等计税必要信息。格式要求为："|<><><><><>"。"|"、"<"和">"均为英文半角符号。第一个"|"为在规格型号栏目中已填报的最后一个申报要素后系统自动生成或人工录入的分割符（若相关商品税号无规范申报填报要求，则需要手工录入"|"），"|"后面5个"<>"内容依次为"原厂商中文名称"、"原厂商英文名称"（如无原厂商英文名称，可填报以原厂商所在国或地区文字标注的名称，具体可参照商务部实施贸易救济措施相关公告中对有关原厂商的外文名称写法）、"反倾销税率"、"反补贴税率"、"是否符合价格承诺"。其中，"反倾销税率"和"反补贴税率"填写实际值，例如，税率为30%，填写

"0.3"。"是否符合价格承诺"填写"1"或者"0","1"代表"是","0"代表"否"。填报时，5个"<>"不可缺项，如第3、4、5项"<>"中无申报事项，相应的"<>"中内容可以为空，但"<>"需要保留。

第三十六栏　数量及单位

本栏目分三行填报：

（1）第一行按进出口货物的法定第一计量单位填报数量及单位，法定计量单位以《中华人民共和国海关统计商品目录》中的计量单位为准。

（2）凡列明有法定第二计量单位的，在第二行按照法定第二计量单位填报数量及单位。无法定第二计量单位的，第二行为空。

（3）成交计量单位及数量填报在第三行。

（4）法定计量单位为"千克"的数量填报，特殊情况下填报要求如下：

① 装入可重复使用的包装容器的货物，按货物扣除包装容器后的重量填报，如罐装同位素、罐装氧气及类似品等。

② 使用不可分割包装材料和包装容器的货物，按货物的净重填报（即包括内层直接包装的净重重量），如采用供零售包装的罐头、药品及类似品等。

③ 按照商业惯例以公量重计价的商品，按公量重填报，如未脱脂羊毛、羊毛条等。

④ 采用以毛重作为净重计价的货物，可按毛重填报，如粮食、饲料等大宗散装货物。

⑤ 采用零售包装的酒类、饮料、化妆品，按照液体/乳状/膏状/粉状部分的重量填报。

（5）成套设备、减免税货物如需分批进口，货物实际进口时，按照实际报验状态确定数量。

（6）具有完整品或制成品基本特征的不完整品、未制成品，根据《商品名称及编码协调制度》归类规则按完整品归类的，按照构成完整品的实际数量填报。

（7）已备案的加工贸易及保税货物，成交计量单位必须与《加工贸易手册》中同项号下货物的计量单位一致。加工贸易边角料和副产品内销、边角料复出口，填报其报验状态的计量单位。

（8）优惠贸易协定项下进出口商品的成交计量单位必须与原产地证书上对应商品的计量单位一致。

（9）法定计量单位为立方米的气体货物，折算成标准状况（即摄氏零度及1个标准大气压）下的体积进行填报。

第三十七栏　单价

填报同一项号下进出口货物实际成交的商品单位价格。无实际成交价格的，填报单位货值。

第三十八栏　总价

填报同一项号下进出口货物实际成交的商品总价格。无实际成交价格的，填报货值。

第三十九栏　币制

按海关规定的《货币代码表》选择相应的货币名称及代码填报，如《货币代码表》中无实际成交币种，须将实际成交货币按申报日外汇折算率折算成《货币代码表》列明的货币填报。

第四十栏　原产国（地区）

原产国（地区）依据《中华人民共和国进出口货物原产地条例》《中华人民共和国海关关于执行〈非优惠原产地规则中实质性改变标准〉的规定》以及海关总署关于各项优惠贸易协定原产地管理规章规定的原产地确定标准填报。同一批进出口货物的原产地不同的，分别填报原产国（地区）。进出口货物原产国（地区）无法确定的，填报"国别不详"。按海关规定的《国别（地区）代码表》选择填报相应的国家（地区）名称及代码。

第四十一栏　最终目的国（地区）

最终目的国（地区）填报已知的进出口货物的最终实际消费、使用或进一步加工制造国家（地区）。不经过第三国（地区）转运的直接运输货物，以运抵国（地区）为最终目的国（地区）；经过第三国（地区）转运的货物，以最后运往国（地区）为最终目的国（地区）。同一批进出口货物的最终目的国（地区）不同的，分别填报最终目的国（地区）。进出口货物不能确定最终目的国（地区）时，以尽可能预知的最后运往国（地区）为最终目的国（地区）。按海关规定的《国别（地区）代码表》选择填报相应的国家（地区）名称及代码。

第四十二栏　境内目的地/境内货源地

境内目的地填报已知的进口货物在国内的消费、使用地或最终运抵地，其中最终运抵地为最终使用单位所在的地区。最终使用单位难以确定的，填报货物进口时预知的最终收货单位所在地。境内货源地填报出口货物在国内的产地或原始发货地。出口货物产地难以确定的，填报最早发运该出口货物的单位所在地。海关特殊监管区域、保税物流中心（B 型）与境外之间的进出境货物，境内目的地/境内货源地填报本海关特殊监管区域、保税物流中心（B 型）所对应的国内地区。

按海关规定的《国内地区代码表》选择填报相应的国内地区名称及代码。境内目的地还需根据《中华人民共和国行政区划代码表》选择填报其对应的县级行政区名称及代码。无下属区县级行政区的，可选择填报地市级行政区。

第四十三栏　征免

按照海关核发的《征免税证明》或有关政策规定，对报关单所列每项商品选择海关规定的《征减免税方式代码表》中相应的征减免税方式填报。加工贸易货物报关单根据《加工贸易手册》中备案的征免规定填报；《加工贸易手册》中备案的征免规定为"保金"或"保函"的，填报"全免"。

第四十四栏　特殊关系确认

根据《中华人民共和国海关审定进出口货物完税价格办法》（以下简称《审价办法》）第十六条，填报确认进出口行为中买卖双方是否存在特殊关系，有下列情形之一的，应当认为买卖双方存在特殊关系，应填报"是"，反之则填报"否"：

（1）买卖双方为同一家族成员的。

（2）买卖双方互为商业上的高级职员或者董事的。

（3）一方直接或者间接地受另一方控制的。

（4）买卖双方都直接或者间接地受第三方控制的。

（5）买卖双方共同直接或者间接地控制第三方的。

（6）一方直接或者间接地拥有、控制或者持有对方5%以上（含5%）公开发行的有表决权的股票或者股份的。

（7）一方是另一方的雇员、高级职员或者董事的。

（8）买卖双方是同一合伙的成员的。

买卖双方在经营上相互有联系，一方是另一方的独家代理、独家经销或者独家受让人，如果符合前款的规定，也应当视为存在特殊关系。

出口货物免予填报，加工贸易及保税监管货物（内销保税货物除外）免予填报。

第四十五栏　价格影响确认

根据《审价办法》第十七条，填报确认纳税义务人是否可以证明特殊关系未对进口货物的成交价格产生影响，纳税义务人能证明其成交价格与同时或者大约同时发生的下列任何一款价格相近的，应视为特殊关系未对成交价格产生影响，填报"否"，反之则填报"是"：

（1）向境内无特殊关系的买方出售的相同或者类似进口货物的成交价格。

（2）按照《审价办法》第二十三条的规定所确定的相同或者类似进口货物的完税价格。

（3）按照《审价办法》第二十五条的规定所确定的相同或者类似进口货物的完税价格。

出口货物免予填报，加工贸易及保税监管货物（内销保税货物除外）免予填报。

第四十六栏　支付特许权使用费确认

根据《审价办法》第十一条和第十三条，填报确认买方是否存在向卖方或者有关方直接或者间接支付与进口货物有关的特许权使用费，且未包括在进口货物的实付、应付价格中。买方存在需向卖方或者有关方直接或者间接支付特许权使用费，且未包含在进口货物实付、应付价格中，并且符合《审价办法》第十三条的，在"支付特许权使用费确认"栏目填报"是"。买方存在需向卖方或者有关方直接或者间接支付特许权使用费，且未包含在进口货物实付、应付价格中，但纳税义务人无法确认是否符合《审价办法》第十三条的，填报"是"。买方存在需向卖方或者有关方直接或者间接支付特许权使用费且未包含在实付、应付价格中，纳税义务人根据《审价办法》第十三条，可以确认需支付的特许权使用费与进口货物无关的，填报"否"。买方不存在向卖方或者有关方直接或者间接支付特许权使用费的，或者特许权使用费已经包含在进口货物实付、应付价格中的，填报"否"。出口货物免予填报，加工贸易及保税监管货物（内销保税货物除外）免予填报。

第四十七栏　自报自缴

进出口企业采用"自主申报、自行缴税"（自报自缴）模式向海关申报时，填报"是"；反之则填报"否"。

第四十八栏　申报单位

自理报关的，填报进出口企业的名称及编码；委托代理报关的，填报报关企业名称及编码。编码填报18位法人和其他组织统一社会信用代码。

报关人员填报在海关备案的姓名、编码、电话，并加盖申报单位印章。

第四十九栏　海关批注及签章

供海关作业时签注。

本章概要

□ 内容提要与结构

▲ 内容提要

● 国际贸易中出口单证的种类：官方单证、商业单证、货运单证和通关单证。

● 国际贸易中出口单证的制作规范，主要包括汇票、商业发票、装箱单、保险单、海运提单、原产地证书和报关单等单证的缮制。

▲ 内容结构

本章内容结构如图7-1所示：

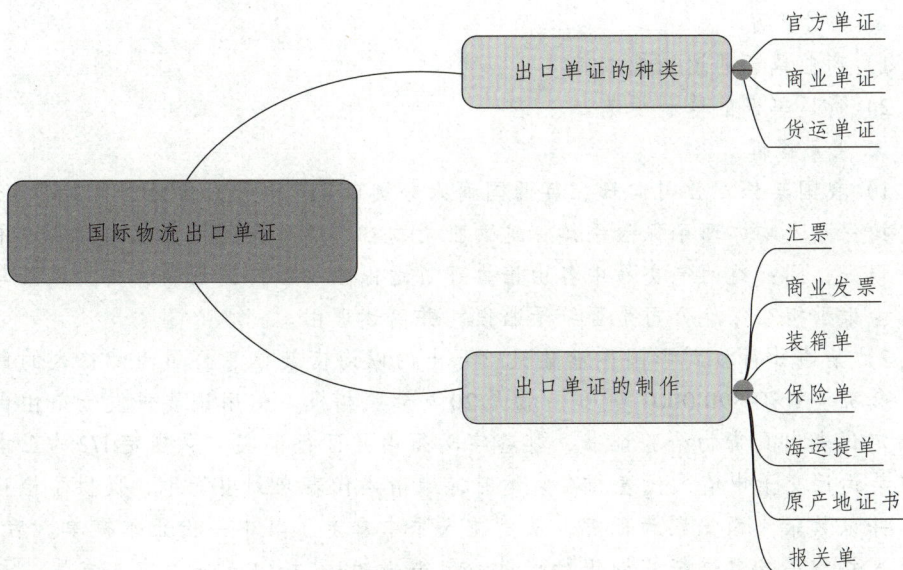

图7-1　本章内容结构

□ 主要概念和观念

▲ 主要概念

汇票　海运提单　原产地证书　普惠制产地证书　报关单

▲ 主要观念

出口单证的种类　出口单证的缮制

□ 重点实务和操作

▲ 重点实务

汇票的缮制　商业发票的缮制　装箱单的缮制　保险单的缮制　海运提单的缮制　原产地证书的缮制　报关单的缮制

▲ 重点操作

"国际物流出口单证制作"知识应用

基本训练

□ 理论题

▲ 简答题

1）在不同的运输方式下，货运单证都有哪些？

2）国际贸易业务中，汇票的出票人是谁？

3）一般原产地证书和普惠制产地证书有什么区别？

▲ 讨论题

1）出口单证中涉及几类单证？这些单证在实际业务中分别起什么作用？

2）在所有的出口单证上记载的日期之间有什么关系？

□ 实务题

▲ 规则复习

1）商业单证的填制规范。

2）货运单证的填制规范。

▲ 业务解析

1）我国某外贸公司向日、英两国商人分别以CIF和CFR价格出售蘑菇罐头，有关被保险人均办理了保险手续。这两批货物自起运地仓库运往装运港的途中均遭受损失，问：这两笔交易中各由谁办理货运保险手续？该货物损失的风险与责任各由谁承担？保险公司是否给予赔偿？并简述理由。

2）某通知行收到中国香港某银行开出的以海南某信息公司为受益人的信用证，金额为USD 890 000，出口货物是20万台照相机。信用证要求发货前由申请人指定代表出具货物检验证书，其签字必须由开证行证实，且规定1/2的正本提单在装运后交予申请人代表。在装运时，申请人代表来到出货地，提供了检验证书，并以数张大额支票为抵押，从受益人手中拿走了其中一份正本提单。后来，受益人将有关支票委托当地银行议付，但被告知："托收支票为空头支票，与申请人代表出具的检验证书签名不符，纯属伪造。"不幸的是，货物已全部被提走，下落不明。受益人蒙受重大损失，有苦难言。问：受益人有哪些失误？

□ 案例题

▲ 案例分析

【训练项目】

案例分析—Ⅶ。

【相关案例】

无船承运人签发提单的法律责任

背景与情境： 2023 年 9 月 15 日，经营国际集装箱拼箱业务的 A 国际货运代理企业，在神户港自己的集装箱货运站（CFS）将分别属于 6 个不同发货人的拼箱货装入一个 20 英尺的集装箱，然后向某班轮公司托运。该集装箱于 2023 年 9 月 18 日装船，班轮公司签发给 A 国际货运代理企业 CY/CY 交接的 FCL 条款下的 MASTER B/L 一套；然后 A 国际货运代理企业向不同的发货人分别签发了 CFS/CFS 交接的 LCL 条款下的 HOUSE B/L 共 6 套，所有的提单都是清洁提单。2023 年 9 月 23 日，载货船舶抵达提单上记载的卸货港。第二天，A 国际货运代理企业从班轮公司提取了外表状况良好和铅封完整的集装箱（货物），并在卸货港自己的集装箱货运站拆箱，拆箱时发现有 2 件货物损坏。2023 年 9 月 25 日，收货人凭 A 国际货运代理企业签发的提单前来提货，发现货物损坏。

（资料来源 百度文库，引文经节选、整理与改编）

问题：

（1）如果收货人向 A 国际货运代理企业提出货物损坏赔偿请求，A 国际货运代理企业是否要承担责任？为什么？

（2）如果 A 国际货运代理企业向班轮公司提出集装箱货物损坏的赔偿请求，班轮公司是否要承担责任？

（3）A 国际货运代理企业如何防范这种风险？

（4）结合本案例总结海运提单的业务流转程序。

【训练要求】

同第 1 章"基本训练"中本题型的"训练要求"。

▲ 课程思政

【训练项目】

课程思政—Ⅶ。

【相关案例】

货运代理误装货物损失案

背景与情境： 中国香港某货运代理受委托人的委托，将货号为 1~15 的中国丝绸装入集装箱运往日本的横滨；将货号为 16~30 的货物装入集装箱运往意大利热那亚。由于货运代理装箱人员的疏忽，错误地将发往日本横滨的货物发往意大利热那亚，而发往意大利热那亚的货物被发到了日本横滨，造成双方客户急需的货物不能及时收到。随后客户委托代理通过航空运输的方式，把装运错误的货物分别运到正确的客户手中。由于错误的操作，导致发生了额外的运费 2 万港元。

问题：

（1）本案例中额外运费应该由谁承担？

（2）试对上述问题做出你的思政研判。

（3）通过网上或图书馆调研等途径收集你做思政研判所依据的行业规范。

【训练要求】

同第1章"基本训练"中本题型的"训练要求"。

□　自主学习

【训练项目】

自主学习-Ⅴ。

【训练目的】

见本章"学习目标"中的"自主学习"目标。

【教学方法】

采用"学导教学法"和"研究教学法"。

【训练要求】

1）以班级小组为单位组建学生训练团队，各团队依照本教材"附录二"的附表2中"自主学习"（中级）的"基本要求"和各"技术-技能"点的"参照规范与标准"，制订团队《自主学习计划》。

2）各团队实施《自主学习计划》，自主学习本教材"附录一"的附表1中"自主学习"（中级）各"技术-技能"点的"'知识准备'参照规范"所列知识。

3）各团队以自主学习获得的"学习原理"、"学习策略"与"学习方法"知识为指导，通过校图书馆、院资料室和互联网，查阅和整理近2年以"国际物流出口单证"为主题的国内外学术文献资料。

4）各团队以整理后的文献资料为基础，依照相关规范要求，讨论、撰写和交流《"国际物流出口单证"最新文献综述》。

5）撰写作为"成果形式"的训练课业，总结自主学习和应用"学习原理"、"学习策略"与"学习方法"知识（中级），依照相关规范，准备、讨论、撰写和交流《"国际物流出口单证"最新文献综述》的体验过程。

【成果形式】

训练课业：《"自主学习-Ⅴ"训练报告》

课业要求：

1）内容包括：训练团队成员与分工；训练过程；训练总结（包括对各项操作的成功与不足的简要分析说明）；附件。

2）将团队《自主学习计划》和《"国际物流出口单证"最新文献综述》作为《"自主学习-Ⅰ"训练报告》的"附件"。

3）《"国际物流出口单证"最新文献综述》应符合"文献综述"规范要求，做到事实清晰、论据充分、逻辑清晰。

4）结构与体例参照本教材"课业范例"的"范例-4"。

5）在校园网的本课程平台上展示班级优秀训练课业，并将其纳入本课程的教学资源库。

■单元考核➡

考核评价要求：同第1章"单元考核"的"考核评价要求"。

综合训练与考核

综合训练 ➡️

【训练项目】

终极体验:"国际物流管理"技术综合应用。

【训练目标】

参加"'国际物流管理'技术综合应用"的"传承–创新"训练。在把"产学研结合"和"教学闭环"(特别是自主学习)中获得的"技术更新"融入教材各章"传承技术"的基础上,通过综合应用各章"'传承–创新'技术",系列"技术–技能"操作的实施,以及《"'国际物流管理'技术综合应用"训练报告》的撰写、讨论与交流等有质量有效率的活动,培养"'国际物流管理'技术综合应用"的"传承–创新"专业能力,强化"职业核心能力"("高级"全选项),并通过践行"职业道德"("认同级"全选项)行为规范,促进健全职业人格的塑造,系统体验"'国际物流管理'技术综合应用"的"传承–创新"胜任力生成。

【训练内容】

专业能力训练:其"能力领域"、"统整点"及其"参照规范与标准"见表综–1。

表综–1 专业能力训练领域、统整点及其参照规范与标准

能力领域	统整点	名称	参照规范与标准
"国际物流管理"技术综合应用	统整点1	"技术–技能"群1	(1)能将第1章"传承技术"与"产学研结合"和"教学闭环"(特别是自主学习)中获得的相关"技术更新"融为一体; (2)能应用其"融合技术",正确进行"'国际物流与货运代理概述'运作",系统体验其"传承–创新"胜任力生成
	统整点2	"技术–技能"群2	(1)能将第2章"传承技术"与"产学研结合"和"教学闭环"(特别是自主学习)中获得的相关"技术更新"融为一体; (2)能应用其"融合技术",正确进行"'国际贸易业务'运作",系统体验其"传承–创新"胜任力生成

续表

能力领域	统整点	名称	参照规范与标准
"国际物流管理"技术综合应用	统整点3	"技术–技能"群3	（1）能将第3章"传承技术"与"产学研结合"和"教学闭环"（特别是自主学习）中获得的相关"技术更新"融为一体； （2）能应用"融合技术"，正确进行"'国际海上货物运输'运作"，系统体验其"传承–创新"胜任力生成
	统整点4	"技术–技能"群4	（1）能将第4章"传承技术"与"产学研结合"和"教学闭环"（特别是自主学习）中获得的相关"技术更新"融为一体； （2）能应用"融合技术"，正确进行"'国际航空货物运输'运作"，系统体验其"传承–创新"胜任力生成
	统整点5	"技术–技能"群5	（1）能将第5章"传承技术"与"产学研结合"和"教学闭环"（特别是自主学习）中获得的相关"技术更新"融为一体； （2）能应用"融合技术"，正确进行"'国际其他货物运输'运作"，系统体验其"传承–创新"胜任力生成
	统整点6	"技术–技能"群6	（1）能将第6章"传承技术"与"产学研结合"和"教学闭环"（特别是自主学习）中获得的相关"技术更新"融为一体； （2）能应用"融合技术"，正确进行"'国际物流的仓储业务'运作"，系统体验其"传承–创新"胜任力生成
	统整点7	"技术–技能"群7	（1）能将第7章"传承技术"与"产学研结合"和"教学闭环"（特别是自主学习）中获得的相关"技术更新"融为一体； （2）能应用"融合技术"，正确进行"'国际物流出口单证'运作"，系统体验其"传承–创新"胜任力生成

职业核心能力和职业道德训练：其内容、种类、等级与选项见表综–2；各选项的"参照规范与标准"分别参见本教材"附录三"的附表3和"附录四"的附表4。

表综-2   **职业核心能力与职业道德训练内容、种类、等级与选项表**

内容	职业核心能力							职业道德						
种类	自主学习	信息处理	数字应用	与人交流	与人合作	解决问题	革新创新	职业观念	职业情感	职业理想	职业态度	职业良心	职业作风	职业守则
等级	高级	高级	高级	高级	高级	高级	高级	认同级	认同级	认同级	认同级	认同级	认同级	认同级
选项	√	√	√	√	√	√	√	√	√	√	√	√	√	√

【训练任务】

1）全面融合第1、2、3、4、5、6、7章"实训题""技术准备"中所列技术与相关章"技术更新"中所列技术，做好本次训练的"'传承-创新'技术准备"。

2）应用相关技术，对表综-1所列专业能力领域各统整点，依照其"参照规范与标准"，实施"'传承-创新'型"基本训练。

3）应用相关知识，对表综-2所列"职业核心能力"和"职业道德"选项，依照本教材"附录三"的附表3的"参照规范与标准"，分别实施融入性"高级"强化训练和"认同级"相关训练。

【组织形式】

1）以小组为单位组成"'国际物流管理'技术综合应用"训练团队。

2）各训练团队结合"训练任务"进行适当的角色分工，确保组织合理和每位成员的积极参与。

【指导准备】

1）知识准备

（1）全面重温第1、2、3、4、5、6、7章"实训题"的"知识准备"所列知识。

（2）表综-1中"'技术-技能'群1"至"'技术-技能'群7"的"参照规范与标准"知识。

（3）本教材"附录一"的附表1中，"职业核心能力"（高级）全选项各技能点"'知识准备'参照范围"所列知识。

（4）本教材"附录三"的附表3中"职业核心能力"（高级）全选项各技能点，以及"附录四"的附表4中"职业道德"（认同级）全选项各素质点的"参照规范与标准"知识。

2）操作指导

（1）教师向学生阐明"训练目的"、"训练任务"和"知识准备"。

（2）教师就"知识准备"中的第（2）、（3）、（4）项，对学生进行培训。

（3）教师指导学生撰写《"'国际物流管理'技术综合应用"训练报告》。

【情境设计】

班级学生以小组为单位，组建"'国际物流管理'技术综合应用"训练团队，分别选择一家开展国际物流管理综合运作业务，且不同于"范例-3""情境设计"中的企业进行国际物流管理训练。各团队应用本实训"指导准备"中"知识准备"所列知识，在与企业员工的国际物流管理中系统进行如下操作：进行"统整点1"至"统整点7"的"技术–技能"操作，撰写《"'××企业国际物流管理'综合运作"调查报告》；将"职业核心能力"训练和"职业道德训练"融入上述专业能力综合训练中；撰写并在班上交流以上述操作为内涵的《"'国际物流管理'技术综合应用"训练报告》。

【训练要求】

（1）训练前学生要了解并熟记本综合训练的"训练目的""能力与素质领域""训练任务"与"指导准备"。

（2）通过"训练步骤"，将"训练任务"所列（2）和（3）整合到本次训练的"活动过程"和"成果形式"中。

【训练时间】

本课程课堂教学内容结束后，安排两周时间进行"终极体验"训练。

【训练步骤】

1）以班级小组为单位组建学生"终极体验"训练团队，每队确定1人为队长，结合项目需要进行角色分工与协作。

2）各团队参照"情境设计"，分别选择一家开展国际物流管理综合运作业务的企业，从"'国际物流管理'技术综合应用"视角进行综合训练。终极体验如下操作：

（1）依照"统整点1"的"参照规范与标准"，正确进行"技术–技能"操作，系统体验"综合训练"中"'国际物流与货运代理概述'运作"的"传承–创新"胜任力生成；

（2）依照"统整点2"的"参照规范与标准"，正确进行"技术–技能"操作，系统体验"综合训练"中"'国际贸易业务'运作"的"传承–创新"胜任力生成；

（3）依照"统整点3"的"参照规范与标准"，正确进行"技术–技能"操作，终极体验"综合训练"中"'国际海上货物运输'运作"的"传承–创新"胜任力生成；

（4）依照"统整点4"的"参照规范与标准"，正确进行"技术–技能"操作，系统体验"综合训练"中"'国际航空货物运输'运作"的"传承–创新"胜任力生成；

（5）依照"统整点5"的"参照规范与标准"，正确进行"技术–技能"操作，系统体验"综合训练"中"'国际其他货物运输'运作"的"传承–创新"胜任力生成；

（6）依照"统整点6"的"参照规范与标准"，正确进行"技术–技能"操作，系统体验"综合训练"中"'国际物流的仓储业务'运作"的"传承–创新"胜任力生成；

（7）依照"统整点7"的"参照规范与标准"，正确进行"技术–技能"操作，系统体验"综合训练"中"'国际物流出口单证'运作"的"传承-创新"胜任力生成。

（8）在此基础上，各团队形成关于所选企业的《"'××企业国际物流管理'综合运作"调查报告》，系统体验"综合运作"调查报告的撰写胜任力生成。

3）在关于"'国际物流管理'技术综合应用"的"'传承-创新'专业能力"基本训练中，依照表综-2的"参照规范与标准"，融入"职业核心能力"的"高级"强化训练和"职业道德"的"认同级"相关训练，系统体验"专能"与"通能"和"职业道德"元素融合的"'素质-技术-技能'群"生成。

4）各团队综合以上阶段性成果，撰写《"'国际物流管理'技术综合应用"训练报告》（内容包括："团队成员与分工""训练过程""训练总结""附件"），系统体验《训练报告》撰写胜任力生成。

5）在班级讨论、交流和修订各团队的《训练报告》，使其各具特色，系统体验"团队协作"和"与人交流"等通能的强化过程。

【成果形式】

1）训练课业：《"'国际物流管理'技术综合应用"训练报告》

2）课业要求：

（1）"训练课业"的结构与体例见本教材范例-3。

（2）将相关"附件"附于《训练报告》之后。

（3）在校园网平台上展示经过教师点评的班级优秀《训练报告》，并将其纳入本课程教学资源库。

（4）将经过教师点评的班级优秀《训练报告》赠送所选企业，作为本课程"产学研结合"的"校本学习"最终成果。

课业范例

➡ 范例综-1 ➡

▲ 案例分析

【训练项目】

案例分析-范。

【相关案例】

国际货运代理法律地位识别

背景与情境：某年6月，我国A进出口公司委托B货运代理公司办理600个纸箱的男士羽绒服滑雪衫出口日本的手续。B公司将货物装上C船公司派来的船舶，并向A公司签发了清洁的多式联运提单，提单载明货物数量600箱，分装在3个集装箱内。6月29日，该轮抵达日本神户港，同日，集装箱驳卸到岸上。7月7日，这3个集装箱由B公司安排卡车运至收货人仓库，收货人发现由于集装箱有裂痕，雨水进入舱内造成货物损坏，货物折合价值100万美元。加上运费等其他费用，A公司损失120万美元。

问题：

1）A公司应该向谁提出索赔？为什么？

2）依据多式联运公约的规定，B公司是否应该承担赔偿责任？为什么？

3）试根据上述案例分析国际货运代理人在业务操作中一般有几种身份？如何对国际货运代理人的法律地位进行识别？

【训练要求】

同第1章"基本训练"中本题的"训练要求"。

"国际货运代理法律地位识别"案例分析提纲

（项目团队队长：　　　　　　　项目团队成员：　　　　　　　）

1.关于"知识点"分析

1）团队成员分别分析国际货运代理的法律地位识别方法。

2）团队讨论各成员提出的国际货运代理法律地位识别方法，由组长汇总。

3）团队讨论本案例"背景与情境"是如何涉及上述知识点的。

4）队长汇总讨论"国际货运代理法律地位识别"的阶段性成果。

2.关于"调查资料的来源与方法"分析

1）团队成员应用国际货运代理法律地位识别知识，逐一分析国际货运代理法律地位判定的方法。

2）团队讨论各成员分析的调查资料的来源与方法，由组长汇总。

3.关于"A公司索赔解决方案"设计

个人设计、小组讨论研究本案例要求的"A公司索赔解决方案"。

1）团队成员模拟本案例中的货运代理人，以及实际承运人，应用本案例涉及的法律地位识别和研究方法，研究设计"A公司索赔解决方案"。

2）团队讨论各成员设计的"A公司索赔解决方案"，由组长汇总。

4.撰写、讨论与交流《分析报告》

1）队长组织团队成员，综合以上阶段性成果，形成《分析报告》。

2）在班级讨论、交流各组的《分析报告》。

3）团队修改《分析报告》，提交教师点评。

<h3 style="text-align:center">"国际货运代理法律地位识别"案例分析报告</h3>

（项目团队队长：　　　　　　项目团队成员：　　　　　　　）

一、案例综述

本案例从国际货运代理法律地位识别的角度，研究了国际货运代理在实际业务中的身份，以及需要承担的主要责任和义务，为企业正确地解决索赔问题提供了有效的建议。

二、问题分析

在本案例中，B公司的身份是承运人，因为B公司向A公司签发了多式联运提单，是多式联运经营人。C公司是实际承运人，货物的损失是在其承运过程中产生的，所以应该赔偿。B公司作为多式联运合同当事人，应先对A公司进行赔偿，然后依照有关法律法规向实际造成损失的责任人进行追偿。

三、总结与结论

对于所面对的问题，A公司应该采取如下索赔方案：

（1）就本案例中发生的120万美元损失，可以直接凭清洁提单向B公司提出索赔。

（2）关于国际货运代理法律地位的识别具体可以通过以下4种方法：①收入取得的方式：货运代理如果从托运人那里得到的是佣金，或者从承运人那里得到的是经纪人佣金，则被视为代理人；如果从不同的运费费率差价中获取利润，则被视为当事人。②提单签发的方式：在货运代理签发自己的提单的情况下，若合同中没有明确说明其仅为代理身份的话，通常会被视为承运人，承担当事人的责任。③经营运作的方式：货运代理以自己的名义签订运输合同，并通过向托运人收取一笔纯粹的运费，转而向其他承运人支付较之收取的运费略低的运费，从中赚取差价；或者货运代理将诸多委托人的货物合并装入一个集装箱，从事拼箱、混装服务，赚取利润，则货运代理对于委托人来说，其身份为当事人，其责任为承运人的责任。④习惯做法与司法认定。习惯做法是指货运代理有时是作为托运人的代理人行事，为了尽快替委托人订妥舱位，货运代理通常以自己的名义与承运人订立合同，承担当事人的责任。也就是说，只要货运代理以其自己的名义行事，即使本身没有过失，也会因其当事人的身份而承担责任，同时享有向过失方进行追偿的权利。

归纳上述情况，货运代理的身份一般可分为以下五种：代理人身份、仓储经营者身份、无船承运人身份、多式联运经营人身份、第三方物流经营人身份。有些货运代理从事的业务范围比较广泛，法律关系比较复杂，对于货运代理法律地位的确认，不能简单化，应该根据具体情况进行分析。

━ 范例综-2 ▶▶

▲ 课程思政

【训练项目】

课程思政-综。

【相关案例】

倒签提单索赔案

背景与情境：某国际货代公司接受货主委托后，到船公司办理了订舱业务，并向保险公司投保了货代责任险。信用证规定的装运期为8月10日至20日，由于货代安排的原因，货物于8月22日才装船。为了不影响货主办理结汇业务，该货代公司伙同船公司在货主不知情的情况下向货主签发了日期为8月20日的倒签提单。货到目的地发生延迟，收货人以倒签提单为由拒绝收取货物。发货人交涉无果后，不得不在收货人当地折价20%卖给另外一家企业。发货人向该货代公司就折价的20%货款提出索赔。

问题：

1）本案例中货代公司是否存在责任？

2）试对上述问题做出你的思政研判。

3）通过网上或图书馆调研等途径收集你做思政研判的依据。

【训练要求】

同第1章"基本训练"中本题的"训练要求"。

"倒签提单索赔案"研判提纲

（项目团队队长：　　　　　项目团队成员：　　　　　）

1.关于"职业道德"

1）团队成员分别分析研究本案例中业务操作中涉及的职业道德问题。

2）团队讨论各成员收集来的本案例中不符合职业操作的内容。

3）团队讨论：本案例中货运代理人和船公司的做法不符合操作规范，违反了相关的业务操作要求，造成了货主的损失。

4）团队队长汇总讨论3）的分析内容，形成阶段性成果。

2.关于"思政研判"

1）团队成员针对本案例相关当事人的业务行为，逐一进行"思政研判"。

2）团队讨论各成员分析的"思政研判"，对于业务操作中不规范的当事人行为给予研判。

3）团队队长汇总讨论2）的分析内容，形成阶段性成果。

3.关于"做思政研判所依据的行业规范"

1）团队成员分别通过网络及图书馆查找资料，研究"做思政研判所依据的行业规范"。

2）团队讨论各成员的对于代理业务中应该有的职业操守。

3）团队队长汇总讨论职业道德的分析内容，形成阶段性成果。

4.关于"对本案例做评价"

1）团队成员分别对本案例进行评价。

2）团队讨论对各成员的评价。

3）团队队长汇总讨论对国际货运代理人的评价分析内容，形成阶段性成果。

5.撰写、讨论与交流《思政研判报告》

1）团队队长组织组员，综合以上阶段性成果，形成《思政研判报告》。

2）在班级讨论、交流各团队的《思政研判报告》。

3）团队修改《思政研判报告》，提交教师点评。

"倒签提单索赔案"思政研判报告

1）案例综述

本案例中国际货运代理人没有按照发货人的委托执行相关业务操作，并且违反了国际货运代理业务操作规范，损害了发货人的利益。

2）问题分析

（1）本案例中国际货运代理公司需要承担赔偿责任。

（2）作为国际货运代理人应该谨慎认真地办理客户的委托事项，如果代理人按照委托人的意思行事，产生相应的法律后果，由委托人承担相应的法律后果。但是如果代理人没有在代理权限内办理业务，发生的损失应该由代理人承担。

（3）本案例中虽然该货运代理企业投保了货运代理责任险，但是保险公司不负责赔偿。国际货运代理的货运责任险包括因其过失或疏忽所导致的风险损失。具体有：①错误与遗漏。如选择运输路线有误；选择承运人有误；保留向船方、港方、国内储运部门、承运单位及有关部门追偿权的遗漏。②仓库保管中的疏忽。在港口或外地中转库监卸、监装和储存保管工作中代运的疏忽过失。③货损货差责任不清。在与港口储运部门或内地收货单位各方接交货物时，数量短少、残损责任不清，最后由货运代理承担的责任。④延迟或未授权发货。部分货物未发运、港口提货不及时等情况下货运代理需要承担的责任。

（4）研判依据有二：其一，倒签提单属于不合法行为；其二，国际货运代理人没有完成货主的委托。

3）研判总结

（1）本案例中货运代理公司应该向发货人赔偿货物折价20%的损失。

（2）如果货物装船日期实在赶不上信用证要求的日期，货运代理人完全可以把该信息反馈给发货人，由发货人和收货人共同研究解决方法。不允许不经发货人同意进行相关违规操作。

（3）本思政研判对我们有很好的教育启示意义。本案例中，货运代理的违规操作给企业带来了损失，也给代理企业本身带来了不良影响，客户对其业务能力产生了质疑，可能会影响日后的合作。代理企业应该从中吸取教训，对企业员工实行精细化管理，使其责任明晰，提高其服务能力。

═范例综−3═▶

□ 实训题

【训练项目】

同步体验−Ⅳ："国际航空货物运输"技术应用。

【训练目标】

见本章"章名页"之"学习目标"中的"实训目标"。

【训练内容】

专业能力训练：其"能力领域"、"'技术−技能'点"、"名称"和"参照规范与标准"见表范3−1。

表范3−1　　能力领域、"技术−技能"点、名称和参照规范与标准

能力领域	"'技术−技能'点"	名称	参照规范与标准
"国际航空货物运输"技术应用	"'技术−技能'点"1	"国际航空运输货物运费计算"技术应用	（1）能够掌握各类航空运输货物的运费计算方法和标准； （2）能够应用其运费计算方法和标准，正确进行相关计算
	"'技术−技能'点"2	"国际航空货运单缮制"技术应用	（1）能够掌握各类航空货运单缮制技术； （2）能够根据托运人货物和提交单证的实际情况，应用相关技术，正确缮制航空货运单
	"'技术−技能'点"3	"国际航空特种货物运输"技术应用	（1）能够熟悉和把握国际航空货物运输中，一些鲜活易腐品、活体动物、危险物品、贵重货物，航空公司在收运、运输、运费的计收等方面一些特殊的规定和技术要求； （2）能够应用相关规定和技术要求，正确处理特种货物的收运、运输和运费计收等项事宜
	"'技术−技能'点"4	"国际航空货物运输进口业务办理"技术应用	（1）能熟悉和把握国际航空货物运输进口业务流程中的各个环节操作方法； （2）能根据货物的具体情况，应用相关技术，正确进行代理预报、承接运单与货物、货物仓储、整理运单、发出到货通知、进口报关、收费与发货、送货上门及货物转运等工作； （3）能运用相关技术，妥善处理国际航空货物运输进口业务中突发事件，确保进口业务顺利进行

能力领域	"'技术-技能'点"	名称	参照规范与标准
"国际航空货物运输"技术应用	"'技术-技能'点"5	"国际航空货物运输出口业务办理"技术应用	(1) 能熟悉和把握国际航空货物运输出口业务流程中的各个环节操作方法; (2) 能根据货物的具体情况,应用相关技术,正确进行市场销售、委托运输、审核单证、配仓和订舱、填制货运单、出口报关等工作; (3) 能应用相关技术,妥善处理国际航空货物运输出口业务中的突发事件,保障出口业务顺利进行
	"'技术-技能'点"6	《实训报告》撰写技术应用	(1) 能熟悉和把握《实训报告》的撰写技术; (2) 能够应用《实训报告》的撰写技术,正确设计相应《训练报告》,且其结构合理、层次分明

职业核心能力和职业道德训练:其内容、种类、等级与选项见表范3-2;各选项的"参照规范与标准"分别参见本教材"附录三"的附表3和"附录四"的附表4。

表范3-2　　职业核心能力与职业道德训练的内容、种类、等级与选项表

内容	职业核心能力							职业道德						
种类	自主学习	信息处理	数字应用	与人交流	与人合作	解决问题	革新创新	职业观念	职业情感	职业理想	职业态度	职业良心	职业作风	职业守则
等级	高级	高级	高级	高级	高级	高级	高级	认同级	认同级	认同级	认同级	认同级	认同级	认同级
选项	√	√	√	√	√	√	√	√	√	√	√	√	√	√

【组织形式】

将班级学生分成若干训练团队,根据训练内容和项目需要进行角色划分。

【训练任务】

(1) 对表范3-1所列专业能力领域各"'技术-技能'点",依照其"参照规范与标准"实施阶段性基本训练。

(2) 对表范3-2所列职业核心能力选项,依照本教材"附录三"的附表3的"参照规范与标准"实施"高级"强化训练。

(3) 对表范3-2所列职业道德选项,依照本教材"附录四"的附表4的"参照规范与标准"实施"认同级"相关训练。

【情境设计】

将学生分成若干训练团队,每团队分别选择一个"训练课业"题目,进行关

于"国际航空货物运输"技术应用的训练。各团队通过参与和体验所述项目的运作，相应《训练报告》的准备、撰写、讨论与交流等实践活动，完成各自的训练任务。

【指导准备】

知识准备：

（1）国际航空货物运输基础知识。

（2）国际航空运输货物运费的计算方法。

（3）国际航空货运单的缮制方法。

（4）国际航空特种货物运输基础知识。

（5）国际航空货物运输进口业务办理流程。

（6）国际航空货物运输出口业务办理流程。

（7）本教材"附录一"的附表1中，与本章"职业核心能力'强化训练项'"各"'技术–技能'点"相关的"'知识准备'参照范围"。

（8）本教材"附录三"的附表3和"附录四"的附表4中，涉及本章"职业核心能力领域'强化训练项'"各"'技术–技能'点"和"职业道德领域'相关训练项'"的"参照规范与标准"知识。

操作指导：

（1）教师向学生阐明"训练目的"、"能力与道德领域"和"知识准备"。

（2）教师就"知识准备"中的第（7）（8）项，对学生进行培训。

（3）教师指导学生就操练项目进行资料收集与整理。

（4）教师指导学生就操练项目进行国际航空运输货物运费计算、国际航空货运单缮制、国际航空特种货物运输业务办理、国际航空货物运输进口业务流程操作、国际航空货物运输出口业务流程操作。

（5）教师指导学生撰写、讨论与交流关于"'国际航空货物运输'技术应用"的相应《训练报告》。

【训练时间】

本章课堂教学内容结束后的双休日和课余时间，为期一周。

【训练步骤】

1）将学生组成若干个团队，每5~6位同学为一团队，每团队确定1名负责人，分别选择一个"训练课业"题目，进行"国际航空货物运输"技术应用项目。

2）为学生提供相关基础知识的咨询服务。

3）指导各训练团队结合训练项目，分配各自任务，研究相关问题，进行资料收集、分析和整理工作，制订《"'国际航空货物运输'技术应用"训练方案》。指导学生按团队实施训练项目，系统体验如下"技术–技能"操作：

（1）依照表范3-1中"'技术–技能'点"1的"参照规范与标准"，应用相应技术，正确进行相关计算，体验"国际航空运输货物运费计算"的"胜任力"要素生成。

（2）依照表范 3-1 中"'技术-技能'点"2 的"参照规范与标准"，应用相应技术，正确进行货运单缮制，体验"国际航空货运单缮制"的"胜任力"要素生成。

（3）依照表范 3-1 中"'技术-技能'点"3 的"参照规范与标准"，应用相应技术，正确处理特种货物的收运、运输和运费计收等项事宜，体验"国际航空特种货物运输"的"胜任力"要素生成。

（4）依照表范 3-1 中"'技术-技能'点"4 的"参照规范与标准"，应用相应技术，正确进行代理预报、承接运单与货物、货物仓储、整理运单、发出到货通知、进口报关、收费与发货、送货上门及货物转运等工作，体验"国际航空货物运输进口业务办理"的"胜任力"要素生成。

（5）依照表范 3-1 中"'技术-技能'点"5 的"参照规范与标准"，应用相应技术，妥善处理国际航空货物运输出口业务中的突发事件，保障出口业务顺利进行，体验"国际航空货物运输出口业务办理"的"胜任力"要素生成。

（6）依照表范 3-1 中"'技术-技能'点"6 的"参照规范与标准"，应用相应技术，正确设计结构合理、层次分明的《训练报告》，体验《训练报告》撰写"胜任力"要素生成。

4）各实训团队在实施上述专业训练的过程中，融入对"信息处理""与人交流""与人合作""解决问题""革新创新"等职业核心能力各"'技术-技能'点"的"高级"强化训练，和对"职业观念""职业守则"等职业道德各"素质点"的"认同级"相关训练，同步体验本章"实践学习"中"专能"、"通能"与"职业道德"元素的协同性"重组-产生"迁移，以及相关胜任力中"求知韧性"和"复合性'技术-技能'"要素的阶段性生成。

5）各团队对本次训练的相关资料和记录进行整理分析，撰写《"'国际航空货物运输'技术应用"训练报告》。

6）通过团队讨论、交流、互评、发布、分享等方式，修订《训练报告》。

【成果形式】

训练课业：《"'国际航空货物运输'技术应用"训练报告》。

要求：

1）"训练课业"的结构与体例参照本教材"课业范例"中的范例综-3。

2）将相关"附件"附于《训练报告》之后。

3）在校园网的本课程平台上展示经过教师点评的班级优秀《训练报告》，并相互借鉴。

"'国际航空货物运输'技术应用"训练报告

2023 年 2 月 20 日，沈阳食品进出口公司委托沈阳易通物流公司，将一批鲽鱼（养殖）罐头从沈阳出口到韩国首尔。沈阳易通物流公司就此业务，进行空运出口操作。

一、训练项目分工

沈阳易通物流公司是一家综合性的国际物流企业，是交通运输部正式批准、在国家市场监督管理部门注册的一级国际货运代理有限公司。公司具有海运进/出口、空运进/出口、国际船代、船舶租赁、提单签发、报关报检、内陆运输、保税仓储、分拨配送、采购集运、国际展品、货物保险、多式联运、项目物流、商贸物流等综合服务功能和专业化运筹管理能力。

根据训练项目的要求，实训团队扮演沈阳易通物流公司的主要业务部门的工作人员，负责本次空运出口货物的运输组织。本项目共有甲、乙、丙、丁4位同学分别扮演物流公司业务负责人、运输部门负责人、报关报检部门负责人、客服人员。其中学生甲是项目负责人，学生乙负责与沈阳食品进出口公司进行沟通，安排货物从发货人处至机场货站的运输；学生丙负责货物的报关、报检、单证缮制与流转；学生丁主要负责订舱、信息服务、费用结算等任务。学生甲对本次运输组织进行总结。

二、训练过程

由于本次训练项目是根据发货人的委托，进行出口货物运输的组织工作。对于在校学生来说，面临的不仅是货物运输组织的程序、单证的填制及缮制等技能的训练，而且需要了解航班信息、海关对相关商品的监管要求、信息服务、航空运费的计算、费用核算等问题。所以，本实训的首要任务是根据发货人的委托确定是否接受该批货物的运输组织。

1.委托运输

根据沈阳食品进出口公司的委托，须将一批鲽鱼罐头从沈阳出口到韩国仁川，鲽鱼罐头为200箱，每箱20罐，共4 000罐，包装规格每罐净重170克，200箱货物总毛重720千克。货物所在地为沈阳，目的地韩国首尔，收货人为首尔的HOOP公司，货物最迟出运日期为2023年3月5日，通知方为收货人，运费预付。根据上述信息，项目组通过对托运货物、运输要求、运输时间等多方面进行考虑后认为可以接受该批货物的运输请求。

在国际航空运输过程中，一般由货主作为委托人提出委托，由货代公司作为代理人接受委托，从而达成双方的委托代理关系。因此，客户向该物流公司提交了国际货物托运书。货物的体积每箱为：60cm×40cm×15cm，共200箱，公布运价如下：

SHENYANG	CN		SHE
Y.RENMINBI	CNY		KGS
INCHEON	KG	M	230.00
		N	37.51
		45	28.13

Routing: SHENYANG, CHINA（SHE）
TO INCHEON, KOREA（ICN）
Commodity: CANNED FLATFISH

GrossWeight：720Kgs

Dimensions：60cm×40cm×15cm

问题：根据以上已知条件计算该批货物的航空运费。

解：Volume：60cm×40cm×15cm×200=7 200 000cm³

Volume Weight：7 200 000cm³÷6 000cm³/Kg=1 200Kgs

Gross Weight：720Kgs

Chargeable Weight：1 200Kgs

Applicable Rate：GCRN28.13CNY/Kgs

Weight Charge：28.13×1 200=CNY33 756

2.制订综合运作方案

完整的出口运作方案，一般应包括从发货人处至机场的运输组织、航空货物运输组织、订舱、报关报检等。

在前期与发货人沟通以及阅读国际货物托运书内容的基础上，根据货物的运输要求，我们小组在运输方案的设计中注意"经济、时效"，为了能够顺利地完成本次货物的出口运输组织任务，我们小组针对货物出口运输组织的各个环节进行了反复论证，使得运输方案更加优化。

3.进行货物运输组织模拟

第一，我们团队确定货物从发货人处运往机场的前程运输由本公司负责，以便对运输过程进行掌控以及提高公司的效益。

第二，在接受发货人的托运后，在网上查找符合本次货物运输组织的航班表，并在众多符合的航班表中选出大韩航空和南方航空公司进行询价，同时根据本次运输货物的性质及出口地要求发货人提供报关报检所需的材料进行预配舱。

第三，根据托运人的托运要求确定航班为大韩航空2023年3月1日KE832，同时进行了订舱。根据发货人提供的材料，在沈阳桃仙机场海关进行报关报检，并被放行。

第四，根据订舱计划向航空公司提板箱、签单并与航空公司进行货物交接。

第五，2023年3月1日将货物装上飞机，上午10点15分飞机起飞，通过SITA将货物信息传给空港数据平台，再传到海关H2000系统，对此批货物进行结关。单货交接给航空公司后，航空公司可能会因种种原因，未能按预定时间运出，所以本团队从单、货交给航空公司后就需要对航班、货物进行跟踪。

第六，货物发运后本团队将货物信息发送给货主，向货主提供航班号、运单号和出运日期等信息，并随时提供货物在运输过程中的准确信息，将盖有海关验讫章的出库货物报关单等单证退还发货人，与货主进行费用结算。如果运输过程中出现货损货差，则进入理赔环节。

三、实训总结

1.成功与不足

本团队在规定的时间内完成了该批货物的出口空运组织任务，从整个流程看，其中有几个环节需要注意：第一，客户的委托要求很重要。第二，订舱的时候要把握时机，否则可能会因为航班紧张而错过最迟的发运期限。第三，在报关报检过程中要检查所有的单证和货物是否相符，如果单证和货物不符，就会在海关查验中出现问题，影响通关效率。第四，一定要在规定的期限内把核销和退税单据返还委托人，否则容易使退税和核销困难，造成损失。

2.关于职业核心能力与职业道德的训练

实训前，我们对本书各章的"实训题""知识准备"的知识进行了必要的复习，并接受了指导老师的"操作指导"。我们全方位重温了本章"职业核心能力"和"职业道德"各选项的"参照规范与标准"，并参照"职业核心能力"各选项的"'知识准备'参照规范"，通过网络和图书馆等渠道重点自学了列入后者的关于其原理、方法与技巧的知识，克服了对相关操作"规范与方法"的盲目性。

在训练过程中，我们在实施"国际航空货物运输"技术应用专业能力基本训练的同时，通过对相关信息的采集处理、具体数据的应用、训练组成员间的密切合作、在组内与班级讨论交流《运输组织方案》和《训练报告》、相互提出问题和改进建议、要求学生体验"行为自律"等途径，有意识地将关于"职业核心能力"（中级，共7项）的强化训练和"职业道德"（认同级，共7项）的相关训练融入其中。这些训练不仅对提高我们的专业综合能力起到了至关重要的作用，而且大大提高了我们的"可持续发展能力"和职业道德素质。

四、"关于专业能力训练"的附件

附件"范3-1"

沈阳易通物流公司空运出口综合运作方案

完整的出口运输组织方案，一般至少应包括从发货人处至机场的运输组织、航空货物运输组织、运费计算、报关报检等环节。因此，本次运输组织的方案如下：

（1）委托运输

沈阳食品进出口公司有一批鲽鱼罐头准备出口到韩国首尔，货主要求直飞。经沈阳易通物流公司销售人员前期宣传和报价，沈阳食品进出口公司拟将出运的订舱、报关、报检工作委托给沈阳易通物流公司，出具了报关、报检委托书，沈阳食品进出口公司单证员向沈阳易通物流公司提供了商业发票和装箱单信息，以备订舱和申报之用；并填写了国际货物委托书，加盖公章，交给沈阳易通物流公司业务人员，作为货主委托物流代理公司承办航空货物出口运输的依据。

（2）预配舱和预订舱

沈阳至首尔的各航空公司航班时刻表见表范3-3。

表范3-3　　　　　　　　　沈阳至首尔各航空公司航班时刻表

航空公司	起飞机场和时间	到达机场和时间	中转次数	行程总时长
大韩航空	沈阳桃仙国际机场 10：15 KE832	首尔仁川国际机场 13：00	直飞	约2小时45分
	沈阳桃仙国际机场 16：35 KE834	首尔仁川国际机场 19：35	直飞	约3小时
南方航空	沈阳桃仙国际机场 09：00 CZ681	首尔仁川国际机场 11：35	直飞	约2小时35分
	沈阳桃仙国际机场 17：00 CZ671	首尔仁川国际机场 19：30	直飞	约2小时30分

经过与客户确认，沈阳易通物流公司业务人员为货主选定大韩航空 KE832 飞往仁川的航班，并将预订舱单（见表范3-4）传递给航空公司。

表范3-4　　　　　　　　　　　　预订舱单

运单号	目的站	件数/数量	体积	品名	航班/日期
	首尔仁川国际机场	200箱	7.2立方米	鲽鱼罐头	KE832/2023年3月1日

（3）接收单证

沈阳易通物流公司进行预订舱后，从沈阳食品进出口公司处收到货物出口所需的单证，包括报关报检委托书、发票、装箱单、国际货物托运书等，对上述单证进行核对确认，内容正确，缮制符合要求。

（4）接收货物

接收货物一般与接单同时进行，对货物进行过磅和丈量，并根据发票、装箱单清点货物，核对货物的数量、品名、合同号等相关信息是否与货运单上一致。具体货物的要求有：包装要求坚固、完好、轻便，包装外部不能有突出的棱角，托运人应在每件货物的包装上详细写明收货人、通知人和托运人的名称和地址。沈阳易通物流公司对货物进行详细的检查，各个方面都符合要求。

（5）标记和标签

沈阳易通物流公司检查货物是否有标记并且为货物贴识别标签。

（6）配舱

货主将要装运的货物入库，这时需要检查货物的实际件数、重量、体积与托运书上预报数量的差别，考虑对预订舱位、板箱的有效利用及合理搭配，按照航班机型、板箱型号、高度、数量进行配载。

（7）订舱

接到发货人的单、货后，向航空公司吨控部门领取并填写订舱单，同时提供相应的信息，包括货物的名称、体积、重量、件数、目的地、要求出运的时间及其他运输要求等。航空公司根据实际情况安排舱位和航班。订舱后，航空公司签发舱位确认书及装货集装器领取凭证，以表明舱位订妥。

（8）出口报检、报关

报检：经查鲽鱼罐头的 HS 商品编码为 1604201990，监管条件为：AB，检验检疫类别是：P.R/Q.S（P——进境动植物、动植物产品检疫，R——进口食品卫生监督检验，Q——出境动植物、动植物产品检疫，S——出口食品卫生监督检验），CIQ 附加码 107。按照我国的有关规定，鲽鱼罐头属于国家法检产品，需要对其进行食品卫生监督检验和动植物产品检疫，由海关检验、查验完成后，予以放行。

报关：沈阳易通物流公司的报关员将发货人提供的出口货物报关单涉及的各项内容输入电脑，形成出口货物报关单，并传送至海关电脑系统，实施电子报关，待电子报关数据被海关接收并通过电子审单后，在打印出的纸质报关单上加盖报关单位的报关专用章，然后将报关单与相关的发票、装箱单、代理报关委托书和航空货运单综合在一起，并根据需要随附有关的证明文件。以上报关单证齐全后，由持有报关单证的报关员正式向海关申报。海关审核无误后，海关关员即在用于发运的运单正本上加盖放行章，同时在出口报关单上加盖放行章，在发货人用于产品退税的单证上加盖验讫章，贴上防伪标志，完成出口报关手续。

（9）出仓单

出仓单应该有承运航班的日期、装载板箱形式及数量、货物进舱顺序编号、总运单号、件数、重量、体积、目的地三字代码和备注。出仓单交给出口仓库，用于编制出库计划、出库时点数并与装板箱交接。

（10）提板箱

根据订舱计划向航空公司申领板、箱并办理相应的手续。

（11）签单

货运单在盖好海关放行章后还需要到航空公司签单，主要是审核运价使用是否正确及货物的性质是否适合空运，如有危险品是否已办理相应的证明和手续等，只有签单确认后才能将单、货交给航空公司。

（12）交接发运

沈阳易通物流公司在预订航班起飞的 24 小时前，根据航空公司的规定，向航空公司或机场货运站交单交货。航空公司或机场货运站接单接货后，将货物存入其出口仓库内，同时将单据交航空公司吨控部门，以平衡配载。

（13）装机出运及航班跟踪

货物装机完毕，由航空运输公司签发航空总运单，航空货运代理公司签发航空分运单。货物按预订航班出运，飞机起飞离境后，通过 SITA 将货物信息传给空港数据平台，再传到海关 H2000 系统，才允许对此批货物进行结关。单货交接给航空公司后，航空公司可能会因种种原因，未能按预定时间运出，所以沈阳易通物流公司将单、货交给航空公司后就需要对航班、货物进行跟踪。

（14）信息服务和费用结算

货物发运后沈阳易通物流公司及时将货物信息发送给货主，向货主提供航班号、运单号和出运日期等信息，并随时提供货物在运输过程中的准确信息，将盖有海关验讫章的出库货物报关单等单证退还发货人，与货主进行费用结算。

至此，该批鲽鱼罐头出口的业务顺利完成，沈阳易通物流公司在确认沈阳食品进出口公司已经付清全部费用之后，及时将报关单证提交给沈阳食品进出口公司供其留存，经查鲽鱼的出口退税率为15%，企业可以根据相关单证办理外汇核销和出口退税业务。

附件"范3-2"

代理报关委托书

我单位现　　（A.逐票、B.长期）委托贵公司代理　　（A.填单申报、B.辅助查验、C.垫缴税款、D.办理海关证明联、E.审批手册、F.核销手册、G.申办减免税手续、H.其他）等通关事宜，详见《委托报关协议》。

我单位保证遵守《海关法》和国家有关法规，保证所提供的情况真实、完整、单货相符。否则，愿承担相关法律责任。

本委托书有效期自签字之日起至2023年12月30日。

委托方（盖章）：

法定代表人或其授权人（签字）：张三

2023年2月20日

委托方	沈阳食品进出口公司		
主要货物名称	鲽鱼罐头		
HS编码	1604201990		
货物总价	11 428美元		
出口日期	2023年3月1日		
提单号			
贸易方式	一般贸易		
原产地/货源地	中国沈阳		
其他要求：			
背面所列通用条款是本协议不可分割的一部分，对本协议的签署构成了对背面通用条款的同意			
委托方业务签章：沈阳食品进出口公司 经办人签章：张三 联系电话：024-3456××××			
			2023年2月20日
被委托方	沈阳易通物流公司		
*报关单编码	No.××××××××××××××××		
收到单证日期	年　　月　　日		
收到单证情况	合同□		发票□
	装箱清单□		提（运）单□
	加工贸易手册□		许可证件□
	其他		
报关收费	人民币：　　元		
承诺说明：			
背面所列通用条款是本协议不可分割的一部分，对本协议的签署构成了对背面通用条款的同意			
受托方业务签章：沈阳易通物流公司 经办报关员签章：丙 联系电话：024-8426××××			
			2023年2月20日

附件"范3-3"

代理报检委托书

编号：

<u>　沈阳　</u>海关：

　　本委托人（备案号/组织机构代码）保证遵守国家有关检验检疫法律法规的规定，保证所提供的委托报检事项真实、单货相符。否则，愿承担相关法律责任。具体委托情况如下：

　　本委托人将于<u>　2023　</u>年<u>　3　</u>月间出口如下货物：

品名	鲽鱼罐头	HS编码	1604201990
数（重）量	720千克	包装情况	纸箱
信用证/合同号	CN1234	许可文件号	
出口货物发货单位及地址	沈阳食品进出口公司	出口货物提/运单号	KE832-15
其他特殊要求			

　　特委托<u>　沈阳易通物流公司　</u>（代理报检注册登记号<u>　　　　　　　</u>），代表本委托人办理上述货物的下列出入境检验检疫事宜：

☑1.办理报检手续；

☑2.代缴纳检验检疫费；

☑3.联系和配合海关实施检验检疫；

☑4.领取检验检疫证单。

联系人：<u>　张三　</u>

联系电话：<u>　024-3456××××　</u>

本委托书有效期至<u>　2023　</u>年<u>　4　</u>月<u>　1　</u>日　委托人（加盖公章）

2023年2月20日

受托人确认声明

本企业完全接受本委托书。保证履行以下职责：

1.对委托人提供的货物情况和单证的真实性、完整性进行核实；

2.根据检验检疫有关法律法规的规定办理上述货物的检验检疫事宜；

3.及时将办结检验检疫手续的有关委托内容的单证、文件移交委托人或其指定的人员；

4.如实告知委托人海关对货物的后续检验检疫及监管要求。

如在委托事项中发生违法或违规行为，愿承担相关法律和行政责任。

联系人：<u>　丙　</u>

联系电话：<u>　024-8426××××　</u>

受托人（加盖公章）

2023年2月20日

附件"范3-4"

国际货物托运书

中 国 民 用 航 空 局

THE CIVILAVIATION ADMINISTRATION OF CHINA

国 际 货 物 托 运 书

SHIPPER'S LETTER OF INSTRUCTION

托运人姓名及地址 SHIPPER'S NAME AND ADDRESS SHENYANG FOOD I & E COMPANY, SHENYANGP.R.CHINA TEL：86（24）3456×××× FAX：86（24）3456××××	托运人账号 SHIPPER'S ACCOUNT NUMBER	供承运人用 FOR CARRIER USE ONLY	
		班期/日期 FLIGHT DATE	航班/日期 FLIGHT DATE
		KE832/1MARKE832/1MAR	
收货人姓名及地址 CONSIGNEE'S NAME AND ADDRESS HOOP COMPANY，SEOUL，KOREA TEL：82-2-2650-6111-××	收货人账号 CONSIGNEE'S ACCOUNT NUMBER	已预留吨位 BOOKED	
		运费 CHARGES PREPAID	
代理人的名称和城市 ISSUING CARRIER'S AGENT NAME AND CITY SHENYANG I&E COMPANY			
始发站 AIRPORT OF DEPARTUE SHENYANG TAOXIAN INTERNATIONAL AIRPORT		通知人 ALSO NOTIFY	
到达站 AIRPORT OF DESTINATION INCHON			
托运人声明价值 SHIPPER'S DECLARED VALUE	保险金额 AMOUNT OF INSURANCE ×××	所附文件 DOCUMENT TO ACCOMANY AIRWAYBILL COMMERCIAL INVOICE	
运输费用 FOR CARRIAGE NVD	供海关用 FOR CUSTOMS NCV		
处理情况（包括包装方式、货物标志及号码） HANDLING INFORMATION（INCL.METHOD OF PACKING IDENTIFING MARKS AND NUMBERS，ETC.） KEEP UPSIDE			

件数 NO.OF PACKAGES	实际毛重 ACTUAL GROSS WEIGH（KG）	运价种类 RATE CLASS	收费重量 CHARGEABLE WEIGHT	费率 RATE/CHARGE	货物品名及数量（包括体积或尺寸） NATURE AND QUANTITY OF GOODS（INCL. DIMENSION OF VOLUME）
200	720	Q	1 200	28.13	CANNED FLAT FISH DIMS:EACH60CM×40CM×15CM×200

托运人证实以上所填全部属实并愿遵守承运人的一切载运章程。

THE SHIPPER CERTIFIES THAT THE PARTICULARS ON THE PAGE HEREOF ARE CORRECT AND AGREES TO THE CONDITIONS OF CARRIAGE OF THE CARRIER.

托运人签字	日期	经手人	日期
SIGNATURE OF SHIPPER	DATE	AGENT	DATE

附件 "范 3-5"

商业发票
COMMERCIAL INVOICE

TEL：024-3456××××　　　　　　　　　INVNO：SP13-25

FAX：024-3456××××　DATE：20.FEB，2023

TO：HOOP COMPANY　　　　　　　　　　S/CNO：CN1234

FROM SHENYANG　TO INCHON

MARKS&NO	DESCRIPTION OF GOODS	QUANTITY	UNIT PRICE (USD)	AMOUNT (USD)
N/M	CANNED FLATFISH	200CARTONS	57.14	11 428

TOTAL PRICE：SAY ELEVEN THOUSAND AND FOUR HUNDRED TWENTY-EIGHT ONLY

WE HEREBY CERTIFY THAT THE CONTENTS OF THE INVOICE HEREIN ARE TRUE AND

CORRECT.

SHENYANG FOOD IMPORT & EXPORT TRADE CORPORATION

ZHANG SAN

附件 "范 3-6"

装箱单
PACKING LIST

TEL：024-3456××××　　　　　　　　　INVNO：SP13-25

FAX：024-3456××××　DATE：28.FEB，2023　　S/CNO：CN1234

TO：HOOP COMPANY MARKS&NOS：N/M

DESCRIPTION OF GOODS&PACKING	QUANTITY (CTNS)	G.W (KGS)	N.M (KGS)	MEAS (CBM)
CANNED FLAT FISH PACKED IN 200 CARTONS	200	720	680	7.2
TOTAL	200	720	680	7.2

附件"范3-7"

中华人民共和国海关出口货物报关单

预录入编号：　　　　　　　海关编号：

境内发货人 沈阳食品进出口公司 (xxxxxxxxxxxxxxxxxx)	出境关别 沈机场办 5135		出口日期			申报日期	备案号
境外收货人 HOOP COMPANY	运输方式 5		运输工具名称及航次号 KE832			提运单号 KE832-15	
生产销售单位 沈阳食品进出口公司 (xxxxxxxxxxxxxxxxx)	监管方式 一般贸易		征免性质 一般征税			许可证号	
合同协议号 CN1234	贸易国 (地区) 韩国		运抵国 (地区) 韩国			指运港 仁川	离境口岸
包装种类 纸箱	件数 200	毛重 (千克) 720	净重 (千克) 680	成交方式 CIF	运费 502/1000/3	保费 502/600/3	杂费
随附单证及编号							
标记唛码及备注 N/M							

项号	商品编号	商品名称及规格型号	数量及单位	单价/总价/币制	原产国 (地区)	最终目的国 (地区)	境内货源地	征免
01	1604201990107	鲽鱼罐头	680千克200箱	57.14/11428/502	中国	韩国	中国沈阳	照章征税

特殊关系确认：否	价格影响确认：否	支付特许权使用费确认：否	自报自缴：否

报关人员　　报关人员证号　　电话　　兹申明对以上内容承担如实申报、依法纳税责任 申报单位　　沈阳易通物流公司 (xxxxxxxxxxxxxxxxx)　　　　申报单位签章	海关批注及签章

⟨ 范例综-4 ⟩⟩

▲ 自主学习

训练项目

"自主学习-范"。

【训练目的】

参加"自主学习-范"训练。制订和实施《长期学习目标》和《长期学习计划》，通过自主学习与应用其"知识准备"所列知识和"文献综述"相关规范，收集、整理与综合以"国际物流的发展趋势分析"为主题的中外文献资料，撰写、讨论与交流《"国际物流的发展趋势分析"最新文献综述》等活动，体验"自主学习"（高级）及其迁移。

【教学方法】

采用"学导教学法"和"研究教学法"。

【训练要求】

1）以班级小组为单位组建学生训练团队，各团队依照本教材"附录二"的附表 2 中"自主学习"（高级）的"基本要求"和各技能点的"参照规范与标准"，确定《长期学习目标》，制订《长期学习计划》。

2）各团队实施《长期学习目标》和《长期学习计划》，系统体验对本教材"附录一"的附表 1 中"能力领域"项下"自主学习"（高级）各技能点"'知识准备'参照规范"所列知识和"文献综述"撰写规范的自主学习。

3）各团队通过院系资料室、校图书馆和互联网查阅和整理近年来以"国际物流的发展趋势分析"为主题的国内外学术文献资料，系统体验对本教材"附录一"的附表 1 中"能力领域"项下"自主学习"（高级）各技能点"'知识准备'参照规范"所列知识和"文献综述"撰写规范的自觉应用过程。

4）各团队以整理后的以"国际物流的发展趋势分析"为主题的文献资料为基础，通过撰写《"国际物流的发展趋势分析"最新文献综述》，进一步体验对本教材"附录一"的附表 1 中"能力领域"项下"自主学习"（高级）各技术-技能点"'知识准备'参照规范"所列知识和"文献综述"撰写规范的自觉应用过程。

5）总结对 1）～4）项的要求，撰写作为"成果形式"的训练课业。

【成果形式】

训练课业：《"自主学习-范"训练报告》

课业要求：

1）内容包括：训练团队成员与分工；训练过程；训练总结（包括对各项操作的成功与不足的简要分析说明）；附件。

2）将《长期学习目标》、《长期学习计划》和《"国际物流的发展趋势分析"最新文献综述》作为《"自主学习-范"训练报告》的"附件"。

3）《"国际物流的发展趋势分析"最新文献综述》应符合"文献综述"规范要求，做到事实清晰、论据充分、逻辑清晰，不少于 3 000 字。

4）在校园网的本课程平台上展示班级优秀训练课业，并将其纳入本课程的教学资源库。

"自主学习-范"训练报告

一、团队成员与分工

1.团队构成

本团队设队长 1 人，团队成员 5 人，共计 6 人。

2.任务分工

队长主要负责训练阶段及时间进度安排，定期组织及主持小组讨论，阶段成果汇总，文献综述成果统合、整理及汇报；团队成员 A 负责国内"国际物流的发展趋势分析"相关学术文献的收集整理及汇报工作；团队成员 B 负责国外"国际物流的发展趋势分析"相关学术文献的收集整理及汇报工作；团队成员 C 负责分析国内外"国际物流的发展趋势分析"相关学术文献的分布(国内外分布、时间分布和期刊分布)及汇报工作;团队成员 D 负责分析国内外"国际物流的发展趋势分析"相关学术文献的研究方向及汇报工作;团队成员 E 负责分析国内外"国际物流的发展趋势分析"相关学术文献的研究方法及汇报工作。

二、训练过程

1.时间及进度安排

本训练为期三周。第一周完成"训练要求"中第1)~2)项要求规定的任务;第二周完成"训练要求"中第3)~4)项要求规定的任务;第三周完成"训练要求"中第5)项要求规定的任务。

2.训练实施

(1)训练第一周

在教师指导下,由队长组织团队成员自主学习本教材"附录一"的附表1中"自主学习"(高级)各技术–技能点"'知识准备'参照规范"所列知识和"文献综述"相关规范知识,制订了《长期学习目标》和《长期学习计划》,完成了"训练要求"中第1)~2)项要求规定的任务。

(2)训练第二周

在教师指导下,团队成员实施《长期学习计划》,应用本教材"附录一"的附表1中"自主学习"项下(高级)各技术–技能点"'知识准备'参照规范"所列知识和"文献综述"相关规范知识,完成"训练要求"中第3)~4)项要求规定的任务。

首先,我们对近3年(2021、2022、2023)"国际物流的发展趋势分析"相关文献进行搜索。其中,针对国外文献,以 Science Direct、Sage、Emerald、Elsevier 等期刊数据库为基础,分别以"international logistics"和"development trend of logistics"为"摘要、篇名和关键词"(Abstract,Title and Keywords),收集相关文献;针对国内文献,以中国知网(CNKI)数据库为基础,将"国际物流的发展趋势分析"拆分成"国际物流""发展趋势"并分别作为"关键词"、"篇名"和"主题",搜索相关文献(中文刊物限 CSSCI 刊物)。通过总结发现,"国际物流的发展趋势分析"研究总体上呈现出以下态势:2021—2023年,The Asian Journal of Shipping and Logistics,Journal of Coastal Research,International Journal of Fashion Design,Technology and Education,International Journal of Production Economics,International Journal of Logistics Research and Applications 和 Asia Pacific Journal of Marketing and Logistics 等学术期刊上发表了很多关于"国际物流的发展趋势分析"的文章;在国内 CSSCI 刊物上,2021—2023年,"国际物流的发展趋势分析"研究主要涵盖供应链管理、国际物流竞争力、物流成本合理化、跨境电商环境四个方面。

其次,各团队成员根据各自分工的"国际物流的发展趋势分析"研究内容进行文献梳理和综述撰写工作。由团队总结得出:国外"国际物流的发展趋势分析"研究更多用 logistic strategy、international trade logistics costs、research methods、global supply chain、distribution channels 等研究取向的文献。在国外"国际物流的发展趋势分析"研究文献中，定量研究方法得到了广泛运用。经过小组讨论，形成对各部分研究综述的修改和完善意见。

最后，团队成员修改完善相关研究内容的文献综述。针对"国际物流的发展趋势分析"的研究取向、覆盖领域、研究方法等进行补充性文献搜索，并讨论各自负责方面的工作。组长就修改后的各部分文献综述进行统合，形成《"国际物流的发展趋势分析"最新文献综述》。周末组长组织团队讨论，就最终综述成果进行汇报，各成员就本次训练进行经验交流和问题总结。

（3）训练第三周

队长组织团队成员，总结对落实"训练要求"中第1）～4）项要求的体验，撰写作为最终成果形式的《"自主学习-范"训练报告》。

三、训练总结

1.关于文献收集

团队成员能够在较短时间内掌握运用校内网络平台查找国内外学术文献的方法，在国内外学术期刊上成功收集到国际物流的发展趋势分析相关学术文献。但是由于国外文献（英文文献）缺少统一的数据库和平台，且由于语言的限制，团队成员在国外学术文献查找方面存在错查漏查、主题混淆的现象，须进一步加强针对国外学术文献的阅读能力和查找能力。

2.关于文献分类整理

团队成员能够按发表年份、期刊、研究内容、研究取向、研究方法等对海量文献进行分类整理，并从中总结相关研究的发展特征和趋势。但是在学术期刊的等级、类别、质量的判断方面存在混淆，需进一步提升对国内外学术期刊背景信息的了解程度，能够辨识在学术研究中具有较大影响力的国内外学术期刊。

3.关于文献综述撰写

团队成员能够在文献收集和整理的基础上，就自己所负责研究内容的相关研究成果进行综述撰写，并予以评述，但在对具体研究内容的归纳以及有代表性、有影响力的学术成果的甄别方面存在不足，需进一步培养学术语言表达能力和归纳能力，培养对核心研究文献的甄别能力。

4.关于"自主学习"融入性训练

《"国际物流的发展趋势分析"最新文献综述》从资料收集、讨论、撰写到交流和修订，始终是在融入"自主学习"这一"通能"之"强化训练"的过程中进行的；不仅如此，本次训练还将其等级由本课程先前阶段的"初级"和"中级"提升到"高级"，从而进一步提高了我们的"自主学习"能力。

团队全体成员都认识到：在学科知识更新周期大大缩短的今日，相当多在校学习的知识毕业后已经过时，只有在"授之以鱼"的同时"授之以渔"，即通过"学会学习"，导入关于"学习理论"、"学习方法"与"学习策略"的"自主学习"机制，才能赋予自身应对"从学校到生涯"的"知识流变"之无限潜力。

四、附件

附件"范4-1"

团队长期学习目标

➤掌握收集和运用信息的方法，能够熟练运用国内外的学术网络平台收集"国际物流的发展趋势分析"的学术信息（学术论文）。

➤掌握学习的认知策略、元认知策略和资源管理策略，能够对国内外"国际物流的发展趋势分析"相关文献进行有效整理和分类。

➤掌握有效资源利用的策略以及项目论证和测评的方法，能够对"国际物流的发展趋势分析"这一学术领域的研究成果进行评述和综合，并清晰表达自己的学术观点。

➤掌握编写计划和检查调控计划执行的方法，对"国际物流的发展趋势分析"的自主学习进度、关键时间节点、各阶段任务有清晰的界定和严格的执行。

➤掌握团队合作的策略和方法，在组长的组织协调下，通过前期的分工及中后期的合作，通过团队的努力一起完成"国际物流的发展趋势分析"的自主学习任务。

附件"范4-2"

团队长期学习计划

➤学习时间

××××年××月××日—××××年××月××日，为期三周。

➤学习团队成员

本团队队长1人，团队成员5人（ABCDE同学），共计6人。

➤学习阶段

共分三阶段，每阶段为期一周。第一阶段完成"训练要求"中第1）和2）项要求规定的任务；第二阶段完成"训练要求"中第3）和4）项要求规定的任务；第三阶段完成"训练要求"中第5）项要求规定的任务。

➤学习困难和变化预估

在学习过程中可能在如何对国外学术论文进行快速有效的阅读、如何对国内外学术期刊的背景信息（刊物级别、论文质量）进行准确把握、如何对某一学术问题的研究成果进行清晰归纳、如何运用规范的学术语言对学术成果进行综述撰写等方面存在困难；在小组讨论会的时间确定上可能因小组成员的不同需要予以适时调整。

➤学习计划实施

①三个阶段学习。第一周完成"训练要求"中第1）和2）项要求规定的任务；第二周完成"训练要求"中第3）和4）项要求规定的任务，即完成应用"知识准备"所列知识，进行相关文献收集及分类整理和"文献综述"撰写和修改工作；第三周完成《"自主学习-范"训练报告》的撰写工作。

②四次团队讨论。第一次团队会：队长组织团队讨论，明确训练目标、计划及任务分工；第二次团队讨论：队长于第一周末组织团队讨论，团队成员进行成果汇报，队长统合整理各成员成果；第三次团队讨论：队长于第二周末组织团队

讨论，团队成员就撰写内容进行汇报，由团队讨论后队长提出修改及完善意见；第四次团队讨论：队长在本周末组织团队成员讨论，汇报最终综述成果，团队成员就本次训练进行经验交流和问题总结。

➤学习进度检查

通过每周末的团队会，适时检查各团队成员的学习进度。通过第一阶段末的团队会，检查"训练要求"中第1）和2）项要求的落实情况；通过第二阶段末的团队会，检查"训练要求"中第3）和4）项要求的落实情况，即团队成员"知识准备"所列知识的应用、文献收集与整理和《文献综述》初稿撰写情况；通过第三阶段末的团队会，检查"训练要求"中第5）项要求的落实情况，即本次训练的问题交流和经验总结情况。

附件"范4-3"

"国际物流的发展趋势分析"最新文献综述

（项目团队队长：　　　　　　　项目团队成员：　　　　　　　）

一、文献收集与整理

在Science Direct、Sage、Emerald、Elsevier数据库中，分别以"international logistics"和"development trend of logistics"为"摘要"、"篇名"和"关键词"（Abstract，Title and Keywords），收集相关文献；针对国内文献，以中国知网（CNKI）数据库为基础，将"国际物流的发展趋势分析"拆分成"国际物流""发展趋势"，并分别作为"关键词"、"篇名"和"主题"，搜索相关文献（中文刊物限CSSCI刊物）。在搜索时间的跨度上，设定为2021年1月1日至2023年10月1日。

二、文献资料分布

1.国内外分布

经过检索和筛选（限定在2021、2022、2023年发表的论文），英文刊物论文的具体信息见表范4-1。从表中可以看出，在国际物流发展趋势研究中，在研究主题方面主要是物流策略、智慧物流、物流质量管理、供应链、内部物流等话题。

2.时间分布

从时间分布的角度，以关键词international logistics输入进行查找，2021年发表期刊论文18 798篇，2022年期刊论文发表18 820篇，2023年期刊论文发表12 253篇。

3.期刊分布

从刊物分布的角度看，这些论文主要发表在以下期刊上：Sustainability；Journal of Transport and Supply Chain Management；International Journal of Shipping and Transport Logistics；Transportation Research Procedia；IOP Conference Series：Earth and Environmental Science；The International Journal of Logistics Management；Container Logistics and Maritime Transport；South Asian Journal of Marketing & Management Research；Supply Chain Management。

表范4-1   2021—2023年SSCI与国际物流
相关学术刊物上国际物流发展趋势研究进展

作者	题目	期刊	主题
Ryuichi Shibasaki; Daisuke Watanabe; Tomoya Kawasaki	Global and international logistics	Sustainability	In the present world, with the recent advances in the globalization of trade and economic activity, research on the logistics issue should be approached from more global or international viewpoints, to achieve sustainable economic development
Yekini O. Salawu1; Seyed M. Ghadiri1	Roles of trade logistics to the development of international trade: A perspective of Nigeria	Journal of Transport and Supply Chain Management	logistics; international trade; logistics performance; logistics service delivery; supply chain management
Bo-Rui Yan; Qian-Li Dong; Qian Li; Min Li	A Study on risk measurement of logistics in international trade: A case study of the RCEP countries	Sustainability	international logistics; RCEP; logistics risks; AHP
Nijolė Batarlienė	Claims solutions using a blockchain system in international logistics	Sustainability	blockchain system; game theory; statistical methods; claims management; international logistics
Yang, Ching-Chiao1; Wong, Christina W.Y.2; Liao, Ting-Yu3	Logistics quality management practices and performance of international distribution centre operators	International Journal of Shipping and Transport Logistics	information integration; absorptive-capacity; service quality; organizational performance; firm performance; supply management; capabilities; innovation; knowledge; model
Irina V. Kovaleva11	Development of logistic system in the condition international integration	Transportation Research Procedia	logistics; transport; development; efficiency; system; problem
O B Grivanova1; R I Grivanov1; A P Bladik1	Ports Located in south of Primorsky Territory as part of international logistic chains. prospects of digitalization and establishing unified regional system of effective management	IOP Conference Series: Earth and Environmental Science	regional system of effective management
Qian Li; Ru Yan; Lei Zhang; Borui Yan	Empirical study on improving international dry port competitiveness based on logistics supply chain integration: evidence from China	The International Journal of Logistics Management	logistics supply chain integration; international dry port; operational performance; competitiveness
Dong-Ping Song	International maritime trade and international logistics	Container Logistics and Maritime Transport	maritime transport is international by nature. international trade and international logistics are closely related
Karimovna Karrieva Yakutkhan1; Botiralievich Ochilov Nodirjon2	Improving logistics management in international cargo transportation	South Asian Journal of Marketing & Management Research	management; logistics; international logistics; transport logistics; international market; transport; logistics services
Anne Friedrich; Anne Lange; Ralf Elbert	Business models for logistics service providers in industrial additive manufacturing supply chains	The International Journal of Logistics Management	third-party logistics service providers; industrial additive manufacturing; 3d printing; business model; value creation; digital supply chain
Ilias Vlachos; Vasiliki Polichronidou	Multi-demand supply chain triads and the role of Third-Party Logistics Providers	The International Journal of Logistics Management	third-party logistics providers; supply chain triads; 3pls; resource-based view; social capital perspective; agency theory; transaction cost economics
R. Sreedevi; Haritha Saranga; Sirish Kumar Gouda	Impact of a country's logistical capabilities on supply chain risk	Supply Chain Management	supply-chain management; risk management; global supply chain; logistics capabilities; supply risk

三、文献成果综述

以中国知网（CNKI）数据库为基础，在国内 CSSCI 刊物上，2021—2023年，"国际物流的发展趋势分析"研究方向主要针对供应链管理、国际物流竞争力、物流成本合理化、跨境电商环境下等四个方面进行研究。

通过对外文文献的整理发现，在最近3年发表的国际物流发展趋势分析的论文中，Emerald 和 Elsevier 收录的物流专业相关论文较多，并且主要是以物流服务水平、物流策略、供应链管理、国际物流发展模式、物流质量管理等作为切入点对国际物流的发展及呈现出的新的特征和趋势进行研究。

参考文献

［1］Ryuichi Shibasaki, Daisuke Watanabe, Tomoya Kawasaki. Global and international logistics［J］. Sustainability, 2021（13）: 5610.

［2］Yekini O. Salawu, Seyed M. Ghadiri. Roles of trade logistics to the development of international trade: A perspective of Nigeria［J］. Journal of Transport and Supply Chain Management, 2022（16）: 1–8.

［3］Nijolė Batarlienė.Claims solutions using a blockchain system in international logistics［J］. Sustainability, 2021, 13（7）: 3710.

［4］Yang, Ching–Chiao, Wong, et al..Logistics quality management practices and performance of international distribution centre operators［J］. International Journal of Shipping and Transport Logistics, 2021（13）: 300–326.

［5］Irina V.Kovaleva.Development of logistic system in the condition international integration［J］. Transportation Research Procedia, 2023（68）: 11–14.

［6］O B Grivanova, R I Grivanov, A P Bladik.Ports located in South of Primorsky Territory as part of international logistic chains.Prospects of digitalization and establishing unified regional system of effective management［J］. IOP Conference Series: Earth and Environmental Science, 2021, 666（6）: 62–87.

［7］Qian Li, Ru Yan, Lei Zhang, Borui Yan.Empirical study on improving international dry port competitiveness based on logistics supply chain integration: evidence from China［J］. The International Journal of Logistics Management, 2021, 33（3）: 1040–1068.

［8］Dong–Ping Song.International maritime trade and international logistics［J］. Container Logistics and Maritime Transport, 2021（1）: 13–31.

［9］Karimovna Karrieva Yakutkhan, Botiralievich Ochilov Nodirjon.Improving logistics management in international cargo transportation［J］. South Asian Journal of Marketing & Management Research, 2021, 11（2）: 42–46.

［10］Anne Friedrich, Anne Lange, Ralf Elbert.Business models for logistics service providers in industrial additive manufacturing supply chains［J］. The International Journal of Logistics Management, 2023.

［11］Ilias Vlachos, Vasiliki Polichronidou.Multi–demand supply chain triads and the role of Third-Party Logistics Providers ［J］. The International Journal of Logistics Management，2023.

［12］R.Sreedevi，Haritha Saranga，Sirish Kumar Gouda.Impact of a country's logistical capabilities on supply chain risk ［J］. Supply Chain Management，2023，28（1）：107-121.

［13］Haerold Dean Zapata Layaoen，Ahmad Abareshi，Muhammad Dan-Asabe Abdulrahman，Babak Abbasi.Sustainability of transport and logistics companies： an empirical evidence from a developing country ［J］. International Journal of Operations & Production Management，2023.

主要参考文献

[1] 上海市兰生外贸进修学院. 国际货运代理综合业务 [M]. 上海：同济大学电子音像出版社，2005.

[2] 中国国际货运代理协会. 国际航空货运代理理论与实务 [M]. 北京：中国商务出版社，2010.

[3] 赵加平，张颖. 国际货运代理操作实务 [M]. 北京：中国海关出版社，2011.

[4] 中国国际货运代理协会. 国际货运代理理论与实务 [M]. 北京：中国商务出版社，2012.

[5] 逯宇铎，陈阵. 国际物流管理实务 [M]. 上海：上海人民出版社，2013.

[6] 陆洲艳，钱华，李人晴. 国际物流通关实务 [M]. 北京：清华大学出版社，2013.

[7] 戴正翔. 国际物流单证实务 [M]. 北京：北京交通大学出版社，2014.

[8] 杨长春，顾永才. 国际物流 [M]. 北京：首都经济贸易大学出版社，2015.

[9] 吴燮坤. 国际货代集装箱海运操作实务 [M]. 北京：中国人民大学出版社，2016.

[10] 郑克俊，朱海鹏，成博，等. 国际货运代理业务处理 [M]. 北京：清华大学出版社，2016.

[11] 刘丽艳，袁雪妃，李宁，等. 国际物流 [M]. 北京：清华大学出版社，2017.

[12] 李思学. 浅谈新形势下国际经济与贸易的发展趋势 [J]. 商场现代化. 2017（15）.

[13] 王一帆. 国际经济与贸易对我国环境的影响和对策分析 [J]. 纳税. 2017（27）.

[14] 陈言国. 国际货运代理实务 [M]. 2版. 北京：电子工业出版社，2017.

[15] 罗兴武. 报关实务 [M]. 3版. 北京：机械工业出版社，2017.

[16] 胡利利，王阳军. 国际货运代理操作 [M]. 北京：化学工业出版社，2017.

[17] 孙明贺. 国际货运代理操作 [M]. 2版. 北京：机械工业出版社，2020.

［18］陈雄寅．现代物流基础［M］．北京：电子工业出版社，2019.

［19］陆洲艳，钱华，李人晴．国际物流通关实务［M］．2版．北京：清华大学出版社，2019.

［20］孙韬．跨境电商与国际物流——机遇、模式及运作［M］．北京：电子工业出版社，2020.

［21］戴小红．国际航空货运代理实务［M］．2版．北京：中国金融出版社，2020.

［22］赵加平，张益海．国际货运及代理实务［M］．5版．北京：中国海关出版社，2020.

［23］中国报关协会．关务基本技能（2023年版）［M］．北京：中国海关出版社，2023.

［24］中国报关协会．关务基础知识（2023年版）［M］．北京：中国海关出版社，2023.

附 录

附录一 职业核心能力强化训练"知识准备"参照范围

附表1　　　　　　　　职业核心能力强化训练"知识准备"参照范围

领域	等级	"技术-技能"点	"知识准备"参照范围
自主学习	初级	确定短期学习目标	激发学习动力的方法；学习的基本原理；确定目标的原则和方法；编写学习计划的基本规则；取得他人帮助和支持的方法与技巧
		实施短期学习计划	学习的基本原理；学习的方法和技巧；计划落实、控制和调整的方法和技巧；节约时间的诀窍
		检查学习进度	学习方法与学习效果的关系；检查目标进度的方法和技巧（总结、归纳、测量）；成功学的基本要求
	中级	确定中期学习目标	学习的基本原理；确定目标的原则和方法；编写学习计划的基本规则；获得他人帮助和支持的方法或技巧
		实施中期学习计划	学习的基本原理；学习的方法和技巧；计划落实、控制和调整的方法和技巧；关于方法的知识；时间管理的诀窍
		检查学习进度	成功学的基本要点；项目目标检查、总结、归纳的方法；学习迁移的原理与应用知识；学习的观察、认知记忆及提高效率的规律；养成良好学习习惯的方法
	高级	确定长期学习目标	收集和运用信息的方法；有效资源利用的策略；项目论证和测评的方法；编写计划和检查调控计划执行的方法；团队合作的策略和方法
		实施长期学习计划	学习的方法和技巧；有关学习与实践关系的原理；计划落实、控制和调整的方法和技巧；关于思维方法的知识；目标管理的诀窍
		检查学习进度	成功学的基本要点；项目目标检查、总结、归纳的方法；学习迁移的原理与应用知识；学习的观察、认知记忆及提高效率的规律；养成良好学习习惯的方法
信息处理	初级	获取信息	信息的含义、特征与种类；信息收集的原则、渠道和方式；文献和网络索引法；一般阅读法；计算机和网络相关知识
		整理信息	信息的分类方法与原则；信息筛选方法与要求；信息资料手工存储方法；计算机信息存储方法；计算机其他相关知识
		传递信息	信息传递的种类与形式；口语和文字符号的信息传递技巧；现代办公自动化技术；计算机和网络相关技术
	中级	获取信息	信息的特征与种类；信息收集的范围、渠道与原则；信息收集方法（观察法、询访法）；计算机相关知识；网络相关知识
		开发信息	信息筛选、存储的方法与原则；信息资料的分析、加工的方法；新信息生成或信息预测的方法
		展示信息	口语和文字符号信息展示的技巧；多媒体制作与使用技术；计算机相关应用技术
	高级	获取信息	调查研究的方法和原理；信息收集的范围、方法（问卷法、检索法、购买法、交换法）和原则；信息收集方案选择；计算机和网络相关技术
		开发信息	信息资料鉴别方法；信息资料核校方法；信息资料分析方法；信息资料编写方法（主题提炼、标题选择、结构安排、语言组织）；信息资料加工方法；计算机信息生成知识
		展示信息	口语和文字符号的信息表达技巧；多媒体制作技术；科学决策知识；信息反馈方式与要求；网页设计与网络使用知识；知识产权知识

续表

领域	等级	"技术-技能"点	"知识准备"参照范围
数字应用	初级	采集、解读数据信息	获取数据的方法（测量法、调查法、读取法）；数的意义（整数、小数、分数及百分数）；常用测量器具的功能与使用方法，常用单位，单位的换算；近似的概念与精度；图表（数表扇形统计图、条形统计图、示意图）知识
		进行数字计算	计算方法（笔算、口算、珠算、计算器计算）；整数、分数四则运算；近似计算；验算（逆算法、估算法、奇偶对应法）
		展示和使用数据信息	评价指标；最大值、最小值；平均值；精度
	中级	解读数据信息	获取数据信息的渠道与方法（测量法、调查法、读取法）；数的意义（整数、分数、正数、负数）；总量与分量，比例；误差、精度、估计；复合单位（如速度、速率等）；图表（数表、扇形统计图、条形统计图、折线图、示意图）知识
		进行数据计算	计算方法（笔算、计算器计算、查表、Excel等软件）；整式、分式四则运算，乘方、开方；近似计算（误差估计）；验算（逆算法、估算法、奇偶对应法）
		展示和使用数据信息	评价指标；最大值、最小值；平均值、期值、方差；绝对误差、相对误差；图表的制作
	高级	解读数据信息	数据信息源的筛选原则（多样性、代表性、可靠性）；数据的采集方案；图表（数表、坐标、比例尺）；频率、频率稳定性；平均、加权平均；误差分析、估算
		进行数据计算	计算方法（笔算、计算器计算，查表，编程计算，Excel等软件）；整式、分式四则计算，乘方、开方；函数（幂函数、指数函数、对数函数、三角函数、反三角函数、复合函数）；近似计算（误差分析）；验算（逆算法、估算法）
		展示和使用数据信息	评价指标；最大值、最小值；平均值、期值、方差；绝对误差、相对误差；图表的制作
与人交流	初级	交谈讨论	与人交谈主题相关的信息和知识；正确使用规范语言的基本知识；口语交谈方式和技巧；身体语言运用技巧
		阅读和获取资料	资料查询和搜索的方法；一般阅读的方法；文件资料归类的方法；词典类工具书的功能和使用方法；各种图表的功能；网上阅读的方法
		书面表达	与工作任务相关的知识；实用文体的应用；图表的功能和应用；素材选用的基本方法；写作的基本技法；逻辑和修辞初步技法
	中级	交谈讨论	与交谈主题相关的知识和信息；正确使用规范语言的基本知识；口语交谈的技巧；身体语言运用技巧；掌握交谈心理的方法；交谈的辅助手段或多媒体演示技术；会谈和会议准备基本要点
		简短发言	与发言主题相关的知识和信息；当众讲话的技巧（包括运用身体语言的技巧）；简短发言的辅助手段或多媒体演示技术
		阅读和获取资料	资料查询和搜索方法；快速阅读的原理与方法；文件归类的方法；各种图表的功能
		书面表达	与工作任务相关的知识；实用文体的应用；图表的功能和应用；素材选用的基本方法；文稿排版和编辑的技法；写作的基本技法；逻辑和修辞常用技法
	高级	交谈讨论	与会谈主题相关的知识和信息；语言交流的艺术和技巧；交谈的辅助手段或多媒体演示技术；总结性话语运用的技巧；谈判的心理和技巧；会议准备的基本要点；主持会议的相关程序
		当众讲演	与发言主题相关的知识和信息；演讲的技巧和艺术；演讲辅助手段或多媒体演示技术
		阅读和获取资料	资料查询和搜索方法；快速阅读的技巧；各种图表的功能
		书面表达	与工作任务相关的知识；实用文体的应用；图表的功能和应用；素材选用的基本方法；文稿排版和编辑的技法；写作的基本技法；逻辑和修辞技法

续表

领域	等级	"技术-技能"点	"知识准备"参照范围
与人合作	初级	理解合作目标	活动要素的群体性与分工合作的关系；职业团队的概念、特征与种类，组织的使命、目标、任务；自身的职业价值，个人在组织中的作用
		执行合作计划	服从的基本概念，指令、命令的含义；求助的意义，人的求助意识；职业生活的互助性，帮助他人的价值
		检查合作效果	工作进度的概念，影响工作进度的因素；工作进程的检查，调整工作程序；工作汇报的程序和要领
	中级	制订合作计划	聚合型团队、松散型团队和内耗型团队的特征；组织内部的冲突情况，剖析内耗型团队的心理根源；合作双方的利益需求和社会心理需求
		完成合作任务	民族、学历、地域、年龄等差异；人的工作和生活习惯、办事规律；宽容的心态，容忍的方法
		改善合作效果	使他人接受自己意见、改变态度的策略；在会议上提出意见和建议的规则；改变自己的态度，接受他人批评指责的心理准备
	高级	调整合作目标	领导科学与管理方法；组织文化的形成与发展；目标管理与时间管理
		控制合作进程	人际交往与沟通的知识和相关能力；有效激励的方法与技巧；批评的途径、方法和注意事项
		达到合作目标	信息的采集与整理，组织经济效益的统计学知识；员工绩效测评的基本方法和程序；合作过程的风险控制意识和防范
解决问题	初级	分析问题提出方案	分析问题的方法；归纳问题的方法；对比选择的方法；判断和决策的方法；关于相关问题本身的专业知识和发展规律的认识
		实施计划解决问题	撰写工作计划的相关知识；信息检索、文献查询的有关方法；逻辑判断、推理的相关知识；解决问题的技巧
		验证方案改进方式	分析和检查问题的方法；跟踪调查的方法；工作总结的规则和写作方法
	中级	分析问题提出方案	分析问题的方法；归纳问题的方法；对比选择的方法；判断和决策的方法；关于相关问题本身的专业知识和变化规律的认识
		实施计划解决问题	应用写作学中关于撰写工作计划的相关知识；信息检索、文献查询的有关方法；逻辑判断、推理的相关知识；解决问题的技巧；与他人合作的知识和方法
		验证方案改进计划	分析和检查问题的方法；跟踪调查的方法；工作总结的规则和写作方法
	高级	分析问题提出对策	决策科学的系统知识；形式逻辑、辩证逻辑思维的系统知识和方法；分析问题的系统知识和技巧；群体创新技法的系统知识；数学建模方法；关于相关问题本身的专业知识和变化规律的认识
		实施方案解决问题	关于撰写工作计划的系统知识；信息检索、文献查询的系统知识和方法；有关价值工程、现场分析和形态分析的知识；解决问题的技巧；有关进度评估的知识；与人合作的系统知识和方法
		验证方案改进计划	分析和检查问题的方法；跟踪调查的方法；工作总结的规则和写作方法；创新技法

续表

领域	等级	"技术–技能"点	"知识准备"参照范围
革新创新	初级	揭示不足提出改进	关于思维和创造性思维的一般知识；关于思维定式和突破思维障碍的知识；关于相关事物本身的专业知识和发展规律的认识
		做出创新方案	列举类技法和设问类技法的原理、特点、适用范围和具体操作的知识；有关分解类技法、组合类技法、分解组合类技法的原理、特点、适用范围和具体操作方法的知识；收集信息、案例的知识和方法
		评估创新方案	有关创新成果价值评定的知识；可行性分析的知识；撰写可行性报告的知识
	中级	揭示不足提出改进	有关思维障碍形成的知识；横向、逆向、灵感思维的知识；换向、换位思维的知识；逻辑判断和推理的知识；关于相关事物本身的专业知识和发展规律的认识
		做出并实施创新方案	有关类比类技法和移植类技法的知识；有关德尔斐法和综摄法的知识；有关还原法、换向思考类技法的知识
		评估创新方案	有关项目可行性测评的技术；有关最佳方案评估的知识；撰写评估报告的知识
	高级	揭示不足提出改进	创新能力构成和提升的知识；有关事物运动、变化和发展的知识；灵活运用各种思维形式的知识；关于相关事物本身的专业知识和发展规律的认识
		做出并实施创新方案	有关价值工程、现场分析和形态分析的知识；针对不同事物运用不同创新方法的知识；综合运用各种创新方法的知识
		评估创新方案	可持续创新的知识；有关创新原理的知识；有关知识产权的知识；技术预测和市场预测知识

资料来源　中华人民共和国劳动和社会保障部职业技能鉴定中心．职业核心能力培训测评标准（试行）［M］．北京：人民出版社，2007．本表参照"资料来源"所列文献相关内容提炼与编制。

附录二　案例分析训练和考核参照指标与内容

附表2　案例分析训练和考核参照指标与内容

考核指标		考核内容	分项成绩
形成性考核 ∑50	个人准备 ∑20	案例概况；讨论主题；问题理解；揭示不足；创新意见；决策标准；可行性方案	
	小组讨论 ∑15	上课出席情况；讨论发言的参与度；言语表达能力；说服力大小；思维是否敏捷	
	班级交流 ∑15	团队协作；与人交流；课堂互动等方面的满意度；讨论参与的深度与广度	
课业考核 ∑50	分析依据 ∑8	分析依据的客观性与充分性	
	分析步骤 ∑8	分析步骤的恰当性与条理性	
	理论思考 ∑8	理论思考的正确性、深刻性与全面性	
	解决问题 ∑8	理解问题与解决问题能力的达标性	
	革新创新 ∑10	揭示不足与提出改进能力的达标性	
	文字表达 ∑8	文字表达能力的强弱性	
总成绩 ∑100			
教师评语			签名： 20　年　月　日
学生意见			签名： 20　年　月　日

（说明：本表用于章后"基本训练"和书后"综合训练与考核"中的"案例题"，作为其"考核指标"与"考核内容"的参照）

附录三　职业核心能力训练和考核参照规范与标准

附表3　职业核心能力训练和考核参照规范与标准

领域	等级	基本要求	"技术-技能"点	参照规范与标准
自主学习	初级	具备学习的基本能力，在常规条件下能运用这些能力，以适应工作和学习要求	确定短期学习目标	能明确学习动机和目标，并计划时间、寻求指导
			实施短期学习计划	能按照行动要点开展工作、按时完成任务，使用不同方式、选择和运用不同的学习方法实现目标，并能对计划及时做出调整
			检查学习进度	能对学习情况提出看法、改进意见和提高学习能力的设想
	中级	主要用理解式接受法，对有兴趣的任务可以用发现法掌握知识信息；在更广泛的工作范围内灵活运用这些能力，以适应工作岗位各方面的需要	确定中期学习目标	能明确提出多个学习目标，列出实现各目标的行动要点，确定实现目标的计划，并运筹时间
			实施中期学习计划	能开展学习和活动，通过简单的课程和技能训练，提高工作能力
			检查学习进度	能证明取得的学习成果，并能将学到的东西用于新的工作任务
	高级	能较熟练灵活地运用各种学习法在最短时间内掌握急需知识信息；能广泛地收集、整理、开发和运用信息，善于学习、接受新的事物，以适应复杂工作和终身发展的要求	确定长期学习目标	能根据各种信息和资源确定要实现的多个目标及途径，明确可能影响计划实现的因素，确认实现目标的时限，制定行动要点和时间表，预计困难和变化
			实施长期学习计划	能保证重点、调整落实、处理困难、选择方法，通过复杂的课程和技能训练提高工作能力
			检查学习进度	能汇总学习成果、成功经验和已实现的目标，证明新学到的东西能有效运用于新选择的职业或工作任务
信息处理	初级	具备进入工作岗位最基本的信息处理能力，在常规条件下能收集、整理并传递适应既定工作需要的信息	获取信息	能通过阅读、计算机或网络获取信息
			整理信息	能使用不同方法、从多个资源中选择、收集和综合信息，并通过计算机编辑、生成和保存信息
			传递信息	能通过口语、书面形式，用合适的版面编排、规范的方式展示、电子手段传输信息
	中级	在更广泛的工作范围内获取需要的信息，进行信息开发处理，并根据工作岗位各方面的需要展示组合信息	获取信息	能定义复杂信息任务，确定搜寻范围，列出资源优先顺序，通过询访法和观察法搜寻信息
			开发信息	能对信息进行分类、定量筛选、运算分析、加工整理，用计算机扩展信息
			展示信息	能通过演说传递信息，用文字图表、计算机排版展示组合信息，用多媒体辅助信息传达
	高级	广泛地收集、深入地整理开发、多样地传递、灵活地运用信息，以适应复杂的工作需要；具备信息处理工作的设计与评估能力，并表现出较强的组织与管理能力	获取信息	能分析复杂信息任务，比较不同信息来源的优势和限制条件，选择适当技术、使用各种电子方法发现和搜寻信息
			开发信息	能辨别信息真伪，定性核校、分析综合、解读与验证资料，建立较大规模的数据库，用计算机生成新的信息
			展示信息	能用新闻方式发布、平面方式展示、网络技术传递，利用信息预测趋势、创新设计，收集信息反馈，评估使用效果

续表

领域	等级	基本要求	"技术–技能"点	参照规范与标准
数字应用	初级	具备进入工作岗位最基本的数字应用能力，在常规条件下能运用这些能力适应既定工作的需要	采集、解读数据信息	能按要求测量并记录结果，准确统计数目，解读简单图表，读懂各种数字，并汇总数据
			进行数字计算	能进行简单计算并验算结果
			展示和使用数据信息	能正确使用单位，根据计算结果说明工作任务
	中级	在更广泛的工作范围内，灵活地运用数字应用能力，以适应工作岗位各方面的需要	解读数据信息	能从不同信息源获取信息，读懂、归纳、汇总数据，编制图表
			进行数据计算	能从事多步骤、较复杂的计算，使用公式计算结果
			展示和使用数据信息	能使用适当方法展示数据信息和计算结果，设计并使用图表，根据结果准确说明工作任务
	高级	具备熟练把握数字和通过数字运算来解决实际工作中的问题的能力，以适应更复杂的工作需要	解读数据信息	能组织大型数据采集活动，通过调查和实验获取、整理与加工数据
			进行数据计算	能从事多步骤的复杂计算，并统计与分析数据
			展示和使用数据信息	能选择合适的方法阐明和比较计算结果，检查并论证其合理性，设计并绘制图表，根据结果做出推论，说明和指导工作
与人交流	初级	具备进入工作岗位最基本的与人交流能力，在常规条件下能运用这些能力适应既定工作的需要	交谈讨论	能围绕主题，把握讲话的时机、内容与长短，倾听他人讲话，多种形式回应；使用规范易懂的语言、恰当的语调和连贯的语句清楚地表达意思
			阅读和获取资料	能通过有效途径找到所需资料，识别有效信息，归纳内容要点，整理确认内容，会做简单笔记
			书面表达	能选择基本文体，利用图表、资料撰写简单文稿，并掌握基本写作技巧
	中级	在更广泛的工作范围内，灵活运用这些能力以适应工作岗位各方面的需要	交谈讨论	能始终围绕主题参与，主动把握讲话时机、方式和内容，理解对方谈话内容，推动讨论进行，全面准确传达一个信息或观点
			简短发言	能为发言作准备，当众讲话并把握讲话内容、方式，借助各种手段说明主题
			阅读和获取资料	能根据工作要求从多种资料筛选有用信息，看懂资料的观点、思路和要点，并整理汇总资料
			书面表达	能掌握应用文体，注意行文格式；组织利用材料，充实内容要点；掌握写作技巧，清楚表达主题；注意文章风格，提高说服力
	高级	在工作岗位上表现出更强的组织和管理能力，通过运用与人交流的能力适应更复杂的工作需要	交谈讨论	始终把握会议主题，听懂他人讲话内容并做出反应，主持会议或会谈，全面准确表述复杂事件或观点
			当众讲演	能为讲演作准备，把握讲演的内容、方式，借助各种手段强化主题
			阅读和获取资料	能为一个问题或课题找到相关资料，看懂资料的思路、要点、价值和问题，分析、筛选和利用资料表达主题
			书面表达	能熟悉专业文书，把握基本要求；有效利用素材，说明内容要点；掌握写作技巧，清楚恰当表达主题；采用适当风格，增强说服力

续表

领域	等级	基本要求	"技术-技能"点	参照规范与标准
与人合作	初级	理解个人与他人、群体的合作目标，有效地接受上级指令；准确、顺利地执行合作计划；调整工作进度，改进工作方式；检查工作效果	理解合作目标	能确定合作的基础和利益共同点，掌握合作目标要点和本单位人事组织结构，明确个人在团队中的职责和任务
			执行合作计划	能接受上级指令，准确、顺利地执行合作计划
			检查合作效果	能通过检查工作进展情况，改进工作方式，促进合作目标实现
	中级	与本部门同事、内部横向部门、外部相关部门共同制订合作计划；协调合作过程中的矛盾关系，按照计划完成任务；在合作过程中遇到障碍时提出改进意见，推进合作进程	制订合作计划	能与本部门同事、组织内部横向部门、组织外部相关部门共同制订合作计划
			完成合作任务	能与他人协同工作，处理合作过程中的矛盾
			改善合作效果	能判断合作障碍，表达不同意见，接受批评建议，弥补双方失误
	高级	根据情况变化和合作各方的需要，调整合作目标；在变动的工作环境中，控制合作进程；预测和评价合作效果，达成合作目的	调整合作目标	能发现各方问题，协调利益关系，进行有效沟通，调整合作计划与工作顺序
			控制合作进程	能整合协调各方资源，妥善处理矛盾，排除消极因素，激发工作热情
			达到合作目标	能及时全面检查工作成效，不断改善合作方式
解决问题	初级	具备进入工作岗位最基本的解决问题的能力，在常规条件下能根据工作的需要，解决一般简单和熟悉的问题	分析问题提出方案	能用几种常用的办法理解问题，确立目标，提出对策或方案
			实施计划解决问题	能准备、制订和实施被人认可并具有一定可行性的计划
			验证方案改进方式	能寻找方法，实施检查，鉴定结果，提出改进方式
	中级	在有限的资源条件下，根据工作岗位的需要，解决较复杂的问题	分析问题提出方案	能描述问题，确定目标，提出并选择较佳方案
			实施计划解决问题	能准备、制订和实施获得支持的较具体计划，并充分利用相关资源
			验证方案改进计划	能确定方法，实施检查，说明结果，利用经验解决新问题
	高级	在工作岗位上表现出更强的解决问题的能力，在多种资源条件下，根据工作需要解决复杂和综合性问题	分析问题提出对策	在提出解决问题的对策时，能分析探讨问题的实质，提出解决问题的最优方案，并证明这种方案的合理性
			实施方案解决问题	在制订计划、实施解决办法时，能制订并实施获得认可的详细计划与方案，并能在实施中寻求信息反馈，评估进度
			验证方案改进计划	在检查问题、分析结果时，能优选方法，分析总结，提出解决同类问题的建议与方案

续表

领域	等级	基本要求	"技术-技能"点	参照规范与标准
革新创新	初级	在常规工作条件下，能根据工作需要，初步揭示事物的不足，运用创新思维和创新技法进行创新活动	揭示不足提出改进	能揭示事物不足，提出改进意见
			做出创新方案	能在采纳各方意见的基础上，确定创新方案的目标、方法、步骤、难点和对策，指出创新方案需要的资源和条件
			评估创新方案	能进行自我检查，正确地对待反馈信息和他人意见，对创新方案及实施做出客观评估，并根据实际条件加以调整
	中级	根据工作发展需要，在更广泛的工作范围内揭示事物的不足，较熟练地运用创新思维和创新技法进行创新活动，并对创新成果进行分析总结	揭示不足提出改进	能在新需求条件下揭示事物的不足，提出改进事物的创新点和具体方案
			做出并实施创新方案	能从多种选择中确认最佳方案，并利用外界信息、资源和条件实施创新活动
			评估创新方案	能按常规方式和专业要求，对创新改进方法和结果的价值进行评估，根据实际条件进行调整，并指导他人的创新活动
	高级	在工作岗位上表现出更强的创新能力，在复杂的工作领域，能根据工作需要揭示事物的不足，熟练运用创新思维和创新技法进行创新活动，对创新成果进行理论分析、论证、总结和评估，并指导他人的创新活动	揭示不足提出改进	能通过客观分析事物发展与需求之间的矛盾揭示事物的不足，提出首创性的改进意见和方法
			做出并实施创新方案	能根据实际需要，设计并实施创新工作方案，并在条件变化时坚持创新活动
			评估创新方案	能按常规方式和专业要求，对创新方法和结果进行检测和预测风险；针对问题调整工作方案，总结经验，指导他人，提出进一步创新改进的方法

资料来源　中华人民共和国劳动和社会保障部职业技能鉴定中心．职业核心能力培训测评标准（试行）（共7册）及其训练手册（共6册）[M]．北京：人民出版社，2007.本表参照"资料来源"所列文献相关内容提炼与编制。

（说明：本表用于章后"基本训练"和书后"综合训练与考核"的"实训题"，作为"职业核心能力强化训练"之"考核指标"与"考核标准"的参照）

附录四　职业道德训练和考核参照规范与标准

附表4　　　　　　　　　职业道德训练和考核参照规范与标准

领域	参照规范与标准
职业观念	对职业、职业选择、职业工作、职业道德和企业伦理等问题具有正确的看法
职业情感	对职业或职业模拟有愉快的主观体验、稳定的情绪表现、健康的心态、良好的心境，具有强烈的职业认同感、职业荣誉感和职业敬业感
职业理想	对将要从事的职业种类、职业方向与事业成就有积极的向往和执着的追求
职业态度	对职业选择或模拟选择有充分的认知与积极的倾向和行动
职业良心	在履行职业义务时具有强烈的道德责任感和较高的自我评价能力
职业作风	在职业模拟、职业实践或职业生活的自觉行动中，具有体现职业道德内涵的一贯表现
职业守则	爱国爱企，自尊自强；遵纪守法，敬业爱岗；公私分明，诚实善良；克勤克俭，宾客至上；热情大度，清洁端庄；一视同仁，不卑不亢；耐心细致，文明礼貌；团结服从，大局不忘；优质服务，好学向上

资料来源　中华人民共和国劳动和社会保障部．国家职业标准：营销师［M］．北京：中国劳动和社会保障出版社，2002.本表参照"资料来源"所列文献相关内容编制。

（说明：本表用于章后"基本训练"和书后"综合训练与考核"的"实训题"，作为市场营销专业"职业道德相关训练"之"考核指标"与"考核标准"的参照）

附录五　能力训练与考核参照采分系数

附表5 　　　　　　　　　　　　**能力训练与考核参照采分系数**

系数	达标程度
90%~100%	能依照全部考核要求，圆满、高质地完成此种能力所属各项技能操作，其效率与稳定性俱佳
80%~89%	能依照多数考核要求，圆满、高质地完成此种能力所属各项技能操作，其效率与稳定性较佳
70%~79%	能依照多数考核要求，较圆满、高质地完成此种能力所属各项技能操作，其效率与稳定性一般
60%~69%	能依照多数考核要求，基本完成此种能力所属各项技能操作，其效率与稳定性一般
60%以下	只能依照少数考核要求，基本完成此种能力所属各项技能操作，其效率与稳定性较低

（说明：本表用于章后"单元考核"和"综合训练与考核"，作为"职业核心能力"、"职业道德"和"专业能力"考核达标程度的参照）